跟我们做流程管理

A PRACTICAL EXPERIENCE IN BPM

陈立云　金国华／编著

图书在版编目(CIP)数据

跟我们做流程管理/陈立云,金国华编著.—北京:北京大学出版社,2010.5
ISBN 978-7-301-16618-5

Ⅰ.跟… Ⅱ.①陈…②金… Ⅲ.企业管理:生产管理 Ⅳ.F273

中国版本图书馆 CIP 数据核字(2010)第 067148 号

书　　　名:	跟我们做流程管理
著作责任者:	陈立云　金国华　编著
责 任 编 辑:	石会敏
标 准 书 号:	ISBN 978-7-301-16618-5/F·2506
出 版 发 行:	北京大学出版社
地　　　址:	北京市海淀区成府路 205 号　100871
网　　　址:	http://www.pup.cn
电　　　话:	邮购部 62752015　发行部 62750672　编辑部 62752926　出版部 62754962
电 子 邮 箱:	em@pup.pku.edu.cn
印　　刷　者:	北京宏伟双华印刷有限公司
经　　销　者:	新华书店
	787 毫米×1092 毫米　16 开本　24.75 印张　458 千字
	2010 年 5 月第 1 版　2023 年 12 月第 16 次印刷
定　　　价:	45.00 元

未经许可,不得以任何方式复制或抄袭本书之部分或全部内容。
版权所有,侵权必究
举报电话:010-62752024　电子邮箱:fd@pup.pku.edu.cn

推荐序　十年来关于"流程"的一个心愿

近十年来,我和我在 AMT 咨询的同事陆续有 5 本"流程"方面的书和读者见面,分别是《流程管理》(第 1 版、第 2 版、第 3 版)、《流程管理实战案例》和《流程管理理论设计工具实践》,但我一直觉得还不足够,因为这些书的作者都是咨询顾问,虽然这些书中也有大量实战案例,但我一直期待:在 AMT 整个"管理+IT"类书籍的立体出版计划中,能不能找到就在企事业单位就职的"流程从业者",写一本流程管理方面的书籍呢?

要满足这个心愿,其实很不容易,至少需要三个条件:

第一,实践的基础。这种作者要在实业界有推进流程管理的实务经验,大量理论和工具对于他而言不能是道听途说而是亲手用过,读者要看的是这些理论和工具在企业中如何被因地制宜地改造、最终见到什么效果。

第二,分享的意愿。全球 500 强企业中有不少设立了流程管理的专门部门,有专门的流程管理岗位,但这些流程从业者可能不愿意分享、不能分享,或者他是从这种庞大成熟企业本身自然继承了流程管理的方法论和做法,对于如何结合中国企业的国情来实践流程管理未必就思考和体会得很深,而读者要看的,其实往往并不是成熟企业做法的直接印刷然后照搬套用,读者真正心仪的是用"实践之火"锤炼后的真知灼见。

第三,分享的能力。这个世界上如果说有写书念头的人有 100 个,也许最终写成的还不到 1 个,实业界的流程从业者已经忙于本职工作,还要拿出精力驻足思考、成文成篇,虽然 AMT 已经有近百本"管理+IT"的书籍出版经验可以复用,但毕竟要这些作者本人一章一章地谋划、一个字一个字地打磨才能墨香付印啊。

所以,结识陈立云、金国华先生这几年来,从初识、到信任、到一起策划此书、到书稿付梓。我感到,这两位作者真是太难得的符合以上所有条件的人选:他们"实践出真知",本职工作就是担任流程管理总监、流程管理高级管理经理这样的"实战"职位,在此之前他们有多年在不同企业做质量体系、制度建设、IE改进的经历和经验;他们"热爱分享",在畅享网上开"流程"主题的专业博客,写成的好文比如"给妈妈讲什么是流程管理"、"流程 VS. 高速公路"既通俗易读又不失专业,引来成千上万次的访问量;他们"言出必行",一旦制订了书籍的写作计划后就严格执行,处处从读者角度思考,还能多放哪些"干货"和"好用实用的东西"在书稿里面,同时又不影响全书的系统性和逻辑性。

这个找作者的十年心愿终于达成了。但我又意识到,这本书其实对"读者"的要求也不低,因为作者也有一个心愿,非常希望读者不仅是"读读"这本书,而是能"真正用用"这本书,哪怕是书中的一个流程优化表格、一个流程推进技巧、一份工作计划、一种专业模板。

陈立云、金国华先生多次和我谈到,他们自己的书稿内容是"从实践中来",如果他们自己这些年来不去真正动手做、只是纸上谈兵,那么书稿内容根本不会是如今这个样子。他们最初对流程的认知正是在实践中得到了发展、修正、完善、丰富。他们和我一样坚信,"实践是检验流程的唯一标准",他们自己在企业同事和领导那里获得的良好评价也正是靠"一步步干出来"。因此,他们坦陈,这本用心费力完成的书稿是写给那些愿意付诸行动而不是只坐而论道的人的,是写给那些愿意从小处做起而不是只抱怨领导不重视不支持的人的,是写给那些愿意用实践来检验书中各个工具模板而不是坐在原地对书稿内容品头论足的人的。

我相信,现在,拿起这本书的你,应该就是这两位"流程实战从业者"的心愿中要找的知音吧。这本书稿已经是"从实践中来",而如何"到实践中去",这个心愿还要郑重、真心地托付到——你的手上。

王玉荣

2009年12月14日于上海

前言　走出流程管理实施难的困境

在国内 BPM 领域最资深的专家学者和兴趣组聚集的畅享网论坛上,随便翻翻最新话题,都会看到"流程管理执行难"的困惑。巧合的是,在我们与流程管理同行做交流的时候,大家探讨最多、最关键的问题也集中在"流程管理如何有效执行"上。现将流程管理中的主要问题简要罗列如下:

"公司让我负责流程管理工作,我该从哪里下手呢?"

"流程管理的方法论我都知道,但就是不知道该如何落地?"

"流程都有,为何执行不下去呢?"

"流程项目完成后,领导说效果到底在哪里?他说找不到感觉。"

"目前的窘境是:我们不了解客户最关心哪些流程?最急需解决的流程问题是什么?"

"公司从 2007 年开始推行流程管理,磕磕绊绊走了两年,业务部门看不到流程管理给自己带来的实质的好处,而流程管理部门也逐渐失去了项目开始时的热情。"

"作为流程管理专员,我想知道如何有效地开展流程管理工作才能达到领导的期望?我不知道自己的工作价值具体体现在哪里?岗位前途在哪里?"

资料来源:畅享网 www.vsharing.com。

随着流程管理理念在中国的推广,企业对流程管理的重视度越来越高,很多企业已经设立"流程专员"、"流程经理",甚至是"流程总监"这样的岗位。这些专职人员已经完全掌握了流程管理理念与知识,然而对于如何在企业成功推动流程管理并创造切实成效还是充满困惑且解决办法不多。

问题究竟出在哪里呢?我们认为原因主要有两个:一是虽然掌握了流程管理知识,但没有掌握如何应用知识的能力(即活学活用的能力);二是缺乏流程管理在企业推动的经验与技能。众所周知,理论只解决"是什么"的问题,强调思路和原则,具有一定的通用性,没有考虑企业的具体情况与自身特点,例如行业、商业模式、企业发展阶段、管理水平、企业文化、组织架构,领导的流程意识等。实践则强调实战,能够根据具体的情况采取正确的方法,它不是理论的简单套用,而是在理论指导下去摸索、总结、变通、简化,甚至是创造,把理论转化为有效的具体方法与工具。

我们有多年流程管理的工作经验,行业涉及了教育、机电制造、分销服务、纺织、化工、建材,企业类型包括了国有、民营及外资的上市公司。我们对从企业如何成功导入流程管理到流程管理做出成效有着丰富的实战经验。我们在所服务的企业成功推动了流程管理的应用,取得了良好的成效,其中有些方法与同行分享后,得到了比较好的反响。

我们系统地总结了多年来在推广及应用流程管理方面的经验与教训,把我们从实践的角度对流程管理的理解、感悟及实施经验提炼出来与流程管理同行分享,我们期望能够对大家有所借鉴与启发。

本书重在实战而非理论,旨在为公司带来看得见摸得着的产出而非华丽但虚无缥缈的口号。书面提供了大量来自应用一线的案例,及经过无数次实践考验证明非常实用的工具模板。

"P—D—C—A"是管理中最朴素也是最有用的管理思想,它同样适用于流程管理。我们借用戴明博士 PDCA 环建立了"流程管理 PDCA 环"(如图 1 所示)。全书围绕流程管理 PDCA 环展开,思路清晰,也便于读者理解。

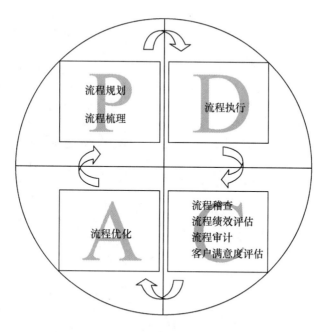

图 1　流程管理 PDCA 环

这本书非常适合在企业从事流程管理的同事阅读,对于其他管理人员也有一定的启发。管理是科学也是艺术,具有极强的实践性。本书最大的价值在于提供了来自实战的参考,而绝不是一套可以拿来即用的工具,需要读者在实践中结合实际情况去灵活应用。

我们会持续不断地跟踪和提炼流程管理在实践中遇到的新问题和新经验,欢迎大家访问我们的博客,及时获取我们的最新实践成果。

陈立云的博客:http://blog.vsharing.com/leonchen/。

金国华的博客:http://blog.vsharing.com/tiaozi/。

Contents

目 录

推荐序　十年来关于"流程"的一个心愿 …………………………………（1）

前　言　走出流程管理实施难的困境 ……………………………………（1）

第一章　正确理解流程管理 ………………………………………………（1）
　　　　"学到"、"悟到"、"做到"之后才能够"得到"。本章提供了我们对流程管理本质与实战的感悟，可以让读者更好地领悟"什么是流程管理"，从"学到"走向"得到"。
　　1.1　流程管理的价值 ………………………………………………（1）
　　1.2　把握流程的本质 ………………………………………………（18）
　　1.3　抓住流程管理的重点 …………………………………………（20）
　　1.4　不要把流程仅仅看成是活动流 ………………………………（23）
　　1.5　端到端的实战与感悟 …………………………………………（28）
　　1.6　以流程为导向的管理模式 ……………………………………（31）
　　1.7　流程管理 PDCA 环 ……………………………………………（33）
　　1.8　如何在企业推动流程管理 ……………………………………（37）

第二章　流程规划 …………………………………………………………（52）
　　　　随着流程管理工作的深入，需要站在全局角度理解流程网，并理清组织内流程之间的逻辑、接口、等级、重要度等，这就是流程规划要解决的问题。
　　2.1　为什么做流程规划 ……………………………………………（52）

2.2 基于岗位职责的流程规划方法 ……………………………… （59）
2.3 启动流程规划 ……………………………………………… （67）
2.4 流程清单识别 ……………………………………………… （72）
2.5 流程分级分类 ……………………………………………… （81）
2.6 流程重要度评估及任命流程所有者 ……………………… （96）
2.7 绘制流程系统图 …………………………………………… （99）
2.8 流程规划的应用 …………………………………………… （104）

第三章 流程梳理 …………………………………………… （110）

大多数公司对流程梳理很感兴趣，可谓张口闭口皆梳理，不过大多以失败而告终。失败的原因却如出一辙：为梳理而梳理。要想成功必须探求梳理背后的真实需求。

3.1 什么是流程梳理 …………………………………………… （110）
3.2 不是为了梳理而梳理 ……………………………………… （112）
3.3 如何启动一个流程梳理项目 ……………………………… （118）
3.4 收集流程信息 ……………………………………………… （122）
3.5 流程分析和设计 …………………………………………… （124）
3.6 明确各活动节点的管理标准 ……………………………… （134）
3.7 培训和推广 ………………………………………………… （137）
3.8 附：流程制度模板 ………………………………………… （141）

第四章 流程执行 …………………………………………… （145）

高效执行关键是在流程而非人。本章会告诉你"如何设计出易于执行的流程？如何提高流程执行力？如何借助IT与制度工具强化执行力？如何有效地推动流程的执行？"

4.1 执行力是企业成功的关键 ………………………………… （145）
4.2 执行力关键在流程而不是人 ……………………………… （146）
4.3 没有流程执行力就没有流程管理的价值 ………………… （147）
4.4 执行力是设计出来的 ……………………………………… （149）
4.5 如何保证流程有效执行 …………………………………… （154）
4.6 流程执行的两把利器 ……………………………………… （164）
4.7 制度生命周期管理 ………………………………………… （171）

第五章　流程检查 ……………………………………………（180）

　　学而不思则罔,流程管理没有检查就是在做无用功。本章提供了流程管理体系审计、流程绩效评估、流程稽查、客户满意度评估全方位的实战感悟、方法与工具。

5.1　没有检查就没有竞争力 ………………………………………（180）
5.2　把握流程检查的度 ……………………………………………（182）
5.3　流程检查的方法 ………………………………………………（184）
5.4　如何开展流程稽查 ……………………………………………（185）
5.5　如何开展流程绩效评估 ………………………………………（191）
5.6　如何开展客户满意度评估 ……………………………………（201）
5.7　如何开展流程审计 ……………………………………………（204）
5.8　流程检查结果的应用 …………………………………………（213）

第六章　流程优化 ……………………………………………（216）

　　流程优化绝对是流程管理生存之本,但要想高效推动此工作并非易事。请看由我们多年实战经验提炼的"流程优化六步法"是如何成功实现此目标的,还有一个真实详尽的案例供参考。

6.1　流程优化是流程管理生存之本 ………………………………（216）
6.2　流程优化组织 …………………………………………………（220）
6.3　流程优化需求漏斗分析 ………………………………………（223）
6.4　流程优化六步法 ………………………………………………（232）
6.5　项目立项 ………………………………………………………（236）
6.6　现状流程分析及诊断 …………………………………………（245）
6.7　目标流程及配套方案设计 ……………………………………（247）
6.8　IT方案设计与开发 ……………………………………………（254）
6.9　新旧流程切换 …………………………………………………（259）
6.10　项目关闭 ………………………………………………………（262）
6.11　项目推进的方式 ………………………………………………（265）
6.12　如何做好多项目管理 …………………………………………（267）
6.13　如何做好常规性流程优化工作 ………………………………（271）
6.14　流程优化方法,要重其神轻其形 ……………………………（278）
6.15　流程优化的三个层次 …………………………………………（282）
6.16　实战案例:超人染厂生产控制流程优化项目 ………………（285）

第七章　流程管理长效机制 ……………………………………（315）

只有建立起流程管理长效机制，才能通过流程体系的运作在企业建立一个"自我发现问题、调整与持续改进"机制。本章分享我们在成功建立流程管理长效机制方面的方法与经验。

7.1　流程管理体系化运作需要长效机制做保障 ………………（315）
7.2　流程管理流程化是建长效机制的前提 ……………………（316）
7.3　流程管理动力机制 …………………………………………（318）
7.4　流程管理决策机制 …………………………………………（322）
7.5　流程管理压力机制 …………………………………………（324）
7.6　流程文化 ……………………………………………………（325）
7.7　流程管理的组织保障 ………………………………………（328）
7.8　让所有者把流程真正管起来 ………………………………（330）

第八章　流程团队管理 ………………………………………（339）

流程管理团队在组织中的定位及前景如何？这个行业对流程管理人提出哪些素质要求和挑战？又如何做好团队的知识管理呢？请一一分享我们的观点，并希望能起到抛砖引玉的作用。

8.1　流程管理部门的职责 ………………………………………（339）
8.2　流程管理人员胜任力模型 …………………………………（343）
8.3　流程管理团队的运作模式 …………………………………（352）
8.4　怎样才能做到高效：经营计划、控制及考核 ……………（361）
8.5　流程管理人员的职业规划 …………………………………（369）
8.6　团队的知识沉淀漏斗长啥模样 ……………………………（371）

后　记　如何正确运用本书 ……………………………………（381）

Chapter One

第一章 正确理解流程管理

近年来,流程管理理论与概念在我国得到了非常广泛的推广与普及,然而对流程与流程管理内涵的把握和理解还主要局限于流程管理专业从业人员,对于企业大多数管理者及员工来说,流程管理还是个专业而陌生的事物,他们自然采取敬而远之的态度。大家试想一下,如果流程管理只有流程管理人员理解,而真正对流程负责的各级员工却不理解,流程管理怎么可能在企业真正推动起来呢?流程管理又怎么可能取得成功?

理解流程管理,让企业内部员工建立共同的流程管理理念、价值观,并达成共识是推动流程管理的前提。为此,推动流程管理首要的功课是要正确理解什么是流程管理。

流程管理的理念与道理本身并不深奥,也不复杂,它来自于日常的管理实践,与企业管理的基本理论是相通的、一致的。本书试图以通用的管理语言来说明流程管理的概念与内涵,以利于读者深入理解并真正高效地运用它。

1.1 流程管理的价值

知其然,还要知其所以然。导入任何一种管理方法,采取任何管理活动都应当是目标导向的,都是要为公司解决问题并带来价值的,绝不应当是盲目跟从,不应当是无价值行为。认识流程管理也要从为什么开始,要深入把握流程管理的价值所在。

目的是做任何事情的起点与终点,是事情成败的关键。然而在实际工作中把目的想清楚也是最难的事情。

也许有人会说,流程管理培训及流程管理专业书籍已经把流程管理的目的与价值说得非常清楚了,理解为什么要推行流程管理不再是一个问题。我们认为流程管理负责人员对于为什么要推行流程管理的认识不能停留在教科书和"人云亦云"的层次,而应当能够把流程管理的价值说得清,讲得明,能够说服他人,让流程管理得到公司的认可。要做到这一点,通常需具备以下能力:

- 要真正能够理解并用自己的语言表达,而不是机械地复述他人的观点,否则人们只会认为流程管理人员是个理论专家,是个书呆子,并不认可你的专业能力;
- 能够用公司各级员工熟悉的管理语言去表达、去宣传,而不是搬出一大堆晦涩难懂的流程管理专业术语来说教;如果公司员工对流程管理的价值没有理解,原因不在于他们的理解力,而在于流程管理人员没有表达清楚;
- 能够密切结合公司经营管理实际,说得清楚流程管理能够解决实际中的哪些关键问题,这样才能够引起大家的兴趣与关注度,让流程管理的价值更加具体,更有说服力;
- 能够说清楚流程管理能够为公司带来的价值,当然这个价值的表达要符合公司已有的习惯。有的公司不重视或不习惯把客户满意度作为价值,那就应当将客户满意度转化为市场份额、外部不符合、质量成本等。

只有这样,流程管理从业人员才能够提高自己推销流程管理的能力,才能让公司更多的人理解流程管理的目的、价值,才能在公司建立流程管理的共识,充分激发并调动广大员工参与流程管理工作。

案例　流程梳理多以失败而告终

某制造企业经过数十年的发展,已经建立了相对完善的流程制度体系。管理部负责人刘三希望能够在管理上有所创新,能够做出与前任不一样的成绩。刘三听过几次流程管理培训,也看过一两本流程管理专业书。从流程管理理念中,他受到了较大的启发,他决定在流程管理方面有所作为。经过一番考虑,他决定在公司系统地推动流程梳理工作。他的本意是将公司多年来积累的流程制度梳理成有条理、有秩序的流程制度体系。他在工作推动会的时候,打了一个形象的比喻:"原来公司的制度就像是一堆无序的书本堆放在房间,查找起来非常费力,通过梳理要将无序的书上架,像图书馆一样管理起来。"梳理工作在推进的过程中进展并不尽如人意,各部门的负责人并不认可这个价值,他们认为流程制度并没有想象得乱,另外就算建成了图书馆,好像也没有什么实际的价值。所以,最终流程梳理工作以失败而告终。

刘三的想法是没有问题的,但他没有再进一步思考梳理的价值。如果他能够从公司整体去思考价值,他可能会有两种决策:一是流程梳理的价值的确不大,虽然公司流程制度没有经过整体的设计,但在运行过程中,已经自我做了调整,流程整体之间的衔接没有大的问题;二是流程梳理非常有必要,但要把价值做一个转化。将图书馆代替乱书堆的好处转化为具体问题的解决,转化为给公司带来切实的好处。例如流程之间大量重复,导致流程管理的重复,导致流程执行的混乱;流程之间衔接不顺畅导致流程经常容易出现延误、出错,并给公司带来损失等。

■ 流程管理是卓越绩效的保障

企业都希望有好的经营结果:提高市场份额,提高利润率,核心资源和能力得到加强,市场竞争力得到提升。大家想一下好的经营结果是怎么来的呢?

企业要想获得好的经营成果,一定要努力做好目标实现的过程,包括准确的战略定位与战略计划的落地分解、快速高效的新产品开发、敏捷高质量的采购/制造/配送、强有力的销售、优质的售后服务等一系列活动。从年初设定目标到年尾收获经营结果的时段里,企业都在对上述的这些过程进行管理:包括计划和目标的制订与分解、工作计划的推动执行、工作计划的跟进与定期评估、对问题的纠偏及持续改进。

可见,结果是由过程而来的,没有过程也就不会有结果,有什么样的过程就会有什么样的结果。好的结果来自于好的过程,想要获得好的经营结果,就必须有好的过程管理。

根据过程发生的频率及内在的规律性,我们可以将它分成两大类:

(1)例行的过程。这类过程会重复发生,发生频率较高,且有规律可循,过程的知识、经验及规则可以被重复使用。

例如费用报销审批流程,按固定的周期或者在费用发生后都会出现费用报销审批的过程,而且每一次报销都会遵循同样的审批线路,每一次审批的岗位是一样的,每个岗位审批的目的、内容及原则都是一样的,都会对费用发生的合理性、真实性、是否超预算及票据的规范性进行审核。

（2）例外的过程。这类过程一般没有规律可循,不会重复发生或者发生的几率很小,且过程的规则不可以被重复使用,每一次都需要重新去设计。

典型的例外过程有两类:一是项目性工作(项目类工作都是一次性的,每一次项目的需求及实施方法都是不一样的);另外一种是新导入的工作(如新导入流程管理、经营分析、战略管理、客户服务等)。

例外过程由于发生的次数很少,过程的生命周期太短,来不及总结过程的规律和经验再去实施。有的过程受科学水平及我们认识的限制,我们并不能够真正地理解过程,属于纯艺术行为,没有规律可言。例如高层决策的过程,从外在表现看,可能是皱眉、沉思等,但大脑是如何思考的无从了解,没有固定的格式。

流程与过程的关系如图1-1所示：

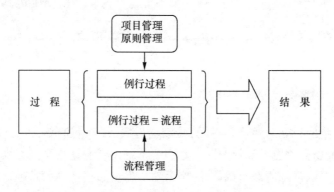

图1-1　流程与过程的关系图

我们认为只有例行的过程才是流程,例外的过程不属于流程,不适合用流程管理方法去管理它,这一点非常重要。根据我们的经验判断,企业的经营活动中90%以上都是例行过程,都属于流程的范围,所以,过程管理的重心就落到了流程管理上面。

此外,有相当一部分例外过程发展到具备一定成熟度之后,如多次重复发生会转化为例行过程,最终也会纳入流程管理的范畴。对于管理者来说,要将重复发生的例外过程转为例行过程,将例外的靠人管理的模式转化为流程化管理,有利于把经理人从瞬间事件的奴役中解放出来,将这类过程从成本较高的员工转移到成本较低的员工,甚至交给IT系统自动执行,有利于降低企业运作成本,提高质量。

所以,我们可以做一个简单的推理：
- 好的结果来自好的过程；
- 好的过程来自好的过程管理；

- 过程的关键在流程；
- 好的流程来自于好的流程管理；
- 好的结果来自于好的流程管理。

为此，流程是实现结果的关键，流程管理是保证企业经营成果顺利实现的关键。

案例　好的结果需要好的过程管理

我有位朋友是个销售高手，他每个月都可以做出好的业绩。有一次，他问我："你从管理者的角度帮我思考一下，我把部门经理要求的销售额与纯利指标做到就可以了，公司应该放手让我自由发挥才是，为什么要强迫我填写一堆工作计划与总结、销售业绩报表分析、按规定拜访客户呢？""其实对于业绩，我比部门经理都重视。毕竟如果我完成不了，不仅拿不到提成，可能下个月就要走人了，我对公司这么多没有价值的过程管理都烦死了。""你觉得公司的管理是不是有问题？"

我反问他："你的业绩是怎么做出来的？是不是因为你的运气比别人好，客户都撞在你的枪口上，认定只和你做生意？"

他说："当然不是，我有一套成功的销售方法，我对于客户的需求把握很准确，熟悉产品，说服技巧也很强，在客户关系维护方面做得非常到位，能够和客户成为相互依赖、相互帮助的好朋友。"

我又问他："公司业绩比你差的人有多少？他们做销售的方法有没有问题？"

他说："我的业绩排名是非常靠前的，那些做得差的人要么不适合做销售，要么不知道怎么做，问题就出在销售方法上。"

我接着问："对于业绩差的销售人员，如果只给业绩指标压力，不做过程管理，你认为他就一定能把业绩做得漂亮吗？"

"当然不行！"他肯定地说，"这也好办，公司可以换人呀。"

我继续问他："如果那些业绩差的销售人员能够用你成功的销售方法，业绩会不会有所改善呢？"

他点点头，若有所思。

这个事例充分说明了过程管理对于结果的重要性。管理者都知道要结果，但结果不会自发产生，是需要有过程去产生（也就是我们常说的要做事情）。案例中的销售过程是典型的例行过程（即流程）。管理者对例行过程可以采取两种管理方法：一是放任式管理，让各级员工自己去管理；二是流程式管理，设计好作业流程的方法、规则与管理要求，做好过程控制。采取放任式管理方式，结果完全取决于操作者，没有保障。企业的命运绑在销售身上，销售如果没有完成任务，虽然会被公司开除，但销售死了，企业可能也死了。在竞争日益激烈的年代，放任式管理显然不能满足企业的要求，要想比竞争对手做得更好，就必须用流程管理的方式把例行过程管理起来，把销售的关键活动管理好，使公司业绩不受人员变化的影响，公司经营结果更加可控、有保障。

■ 流程管理是获得整体最优的前提

在客户接触点上，公司一般都会安排相应的人员，如销售、客服、商务人员等，从表面上看是这些员工个体在与客户打交道，客户服务水平及客户满意度状况似乎取决于这些与客户直接接触的员工。

然而，实际上员工的言行举止、员工的态度、员工的素质，甚至是客户服务流程都是由公司的管理体系决定的。公司的管理体系决定了安排具备怎样知识、经验和能力的员工，决定了员工会采取怎样的行为，决定了员工与客户会用怎样的流程打交道，决定了如何发现和评估客户的感受，并自动采取改进措施。

所以，企业与企业的竞争本质是全方位的，是管理体系的较量，而不是一个面、一条线、一个点。

为了缩小与行业领先企业的差距，某公司每年都会重点针对研发环节与同行先进企业进行对比。通过与这些先进企业的对比分析，找到差距及可借鉴之处，公司研发部门会持续地模仿竞争对手加以改进，以期望缩小甚至是超越竞争对手。向竞争对手学习这样的工作已经持续了几年。然而几年下来，该公司发现，虽然公司在研发环节一直在进步，但与行业先进企业的差距没有缩小而是越来越大了。该公司总经理非常不解，组织公司全体高层召开了专题研讨会。经过讨论，研发总监道出了根本原因，他说："这么多年我们都是在某个点、某个方面去学习对手，从某个方面来看，我们现在都不比竞争对手差，但加在一起则差距甚远，主要的问题出在我们的管理体系，是管理体系整体的差距而不是其中的某个环节。"

在竞争激烈的时代，企业普遍感觉到一招制胜的年代渐行渐远了。尤其是企业发展到一定规模之后，要在激烈的市场竞争中获胜，关键在于企业整体及全方位的能力（我们称它为系统），而不是某一个方面（我们称之为局部）。好的系统管理是企业成功的关键，好的系统管理能力才会让企业表现出整体的竞争力。

我们先来了解一下到底什么是系统管理。国际质量管理标准 ISO9000：2000 对于系统管理的定义是："对相关的过程,作为一个系统,来进行识别、理解和管理。这将有助于组织有效力地和有效率地达到它的目标。"系统管理能够获得以下好处：

（1）整合过程,最好地得到期望结果,也就是我们常说的 1＋1＞2 的效应；

（2）抓住关键过程,这样可以做到以少胜多,提高投入产出比；

（3）为相关方提供结果保证,提高相关方,尤其是客户的信任度、认可度与满意度,从而提高企业的竞争力；

系统管理实施方法如下：

（1）确定系统的目标；

（2）基于目标完成系统所需过程的识别（类似于项目管理的任务分解,确定要做哪些工作来保证目标实现）；

（3）了解各过程之间的依赖关系（以便把各过程联系起来,而不是孤立地看待）；

（4）结构化集成与协调各过程的关系（用最佳方式将一群过程组装成一个大的系统,以最少的资源、最高的效率实现最好的结果）；

（5）分配好职责,减少部门间摩擦（把活动分配给人,让过程与组织架构匹配起来）；

（6）了解组织资源与限制条件（与企业实际的资源、能力相匹配）；

（7）明确和定义特定的过程是如何开展的（抓住关键的过程,并且对过程运作要用规则管理而不是随意而为的管理模式）；

（8）通过测试与评估持续改进系统（要实现管理的闭环,推动企业系统能力持续改善）。

从 ISO9000：2000 管理模式中的系统管理方法中,我们可以清晰地看到系统管理的核心与主线是过程,也就是 ISO 所强调的过程管理方法。而过程的主体是例行过程（即流程）,为此流程是系统管理的关键。为了便于大家理解流程对于系统管理的重要性,现做简单说明如下：

企业管理追求整体最优,管理者站得越高,他所管理的整体范围越宏观,管理所产生的整合效应就越大,管理的投资回报就越大。

如果管理者把管理视野放到整个行业价值链上（供应链）,就可能会从提高供应链整体绩效的角度,创造一种更加先进的商业模式,通过提高供应链整体绩效来提高本企业的经营绩效。他就不会有企业导向,把供应商、经销商、外包方等合作伙伴放到利益的对立面,而是会采取互利互惠、合作与共赢的营运模式,也就是我们常说的从供应链上获得竞争优势。

如果管理者把管理视野放到整个企业上,管理目标就是企业整体获得最佳投资回报,此时管理者即使是企业某个部门负责人而不是企业操盘手,也不会有本位主义与部门导向,他会从有利于公司整体经营绩效提高的角度,去管理所负责领域的工作,提高本部门绩效,甚至会做出有利于公司绩效提升而有损于部门绩效的事情。

如果管理者将管理视野放到企业管理系统的某一方面,比如某个职能管理领域,他只会站在所负责的职能领域去采取管理措施,力争把本职能领域的绩效做到最优,是不可能考虑企业整体最优的目标,有时会出现为了本职能领域绩效而牺牲公司整体的绩效。

对于系统管理的重要性,大家都知道而且也非常认可,但系统管理怎么做却是一个共同的难题。系统越大,管理难度也越大,系统管理对于大企业难度更大。为什么系统管理如此之难?我们认为系统管理的关键在于对系统的准确理解:系统的目标是什么?这个系统由哪些部分组成?它们之间的关系与连接是怎样的?如何对系统的不同部分做结构化的设计与安排?哪些是关键组成部分?哪些是辅助部分?等等。

我们认为对企业系统不能准确理解的原因出在看系统的视角上,由于长期以来缺乏一个流程导向的系统视角,没有看到企业系统不同组成部分之间内在、本质的关联。

"横看成岭侧成峰,远近高低各不同",看待企业可以有多个角度,不同的视角你会看到不同的景象。我们分别从人、财、流程三个不同视角分析一下企业系统的差别。

从人的角度看,把企业系统看成是几个层级,几个大的部门,各部门又分成几个小的部门,部门下面设置了不同岗位,岗位又配备了人。不同的部门、岗位及人员承担怎样的职责?具体负责哪些工作?它们之间的汇报关系如何?你可以从组织架构图、员工花名册、岗位说明书中去了解。

这是最常见的企业系统管理模式,把大企业划分成小的单元,把复杂的系统变成一个个小的系统。CEO管理好几个副总,副总管理好几个部门负责人,部门负责人管理好下属,每个人的管理幅度都是合适的。把公司的目标分解到部门,再分解到岗位。通过管理好每个岗位,让每个岗位完成任务来达成公司目标。

然而,这种视角带来一个很大的问题:各个部门之间建立了厚厚的部门墙,企业被分割成了很多孤立的单元,它们之间不再是一个整体,失去了集成及整合效应,当部门之间出现矛盾的时候,没有人会站到企业整体的角度上思考问题。

从财的角度去看:企业的利润=收入-成本。收入可以按地区、产品线、客户等去分解,成本又可以按销售成本、管理费用、财务费用、销售费用去分解,各项费用又可以再按财务科目细分。

企业经营的总目标不外乎就是收入、利润、利润率,把这些目标按财务科目的关系去分解,分给不同的产品、责任主体、区域。通过每一个落实到岗位的小目标的达成来保证公司大目标的实现,这似乎是天衣无缝的做法。

然而,这种视角及管理模式也有很大的问题:每次财务视角都能够从结果上告诉公司每个指标的完成情况,但问题在哪里?它却回答不了。数字背后的原因是什么?公司应该怎么做才能够扭转差的经营局面?更可怕的是每个指标的责任人,没有人愿意牺牲自己的指标去支持公司指标的改善。

用流程的视角看待企业系统,则可以把企业看成几个一级流程,如供应链、产品链、服务链、市场链、管理支持链,每条价值链又可以细分一些二级流程,二级流程再往下细分,一直到岗位具体操作的活动。流程导向的系统观是以终为始,从上至下的,在设计企业运作系统的时候就是从企业的客户角度(通常包括外部客户及公司的股东)去看待,一切都从客户需求出发,一切都围绕公司整体经营目标出发。当子流程、孙流程、岗位层级具体的活动偏离了整体目标时就会被修正、梳理及优化。

究竟从哪种视角去看待企业能够更准确地理解企业经营系统呢?我们认为要回归到企业经营系统的目标上,企业经营系统的目标是为客户创造价值,为股东带来回报。

企业关注的核心问题是价值创造,为客户创造价值的是流程,而不是某个部门或者人。企业因为客户创造价值而存在,企业经营系统所有其他组成要素都是因流程创造价值需求而存在的,都需要围绕流程设计要求配置与匹配。所以,只有流程才是企业经营系统的主线,只有用流程视角才能够真正看清楚企业系统的本质与内在联系:流程直接为客户价值而存在,管理规则直接为流程有效运作而存在,资源直接为流程需求而配备。不创造价值的流程是不需要存在的,不能够满足流程运作要求的管理要素是不需要存在的。理顺流程才能够理顺整个企业系统,流程才是企业经营系统的框架,流程框架的质量决定了整个企业经营系统的质量。把流程作为企业经营系统的主线,配备满足流程运作需要的资源,并构建与流程框架相匹配的资源组合方式(如组织结构、IT系统结构、设备结构等),整个企业经营系统才能够围绕客户需求建立秩序,达到和谐与高效的目的。

> **案例** 招聘主管的困惑

曾经有一位招聘主管由于经常无法在单位规定的期限内把人招到位而非常苦恼,他的人力资源总监也不断给他施压:如果不能在三个月内改善,将要求他辞职走人。开始他从招聘职能的各个方面(招聘渠道开拓与分析、招聘能力培养、招聘方法等)都做了详细的检讨、分析,找问题,制定改善措施。这些招聘改善活动取得了一定的成效,但是并没有从根本上解决原来面临的招聘压力,他自己感觉已经无计可施了,如果再不能改善就只能另谋出路了。

然而,当他正在"山重水复疑无路"的时候,人力资源总监问了他一个问题:"你看待这个问题的视角是怎样的?是站在招聘模块还是站在整个人力资源管理体系上?"

这位招聘主管这时才突然发现原因,原来自己看问题的高度一直太低,没有跳出招聘工作本身。当他站在整个人力资源管理体系高度时,他看清了人力资源管理流程的总貌,理解了招聘与人力资源其他活动的内在联系后,他有了豁然开朗的感觉。原来公司招聘的关键问题有两个:一是公司的薪酬在行业内没有吸引力;二是新员工入职培训不到位,新员工转正率太低,企业不停地在为同一个岗位招聘。这两点都与招聘无关,最后通过人力资源总监协助,薪酬与培训部做了相应调整后,之前的招聘问题得到了较大的改善。

用职能导向去分析招聘问题,通常不会也不敢去想人力资源其他模块存在的问题。但利用流程导向去分析的时候,你会发现人力资源"选、用、育、留"四大模块是你中有我、我中有你,这时才能够真正从人力资源管理体系整体去寻求解决方案,真正实现系统管理。

■ 流程管理是企业营运效率高低的关键

为客户创造价值的是流程,而不是某个部门或岗位,把企业系统看成一个大的流程,它就是以客户需求为输入,以客户满意为输出的流程系统,我们可以称之为客户需求实现流程。流程是企业经营管理系统的主线索,它决定了企业要做什么,不做什么;看重什么,忽略什么;用什么样的方法去做。企业经营系统中的其他资源(通常包括人、财、物、时间、信息、技术等)都是为了流程需求而配备的,并且这些资源的组织方式要与流程体系相匹配。流程的作用就像树干,它决定了树冠的大小,不同级别的枝节与树叶都是建立在树干的基础上,它们对树冠规模不会产生本质的影响。

企业经营系统是建立在流程框架基础上的,流程的设计能力决定了企业经营系统的设计能力。如果流程设计得低效、冗长、有风险,企业经营系统中的资源管理得再好,企业经营系统运作得再有效,企业运营结果也是低下的,因为流程设计能力低下导致了企业经营系统的设计能力低下。企业系统运作水平关键在于是否能够把企业经营设计能力充分地发挥出来,一个设计能力低下的企业经营系统,再好的运作管理最多只是把流程设计的能力完全发挥出来,但企业经营体系的实际绩效还是低下的。

然而在企业实践中,流程还没有成为企业管理关注的焦点与中心,企业还是习惯职能管理的方式。不论企业是否建立了文件化的管理体系,管理体系都是真实存在的。实际情况中,企业流程体系的建立大都是问题导向与部门导向的。

问题导向表现为流程体系没有经过整体设计,是遇到问题就想对策、定规则,把相应的流程建立起来,这通常是零散与随机的,管理的可控性差,体现在结果上有较大的波动。

职能导向体现在流程的设计是每个部门负责人站在本部门职责范围去设计企业系统的子体系(如制造管理、研发管理、人力资源管理等),这种方式最大的问题就是各个子体系之间缺乏整体考虑与有效衔接,存在大量重复、空白甚至是相互冲突。因此,企业的流程体系设计能力不高,企业的实际营运绩效也不高。

据统计,企业中不增值的活动比例大概占到了85%~95%,流程中大部分时间在做客户不关心的事情、客户不认可的事情,例于等待、重复审核、错误纠正、返工、返修等。这是一个非常令人触目惊心的数字,很显然如果能够把不增值活动比例减少,提高增值活动比例,企业的营运效率自然就能够大幅度提升,企业的投资回报也会得到明显改善。

而解决这一问题的关键就是流程,因为流程规划、流程梳理及流程优化的目的就是要确保流程卓越,提高流程的设计能力,最大化增值活动,最小化不增值活动。

案例 同样的目的,不同的流程设计,产生不同的效果

A公司与B公司是行业内主要两家生产商用空调的企业。由于它们生产的商用空间通常是用户建设、装修项目中的组成部分,为此,市场上存在一定比例的客户定制化产品的需求。对于这类产品称之为定制机。A公司在定制机产品

经营方面全面落后于竞争对手 B 公司,不论在定制机的销售量还是平均利润率方面,都处于落后地位。A 公司经过分析之后找到了原因,问题不在于 A 公司的人与管理水平,而在于 A 公司的合同评审流程远远落后于 B 公司。A 公司和 B 公司的合同评审流程对比如图 1-2 所示:

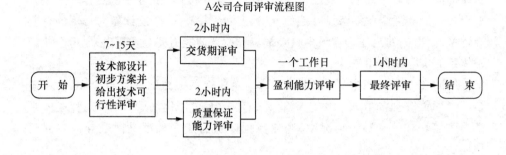

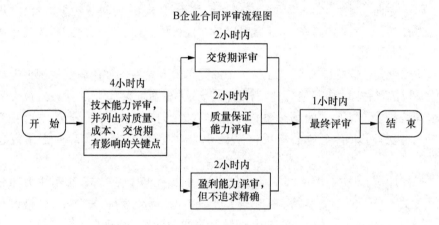

图 1-2　A 公司和 B 公司的合同评审流程图

流程的差别有两个方面:其一,A 公司要在完成技术方案的设计之后才会启动交货期、质量保证能力及盈利能力的评审。而这需要花费 7～15 天的时间。由于时间太长,客户会等不及而找其他的企业交易。B 企业则不需要详细的方案,只需要知道技术上是否可行和可控,这款定制机在质量、成本、交货期方面的关键影响因素是什么,由于不需要设计方案,可以在半个工作日内完成。而且由于列出了关键因素,不会影响交货期及质量保证能力及盈利能力的评审。其二,在盈利能力的评审上,A 企业采取的是精确计算法,会根据技术方案及交货期、质量保证能力详细地算出原材料、人工、制造费用,来评估产品的实际利润是多少。而实际上,核算的目的是为接单提供决策支持。客户对于定制机价格不敏感,更关注的是质量与交货期,为此完全没有必要核算得非常精确。B 企业则是相对粗略的计算,确保公司盈利的情况下,简化财务核算工作。

流程不同,即使其他的都相同,B企业也可以轻松地比A企业响应速度快7~15倍。

■ 战略只有落实到流程上才能够落地

既定的战略被不打折扣地执行到位,并圆满实现战略目标是企业共同面临的难题。我们对此深有体会,比如在负责公司战略投资工作的时候,我们要对公司的战略进行回顾与总结,我们经常会发现,多年来我们很多策略仍然停留在N年前的水平,也就是说多年前的策略到当前仍然在提,这么多年过去了,我们的策略没有实质性的变化。

为什么既定的战略无法被有效地执行呢?最关键的问题出在战略高举高打,没有落实到流程上,没有与流程建立逻辑关联,战略与流程相互脱节。

大家可以思考一个问题:高层制定出战略之后,操作层的员工(基层)是否清楚?并且将战略转化为他们的日常工作和行动?这里我们要强调的行动一定是与过往不一样的,要么是新工作,要么是用新的方法做原来的工作。

如果不论公司的战略怎样,员工根本不关注,他们的工作都像过往一样,那我们可以想象,今年的业绩就是去年业绩的翻版,唯一不同的地方是外部环境的变化。如果外部环境好,公司的业绩可能会漂亮一些。而事实上竞争是不断升级的,环境会越来越严峻,业绩下滑的可能性越来越大。

而公司业绩不是取决于单个的员工工作,而是取决于整体团队的工作,所以请大家再思考一下:高层制定战略之后,公司的流程是否随战略做了相应的调整?是否明确了战略导向的流程优化、流程规划、流程梳理的需求?是否根据战略目标调整了流程的目标?如果战略变了,流程没有变,要实现战略是非常难的。

战略要落地,需要流程这把云梯,根据战略成功关键因素找出战略执行的关键举措,将这些举措与目标要求从高阶到低阶逐层分拆,一直到基于执行岗位的活动,改变执行层岗位的行为,把战略目标的压力传递给他们。实际上,企业战略执行不到位的原因就在于战略停留在"大而空"的口号层面,最多是将战略的目标分解到了不同部门与岗位,但如何去做、战略执行得是否到位并没有人进行控制。

通过流程将战略分解到人员的逻辑图如图1-3所示:

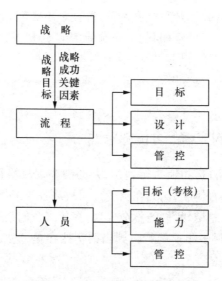

图 1-3　将战略分解到人员的流程图

■ 直线职能式组织架构急需流程管理来平衡

　　职能与流程是组织设计的左右手,职能是能力导向的,流程是协同导向的。职能设计的思路是为了能够实现专业化能力,提高管理的效率与效果,将工作性质相同及相似的工作集合在一起形成岗位,再将岗位集合成部门。这样做的好处是非常明显的,通过专业化分工与协作可以极大地提高运作效率,对于固定成熟的业务可以实现大规模运作,管控难度小。然而缺点也非常明显,横向协作能力差,缺乏客户导向与目标导向。在企业工作的同事可能会发现,很多企业都会成立综合管理部、调度协调部或是总裁办,这些部门有一项非常重要的职责就是协调跨各部门间的工作。同样,在企业里一旦出现跨部门问题,尤其是涉及职责变化、利益分配或者是策略决策的时候,解决的难度非常之大。找上一级老板,老板一则没有时间,二则老板也没有这个精力与足够的背景知识去判断,效率低下。所以,这一类问题不到火山爆发的那一天不会解决。这个时候流程协同导向的组织设计就显得非常重要,流程是为客户创造价值的跨岗位、跨部门作业活动过程,它追求的是整体最优,追求的是目标导向,关注的是客户的价值与满意度,所以流程导向的组织架构设计弥补了职能制固有的不足,它把职能相对孤立与静态的联系打通了,要求组织能够随着市场、战略变化而快速调整,支持企业跨部门团队有效协作,可以有效构建基于流程的水平同级决策机制,提高了职能组织水平协作能力与整合效益。

很多人认为流程型组织应该全面替代职能型组织,这是一个非常不足取的想法。流程与职能不是对立的、水火不容的,相反是互补与协调的,两者应当结合使用。企业应当构建一横一纵的和谐组织架构,横向以流程来打通与优化各部门、各岗位之间的协同,纵向以职能来简化管理复杂度,培育与提升各部门、各岗位的专业能力。如此,整个企业的团队即有良好的专业能力,又能够有优质的团队协作能力,整体的绩效就非常有竞争力。

为什么这么说呢？道理其实很简单:企业里大部分工作是相对长期稳定的,这些工作不论外部环境怎么变化,它们不会变化,如人力资源管理、财务管理等。这样的工作就非常适合按职能制去组织,因为相互之间的协作关系可以固定,不会轻易发生变化。就像自动流水生产线,只要每个人在不同的工位,按生产规程的要求把每道工序质量控制住,整个生产线就会很流畅而且高效。相反,会有20%的工作相对变化快,有的是策略调整的需要,有的是客户需求变化,有的是市场竞争的要求等,例如客户服务、采购、订单处理等。这类工作按职能制只能够提供一个基础的框架,但职能调整的速度与成本都不能适应变化的需求,这时需要用流程导向的组织(如综合问题处理岗位等)来解决,这是流程型组织擅长的。就像流水线,不适宜采取自动的,它经常要根据不同客户不同产品生产的需求调整生产线、人员、设备等资源及控制要求。如果大家还是各自为政,必然无法响应变化的生产需求。

流程型组织与直线职能组织的关系如图1-4所示:

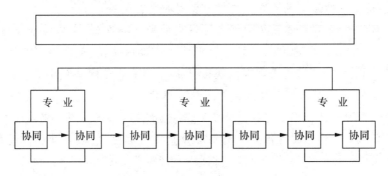

图1-4 流程型组织与直线职能组织的关系

相关阅读　　　　　　　　　　　　　　　　　　　**为什么要推行流程管理**①

聊一个老生常谈的话题：为什么要关注流程？为什么要管理流程？

回答上面问题前先思考一下：什么时候企业会有流程管理需求？可能咨询界的同事更有发言权。我感觉通常会有两种情况：

(1) 无法维持正常的运转秩序的时候，高层觉得整个管理体系失控了，或者说乱成一团了。想要解决这些问题却总是找不到有效的办法，一个问题刚解决，另外一个问题又出现了。

(2) 企业能够维持正常运转，但营运的效率满足不了竞争的要求，如成本太高、反应速度太慢、应变能力差等。

流程管理最擅长解决上述两个问题，因为流程关注顾客需求，关注整体与最终产出，关注活动间的衔接，关注部门间的协同。流程管理的目标就是要实现整体顺畅，受控与绩效最优。

先来看第一种情况，企业陷于经营混乱中，不能够提出系统有效的解决方案，实行头疼医头、救火式的管理模式，问题此起彼伏，得不到根本的解决。

再次思考一下：为什么企业不能够提出系统的解决方案，管理缺乏系统性？

要实现系统管理的前提是对系统能够有正确的认识。以我个人经验判断，管理缺乏系统性的主要原因是看系统的视角出了问题，管理者不能正确认识系统，尤其是系统的结构及不同组成部分之间的内在联系。

长期以来，管理者看系统的视角是纵向的职能导向，追求的是专业分工，三权分立式的制衡。管理者在分配资源与业务决策的时候，部门导向的视角缺乏一个有效平衡的原则，使强势部门获得更多的关注与支持。经常可以看到每个部门都做得很好，但公司整体绩效却不让人满意。

如果市场不像今天这样善变与多变，职能导向的系统观不会有太大的问题。因为在组织架构设计的时候就把它精心设计为互相咬合、相互协作的整体。然而组织架构设计的前提不断在变，时间一长可能"物是人非"了。举例来说，将公司经营目标从上到下分解到各个责任主体（部门、岗位、个人），看似完美，上下关联，目标一致。然而分解的过程中也同时把指标间的联系分割了，势必造成各自为政。每个人都会从自身的指标出发去努力，而不再去考虑团队、其他部门，甚至是公司的目标。

所以戴明曾说，取消对员工的量化目标与工作定额。营销部门尖锐地对强

---

① 摘自作者畅享网博客：http://blog.vsharing.com/leonchen/A675039.html。

调控制成本的财务部门说:"财务是营销最大的敌人。"财务部门则针锋相对地反击:"如果不是财务事前、事中控制到位,任由营销部门乱用,公司的目标利润无法实现。"

这是部门导向的系统观所无法解决的,因为它把部门间的联系给割裂了,这个部门间的联系到底是什么?是流程!流程大都是跨部门活动流转的过程,部门是流程运转中角色的集合。诚如哈默所说:"为顾客创造价值的是流程,而不是哪个部门。"

用流程视角去看系统,可以从不同层面去剖析系统:

(1) 站在行业角度,从行业价值链的角度去看更大的系统,我们可以看到企业的商业模式,看清企业利益相关者之间是如何交易的,如何做价值交换?行业对企业要求的价值是什么?企业在行业中的价值取向及策略是什么?

(2) 从公司价值链角度看系统,我们可以清晰地看到公司是如何为顾客创造价值的,公司得以克敌制胜的价值链环节在哪里?

(3) 从业务流程去看子系统,我们可以理解某一个业务是如果完整地被执行,这个过程价值又是如何创造与传递的?同时还能够对上述三个层面进行有效的衔接。

可见流程视角能清晰地看出系统的构成,各构成部分之间的联系,更容易理解公司是如何运作的。流程是系统的主线,流程导向的系统观由于真正把握了系统间的联系,能够真正实现从整体上获得最优。认识系统是管理系统的前提,只有从流程视角认识了系统,基于流程的管理体系的建立才能够真正实现顺畅、有序。

再来看第二种情况,它的实质是变革与改进。

在企业工作的同事都有切身的感受,点的改进比较容易,但公司整体的改进非常困难。很多企业导入 ISO9000、TQM、6 西格玛、PDCA 管理环、绩效管理,这些管理工具的引入对于企业管理起到了很大的促进作用。很多员工在企业教导之下养成了分析与改善的习惯,在制造企业可以看到质量改善(QC)小组非常普及,同时职业经理人出于为公司创造价值同时提升个人能力的需求,不断地在本岗位推陈出新,力争工作中创出亮点,创造与众不同的个人贡献。

此时,我们需要冷静地思考下面两个问题:

(1) 这种改进的最终结果如何?我谈的是硬产出,要能够体现在公司整体绩效上(可以从 BSC 的财务、过程、学习、顾客四个维度评估)。

(2) 这种改进的方式足够吗?股东满意吗?能够满足竞争的需求吗?

高层管理者很困惑:每年度管理改善都进展不错,但看不到给公司带来的好处,而且公司在竞争中还是不能够满足要求。原因何在?

上述的改善是局部的、孤立的,甚至是单点的。局部之和不等于整体,局部最优不等于整体最优。如果改善的不是瓶颈,不是关键环节,可能系统根本没有改善或者改善不明显。有时局部的优化由于缺乏系统性,反而可能会破坏原有系统的和谐,改善的结果是系统绩效下降。

从流程视角来看待这个问题就是做流程优化,出发点就是追求公司整体绩效的改善,找到关键流程,确保投资回报。流程优化是分层,首先要从端到端的大流程着眼,再从端到端流程的关键子流程入手。

由于有端到端的流程视角,流程优化的前提保证了它不会失去整体。

端到端流程的划分可大可小,但由于它非常关注顾客端,所以能够保证有最终的效果。一个企业的整体运作系统可以看成一个端到端,从顾客及市场需求端到顾客满意端,相当于公司的整个价值链。这个端到端流程如果有改善,就直接体现在公司整体绩效的改进;同样供应链管理流程关注从供应商端到顾客端,它的改善直接体现在为顾客提供产品的速度、质量、成本以及服务水平上。

个人与系统对抗,几乎每次都以个人失败而告终。对系统本身的改善是管理改善的关键,而以流程为主线改善系统又是系统改善的关键。

我的体会是:关注流程的目的是以流程为主线去更好地理解公司整体经营管理,从而能够实现整合,实现整体最优,更有效地支持企业战略。

1.2 把握流程的本质

与流程管理同行做交流的时候,有人会抱怨做流程管理要么做得很低端,一天到晚帮业务部门画流程图、写文件;要么做得很虚,一天到晚推广流程管理的理念、方法与工具,但当碰到具体问题的时候,会束手无策。不论是哪种情况,流程管理都很难做出成绩。这的确是一个常见的现象。

案例　这样的流程管理是否有效

小王在一家制造企业负责流程管理的时候,他的主要工作就是两项:一是文件管理,包括流程文件的审核、发布及上传到公司的知识库中;二是对关键流程进行调研,根据调研报告促进流程的改善。第一项工作非常简单,他虽然做得很努力,但公司并不会认可这项工作的价值;第二项工作,他也很努力,但写出来的报告是企业通用版的,非常的宏观,非常的表面化,对企业改善没有任何帮助。

为什么会出现这种情况呢？难道流程管理就不能深入业务当中吗？就不能切实地为企业解决问题,为企业创造价值吗？

其实问题很简单,流程管理从业人员没有把握流程的本质,而是迷失到流程的细节与表象中。流程的本质是什么？流程的本质是流程存在的目的、意义与价值。流程的本质不是流程的岗位分工,不是流程图,不是流程的管理标准,也不是流程相关的管理制度,这些东西是手段,都是为流程本质(目的)服务的。

只有把握了流程的本质,流程管理的方法与工具才会变成一把利刃。把握了流程的目的,流程的设计才有灵魂,才知道方向在哪里,才会围绕着目的去开展活动。把握了流程的目的,做流程优化的时候才能够真正说得清楚什么是增值的,什么是不增值的活动。很显然,有利于流程目的达成的活动才是有价值的,才能够让流程的设计直指目标,让流程的设计做到充分的精简与高效。把握了流程的目的,做流程审计就不会停留在符合性,不仅能够告诉大家不符合流程制度的要求,还能够告诉大家流程的问题在哪里,给公司带来的危害是什么,原因出在制度执行上还是流程制度设计本身。

如何把握流程的本质呢？首先不要认为流程的本质只有业务人员才知道,流程从业人员是无法把握的。流程的目的是长期以来被人忽视的问题,不是一个人能够回答的,需要团队去解决。流程管理从业人员由于具备了结构化流程思维,非常适合担当团队的组织者,带领流程团队把流程目的识别出来。流程团队中的人员熟悉的是各自负责的工作程序,但他们并不理解这样操作的目的,更谈不上对整个流程目的的把握。把握流程本质的关键点在于分析并找到流程对于客户及公司的价值,对于客户的价值来源于客户需求的分析,对于公司的价值来源于公司的战略及经营目标。在分析流程目的的时候,我们会发现在多目标之间,流程需要进行平衡、取舍并排出不同的优先次序,这个权衡的过程实际上就是流程与战略进行对接的过程,一旦根据战略确定了正确的流程价值取向,就可以通过有效地运行流程将公司的战略实实在在地贯彻下去并能够创造出预期的市场竞争力。

为了便于大家理解,在此举一个大家都非常熟悉的流程——"合同评审流程"。如果不关心流程的本质,而只关注流程是怎么在不同部门、岗位流转的,做到最好也只是使合同评审工作能够顺畅有序地开展。很多公司的合同评审会流经财务部、制造部、开发部、质量部,按照设计好的逻辑先后顺序开展。但流程顺畅有序并不是公司期望的结果,公司想要的是通过合同评审为公司规避风险,创造价值,为公司带来竞争优势。如果流程偏离了目的,再顺畅的流程也是在做无用功。从流程本质上看待合同评审流程,首先要思考合同评审的目的是什么？

从公司内部来看,合同评审保护公司的利益,满足公司经营目标的需求,主要表现为对盈利的追求,要保证合同的利润率,符合公司的价格策略,控制应收与交易风险。对外部客户则要保证客户的要求能够得到满足,保证客户满意度。简言之就是利润、风险、合同履约能力,而且会在这三个方面做一个平衡,有所侧重,直接体现了公司的竞争策略。当然,合同评审还要有一定的效率,不要让客户感到不方便。到了这一步我们还需要做更深入的分析:基于流程的目的确定流程的目标与实施策略。例如,通过合同评审来控制利润,我们的利润目标是多少?我们总体采取怎样的价格策略?对不同的客户价格策略有什么不同?是通过目标利润率的方式来控制,还是制定指导价?

如果把上述问题都想明白了,流程的本质就把握清楚了。而流程怎样去实现也就变得非常容易。由于目的明确、策略清晰,合同评审完全可以交给更低层级的人员执行,甚至是交给一个人或者很少的几个人。

案例 健全的流程制度未必能取得好的结果

某公司流程制度非常健全,过去几年公司运行比较正常。然而,随着近几年公司人员流动率的上升,该公司运营不断出现问题。经常是资深员工离职后,将工作交接给新员工后就容易出问题,给公司运营带来很大的混乱。该公司总经理张总要求企管部李经理:"你要分析一下,公司流程制度这么健全,为什么运作还是不稳定?我要的是铁打的营盘,不受士兵更换的影响。"是什么原因导致这种问题出现的呢?经过分析,李经理发现,公司的流程制度虽然很全,但只规定了岗位流程转,流程的目的、原则却不清晰,还有各岗位操作的价值、原则、规则也不清晰,随着老员工的离职,这些流程知识、经验也被带走了。新员工一进来,流程流转到新员工的时候,他完全不知道如何操作。当流程需要变更的时候,也不清楚流程存在的目的与价值,使设计者无从下手。

1.3 抓住流程管理的重点

任何管理理论或者方法都有其适用条件,有两面性,只有在合适的环境下使用才可以充分地发挥它的作用,否则有可能适得其反。在流程管理实践中容易产生一个错误的认识：凡事皆流程，眉毛胡子一把抓。

我们在刚做流程管理的时候，对所看到的管理问题都能够与流程建立起联系。对于任何企业问题都尝试从流程的角度去寻找解决方案，流程管理方法似乎可以解决公司管理面临的任何问题。其情形就如那句名言所说："当你手上拿着一把锤子，看什么问题都是钉子。"显然，流程管理就是这把锤子，所以能够看到的任何问题都是流程问题。然而，实际情况中很多问题往往与流程无关，是流程管理所无法解决的。我们发现作为一个职能管理者往往很容易犯同类错误，希望把自己的专业管理发挥到极致，而忽略了管理的系统性。

流程管理也是一样，不是一个什么都能装的万能框，它解决不了企业的所有问题，它有自己擅长的领域，因此不是所有的流程都需要管理。什么样的流程才需要管理？我觉得至少要具备两个条件：一是要具备可管理的条件，或者说流程到了可以管理的级别；二要具备管理的价值，有合适的投资回报。

什么样的流程具备可管理的条件？流程和产品类似也有生命周期的概念，在这里简单地把产品生命周期模型应用到流程的概念上，流程也要从导入期到成长期，经历成熟期之后步入衰退期。

在流程处于导入期的时候，流程非常不成熟，经常要随着环境的变化而不断地调整，还没有充分找到其中的规律，发生的频率和概率很小，一年可能就发生一次或者几次，而且每次持续的时间较短。这个时候流程应当说不具备管理的条件，没有必要把工作固化成结构化的、流水线似的操作模式，否则结构化的设计反而束缚了流程的手脚，影响了流程的灵活性与应变能力。

流程从导入期进入成长期是流程管理介入的好时期，这个时候要掌握流程管理的度，要适度管理，把握规范和灵活的平衡。我们建议在流程的关键节点及流程的粗线条上进行管理，而不要细到每一个活动及每一个步骤。举个例子来说：一家小公司从无到有开始成立人力资源管理部，如果你建立一个非常完善、非常精细、非常规范的人力资源管理体系，毫无疑问是不可能在这样的公司有效运转的。

在流程进入成熟期之后的阶段是流程管理施展拳脚的好时机。运用流程管理工具将日渐成熟的业务转变成标准化、规范化的操作，并把最佳的实践经验固化下来，提高业务运作的效率与效果。通过流程优化或再造来提高成熟业务的运营绩效，以充分适应竞争需求。

什么样的流程具备可管理价值呢？简单说就是有合适的投资回报。

管理工作的投资回报是比较难计算的，由于管理工作的价值是间接的，而且相对比较难以量化。虽然如此，从事流程管理，一定要牢固树立投资回报的理念。做流程管理不能迷失在流程管理本身上，要回到流程管理的目的上，不断地问自己：这个流程有管理的价值吗？为什么一定要投入资源放在这个流程上？对这个流程管理需要投入多少资源？需要管理到哪种精细度？这些问题是必须要回答的，因为公司的其他同事一定会质问你这个问题，尤其是公司的业务线同事、公司的高层及投资者。

回归到流程管理的最终目的上，你会发现一些流程本身就没有存在的必要，也有相当多的流程根本不需要做制度化管理，完全可以通过人、文化、考核、培训等方式去解决。举个例子，正常情况下，一个岗位可以完成的工作不需要把流程梳理出来，也不需要把工作流程化，更不需要按梳理后的流程做全面的检查、评估。只要明确这个流程的目的，建立明确有效的目标，必要时对流程的关键点制定一些简单的规则就可以了。

由于流程管理是一个比较新的职业，设立专职流程管理岗位的企业本身就不多，而有流程管理岗位的企业配置的人员也不多，大都为一个，有的甚至还是兼职。在这种情况下，流程管理更需要控制管理的范围，需要抓关键。在此，给出我们的经验与大家分享。具备可管理价值的流程应符合以下原则：

（1）流程的跨度越大越值得管理，尤其是跨部门的流程。因为岗位间、部门间的衔接是流程最容易出问题的，也是直线职能制的模糊地带。原则上，部门内部的子流程没有必要强行规定做流程建立、流程检查与流程优化。部门内的子流程只要根据其上一级流程明确需实现的目标及管理原则就可以了。对于子流程的管理交给对应职能部门自行管理，给他们留足发挥的空间，我们的经验证明这一原则非常有效。如果能够管理好关键的几个跨部门业务流程，流程管理从业者完全可以给高层带来足够的惊喜与满意，公司整体的运营绩效与竞争力也完全能够得到保证。

（2）流程的参与人越多越值得管理。做一个人使用的流程花的成本与做成千上万个人使用的流程所花的成本是差不多的，但产出却是数量级的差别，投资回报差别也比较大。我们认为流程参与人非常少的流程不宜流程化，管理好流程的结果及流程的关键控制点就可以了，要给流程中的人员充分的工作自由度，没有必要受流程化、程序化的制度制约。

有一家公司在推行知识管理的时候，推动公司各岗位编写岗位操作手册，把岗位上的活动流程化，知识与经验沉淀下来。在写的过程中由于没有统一的提炼原则，当时只是要求写到一个新员工或者局外人能够看得懂。然而，在写的过程中就碰到了很多问题，甚至发现很难写下去，比如到底要写多细？如果要写到足够细的话，一个简单的操作写完后也变成了一个看起来非常复杂的厚厚的一本手册。后来组织者要求尽量写细，之后再化繁为简。当花了好大的工夫完成岗位操作手册编制之后,又发现岗位操作手册很难被使用,似乎只能够成为新入职员工的教材与参考书,对于老员工几乎没有使用价值。他们犯了一个明显的错误,没有抓住流程的关键点,对流程管理得太细致了,以至于没有办法、没有精力去管理。大家可以简单地想一下,如果把操作者的每一个细致的动作都管起来,那检查的人几乎要完全重复做一次操作者的工作,而且非常有可能发现不了有价值的问题。

(3)流程发生的频率越高越值得管理。频率发生高就意味着设计好的流程被使用的次数多,流程管理的价值体现在使用上,所以流程管理所产生的价值也就越大。相反,如果使用频率非常低,设计好的流程有可能还来不及使用,由于间隔周期过长,又需要重新调整或再设计,设计好的流程几乎没有被使用的机会,这样流程管理产生不了价值。如果一个流程一年只发生一次,甚至几年发生一次。比如年度预算流程,我们觉得没有必要用流程管理的方式去管理,完全可以用项目管理的方式。每一次流程发生的过程可用案例的形式做知识积累,同样可以达到管理的目的。

1.4 不要把流程仅仅看成是活动流

流程是跨岗位流转的活动流,流程是一组利用资源将输入转化为输出的相互关联的活动。请大家思考一个问题:流程是什么?只是活动流吗?如果活动流离开了活动执行者(人),离开了活动执行所需要的资源,离开了活动管理需遵循的规则,这个活动流能够有效运转吗?这样的活动流有实际意义吗?

很显然,流程是不能够独立存在的。西方有一句名言:当手离开身体的时候,便不再是一只手。流程也是一样,要理解流程,需要放回到它所在系统中才能够真正的理解。要真正管理好流程,除了关注活动流之外还要关注与活动流密切关联的其他几个要素。

■ 流程目标

流程本身要有正确的目标导向。流程追求什么,不追求什么?我们认为流程是有取舍的、有侧重的、有策略导向的。我们经常说公司要制定有效的竞争战略,但竞争战略常常很难落地,主要的原因就是流程没有体现竞争战略,流程没有竞争力。

流程的目标是流程设计与管理的出发点与目的点,所有的活动都是围绕目标而展开的。流程管理就是要最大化保留和增加增值活动,去除和减少不增值活动。什么是增值活动?理论上,我们会说客户愿意付费的活动就是增值的。但这个解释可操作性不强,我们认为增值的活动就是流程目标导向的活动,有利于流程目标实现的活动,反之则是不增值活动。

企业需要将流程目标有效地按流程的层次从高到低分解下去,关键的指标还应当分解到操作岗位的活动上。所以,伴随着活动流的同时,目标还在沿着活动流分解与传递。如果流程中的活动没有目标,操作者便没有努力的方向,管理也失去了基本的依据。

同样的系统,同样的流程,由于目标不一样,它们的产出也会大不相同。因为任何工作都是人的行为产生的,而人的行为又是由内在的动机诱发的。高目标意味着更高的驱动力与压力,流程运作起来才会更有激情,才会有更好的产出。

但可惜的是,有很多流程没有目标,尤其是管理支持类的流程。没有目标的流程意味着流程是否增值都不明确,为此流程优化存在巨大的空间。难怪大家都说21世纪效率提高的关键是白领,而不是蓝领。

■ 职责分配

流程一般都是跨岗位的,我们认为流程管理的重点应当是跨部门的。由于跨过了部门墙,所以职责的划分非常重要。有了活动流只是明确了要什么,以及做事情的先后顺序,但如果不规定由谁来做,流程中的人是不可能自发地配合好的,毕竟团队合作的基础是要有规则。职责分配就是流程团队最重要的规则,如果没有合理的职责分配,再好的活动流也只是理论上设计得可行而已,因为那些流程上的角色还没有找到合适的演员,没有职责的流程只是半成品而已。

更何况在直线职能制为基础的组织结构下,如果没有定义清楚职责,流程要求的工作永远只会排在上级要求的工作及岗位职责之后。流程的活动是得不到人员执行保障的。

另外,企业的组织架构、管理文化也会影响流程职责的设计。从理论上最精简的流程可能不适合实际的组织结构与企业文化,因为活动流的职责无法真正落实下去,需要重新设计,选择次优的活动流来解决。

> **案例** 不同的文化导致不同的流程设计思路

有位好友与我们交流如何简化审批流。正好我们有过这方面成功的经历，于是我们便把经验与方法告诉他。其实我们的方法很简单，就是要求每个审批环节说清楚他们各自审批的目的、审批的控制点及审批的规则（什么情况下通过，什么情况下拒绝）。在完成这个步骤之后，一般会出现两种典型的可以简化的情况：一种是多个岗位在审批同一个控制点，大家的审批目的是一样的，可以理解为重复的检查；一种是审批人说不清楚审批的价值。按照我们公司的文化，不能够证明有用的工作是可以不做的，大家都认同这个价值观，另外有利于公司整体利益的方案是跨部门共同遵守的选择。为此我们很快就能够应用这个方法将流程简化。

然而，我们这位朋友把同样的方法应用到他们公司，却无论如何也推不动。原因何在？他们公司不具备这样的文化，他们认为不能证明是无用的工作就应当继续保留。他们的组织架构等级观念森严，下属的工作上级就应当要知道，要参与审批。所以简化的活动流职责无法落实，最后还得接受冗余与低效的审批流。

■ 执行人员

伴随着活动流程一定会有一群活动的执行者——人在流动。任何流程都需要人去执行。同样的流程，不同的人的执行效果可能千差万别。很简单的例子，老员工操作顺畅的流程，新员工执行时可能会错误百出。所以活动流是离不开人的，因为每一个活动都需要人去执行，人的能力、态度、价值观不一样都会影响流程的执行。

是不是人一发生变化流程就要跟着变呢？理论上，流程以事为导向，好的流程不需要考虑人的变化。

强调人力资源与活动流的匹配，主要在于活动流的设计是与人力资源岗位设置密切相关的。如果岗位设置要求操作者是个精通多个专业领域的天才，流程设计就会很简单；相反如果操作者都是某个较小领域的专业人才，则流程设计就会相对复杂。同样，对岗位人员的素质要求不一也会影响流程的设计，如果岗位设置要求就是高素质的熟手，流程也会相对简单；相反，如果岗位人员素质要求低，则流程相对会复杂。

对于喜欢借鉴同行或先进企业管理方法的人，在做流程复制的时候，一定要注意人的因素，不同公司的人员配置是不一样的，文化也是不一样的。例如，员工流动率低、老员工比较多的企业，由于人有经验，加上大家长期在一起合作，流程可能会省去了很多隐含的内容，而拿到员工流失率高、新人多的企业可能完全无法执行。

大家在设计一个流程的时候，要考虑配备与活动相匹配的人。如果找不到合适的人，证明活动的设计是不可取的。拿审批流程来说，如果公司对于流程中的知识点没有积累，没有提炼出审批的原则与关键控制点，就必须为流程配备有业务控制经验的审批人。反之，如果审批规则清晰，容易把握，则完全可以找一个没有经验的人来承担。

■ 其他资源

这里主要指人之外的资源，常见的资源有：资金、设备、设施、信息系统等。活动流的效率与效果很大程度上依赖于资源的配备，离开了资源，活动流同样不可能运转起来。

对于机械化、自动化程度高的流程，与活动流关系最密切的是设备，活动流的设计及优化都是与设备的选型与改造紧密相连的。在生产线建成之后，流程基本就固化下来，生产质量、产量都非常依赖于设备能否正常有效运作，设备的相应工艺参数能否稳定受控。

对于更依赖于人的企业，如服务性行业，我们认为虽然不需要太多的设备，但这个时候信息系统是活动流设计质量与运行质量的关键。流程的自动化程度、智能化程度就依赖于活动流是否能够与IT系统有效的融合，尤其是成熟的流程，有规律可重复的、规则清晰的活动可由信息系统自动执行，并通过信息流的集成处理，为操作者提供充足的信息支持。

■ 信息沟通

每一个活动都离不开信息支持，活动流同时伴随着信息流。我们经常说管理就是沟通，有很多管理者说自己一天花时间最多的就是沟通，不停地接电话、打电话、收邮件、回邮件，还要参加很多的会议及面对面的沟通。

我们为什么要沟通？肯定是为了活动，因为活动的执行者没有得到充分的信息，他不知道如何操作。花大量的时间用在沟通，尤其是通过会议的形式去获得信息是非常不正常的，是低效率的。流程中存在大量的沟通问题就出在没有为流程的活动流设计好相匹配的信息流，如果流程中信息流得到了很好的设计，信息能够及时地传递到需使用的人那里,沟通就会仅仅限于流程的异常情况,沟通工作会大幅度下降。

所以,在做流程设计的时候一定要为每一个流程配备好信息流,需要哪些信息,从哪里获得,以怎样的方式展示等。在为每一个活动设计信息流的时候不能站在活动本身去考虑,一定要站在整个活动流的高度去设计,这个信息流至少包括了整个流程运行的背景知识,让流程团队有共同的背景,有利于大家在大原则上、全局上达成共识,提高流程协调与决策的速度。

信息流设计其中非常重要的是将流程中的知识、规则提炼出来,而不能只装在人的脑袋中。我们认为高层管理者有很多工作方式是落后的,用另外一种方式完全可以把这些工作去除。高层花时间最多的就是例外事件的处理、流程的协调、问题的处理。如果不提炼出规则每一次都是高层出面,高层管理者当然会很忙,流程也当然会很低效。例外的事情难道不可以转为例行事务吗?流程的协调难道不可能由人变为规则吗?就像交管员变成红绿灯,流程的决策难道不能由垂直的变为水平的同级决策吗?

案例　流程需要清晰的规则保驾护航

有一位销售同事抱怨在某项费用报销上占去了他50%以上的时间,以至于他没有足够的时间去做更有价值的销售及客户服务工作。经过流程管理部门的调查分析之后发现,费用报销本身工作量并不大,真正耗费时间的是由于销售报销的手续不符合财务要求而不断返工的时间,销售需要反复的沟通,了解正确的规则,需要不断地重新填写报销单,重新整理报销单据。更加奇怪的是这位销售同事根本不清楚报销的规则,而财务也没有清晰的规则,这些规则都隐含在财务管理人员的脑中,不同的人可能规则还会不一样。很显然,如果规则能够提炼出来,将其明确在流程的相关制度中,销售费用报销流程的处理时间至少可以减少90%以上。问题的根源就是信息流没有理顺。

■ 时间安排

做过计划的同事都知道,时间是计划的一个主线索。根据工作最终的截止时间,必须去倒推,把关键工作节点的时间安排好,只有这样才能够保证最终按进度完成工作。其实流程也是一样的,交货期是客户非常看重的一个指标,要保证产品或服务能够在客户要求的时间内完成,需要由端到端的供应链管理流程来实现。这个过程跨越了太多的岗位、部门、子流程、活动。同样,我们需要对不同分段的流程、子流程,直至活动安排好它的时间,要让这些时间的和加上考虑的波动因素,设计的交货期至少要保证客户接受的水平。

例外的工作靠计划去控制进度,例行的流程靠流程设计的时间标准去控制进度,一旦供应链管理流程被客户订单触发了,各环节都按设计好的时间节奏去执行,订单的交货期就能够真正得到保障。

所以,活动流离不开时间流,否则活动的执行者没有时间的概念,很难排出先后次序,安排好自己的工作,管理者也无从对整体的时间周期进行管理。

1.5 端到端的实战与感悟

■ 什么叫端到端

现在比较流行端到端的说法。刚听到这个名称的时候,我们就非常的困惑,希望能够找到明确的定义及具体清晰可操作的划分方法。结果到现在我们也没有找到,但通过实践,我们从概念本身脱离出来,去思考端到端目的的时候,我们突然发现定义本身已经不再重要。如果读者真要深究端到端的定义,我们大胆地给出以下定义:"从获取客户需求开始,到客户满意结束。"也就是我们常说的要以终为始,目标导向。为便于大家理解,将端到端流程的概念图表示为图1-5:

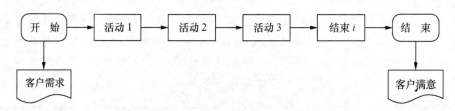

图1-5 端到端的流程图示

需要注意的是,这里的客户是广义的,包括了外部客户,也包括了内部客户。大家知道在流程管理与质量管理里面,内部客户有一个定义,下道工序就是客户。从这个意义上大家可能会觉得这个定义没有太大的意义,似乎每一个不同级别的流程都应该是端到端的,都可以找到流程的客户。我们认为这没有错,端到端本身就是很弹性的,取决于你的管理能力与管理视野。如果你把视野放在整个行业的整合与管理上,这个端到端的流程就是行业价值链;如果你把视野放到整个公司的整合与管理上,这个端到端的流程就是公司价值链,大家经常会用战略专家波特的价值链模型来表达;如果你把视野放在某个流程,这个端到端就是流程价值链。你的视野越宽,端到端的流程越长,跨度越大,反之越小。

端到端的定义是否真的没有意义,我们认为不然。首先不是每个流程的目的都明确,都找到了流程的客户。不相信你可以在所在公司做一个调查,拿出岗位职责,从中随便挑一个工作任务,找到任务的执行者,你问他做这件事情的目的是什么?创造了什么价值?他在为哪个客户服务?很有可能他会告诉你不知道,或者说领导要求做的、制度要求做的。其实,端到端的划分告诉我们要从管理能力与管理目的出发,一个流程可能很短,跨度很小,也能够找出对应的客户,但作为管理者要问自己管理到这里足够了吗?有价值吗?

管理大师德鲁克在《卓有成效的管理者》一书中总结的卓有成效管理者的五个习惯中也提到:"有效的管理者重视对外界的贡献。""他们并非为工作而工作,而是为成果而工作。他们不会一接到工作就一头钻进去,更不会一开头就探究工作的技术和手段,他们会首先自问别人期望我做出什么成果?他需要经常自问:对我服务的机构,在绩效和成果上,我能有什么贡献?"

这与端到端的流程管理理念是如出一辙的。端到端流程管理的本质就是要让企业更多地关注贡献,而不是任务本身。如果每个流程都有这样的思维,流程体系整体就能够实现为客户创造价值、为公司创造利润的目的。

案例　流程的端到端需要价值导向

甲公司在做销售人员奖金核算流程梳理。这个流程是以时间为触发点的,也就是到了某个时点,就开始按考核制度计算销售人员的奖金数目,完成计算之后有相应人员的核对、审核、调整与审批。奖金核算流程完成之后,就进入了奖金发放流程。由于流程的跨度比较大,为了便于找到流程的所有者,甲公司将销售人员奖金核算与发放流程分成了两段:核算流程、发放流程。核算流程的所有者只关心是否在规定的时限内完成了奖金的核算,发放流程的所有者只关心发放的效率是否在要求时间内。在这些流程报高层审批的时候,高层提了一个建议:"你们要站在流程用户——销售人员的角度上去思考问题,他们不关心中间的环节,他们只关心奖金是否及时、准确地发放到手中。"在高层的建议下,该企业将流程做了合并,并从端到端任命了流程的所有者,此后该流程的整体效率与效果都得到了改善。大家可以看到核算流程也是端到端的流程,它的客户可以是它输出的接收者,但很显然如果流程只做到这里是没有价值的。正如该公司高层思考的那样,核算流程最终的客户是谁呢?不是输出的接收者,而是销售。所以端到端的理念告诉我们要根据流程的目的一直追溯下去,把流程最终服务的客户找出来。端到端的概念就是要把分散的任务整合起来,把分散的流程整合起来,为客户更好地创造价值。

如果我们再从更高的层面上去思考,销售人员及时准确地拿到了奖金是我们想要的最终结果吗?显然不是,销售激励只是手段,目的是要提升绩效,所以如果站在更高层面去看,要把销售激励制度设计、核算、发放、效果评估分析与改进放在一个端到端。如果再往上走一级台阶,则可以把销售人员的选、用、育、留整个人力资源管理体系看成端到端。大家可以用这个思路一直追溯下去。

■ 怎样界定端到端

我们觉得端到端是与管理目的与管理能力相对应的。如果我们提企业联盟的端到端管理,而企业根本没有这个管理能力,则提出这个端到端是没有实际意义的。

端到端的流程本身也是分级的。整个企业的运作可以看成一个端到端的流程,也就是我们说的公司级高阶流程:以市场需求为起点,以经营及战略目标(包含了客户满意)达成为结束。

这是一个通用的,也是不可回避的端到端流程,流程管理从业人员一定要有这样的视野,而且要研究如何把这个端到端的流程管理起来。我们认为公司高层都已经具备了高阶流程管理的意识,因为他们都要负责企业整体运作,也非常清楚企业运营的目标。他们缺乏的是流程视角,没有将企业整体运作按流程视角去分解与细划,即缺少我们常说的战略落地的能力,这是流程管理专业人员要重点关注的。我们认为有两个关键点是需要大家把握的:一是战略成功的关键因素是什么?二是战略对流程提出了怎样的目标?基于这两点要找出相应流程的战略举措,不外乎是优化流程或者是改善流程管控,最终的目的是实现战略对流程提出的目标。

公司级流程是虚的,不是每个管理者都能够参与的,为此要细划到更低一级的端到端流程。我们建议这一层级的顾客不能是内部客户,而应当是最终客户,就是企业的利益相关方,包括外部客户(各级经销商、最终用户)、股东、员工、政府、社区、供应商、合作伙伴等。流程要从他们的需求出发,到他们的需求得到满足为止。因为公司级端到端的流程就是以所有相关方的需求为输入,以所有相关方满意为输出的流程,他们满意才是公司整体想要实现的目的。我们认为这是一个非常重要的原则,也就是前面谈到的中阶流程划分。

再往下走就要从中阶端到端流程的目标或者子目标出发去定义端到端。这样做的最大好处就是可以逆向追溯流程的目的,一直可以追溯到公司的战略、经营目标。

谈到这里,大家可以发现端到端的划分与我们第二章将要谈的流程规划没有本质的区分。没错,端到端的本质是让我们做任何事情都要从目的而不是任务出发,让我们关注最终结果。所以端到端的本质是全局管理、系统管理、战略导向的,是追求整体最优,追求最终层面的产生,不要迷失在个人、部门的小目标上,不要迷失在细节的海洋里。

1.6 以流程为导向的管理模式

对于什么是流程管理,我觉得下面经典的流程管理示意图(如图1-6所示)表达得比较清楚,推荐大家仔细阅读。

从图1-6,我们可以清楚地看到,流程管理不只是对流程的管理,而是以流程为导向的管理模式。在前面我们已经谈到流程不是简单的岗位流转,也不是独立的活动流,流程是以活动流为主线将企业管理体系的其他要素有机地串在一起,所以流程实质是一个系统,包括了人、财、物等各种要素。流程的绩效就是整合活动流相关的各种资源产生的综合绩效,包括了人力资源、资金、原材料、设备设施等的绩效,是企业管理体系整体绩效。

要注意流程管理不是一个职能管理范畴,它的本质是一种系统的管理方法,一种以流程为主线的管理模式,包括了除战略之外的企业管理的全部,可以理解为战略保障体系。我们可以拿财务管理与流程管理作对比,财务管理通常包括税务规划、账务处理、管理会计、资金管理、信用管理、内部审计、固定资产管理等,这其中的每一块都需要有专人去负责,这些工作都是例行的日常工作。财务管理作为职能管理的一部分就是把从事财务管理大范围工作的相关人员集合在一起,以利于管理。而流程管理不一样,不论是流程规划、流程设计、流程梳理、流程优化、流程绩效评估、流程审计等都是流程所有者本身的事情,而不需要再去找其他人去负责,所以流程管理不应当成为企业一个独立的职能管理领域,它的本质是管理思维与管理方法。什么是流程导向的管理模式呢?我们认为流程导向的管理模式有以下几个特征。

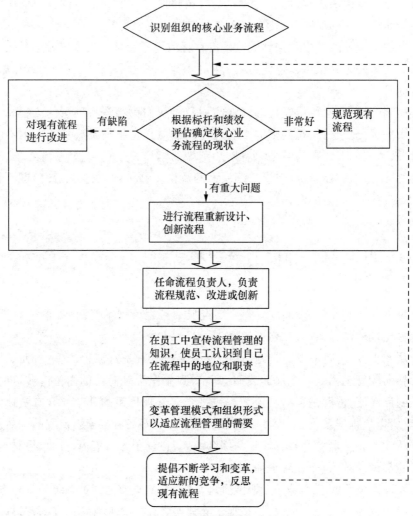

图 1-6　流程管理示意图

■ 以战略、客户为导向

　　流程的本质是它想要达成的结果,从公司整体来看,流程的目的就是为客户创造价值,实现公司的战略目标。所以流程导向的管理模式把战略、客户放到了最重要的位置,这是职能导向管理模式所缺失的。在职能导向的管理模式中,以部门导向分配资源、分解目标、分散管理。各部门都在自己所负责的领域努力,试图把势力范围做大,把局部做到最优,大家只关心本部门的利益,只关心顶头上司的指令,横向协作的能力非常差,没有人真正关心客户,没有人真正关心公司的战略。

■ 以流程为主线

管理体系千头万绪,以流程为主线就是要求我们以流程为切入点,以构建卓越的流程为核心,管理体系的其他要素都是围绕着卓越流程的设计及有效运营组织的。所以在流程导向的管理模式中,基于战略构建流程,基于流程配置资源,流程框架决定组织架构设置,而不是组织架构决定流程。大家可以看到越来越多的以流程为主线的管理实践,例如流程导向的成本管理(ABC)作业成本法,流程导向的预算管理,流程导向的战略分解、岗位设置、绩效评估等。以流程为主线的逻辑其实很简单,以战略目标为输入,设计出一个高效的流程体系,并通过优质的管理确保这个高效的流程体系高效的运营,实现卓越的运营绩效。

■ 流程成为企业通用的运营平台和核心管理对象

在职能导向的管理模式中,流程是次要角色,甚至被管理者遗忘。流程被管理者分成了一个个分散的小段去管理,很少有人会把它们完整地拼装起来,而这一个个小段的流程都是为职能部门去服务的。当出现问题的时候,大家首先想到的是哪一块职能出了问题,是哪个部门的责任,然后再去分析是哪些人的问题,没有人真正去分析流程的问题。美国质量管理专家戴明说过:以他的个人经验判断,质量问题的85%~95%是由系统产生的,而仅有5%~15%的问题是由人的原因导致的。正是基于此,流程导向的管理模式要求大家把管理聚焦到流程上,让大家首先从做事情的方法上去看是否正确、高效,有了正确的方法之后再去关心有没有正确地做事情?流程体系是否有效运行?是否将流程体系的设计能力充分地发挥出来了?

1.7 流程管理 PDCA 环

根据多年的实践经验,我们发现流程管理是完全遵守 PDCA 闭环管理逻辑的,为此,我们在戴明 PDCA 质量环的基础上提炼出了流程管理 PDCA 环,一方面利于大家更好的理解流程管理的内在逻辑,另一方面也有利于将流程管理方法论结构化,便于识记与推广。流程管理的 PDCA 环如图1-7所示:

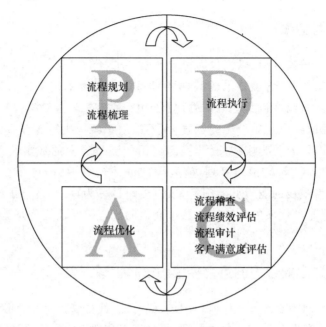

图 1-7　流程管理 PDCA 环

■ P——构建卓越的流程体系

我们经常说企业与企业之间的竞争不是某个资源或者要素的竞争,而是管理体系之间的竞争。在企业的竞争战略理论中也有综合竞争力的说法,即企业的核心竞争力不是企业拥有资源、能力的某一部分,而是各种资源整合到一起表现出来的全面竞争力,这样的竞争力让竞争对手很难模仿或短时间内模仿到。

华为老总任正非曾经鲜明地提出,企业必须减少对技术、人员、资源的依赖,能够从管理的自由王国走向管理的必然王国,靠的就是管理。华为也在发展到一定阶段后,果断地抛弃了代表华为成功"狼文化"的"华为基本法",请 IBM 为其建立了系统的流程体系。可见流程体系对于企业持续健康经营的重要性。

好的管理体系首先是设计出来的,管理体系本身的设计质量是企业运营成败的关键。如果 A 公司的管理体系由于设计得比较差,里面有大量的不增值活动,它的设计能力是 10,而 B 公司的管理体系由于设计得非常精简高效,不增值活动很少,它的设计能力是 100。而从企业的实际情况看,企业之间的执行力相差不会太大,很明显 A 企业不论如何努力,也会被 B 企业远远地抛到后面。

流程体系的设计分为两个层面,一是流程框架的设计,我们称之为流程规划;一是具体流程的设计,我们称之为流程梳理。

流程规划——确保企业管理体系拥有好的框架

流程规划就是从上到下,将企业战略逐级分解细划的过程,包括规划高阶公司流程,规划中阶流程,一直规划到可以管理的流程为止。流程规划以战略、客户、产品等需求为输入,以价值导向清晰、接口顺畅的流程地图与流程清单为输出的过程,具体的流程规划方法、工具与模板在流程规划章节会详细描述。

流程规划要解决的是整个流程体系框架设计的能力,它要保证这个框架没有结构性的缺失而且得到了充分的展开;能够适宜公司战略与环境的要求;能够有效地支持公司战略与经营目标的实现;框架简洁、高效,本身设计得有效率;企业的组织架构、IT系统及其他资源组织方式能够与流程体系相匹配。

流程梳理——确保流程拥有卓越的设计能力

流程梳理与流程规划的区别是流程梳理是针对一个流程,而流程规划是针对一群流程;流程梳理的结果是可执行的流程管理的标准,流程规划的结果是概念性的、框架性的流程地图与清单。流程梳理要保证流程规划后的每一个流程得到合理的安排、卓越的设计,有效地与管理体系目标相对接,不增值环节少,流程设计得易于执行。

在流程梳理章节,我们给出了具体可操作的流程梳理步骤、工具、模板及大量的案例说明。

流程规划与流程梳理加总在一起就解决了流程体系设计能力的问题,保证企业流程体系运作在计划阶段就能够方向正确、方法正确。

■ D——使流程体系被正确地执行

计划如果不能够被有效执行,它仅仅是设计,是一个美好的想法而已,最终还是没有价值的。因此流程体系运作要获得高绩效,产生竞争力,就要做好计划之后保证得到有效的执行。

执行力是企业最近提的最多的话题,同样流程的执行也是流程管理中至关重要的一个环节。在我们的方法论中,对于如何保证流程执行问题,我们给出了以下几个核心观点:

流程执行力是设计出来的

流程执行力是设计出来的,设计好的流程是易于被执行的,它具有很强的操作性,流程本身具有一定的先进性,能够切实使操作者提升绩效。同时好的流程设计本身具备了良好的动力机制,它符合权责利对等的原则,能够实现流程操作者自动、自发地严格执行流程的要求。

落实有效执行流程的责任人

要有人对流程的结果负责,尤其是跨部门的流程,这个人就是流程所有者,然而有了流程所有者还不够,还需要流程主导者的支持。

重视流程的宣贯与培训

理解流程、重视流程是流程执行的前提,要保证流程有效执行需要高度重视流程制度的沟通、宣贯与培训。

通过IT与制度来提升流程执行力

把流程固化到IT系统中,操作者就无法跨越流程,操作者也无法不执行流程,那么流程执行在很大程度上就得到了保证;为流程设计配套的管理制度也是保证流程执行力的重要手段,通过制度去约束操作者,规范操作,保证执行力。

通过检查与问责机制来保证流程执行

要保证流程被执行还必须有检查机制与压力机制,在执行不到位的时候能够及时发现问题,在出现流程问题的时候能够追究相关人员的责任,让操作者感到不执行流程或执行不到位的压力,强化按流程操作的意识与习惯。

上述的这些内容在流程执行章节里有详细的阐述,里面既包含了原则、原理,也介绍了大量实用的方法及工具。

■ C——及时发现问题与解决问题

在模型里,我们给出了发现问题方式的两个层面:一是流程体系层面的;二是流程层面的。

在流程体系层面,分别从公司内、外两个部分对流程体系做出全面的检查与评估:流程审计与客户满意度评估。

在流程层面,分别从过程与结果两个维度进行流程稽查与流程绩效评估。流程稽查是为了检查流程执行是否符合设计要求;流程绩效评估则是评估流程结果是否达到了流程目标的要求。

通过C环节,我们可以发现两类性质的问题:流程执行问题与流程计划问题,对于流程执行问题,我们应及时采取解决措施,确保流程体系顺畅运行;对于流程设计问题,我们应在A环节采取流程优化的方式从根本上解决。

不同的流程检查方式的目的、含义及具体如何开展的原理、方法及具体的工具,读者可以详细阅读流程检查章节。

■ A——持续优化流程体系设计

我们认为流程优化是流程管理经理人的生存之本。这是能够让大家直接看到的变化,而且能够在短期产生实实在在的、看得见的回报,这对公司树立流程管理的信心、提升流程管理重视度和共识度都有非常重要的作用。流程优化的思路就是根据战略或环境的变化,改变流程的设计,让流程变得更加精简与高效,最终达到提升流程绩效的目的。

我们在流程优化章节里给出了流程优化六步法,也分享了具体的流程优化案例、流程优化工作心得、流程优化实用的工具与模板。

有一点需要特别说明:我们提出这个模型的目的,是为了能够非常简单地把流程管理框架展现出来,但我们要强调的是模型,并没有强调严格地按照 P→D→C→A 先后顺序开展流程管理工作。事实上,从哪里开始都是可以的,这取决于本企业环境及管理需要,一般而言,流程优化会是一个比较适宜首先切入的点。但流程管理体系运行到一定阶段,这四个环节都是必需的。

1.8 如何在企业推动流程管理

一般来说,企业在没有推行流程管理之前,跨部门流程管理都比较混乱,存在的问题也很多:流程规划与设计的问题、流程执行力的问题、流程所有者缺失的问题、流程缺乏检查的问题,也有流程激励的问题。当你被新任命为一家公司的流程管理负责人的时候,你是否会感觉流程管理千头万绪不知从何做起?

流程管理发展的历程已经告诉我们,由于企业普遍缺乏变革管理的能力,流程再造失败率是比较高的。为此,我们认为做流程管理刚开始不能求大而全,应当循序渐进,先从流程管理体系的某一部分开始,从公司流程体系中的某一流程开始,甚至是从公司的某个部门开始,积累经验,获得成功之后再逐步扩大和深入。明确流程管理的策略与重点是流程管理经理打开局面的关键。

■ 从企业角度定位流程管理而不是个人

同样的部门在不同的企业职责往往是不一样的,为此,流程管理从业人员要真正理解公司对流程管理岗位的定位,明确流程管理工作的长期使命,这个问题很重要。可能很多人都会说,增加和设立流程管理岗位当然是要在公司推动流程管理,提高企业的管理水平,改善企业的经营绩效。这似乎是一个明知故问而没有任何意义的问题。

根据我们的经验其实不然。公司高层对于流程管理的认识与流程管理负责人的认识是不一样的,通常情况下,他们只是了解了很少的一部分,或者只是看重流程管理中的某一块。在举办企业高层流程管理培训班期间,我们与很多公司的高管交流,问过他们一个同样的问题:"你们为什么要推流程管理?为什么要设立流程管理岗位?"答案各不相同,有人说是要用流程管理方法建立起公司的制度体系,完成人治向法治的转变;有人说是希望能够优化流程,改善经营绩效;有人则说希望能够通过流程管理理顺公司各部门、岗位的职责;有人说是为了能够代表公司从整体上协调各部门,解决跨部门的综合问题;也有人说具体目的不明确,希望能够通过引入流程管理提升公司管理水平。

由此可见,流程管理在不同的企业有不同的定义,流程管理部在不同企业有不同的使命。定位与使命不是流程管理理论专家给的,是公司给的。我们认为一个部门的最大价值就在于能够把公司及老板期望的结果做出来。公司对流程管理部的定位通常不是显而易见的、清晰的,需要流程管理负责人去发掘。

流程管理人员对老板的意图把握得越准确,成功的机会就越大,因为流程管理的工作目标是老板想要的东西,他就会高度关注,整个公司也都会关注;流程管理的工作方式是老板理解的,他就会充分地参与,能够给流程管理同事宝贵的指导与经验。如果能够超越老板的预期,让老板产生惊喜的感觉,流程管理负责人的发展一定会非常好,流程管理工作的推进也会非常顺利。

也许,当你到一家公司的时候,流程管理岗位已经设立了,公司已经为该岗位定义了规范的岗位说明书。此时是否还需要去挖掘公司设立流程管理岗位背后的意图呢?是否照着岗位说明书去做事情就好了呢?以我们的经验判断,仍然需要做这项工作。因为一般来说,流程管理岗位说明书定义的职责过于空泛、大而全,定位也不清晰,例如我曾经见过一份流程管理经理岗位说明书,关于职责就两句话:一句是负责制订并实施公司流程管理计划;另一句是完成领导交办的其他工作。从职责上看不出公司对流程管理岗位的具体要求。

如何准确找出公司设立流程管理岗位的意图呢?我们认为最好的方式就是多找直接管理上司沟通,了解他对流程管理的期望。同时也可以不断地思考一个问题,流程管理能够为公司做出什么贡献?公司需要流程管理贡献什么价值?

如果老板的定位与你自己的定位不同,我们建议先按老板的定位去努力,在实现老板的定位之后,获得老板的认同再去试着做定位的调整,将流程管理工作朝着更高的目标去拓展。

企业对流程管理工作当年的需求分析可以采取以下两种方法:

战略导向的分析方法

研究公司的年度经营计划,如果经营计划中本身包含了流程管理的部分,就要重点去理解经营计划对流程管理的要求。如果经营计划没有包含流程管理,就换一个角度去看,公司的经营管理策略重点在哪里?流程管理岗位能够从哪些方面去配合与支持?要特别注意,当遇到不理解或者不确认的时候,一定要找公司高层沟通确认。

问题导向的分析方法

从流程的视角分析公司经营管理中存在的问题,常见的问题包括:跨部门流程衔接不顺畅,部门之间扯皮,职责不清晰;跨部门流程缺乏统一责任人,出了问题没有人整体协调与解决;跨部门大流程绩效不佳,如出错率高、流程周期时间过长、成本高等;流程缺乏明确的规则与过程控制,过多依赖于人与经验,人员发生变化,流程绩效就变化;客户投诉居高不下,客户满意度低。这些问题正是流程管理所擅长的,也通常是其他职能管理部门无能为力的,流程管理从业人员可以将流程管理工作与这些重点问题相结合。

■ 一手抓短期见效项目,一手抓体系建设

我们认为后台支持的岗位分成两类:操作性的(实的);参谋性(虚的)。操作性的岗位是指以操作性工作为主的岗位。公司要保证日常正常运转,操作性岗位的工作就必须要执行,否则公司要么没有了资源的保障,要么处于失控之中。这类岗位包括人力资源管理、财务管理、行政管理、IT管理中的事务性工作。例如人力资源的招聘、培训,财务管理中的账务处理,行政管理、IT管理中的问题处理及系统维护等。

参谋性的岗位则不是公司必需的,它的设立与否,取决于公司对该岗位价值是否认同。这类岗位包括战略规划、经营分析、流程管理、管理会计等工作。参谋性的岗位由于没有大量操作性工作作为基础,因此这类岗位具有相当大的生存压力与极高的弹性。如果工作做得非常出色,提供的参考价值高,对公司会产生巨大的价值贡献,可以得到老板的高度认可,公司愿意持续投入资源;相反如果工作做得不好,提供的参考价值不高或者没有,公司非常有可能减少投入,甚至是把这个岗位取消。

多年的流程管理经历告诉我们:做流程管理要时刻关注价值,怎么强调价值都不过分。我们在做流程管理任何工作的时候都养成了一种思维习惯,为什么要做这件事情?这与公司目前的战略导向吻合吗?这项工作是最急迫、最重要

的吗？这项工作能够产生什么价值？这个价值能够说得清楚吗？这个价值能够说服大家吗？

流程管理工作通常会有两类：一类是长效机制的建立，包括流程管理体系与配套机制的建立；另一类是短期见效的项目，主要是指流程优化项目，当然也包括公司希望短期完成的项目，如流程梳理、流程审计等。

什么样的工作是有价值的？我们认为有两类：一类是可以用财务数据来衡量的；另一类是与公司期望直接相关的。能够用财务数据来衡量是非常有说服力的，也是非常直观与容易理解的。一家世界500强企业面试流程管理经理时，他们通常会问应聘者一个非常直接的问题："你推动或负责的流程优化项目为公司产生了多少效益？请用人民币或者美元来衡量。"

与公司期望直接相关的这一点是我们做流程管理的经验所在，说得通俗一些就是把老板想要的结果做出来。大家知道从平衡绩效的观点来看，不是所有的工作都能够用财务结果来衡量，还有一些发展性指标，一些不好衡量的指标，也就是平衡计分卡说的其他三个维度（流程、客户、成长）。这种类型的指标，我们认为直接取自公司高层的判断，尤其是在国内企业。我们要相信公司高层的经验与感觉，他们在公司工作多年，有着极高的行业敏感度。把老板想要的结果做出来就好了，一旦你能够很好地达成老板期望的结果，更大的信任与责任会落到你的肩上，也就意味着流程管理的范围扩大了，流程管理部门及岗位的影响力同时也加强了。

有一家销售规模近千亿元的民营企业，他们从2000年以来一直保持着50%以上的增长速度。公司高层每年在培训的经费上投入高达1000万，中间有很多人质疑是否投入太多，但该公司的高层始终在坚持，并不断地加大投入。培训的效益是非常难以评估的，但该公司高层凭着经验与直觉做出加大培训投入的举措，事实证明是非常成功的，正如该公司在做策略回顾的时候提到的，这么多年来，公司一直保持着高速的发展，公司的组织架构一直在裂变，创造了无数的中、高层管理岗位，如果没有充足的培训体系做支持，公司不可能输出这么多的人才。这就是培训的价值。

流程管理经理应当采取两条腿同时走路的方式：一手抓体系建设，一手抓短期见效的项目，二者要紧密配合。如果只做体系建设，由于相当长一段时间内看不到产出，所以很难保持企业各部门对流程管理的信心，很有可能会中途夭折；如果只做短期见效的项目，流程管理很难达到高水平，而且也很难持续发展。

短期见效的项目的核心是流程优化项目，我们提出流程优化项目是流程管理岗位的立身之本。在做流程优化的时候，我们建议选一些推动难度小、可行性高、效果明确的项目。对于一个新来者,在不熟悉行业、不了解公司的情况下,建议不要涉及策略调整、职责调整、利益重新分配。有一类非常好的流程优化项目就是借助于 IT 系统,把重复的、有规则的事务交给系统自行处理。

找到流程优化的同盟军也是一个不错的选择。企业经营管理中一定会有这样或那样的问题,而问题对于不同部门的影响是不一样的,受流程结果影响比较大的部门一般都会有强大的动力去解决问题。这是流程管理项目产生的最佳时机,所有者本来就想做,但苦于跨部门、难协调或者没有方法,而流程管理同事有着先天的协调优势与流程优化项目运作的方法与经验,但不熟悉业务。二者应当是一拍即合,这样的机会一定不要错过。

另外一类短期见效的项目一般都产生于公司高层的需求,例如老板要把管理体系化、制度化,公司需要上新的管理信息系统,这个时候是流程梳理项目介入的好时机;老板想要加强过程控制,提高制度的执行力,此时是流程审计与检查项目介入的好时机;老板想要加强内部管理的横向协同能力,提高整合资源的能力,流程规划、流程所有者的管理方法就非常适合趁机推出。

■ 建立流程管理团队

流程管理岗位不是一个专业管理岗位,它基本没有自己负责的流程,公司的流程基本都不需要流程管理同事参与,都有归口管理部门负责。流程管理本身是流程归口管理部门自己所要负责的工作,流程管理从业人员不可能代替所有者履行管理责任。所以,要把公司的流程管理好,仅仅依靠流程管理同事是不可能办到的,为此流程管理从业人员需要组建一个团队去推动流程管理,发动流程的所有者把流程管理起来。

判断一家公司流程做得怎么样,有一个很简单的方法就是有多少人参与流程管理。如果只是流程管理同事忙,而流程所有者没有动起来,那么流程管理一定没有真正做起来,一定会流于形式。

谁会是流程管理的同盟军呢?我们认为志同道合的人才会走到一块,因为有共同的目标、共同的利益及共同的价值观。首先应当从职能管理团队去寻找,我们认为有三个部门的人是流程管理的同事:战略管理、IT 管理、质量管理或者是综合管理。

与做战略的同事配合,主要是明确流程管理的导向,获得流程项目的战略支持,同时确保战略能够落实到流程上,提高战略执行力。

与 IT 管理的配合在于为 IT 做好项目的流程规划与流程分析,确保 IT 系统建立在好的流程框架基础之上,把好的流程运作模式固化到系统中。

与质量管理的配合在于，将质量管理与流程管理有效地结合，为质量管理搭建卓越的流程框架，提升质量管理体系本身的能力，利用质量管理工具提升流程管理的运作能力，确保流程体系的设计能力能够充分地发挥出来。

具体到某一个流程的管理，如设计一个流程、优化一个流程等，这些事情都是流程所有者要去做的，每一个流程的所有者及流程参与人员都是流程管理的同盟军。流程管理从业人员要做的事情就是让流程所有者自己把流程管理起来，包括流程的规划、梳理、优化、推动执行，检查与改进全过程。

如果一家公司的流程体系已经建立并进入正常有效运行状态，这些人就已经充分地参与到流程管理中，承担起了流程管理的相应职责。然而，在流程管理的初期，流程所有者是游离在流程管理之外的。需要流程管理同事把他们组织起来，让大家参与到流程管理中。

由于流程管理在纳入正常运行之前一般都是采取项目的方式去运作，为此在流程管理导入前期，一般都是用项目组的方式来组织同盟军。流程管理同事在项目组中一般承担项目经理或者项目副经理的角色。

■ 以问题为导向，从容易的地方入手

类似于房地产销售，由于房子还没有建好，你想激发起大家的购买需求，就必须先建好模型与样板房，用它们来告诉大家未来的小区与房子是怎样的，让客户实实在在地感受到房子的设计、质量，感觉房子的好。

做流程管理也是这样，流程管理要想能够在企业里有效推动起来，从大家对流程管理一无所知或知之甚少到流程管理体系能够正常运作需要一个漫长的过程。在流程管理导入阶段，最重要的是要建立流程管理的样板工程，把难以理解的、复杂的、虚幻的、令人怀疑的流程管理理想、方法变成实在的、具体的、鲜活的、令人信服的成功案例。一旦有了成功案例就会吸引更多的人、更多的资源投入进来，就会让更多的人认识、理解并掌握流程管理方法，让更多的人真正能够参与进来。

流程管理的样板房建在哪里呢？当你到一家公司负责流程管理工作的时候，建议以问题为导向，从容易的地方入手。以问题为导向就是要对症下药，不能仅仅依据流程管理理论去推行过于宏观与空虚的东西。以问题为导向能够使流程管理的开展有了着力点，能够更好地获得大家的重视，让大家知道流程管理的目的与内容。从容易的地方入手则可以确保流程管理项目取得好的效果，可以保证样板房的质量。

案例　流程管理工作需要找到切入点

有位朋友到一家公司负责流程管理工作,老板给他定义的职责是:推动流程优化工作,提升效率与客户满意度。由于刚进入公司,不熟悉业务,不熟悉人员,他不知如何下手,于是与找我们交流,我们建议他先了解清楚问题,为什么要做流程优化?目前公司效率方面存在什么样的问题?客户满意度方面又存在什么样的问题?如果他不能够清晰地说出来,比如效率问题是成本高了?速度慢了?还是出错率太高?灵活性太差等,那就根本没有办法找到切入点,可能公司其他部门的人会告诉你,他的流程效率与客户满意度都没有问题,不需要优化。

我们在推行流程梳理的时候,就曾经有部门负责人告诉我:"我的部门没有流程,都是制度,不需要梳理。"他的潜台词就是不认同,为什么不认同呢?因为我们推行的流程梳理不是问题导向的,我们当初打出的旗号是:流程没有被完整地浮现出来,是零散的。然而这个理由不够充分,流程缺乏整体性又会有什么问题呢?当时没有去思考这个问题。如果我们能够把分散带来的问题找出来,而这个问题又是流程所有者关心的,这个时候流程梳理就不会有太大阻力,而且针对性也很强。

公司流程管理方面的问题很多,在寻找流程管理切入点的时候,要注意不是所有的问题都可以作为切入点,为此需要对问题做一个筛选,筛选的原则如下:

- 问题"颗粒度"要适中

如果问题太大,作为一个新来者,以目前的能力与影响力是不可能解决的,如果解决不了,只会给自己添麻烦;如果问题太小,解决后没有太大的价值,不具备说服力,又起不到样板工程的作用。

- 问题的难度越小越好

问题的难度不要怕小,其实越小越好。因为难度小,成功率就越大,解决得越快,越不需要相关部门投入太多的精力,而问题解决后所产生的价值不会受到影响。我们就非常喜欢在进入一家公司的初期选择解决这样的问题:投资少、见效快。

- 问题的代表性要高

问题一定要有代表性,虽然问题本身是个案,但必须要有共性,即具有可推广性。这样的问题必须具备的特点包括:重复发生、多个部门、多个流程都会出现,问题出现的状况与原因也是共性的,问题解决的效果很容易看到。

- 问题是公司的痛点所在

问题总是在管理的前面,有问题对企业来说是非常正常的。管理者对有的问题是不会关心的,因为它无关痛痒。真正能够引起管理层兴趣的问题一定是他关注的,是让他或公司感觉到难受的。

■ 基于业务的流程管理

流程管理人员在企业里到底承担一个什么样的角色?很多人都会说负责建立流程管理体系,并推动流程管理体系的有效运行,简言之就是流程管理体系的组织建立与实施者。为了做到这一点,通常是方法论的提供者及内部顾问或教练。我们觉得这还不够,流程管理同事如此,所有其他职能管理都如此。提供方法论及建立体系是没有错的,但这个体系是否适合公司?是否有竞争力?流程管理人员一定不能脱离业务,相反要更加深入地理解业务,能够把握业务的本质。为什么这么说呢?

流程管理的同事如果脱离业务,他所搭建的流程管理体系就是基于理论的、基于个人理解与想象的,离开了企业现实的土壤。流程管理的同事不能像外部顾问那样,把管理的理论与工具拿出来,怎么用是企业自己的事情。我们知道对任何一个流程的管理,如果不了解业务,一定是大而全的,如果从风险控制的角度,就会把所有的风险不分轻重地全部加以控制。这样的流程管理是没有竞争力的,也是很难为内部客户所接受的。流程中的风险点是不一样,有的是致命的,有的是可以忽略或可以容忍的,有的是容易出问题的,有的是问题发生概率极低的。如果掌握了业务的本质,对流程的管理就好比长了眼睛,不再是眉毛胡子一把抓,可以有的放矢、抓大放小,抓容易出问题的,放弃不容易出问题的,这样就可以做到更好的投资回报。

流程所有者是流程管理的主力军,他们是流程的操盘手。为此,做流程管理的重点是要让所有者掌握并有效应用流程管理理论、方法与工具。如果脱离业务去向所有者推销流程管理方法与工具,是很难说服并达成共识的,因为没有找到共同的语言。例如在做外训的时候,学员非常希望讲师能够讲同行业的案例,希望讲师有同行的背景。如果脱离业务去推行流程管理,流程管理者只能做到讲解,而无法做到示范,很难被公司同事理解与接受。相反如果是基于业务的流程管理,流程管理者拥有与流程参与人员共同的知识背景,能够理解业务的本质,甚至站在所有者角色组织大家去应用流程管理工具,把流程管理思想演变为业务管理的方法与规则,演变为业务管理的具体案例。这样做很容易为公司同事理解,也非常容易获得成功。只有获得了成功,公司其他人员才会认可流程管理,才会参与甚至主动推广流程管理。

在做流程梳理的时候,我们经常与流程管理的同事沟通时强调业务导向,并告诉他们,他的角色不应当停留在告诉大家如何使用流程梳理工具、如何做流程表达与制度的制定,应当向更高的层级去努力,就是能够从公司战略层面去引导大家流程的目的是否清晰?是否需要做调整?应用流程管理方法从业务的角度提供梳理解决方案,如安排好活动流、信息流、时间流、分配好职责等。

 延伸阅读　　　　　　　　　　　七年是一个黄金时间,千万别走

安利大中华人力资源副总裁张玉珠谈人力资源管理时提出:七年是一个黄金时间,千万别走。她认为在一家公司里,要做出成绩时间非常重要,三五年是一个起点,是学习和了解的过程,收获必须要等到五年之后。七年是个黄金时期,千万别走,如果你七年不走的话,你会发现,以后的工作会越来越得心应手,你对公司的管理人员都比较了解,能够取得他们的信任,对公司的文化和业务都比较熟悉,所谈论的内容也无须局限于人力资源的范围。此时,你对公司的产品策略和发展方向等也有了发言权,在这样的一个黄金时期,如果你要跳槽就等于一切归零,要从新人开始,认识公司的业务、文化,重新获得新公司高层的信任,之后也许还没有贡献又选择离开,非常浪费时间。

人力资源部的价值及在公司的定位,从行政转变为战略伙伴,进而成为公司最重要的一个部门,与其他部门之间建立起战略性的合作伙伴关系,通过有效的人才吸纳与人才发展策略来带动公司的发展。

点评:张玉珠女士为何能够从行政角色转变为战略伙伴,最关键的原因在于业务理解力的提升,她能够更深刻地理解行业、企业,理解各块业务的运作。流程管理也是如此。

■ 去专业化的流程管理

在 ERP 实施初期,成功率比较低,有人分析原因时提到有一个原因非常有意思:"公司高层害怕 ERP,由于 ERP 太专业、太晦涩,高层担心学不会被人笑话,从而抵制 ERP。"这里有说笑的成分,但也说明了一个道理,一样东西要被大家接受,一定要通俗、易懂。大家都知道全面质量管理是美国人戴明提出的,但应用得最好的却是日本人,尤其是 SPC(统计质量控制工具)。日本人为什么能够做到这一点,最根本的原因就是把复杂的管理理论、工具,演变成简单、易学的

质量管理新、老七种工具。

　　流程管理也是如此,也应当把专业的流程管理外壳去掉,把它变成通俗、易懂、公司内部人员容易接受的东西。做流程管理时最好不要谈流程管理的专业术语,甚至流程都可以不谈。这些专业术语留给自己谈,在同行交流的时候可以用,最好不要在非流程管理岗位人员面前谈论。因为非流程管理人员没有义务,也没有兴趣去了解这些,他不关心流程管理这些专业术语,他关心的是他岗位所承担的职责,是他所负责的专业领域,关注他自己想做的事情。非流程管理人员不理解流程是非常正常的,不要指望每个人都是全能型的专家,既懂本职的专业,又懂各职能领域的知识。

　　与没有流程管理知识背景或者是一个非流程管理专业人士沟通的时候,流程管理经理一定要能够完成流程管理术语的转变,不要出口就是流程、流程规划、流程梳理、流程优化、流程审计等,变成非专业人士熟悉的、容易理解的语言与方式。如果不能够完成转变,很有可能会导致非专业人士的反感和抵触,进而影响流程管理工作的推进。

　　去专业化的流程管理是流程管理的高级境界,这是对流程管理从业人员提出了更高的要求,对流程管理的理解不能够停留在知的层面,要能够悟,要能够用;对流程管理的理解不能停留在表层,要深入肌理,把握其精髓;对流程管理的理解不能停留在流程管理本身,要能够同时理解整个企业管理的方方面面,能够把流程管理的"神"与其他专业管理有效结合;对流程管理不能停留在套公式阶段,要能够根据具体环境活学活用,学会创新。如果流程管理从业者能够达到这个境界,流程管理工作的推进会变得容易很多,成功的概率也会大大增加。

　　为了大家能够更好地理解上述问题,请阅读下面的案例:

案例　入乡随俗是在企业内部成功推动流程管理的关键

　　某流程经理为了推动销售流程的建立,他专程拜访了公司的销售总监,以下是他们的对话。

　　流程经理:你目前在销售工作中存在什么样的问题?

　　销售总监:在客户拜访方面效果不理想。

　　流程经理:请描述一下客户拜访目前存在的问题。

　　销售总监:客户拜访按公司要求都推动起来了,但没有效果。

　　流程经理:你觉得原因是什么?

　　销售总监:我们的销售人员不知道如何拜访?或者说方法不对路。

　　流程经理:现在是怎么拜访的?

销售总监:见到客户不知道做什么。基本是电话联系好之后,寒暄几句就吃饭、娱乐。

流程经理:这样做有什么不好的?

销售总监:效果不好,资源投入了,但没有产出。

流程经理:你认为好的客户拜访是怎样的?

销售总监:我也不清楚,但我曾经作为客户被拜访过,他们的方式非常专业、有效。他们会事先确定拜访的目的、沟通的内容、双方需参加的人员。他们还会准备好沟通的资料(主要是我们的销售数据及外部市场的调研资料)。沟通的时候很正式,在会议室用准备好的PPT,先分析我们公司最近的销售表现、与竞争对手对比的评价、指出我们的问题。注意都是用数据说话。然后介绍他们公司下阶段的销售策略与政策。最后与我们一起确定下阶段的销售改善对策,并且有备忘录以便于后续的跟进。

流程经理:你是不是觉得我们的销售人员做拜访没有成型的方法,但是对手却不是。

销售总监:对,他们有成型的套路,我们是乱来的,完全取决于销售人员的个人能力与喜好。

流程经理:如果我们也建立一个适合于公司的客户拜访的套路,然后培训销售人员,并且让销售人员严格去执行,这个问题是不是就能够有所改善?

销售总监:不错! 应当会有效果。

流程经理:用什么样的套路你是专家,但怎样把套路表达出来并且有效地管理起来我比较有经验,毕竟我已经帮助很多部门建立起这样的套路。所以我愿意配合你一起完成。

销售总监:太好了,我正没有思路怎么去做这个事情。

这位流程经理成功地把流程管理推销给了销售总监,虽然这位流程经理并没有提到流程管理的术语。

 相关阅读　　　　　　　　　　向妈妈讲什么是流程管理①

我初八就要回广州,妈妈为了让我能够吃到家里做的元宵,在初六就提前组织大家包元宵。

---

① 资料来源:摘自畅享网作者博客,http://blog.vsharing.com/leonchen/A649027.html。

在包元宵的过程中,妈妈问我:"你到底是做什么的?"以前,我只告诉她我是做流程管理,妈妈是个文盲,我觉得很难说清楚流程管理,所以没有解释过。

我决定用包元宵这个流程来解释什么是流程管理。我说:"流程管理就是要让工作效率更高的一种工作,拿包元宵来说,流程就是从粉团中取出一小块,揉匀,捏成草帽状,把馅放入草帽中,封口并搓成元宵状。流程管理可以做什么呢?从操作方法来说,妈妈你的速度是最快的,我是最慢的,姐姐和妹妹速度排在中间。按理说,我们年轻人手脚比你快才对,为什么速度还慢呢?"妈妈说:"我包得时间长、有经验。""那经验是什么?"我问妈妈。妈妈说不上来,我说:"其实很简单,我们三兄妹停下来观察一下妈妈是怎么包的,然后对比自己,看看不同点在哪里,哪些地方是要学习的,哪些地方是不用学的。"

于是我们仔细观察了妈妈包元宵的过程,发现了妈妈速度快的原因有以下三点:

(1) 从粉团出取粉的时候,她是一次完成的,我们会判断是否多了还是少了,有时还要增加一点,或者减少一点,浪费了时间。

我们虽然没有经验做到一次取好,但我建议将粉团搓成均匀的长条状,然后只要控制长度就可以控制粉团的量。大家试了一下,很容易就做到了一次取好而且包的元宵大小更均匀,比妈妈凭经验的操作方法更精确。

(2) 我们在揉粉的时候花了很多的时间,妈妈则基本不揉。粉揉得均匀,看起来会光滑一点,但据有经验的人介绍,元宵煮熟后就很难看出差别,而且吃起来没有差别,所以这个动作可以去掉。

(3) 将粉团捏成草帽状时,妈妈是两只手同时作业,而且口捏得比较小。我们是一只手,口捏得大,使后面封口时增加了难度,还浪费了时间。

我开玩笑说,这还是初步观察的结果,如果做仔细的慢动作分析,或者找村里做得最快的人来对比分析就能够找到更有效的方法。大家可以尝试按新的方法操作一下,我相信动作肯定会快很多。

这时我看了下我们坐的凳子,太高了,时间一长腰就酸了。我说如果在企业肯定要换一张矮一点的凳子,使腰保持直立状态,不容易酸。妈妈说有道理,她坐矮椅子就不会腰酸。

我又观察了一下取粉团的动作,由于粉团放在妈妈面前,我们是包完一个就站起来,去妈妈面前的粉团掐一小段。我立即跟他们说,这个动作是浪费的、无用的。我将大粉团分成四小团放在每个人的面前,大家就都不用站起来了。

妈妈说,我懂了,看起来挺简单的。我很开心能够让妈妈理解!

■ 流程管理战线不要拉得太长

流程管理战线千万不要铺得太宽,拉得太长。现实中有非常多的理由可以证明全面铺开的做法是错误的,是非常危险的。

首先,一个公司没有太多的精力投入到流程管理的项目中。

今天流程管理还没有成为公司的主流管理方法,大家仍然要为直线职能制的组织架构去做事,要获得更好的回报与升迁,就必须把本职工作做好,要持续不断地改善与提升自己的工作能力。老实说,各部门对流程管理的动力不大。尤其是在与本职工作冲突的时候,肯定会把流程管理暂时放下。如果全面铺开,就需要各部门投入大量的资源,通常情况下这是做不到的。一个很简单的例子,公司不会因为流程管理项目而减少各部门的工作量或降低对他们的工作绩效要求。

其次,流程管理人员没有能力去掌控一个复杂的项目。

正如本书前言所说,流程管理理论与方法似乎都掌握了,但如何推动、如何应用办法不多。专业人士心里都没底,还把战线拉得过长,失败肯定是必然的,很容易虎头蛇尾,场面很热闹,但却没有实际的结果。

最后,公司也不需要将流程管理全面铺开。

没推行流程管理,不代表公司就没有对流程进行管理,公司只是在有需要的时候才会推行流程管理。全面推行流程管理,对于公司而言是一个较大的管理变革项目,大部分情况下,公司是没有这个需求的。以流程为导向的管理模式是一种精细化、系统化的管理模式,它固然有助于企业提升管理能力与绩效水平,但企业竞争有可能达不到这个要求,也有可能企业的实际情况不需要流程管理全面铺开。有些流程只需放手给相应的人员去操作,而不需要建立太多的规范与约束;有些流程采取现行的管理方式对企业来说已经足够,企业没有必要将过多的资源投入该流程的管理中。

我们主张抓住关键的少数,坦白地说,如果企业能够把几个核心端到端的流程管理好就已经足够了。流程管理经验得到积累,流程管理经理的能力得到提升之后,可以考虑全面铺开的方式,因为那个时候流程管理经理可以抓住流程管理的关键节点,流程管理的成本会下降。

■ 把握好流程管理的节奏

"聪明的人知道怎么做,智慧的人知道在什么时候做",这句话是非常有道理的。流程管理更是如此,就是要求我们把握流程管理的节奏和时机。时机不成熟的情况下推出流程管理工具就是节奏太快,时机成熟了流程管理还不开始行动,就是节奏太慢。

如何把握流程管理的节奏呢?对于是否要推动流程管理工作,应当考虑以下因素。

紧迫度是否充分

紧迫度取决于现有问题对流程相关人员的影响程度。如果流程相关人员对现有的问题没有感觉,或者根本不认为是一个问题,这个时候提出用流程管理方式去解决它,很难得到大家的支持。相反,如果流程相关人员受到了现有问题的严重影响,急切地希望去解决它,这个时候提出相应的流程管理计划,肯定是一拍即合。流程管理一定要借力,尤其是要充分调动流程所有者的意愿与能量。在紧迫度不够的时候,可以先培育紧迫度,通常可以采取两种方式:一是当问题本身优先度的确不高的时候,不妨将问题暂时放一放,等时机成熟后再作处理;二是当问题本身优先度很高,但所有者没有正确认识的时候,可以把问题的严重度作一个分析,最好有数据或事实作依据,提高所有者对流程问题的认识。

如何判断紧迫度是否充分呢?结合工作经验,我们给出如下原则供大家参考:

- 企业内没有一个部门理解你的方案,不具备做事情的时机,你需要再培育一下,或者再等待时机的成熟;
- 企业内至少有一个部门理解你要做的事情,认可这件事情的价值,可以开始下手,但要聚焦、控制范围,建议先小范围试点;
- 企业内有几个部门能够理解你要做的事情,并认可它的价值,你可以扩大推行范围,加快工作进度;
- 企业内大多数部门都理解并支持你,可全面铺开了;
- 企业内各部门都理解,你开足马力向前冲吧,工作进度越快越好。

流程管理的投入产出是否合适

如果流程管理需要的投入较多而相应的产出比较低,有可能是根本不值得,这个时候流程管理不具备推行的条件。这种情况通常出现在流程本身成熟度比较低的时候,或者流程批量管理价值本身就比较小,如岗位跨度小、涉及人员少、发生频率低。对于流程成熟度较低的可以等流程成熟度提高后再开始,而对于流程没有批量管理价值的,基本上可以不用推行流程管理方式。

流程管理推行的条件是否充分

流程管理推行的条件包括几个方面:

（1）公司流程管理基础，大家对流程管理的认识度，大家对流程管理方法、工具的掌握程度。

（2）公司项目管理的基础，尤其是跨部门合作项目的能力。

（3）公司推行流程管理所需要的文化、观念匹配度。如流程优化的时候，大家是否能够具备协同意识，接受流程优化带来的职责、利益等调整？推行流程审计的时候，大家是否积极配合审计？推动制度化管理的时候，大家是否有按制度办事的意识等。

（4）流程管理专业人员的能力。

Chapter Two

第二章 流程规划

2.1 为什么做流程规划

虽然从流程管理 PDCA 环的逻辑上看,流程规划是第一步。但我们在不同性质的企业成功推行过流程管理后发现,无一例外,我们都是从流程优化和流程梳理开始。因为相对流程管理的其他模块工作,流程优化和流程梳理都是各部门日常最常见的需求,也是最容易推行且短期见效的工作,同时对流程管理人员的专业知识要求并不高。

但这并不能否定流程规划的重要性。实际上,随着流程管理工作不断深入,我们越来越发现流程管理工作遇到了瓶颈。为什么呢?

■ 无法满足战略的要求

A 公司把提高客户满意度作为公司的新战略之一。前面章节我们已经一再强调,再好的战略只有落实到具体流程上才能真正被贯彻。但这些流程在哪里?关键流程是哪些?改善的关键点又在哪里?很惭愧,作为流程的"管家",我们却并不知道。也许我们知其一,但不知其二,更不知其全貌。

这不难让人理解,在一个公司引进流程管理的初期,所做的流程梳理或流程优化工作大多都是解决非常表面的问题,也是非常零散的问题,同时也是局部的和问题导向的。而且内部客户对你的要求也不高,你只要能帮他们及时解决临时遇到的小问题即可。所以,虽然我们的确成功完成了很多小型的流程梳理和流程优化项目,但组织的流程网络模样对我们而言仍旧是个谜。破不开这个谜,协助推进战略执行就是无稽之谈。

■ 缺乏对流程的全局视角

某公司的业务发展总监向我们反馈过他的一个困惑:"随着公司规模的扩大,整个业务越来越看不清楚,遇到问题也不知道从何下手?"这个问题很值得我们深入思考。

随着各种局部问题的成功解决,内部客户会对流程管理部愈加信任,这当然值得祝贺,但同时你也会面临更高的挑战,因为内部客户对你提出要求会更有深度。这个时候才真正是流程管理人员一显身手的时候,而恰恰这个时候你却"掉链子"了。这绝不是危言耸听,更不是夸大其词,我们就曾经经过一次惨痛的教训。

案例 失败的流程优化项目

我们几年前在 B 公司组织过一个"订单执行流程效率提升项目"。在成功提升过很多流程的效率后,我们对此项目胸有成竹,甚至不屑一顾。所以,在这种背景下,如此重大的项目仅仅经过两周的简单论证后就匆匆上马,项目周期也被夸口说 4 个月内完成,并承诺项目将把流程的效率提升 20%。

为了尽快完成项目,我们对流程现状及问题进行了初步分析后,就急切地把效率低下的原因聚焦在 3 个问题上。直到这时,我们对预定时间内实现项目目标还深信不疑。不过,接下来对三个问题进行分析以便设计解决方案时,我们发现了问题的严重性。三个问题虽然暴露在订单执行流程,但问题的根源却远远不止于此,而是涉及采购流程、营销流程、物流配送流程、生产流程、设备维护流程,甚至还涉及公司的业务模式及管理文化。而之前我们对这些流程一窍不通,我们从来没想到会在这个时候要与这些流程打交道,这无异于重启另外一个项目。在充分考虑项目的复杂性后,我们不得以把项目时间增加至 6 个月。

虽然我们一直在努力尝试挽救这个项目,但经历了 6 个月的痛苦挣扎后,我们不得不宣布项目失败。因为我们对全局流程的理解太有限。

点评:虽然我们总结的项目失败的原因有很多,比如立项过于草率、项目范围界定不清、项目管理经验不足等,但我们也深知其中最核心一点就是因为缺乏对流程的全局视角导致对需求把握不到位。

■ 如何设计流程更适宜

C公司的生产管理部门对采购部门抱怨非常大,经常因为缺少物料影响正常生产。而采购部认为自己没有任何责任,因为所有的采购都要经过规定的程序,比如为了严格控制成本,每一笔采购订单都需要经过采购经理、行政副总经理、总经理的审批,而审批人员经常出差导致审批环节占用不少时间。而且除几个最常见的物料外,其他物料公司也不允许常备库存,而生产部门对物料的需求又没有预警。

经过分析,我们发现目前采购流程存在的问题主要有两个:一个问题是采购流程没有分类,没有根据物料的不同性质设计不同的流程。比如没有区分常用物料和非常用物料,没有区分生产物料和办公用品,没有区分设备关键备件和维护备件等,这样就导致所有物料的采购流程千篇一律,不能很好地满足不同性质的物料的需求。其实完全可以根据物料需求的性质设计一些绿色通道,甚至对于某些物料,比如办公消耗品,采取粗放式管理。另外一个问题就是采购流程缺少绩效指标。比如完全没有采购周期的概念,所以采购部门的工作绩效也很难衡量。

上面只是讲了一个具体例子。其实很多流程都面临分类不清晰,缺乏有效的绩效指标的问题。当然,在如何设计更加高效适宜的流程方面,流程所有者应该掌握话语权。但如何引导流程所有者去关注这方面的工作,有赖于流程管理人员对组织内流程网络的清晰把控。

■ 流程管理的重点不明确

当我们为解决各部门流程问题忙得不亦乐乎的时候,流程所有者对我们的工作价值并没有认可,这从流程所有者对我们工作的绩效评估可以看出。这说明我们的工作并没有关注流程所有者的核心需求,即流程管理工作要随客户需求有所侧重。每一个组织内的流程少则几百个,多则上千个,如何管理好这些流程?需要对所有的流程进行管理吗?这些流程的重点到底在哪里?这是流程管理人员时刻面临的问题。

我们逐渐意识到流程管理同样需要ABC。毕竟流程管理人员的精力有限,如何把有限的精力转化为最大的价值,那只有把精力放在最重要、最关键的流程上才行。但是,如果你看不清整个流程网络,你就无法选择真正的重点。

■ 无法解决谁对流程负责的问题

通过年度外部客户满意度调查报告显示,客户对某企业的订单执行时效非常不满意,在产品同质化的今天,服务水平越来越成为组织的核心竞争力。认识到这个问题的严重性后,该企业马上成立流程小组着手解决此问题。通过对主要竞争对手此指标的调研,流程小组发现本企业与竞争对手的差距还是比较大的。行业内的服务时效平均水平在 3 天左右,而本企业的服务时效却在 5 天左右。订单执行跨越了多个部门,比如收发部负责接收订单以及订单合同的审批签订,生产部门负责订单产品的实现,品检部门负责质量检测,物流部门负责最终的产品配送。流程小组在查看每个部门的时效分析时,惊奇地发现各部门内部计算的时效总和在 2.5 天左右,那为何总时效却在 5 天左右呢。后来才发现,每个部门统计时效的口径并不一致,而且统计的方法各异。比如物流部门在统计内部时效时,删除了很多数据,比如其中一类原因是下午 4 点到达物流部门的订单,物流部门认为按物流服务标准无法在下班前的 2 小时内完成配送,即这些订单要等次日再配送,所以物流部门不应该对隔夜时间负责。从物流部门的角度看,这的确有一定的道理。但问题是,外部客户并不关心组织内部各部门之间是如何协调的,他们只关心从他们下订单到收到产品一共花费了多少时间。

该企业并没有订单执行流程,只有各部门的流程,比如收发部的订单处理流程、生产部门的生产管理流程、品检部的质量控制流程、物流部门的配送流程,而且这些流程与组织架构是一一匹配的。但问题是现在谁对跨部门的订单执行端到端流程负责呢?又该如何负责呢?

当我们遇到类似的问题越来越频繁时,我们开始意识到我们对组织内流程网络了解的不足,也不太清楚流程之间的逻辑关系,也不明白企业目标是如何通过这些流程得以实现的,也不理解企业目标实现的好坏与流程的哪些因素相关,流程管理工作的侧重点也拿不准。那我们该如何做呢?

很明显,要解决这些流程的困惑,首要解决的问题就是要弄明白组织内流程网络到底是什么样子,然后对其"分门别类"。只有了解这些流程的全貌,才有谈论如何通过各种方法管理好或管理更好的基础。这个对流程脉络线性化、格式化的过程,我们称之为流程规划。

也许有人觉得这并不复杂,组织各部门开展大规模的流程识别和整理即可。如果你真得这么做了,我们认为你多半注定会失败。因为在正式开始流程规划之前,需要冷静地思考下列几个问题。这些问题解决的好坏直接影响流程规划最终的成效。

■ 流程规划的目标是什么

无论做什么工作,我们都要想清楚工作的目标。我们不妨先发散地思考一下,尝试列举一下:

(1) 梳理出企业的流程清单;
(2) 理清这些流程之间的逻辑关系和接口;
(3) 对流程进行分门别类,比如分级、分段和分类;
(4) 明确各流程的所有者;
(5) 对流程的重要度进行评估;
(6) 搭建流程的绩效指标体系;
(7) 你能想到的其他目的。

以上我们列举出了流程规划的一般目的,但贵组织是否必须包含这些工作目标呢?我们的回答是不一定,也许你还有其他目标,但是你绝对不可能全部包括。因为上面任何一个命题都不是短时间内能搞定的。

设定流程规划的目标,不是流程管理部门的想当然。要考虑本组织的实际情况,比如目标的急迫性、目标实施的路线图、目标的可实施性、目标实施的难度等各种因素。而且流程规划的范围也需要根据实际情况界定,比如你可以界定本次是做全公司范围内的流程规划,还是仅仅完成某端到端流程的规划,比如供应链流程或客户服务流程。我们就曾经在一个企业先做了局部的流程规划,然后其他流程所有者看到实实在在的产出后,就主动提出要做流程规划。有时候采取"各个击破"的策略未尝不是件好事,这不但可以降低风险而且可以为后续工作积累必要的经验和形成适宜的方法论。

有些公司制订流程管理体系建设计划时,内容几乎包罗万象,好像要把公司整个底朝天,这是非常危险的举动。如果你是一名流程管理专业人员更应该留意自己的行为,不要忘记,如果目前的公司管理体系在你眼里是"漏洞百出",甚至是"低级幼稚"的话,它仍然是诸多先辈努力多年的结果。不要高估了自己,更不要期望一个流程管理体系建设计划,就可以让公司从作坊式管理一步登天完成到现代管理模式的蜕变,更不要天真地设置一个"3个月完成从职能组织到流程组织转变"的宏伟目标。

而且,如果一个咨询公司给你描述如此美好的目标时,你应该做的就是拿起大棒赶他走。有一个刚毕业的MBA给国内某知名企业做流程管理项目时遇到困惑,然后和我们交流"流程管理有几大模块?这几大模块大致是做什么的?"我们本着分享的精神,给他介绍了一下流程规划、流程优化、流程梳理、流程审计等几大模块的概念和核心内容,没想到30分钟后这名MBA把这些刚刚听到的概念全部放到给该企业做的实施方案中,并向我们炫耀,比如1个月完成流程规划,1个月完成流程梳理等。在我们了解真相后,虽然我们一再苦口婆心劝他不要这样做,因为随便一个工作做到位都不是几个月能够实现的,有些工作甚至要经过几年持续不断的努力,但我们最终没有能够说服他,他的解释是如果你只写一个,企业领导会觉得顾问的价值不大。我们这里不是贬低咨询顾问的价值,只是强调流程规划要立足实际。

流程规划工作不是推倒重来,而是系统完善;流程规划不是一步到位,而是持续改进的过程。

■ 现在是开展流程规划的最佳时机吗

无论你是否已经具备了流程规划方面的工作经验,流程规划工作还是要考虑时机的,不要动不动就随意启动它。

并不是所有的流程管理问题都必须靠流程规划来解决,而且流程规划短期能直接解决的问题的确有限。所以,作为流程管理部门必须把握好流程规划的时机,流程规划绝对是一个兴师动众的工作,在没有足够的把握之前,千万不要把它做成一个豆腐渣工程。如果过于仓促启动,不幸又被我们言中的话,这对流程管理部门在组织内的发展绝对是一个致命的打击。

如何才能准确判断开展流程规划的时机呢?最重要的一条就是看流程所有者对此工作是否有足够高的接受度。不要忘了,流程管理部门无法独立完成流程规划工作,几乎所有的具体工作都是由各级流程所有者完成的。所以,即使你勉强一厢情愿地说服了流程所有者,如果他们对流程规划的工作价值不认可,项目一旦启动他们的支持度是非常有限的,他们更多的是敷衍,虽然他们本意也许不是如此,而且我们也发现,往往一个部门对流程规划工作实际支持度的大小可以客观地体现出该部门对流程规划认识的高低。所以,有时候并不是他们不支持,而是他们的确还不够了解流程规划的目的。所以,在启动流程规划之前,我们总是会征求一些重要部门的意见,只有他们也有强烈的需求和意愿,并对流程规划的成果有明确界定后,我们才会正式启动此项工作。

你还需要考虑公司经营环境。毕竟流程规划重在搭建流程体系框架,应用主要体现在后期,短期内的直接产出并不多,所以兴师动众的流程规划工作需要公司大环境的支持。比如在这次由美国次级贷问题引发的全球经济危机背景下,2009年很多企业进入了生死转折期,在这种背景下就不适宜开展流程规划。而且考虑到此工作的艰巨,还需要得到公司高层的大力支持。如果公司高层不支持怎么办?那只能说明公司高层领导还未看到此工作的价值和急迫性,在这种情况,最好的办法就是暂缓此工作。很多做流程管理的朋友,张口闭口说领导不支持自己的工作。其实,如果的确对公司非常有好处,领导为何不支持呢?所以如果领导不支持,我们应该重新反思一下目前是否是开展此工作的最佳时机,我们怎样才能让领导认识到此工作的价值和急迫性。

另外也要考虑公司的流程文化。如果大家还不理解流程概念,那就说明启动流程规划的时候还不到。你首先的任务不是流程规划,而是通过一些流程梳理、流程优化项目来培育流程文化的土壤。

说实话,一般我们都是在进入企业2~3年后才启动流程规划工作的。除非这个企业已经有了很好的流程管理基础。

■ 谁才能主导流程规划工作

谁来主导流程规划工作呢?这又是一个核心问题。也许有人说那肯定是流程管理部门。我们的疑问是,你真觉得你可以完成这个工作吗?

我们不否认流程管理部门在整个流程规划过程中的确需要发挥重要作用,这是由流程管理部门的定位所决定的,但能否主导此项工作则不尽然。分析谁能主导,首先要明白此项工作动用的资源,如果流程管理部门不能在职权范围内很好地调用这些资源,那么最好找一个能调用这些资源的组织(哪怕是临时的虚拟组织)去主导。事实上,除非流程管理部门在某组织的地位"显赫",而且流程管理部门领导又有足够高的职权,否则一般的流程管理部门至少无法独立主导流程规划工作。

我们这里给出了一种一般组织可以采用的方法,这种方法已经被我们在不同企业成功应用。那就是设立一个临时性的虚拟组织,比如"流程规划小组",这个流程规划小组成员至少应该包括:具有足够职权的高层领导、流程管理部、涉及部门领导。当然,有些公司已经存在一些虚拟组织,比如"管理改进委员会",所以也可以考虑在已存在的虚拟组织框架下做流程规划。需要强调的是这个小组的工作一定要得到公司高层的大力支持,并把此项工作纳入相关部门领导的绩效考核中。

2.2 基于岗位职责的流程规划方法

有了急迫度,也有了绝佳的时机,是否就可以立马启动流程规划工作了呢?还不行。"万事俱备,只欠东风",这里的东风就是指方法论。

你千万不要期望告诉大家一个方向,大家就能按照你的预期完成任务。无论如何,流程规划仍然是一项比较专业的工作,而且也是一个工作量比较大、持续时间比较长的工作,所以虽然成立了专门的"流程规划小组",但前期策划工作一般主要还是由流程管理部门来完成。即使你已经向各部门详细介绍了流程规划的目的和目标,但大家仍对此没有概念,远不知道具体为何物。所以,为了保障流程规划工作的顺利开展,流程管理部门必须把目标分解成一个个可以具体操作的阶段性任务,然后设计出简单明了的、可拿来即用的表格工具(越傻瓜越好)。那么,现在要做的就是让各部门填写完这些表格即可,流程规划工作也从理念层面转变为可操作层面。

■ 试水流程规划有点呛

之所以想"浪费"一些篇幅介绍一些我们在流程规划方法论方面的探索经验,一是如果我们直接把流程规划的方法告诉大家,你可能会"知其然,而不知其所以然",这样会导致你不能准确把握方法论的精髓,同时亦可以避免重复我们出现过的失败经历;二是让大家了解一套适宜方法提炼的过程充满挫折和探索,让你明白:如果你计划在贵组织推行流程规划,100%的拿来主义并不十分合适,方法论贵在融会贯通、本地化。

这有点像我们看很多成功人士的丰功伟绩一样,虽然无比灿烂,但对自己总是没有任何作用。原因何在,因为成功的故事总是缺少对失败和挫折的描写。结果,反而变得没有任何参考价值。

几年前我们第一次计划推行流程规划的时候,一点经验也没有,所以我们采取的是先试点的方式来探索流程规划方法论。因为当时流程管理部门与其他几个部门隶属于同一个综合管理中心,所以我们说服了本中心总经理开展此项工作,拿本中心作为试点不但推行的阻力会小很多,而且大家的配合度也会比较高。

我们当初想到两种思路:一种是从岗位职责开始,一种是从业务模型开始,如表2-1所示。虽然现在看起来我们当时分析的思路很浅显,完整性也不够,但我们仍然愿意分享给大家,这有助于你加深对流程规划工作的理解。

表 2-1　流程规划的思路

思　路	思路详解
岗位职责开始 (从下到上)	• 大致的推行路线图 (1) 流程管理部先确定每个部门的代表性岗位 (2) 流程管理部与每个代表性岗位进行工作访谈 (3) 分解出主要工作并评估其重要度 (4) 流程管理部梳理出工作中包含的流程及知识点 (5) 与各部门经理访谈,补充和完善访谈结果 (6) 汇总各部门的流程信息,完成《流程清单》和流程总图 • 这种方法的优点 (1) 工作分析细致透彻,工作不容易遗漏 (2) 因整个过程中流程管理部门起主导作用,所以对访谈人的流程管理专业知识方面的素质要求不高 (3) 由于各级流程所有者充分参与,工作成果更容易被接受,而且后续的流程规划成果应用工作较容易推进 • 这种方法的缺点 (1) 工作量比较大 (2) 工作质量容易受访谈人的工作经验及描述工作能力的影响
业务模型开始 (从上到下)	• 大致的推行路线图 (1) 流程管理部根据公司业务绘制业务模式简易模型 (2) 流程管理部对模型进行分解 (3) 流程管理部与流程所有者对模型与现有的流程进行关联对接 (4) 无法对接的部门,由流程管理部与代表岗位人员进行工作访谈 (5) 完成《流程清单》和流程总图 • 这种方法的优点 (1) 工作量相对比较少 (2) 由于流程管理部对整个工作的主控力度很大,所以工作进度和风险更易于控制 • 这种方法的缺点 (1) 因为没对工作进行详细的分析,工作容易出现遗漏 (2) 对参与人员的流程规划专业知识的素质要求比较高 (3) 由于各级流程所有者未充分参与,工作成果可能不被认可

综合考虑后,我们决定采取从岗位职责开始的方法做综合管理部的流程规划试点工作。我们决定利用三个月(注意:不是一周)的时间完成试点工作,并制订了详细的工作计划,如表 2-2 所示。

表 2-2　流程规划工作计划

NO	工作内容	相关人员	完成时间
1	开发流程规划用工具	流程经理	二周
2	与各代表岗位做工作流程识别访谈 （1）根据岗位职责说明书分解工作内容 （2）确定各项工作包含的流程/管理规定/知识点	流程经理、各岗位代表	二周
3	与各部门经理做工作流程识别访谈	各部门经理、流程经理	二周
4	与中心总经理做工作流程识别访谈	中心总经理、流程经理	一周
5	汇总和整理流程识别结果	流程经理	二周
6	完成流程清单,并开会讨论,确认流程重要度、任命流程所有者与流程分级	中心总经理、各部门经理、流程经理	二周
7	总结流程规划经验,完善方法论	流程经理	一周

为了便于执行,针对各项工作我们也设计了一下表格。

第一步:各岗位代表根据岗位职责说明书和已存在的管理制度完成工作的分解和分析。有些公司可能没有或者不是所有岗位都有岗位职责说明书,可以根据实际工作内容直接填写工作分析表即可,如表2-3所示。

表 2-3　工作分析表

岗位名称:行政专员　　　　　　　　　　　　　　访谈人:行政经理

NO	工作事项	工作类别	重要度	工作频率
1	工作一	日常工作	A	C
2	工作二	日常工作	B	B
3	工作三	日常工作	A	A
4	工作四	日常工作	A	A
5	工作五	项目工作	B	B
6	工作六	项目工作	C	B

填表说明:
（1）工作事项的提炼来源于岗位职责说明书、已有的管理制度等所有本岗位曾做过的全部工作
（2）工作类别分为日常工作及项目工作两类
（3）重要度与工作频率按高低分成 A、B、C 三个等级

第二步:流程管理经理与各岗位代表根据完成的工作分析表进行流程识别分析,可得出岗位识别表,如表2-4所示。

表 2-4　岗位识别表

岗位名称:行政专员	访谈人:行政经理
工作一:固定资产申购审批流程	
前一项工作:固定资产报废流程或固定资产预算流程	后一项工作:固定资产采购和费用报销
涉及岗位:行政专员、行政经理、中心总经理、总裁	涉及制度:固定资产申购审批流程、固定资产采购流程、固定资产报废流程、固定资产预算流程、费用管理制度
活动名称	任务描述
活动1	当固定资产报废,或者有新的固定资产购买预算时,行政专员根据各部门需求统一填写固定资产申购单,然后交行政经理审批
活动2	行政经理需审核固定资产申购的合理性和必要性,是否在预算范围内。最后在固定资产申购单上签批。不合理时,行政经理可驳回申购需求。如果固定资产金额大于5万元,行政经理还需提交综合管理中心总经理审批
活动3	综合管理中心总经理审批申购的合理性和必要性,最后在固定资产申购单上签批给出意见。如果固定资产金额大于15万元,还需要提交总裁审批
活动4	总裁审批申购的合理性和必要性,最后在固定资产申购单上做最终签批
活动5	如果申购被驳回,行政专员需告知申购部门原因。如果同意申购,行政专员按固定资产采购流程把固定资产申购单提交给采购部
……	
工作二:	
前一项工作:	后一项工作:
涉及岗位:	涉及制度:
活动名称	任务描述
活动1	
活动2	
活动3	
活动4	
活动5	
活动6	
……	
填表说明: (1) 对于重要度高、经常重复发生且跨三个岗位流程的工作事项才识别流程需求 (2) 对于其他的工作事项,识别是否有制度或操作手册的需求 (3) 流程汇总:重复的删除,类似的统一,相互交叉的进行拆分与合并	

第三步:流程经理整理后,把结果发给部门经理与中心总经理。然后,部门经理与中心总经理重复前面两步,重点补充两岗位独有的重点工作。

第四步:最后由流程管理部完成流程清单,然后流程管理部与其他各部门经理及中心总经理对流程进行分级、重要度划分、任命所有者,最后定稿。表2-5所示的是综合管理中心的流程清单。

表2-5 综合管理中心流程清单

业务模块	序号	流程名	流程走向描述	分级	重要度	所有者	相关联流程	配套制度
行政管理	1	固定资产申购审批流程	行政专员填写固定资产申购单→行政部经理审批→金额大于5万元的报综合管理中心总经理审批→金额大于15万元时报总裁审批→采购	2级	A	综合管理中心总经理	上:固定资产预算流程、固定资产报废流程 下:固定资产采购流程、费用管理制度	例:已经成文的制度固定资产申购流程 例:未有成文的制度 例:有成文的制度,但版本较旧,需要完善
	2							
	3							
	4							
流程管理	5	公司级流程优化流程	年初管理改进委员会做流程优化需求分析→筛选项目并立项→项目组根据"流程优化六步法"完成项目→管理改进委员会对项目效果进行评估	2级	A	流程管理经理	上:流程规划 下:流程检查、流程审计	已有成文制度的公司级流程优化流程
	6							
……								

这次流程规划试点工作虽然取得了一些成绩,比如第一次从整体上梳理了本中心的工作并完成了简易的流程清单,但我们也从中发现存在很多问题。

1. 流程管理部门与流程所有者的角色发生错位

在试点工作中,流程管理部门在其中担当了主导作用,从工作分解、工作访谈分析到结果的整理,流程管理部门一直在引领整个工作,各级流程所有者只是按照流程管理部的要求提供一些信息,但却不参与信息的整合分析。由于流程管理人员对其他各部门的工作并不熟悉,所以通过访谈收集到的信息是有缺失的,而且对这些信息不能很好的驾驭时,整合的结果可想而知,也就更不被流程所有者认可。这样不能充分发挥流程所有者的主观能动性,流程管理部门绝对是"喧宾夺主"。

2. 工作量太大

工作流程信息是通过从下到上,以流程管理部主导的访谈会的形式汇总而成的。收集到的信息的完整性和正确性先不说,单就工作量而言,流程管理部是无法承受的。假设一个公司有60个岗位,光是工作访谈就需要做60次,这还不计算某些岗位需要采访多个岗位代表或同一个岗位代表有时需要访谈多次的情形,根据实际经验,要想完全了解某个岗位的工作进行一次访谈是完全不够的。

3. 方法不具备可推广性

本次试点工作是在单个职能部门进行的,职能部门的流程相对来讲是比较独立的,比如行政管理部门与人力资源管理部门。但业务部门则不同,它们之间的流程关联性非常强。如何让各业务部门之间协同做好流程规划是一个难题。而且各部门完成流程规划后,如何对这些流程进行整合和规划,需要一个部门宏观把控。这时再采取自下而上的方法就无法满足要求。

4. 对流程规划思路的思考

前面我们提到了两个思路,当我们完成试点后,我们发现如果在全公司内推行流程规划,需要整合两种思路才行。我们从这次试点工作总结出几点经验:

(1) 基于岗位职责的流程规划基本思路是可行的;

(2) 流程规划要以流程所有者为主导,流程管理部或"流程规划小组"为辅;

(3) 工作分析及流程识别以从下到上为主,但流程的整合规划要以从上到下为主;

(4) 流程规划工作应该有所侧重,以业务流程为主,职能流程为辅;

(5) 不能为规划而规划,要与其他流程管理工作相结合,让流程所有者认识到流程规划的价值就是要让此工作带来实实在在的产出;

(6) 流程规划的表格要进一步简单。

■ 为何我们不借助第三方推流程规划

我想肯定有很多人疑惑为何我们不借助第三方管理咨询公司的力量推行流程规划。毕竟借助第三方之手有很多好处,常言道"外来的和尚好念经"。特别对于一些难度比较大、涉及面比较广的项目,借助第三方咨询公司的力量往往可以起到出其不意的效果。这也是为何,人总是习惯借用名言证明自己的观点正确一样。

实际上,我们起初也有借助第三方咨询公司推流程规划工作的计划,并且也与业内知名的咨询公司进行了洽谈和沟通,但几次沟通的结果让我们最终放弃了此计划。

咨询公司承诺的交付物主要有三个:第一个,公司流程架构和流程清单;第二个，2~4个关键流程设计；第三个，通过项目运作，协助公司培养一批具备流程设计及持续流程优化的人才。此项目实施的时间为20人天，费用高达40万人民币。

我们最终决定借助自身的力量做流程规划。因为咨询公司的交付物与我们设定的目标并不一致。我们现在需要的是一个能实实在在充饥的饼，但咨询公司给我们的却是一张画在纸上的饼状图，他们是可以告诉我们前进的大致方向，但我们的要求远不止这些，而且我们亦知道这些。当然，我们也承认这的确有点难为咨询公司，毕竟一个对本公司毫不熟悉的第三方公司又怎能通过短短20人天的时间解决我们当初设定的流程规划目标呢，他们仅能完成一个通用框架是必然的。如果要完成当初设定的目标，的确是一个长期工程。如果仅仅是完成一个"饼状图"，除在推动力方面稍有劣势外，应该说我们更有优势，因为我们对本公司业务的理解能力更强，亦具备一定的专业能力。再说花40万元人民币买一个"饼状图"也是公司不能接受的。

当然，我们十分认可第三方咨询公司对于理念的松土有帮助，所以我们也曾经借助第三方咨询公司做过理念方面的培训课程。

这次流程规划试点工作为后来流程规划方法论的形成起到非常重要的作用，方法论也是在这些经验教训的基础上逐步完善而成的。

虽然后续章节我们会告诉你被我们在不同企业证明有效的已经非常成型的流程规划方法，但如果贵公司从来没推行过流程规划，我们仍然强烈建议你先在小范围内进行试点。理论的方法再好，一落实到实际工作中，总会产生一些偏差，这与流程所有者对流程规划的认可度和配合度、方法论的简便度和适宜度、企业管理环境等因素都有关。这有点像我们告诉你已经成熟的登山方法和经验，但如果你从来没尝试过登山，难度低一些的登山演练仍是必要的。了解方法论在真实工作环境中的变化，有助于设计更适宜的方法，也有利于把控全面铺开流程规划工作的风险和质量。

■ 基于岗位职责的流程规划方法

为了便于理解，我们给流程规划做了一个定义：基于战略和商业模式的分析，应用系统的方法，构建一套结构化、可视化的"企业业务全景图"，明确各项业务价值关系和接口，落实流程所有者，为系统管理和持续改进提供基础。

流程规划的逻辑可以用图2-1来表达：

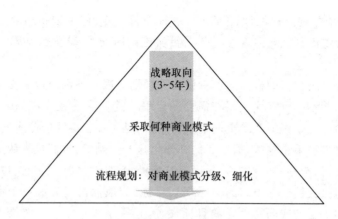

图 2-1 流程规划的逻辑

经过多年的探索和实践,我们对流程规划的方法进行了总结和提炼,如图 2-2 所示。不一定适合每一个组织,但绝对可以提供参考。

1 启动流程规划	2 流程清单识别	3 流程分类与分级	4 流程重要度评估	5 任命流程所有者	6 绘制流程系统图
关键点	关键点	关键点	关键点	关键点	关键点
1. 成立流程规划小组 2. 流程规划方法及工具 3. 制订工作计划	1. 识别部门现有流程并整合 2. 基于战略与改善识别新增流程	1. 遵循MECE法则 2. 理解分类与分级的区别与目的	1. 达成共识 2. 部门领导参与	1. 达成共识 2. 职责导向	1. 流程间关系要清楚 2. 明确输入与输出
相关表格	相关表格	相关表格	相关表格	相关表格	相关表格
工作计划	部门流程清单识别表 新增流程识别表	部门流程清单	流程重要度评估表 公司流程清单	公司流程清单	公司流程清单 流程系统图

图 2-2 基于岗位职责的流程规划方法

2.3 启动流程规划

■ 成立"流程规划小组"

前面我们已经探讨过"流程规划小组"的必要性,现在我们详细讲解一下这个虚拟组织的设置和职责分工。"流程规划小组"的组织架构一般如图2-3所示。

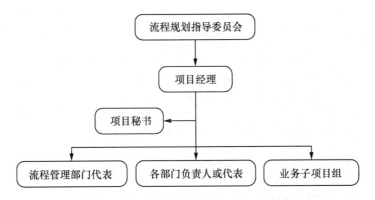

角　色	建议成员	核心职责
流程规划指导委员会	• 一般由公司高层领导,比如CEO或公司的主要负责人组成,成员人数控制在1~3人 • 如果公司已经有了如"管理改进委员会"的虚拟组织,流程规划小组完全可以置于此委员会架构下开展工作 • 流程规划指导委员会具体成员还与项目范围有关,如果此次流程规划仅是针对业务流程,那么分管职能部门的高层领导就无须参加	• 提供政治和资源支持 • 任命项目经理 • 审核项目计划书 • 亲自参与"任命流程所有者"等关键活动,并对流程规划过程中一些关键问题进行决策
项目经理	• 可以由公司流程管理部的负责人担任,要具备流程管理方面的专业知识和能力,而且要有比较强的推动能力 • 可以考虑设置一个副项目经理,可由业务子项目组项目经理担任	• 负责项目计划的制订 • 组织项目成员完成项目目标 • 评估项目成员表现 • 对流程规划目标负责

图2-3　流程规划小组框架图

角　色	建议成员	核心职责
项目秘书	• 可由流程管理部门的人员担任 • 该人员要具备一定的流程管理专业知识,同时对公司的组织架构及业务实际操作情况有一定的了解,服务意识非常强烈	• 协助项目经理进行日常项目管理,比如组织会议、对项目成果进行跟踪等 • 文档整合
各部门负责人或代表	• 一般建议各部门的最高负责人作为项目成员参与流程规划工作,这样有利于保证项目工作的顺利开展 • 各部门负责人可以指派一名本部门此项目的具体负责人参与项目组例会	• 根据项目计划,组织本部门完成相应的流程规划具体工作 • 参与本部门和公司流程全景图的探讨 • 流程规划成果在本部门的宣贯和应用
业务子项目组	• 因为业务流程不像职能模块的流程相互独立,所以业务部门的流程一定要统一规划。子项目组的项目经理一般可以任命对整体业务流程有整体管理权的部门负责人,比如生产控制部或客户订单管理部 • 业务子项目组成员包括所有业务部门的最高负责人 • 考虑到业务流程是整个流程规划的重点,所以业务子项目组一般会由经验丰富的流程管理部门人员直接对口协助	• 根据项目计划,组织各业务部门完成相应工作 • 参与业务流程体系的探讨 注:为了便于统一描述,流程规划后续章节中,我们把业务子项目组亦看成一个部门
流程管理部代表	• 一般流程管理部门人员都需要加入项目组	• 流程规划方法及工具开发、培训、指导

图 2-3　流程规划小组框架图(续)

对于流程规划小组与各部门之间的关系,及在流程规划中扮演的角色(有时会有重叠,比如各部门负责人又是流程规划小组成员)和职责,我们用一张图形象地表达出来,如图 2-4 所示。

为了充分保证这个虚拟组织能够有效持续运作,配套的管理机制是非常重要的。公司高层负责人仅仅靠口头承诺支持是不够的。流程规划工作是一项艰巨的任务,持续时间也比较长,公司高层领导必须给予项目组强有力的支持。有一个企业是这样做的:在各部门领导的绩效考核指标中设立一个占一定权重的 GS 性质的流程规划指标。为了让大家更加直观地了解,我们同样给出了配套的激励方案制度供你参考,如表 2-6 所示。

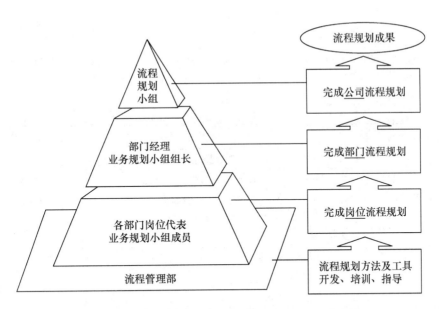

图 2-4 流程规划小组与其他组织的关系

表 2-6 流程规划小组激励方案

<table>
<tr><td colspan="4" align="center">××公司"流程规划小组"激励方案</td></tr>
<tr><td colspan="4">
目的：
为鼓励员工做好流程规划工作
人员范围：
所有参与公司流程规划项目的人员
制定部门：
由流程规划指导委员会与人力资源部门共同制定
激励方案细则：
一、项目经理
1. 由流程规划指导委员会进行评分,评估方法如下：
</td></tr>
</table>

评估指标及权重	评估方法		评估标准
目标达成情况 （权重:50%）	目标达成100%或以上,质量也比较高	5	流程规划计划书
	目标达成70%以上,质量也比较高	4	
	目标达成50%以上,质量一般	2	
	目标达成50%以下,质量较差	1	
计划执行度 （权重:30%）	按预定时间完成	5	流程规划计划书
	延后1个月完成	4	
	延后2个月完成	2	
	延后3个月或以上完成	1	
有效性 （权重:20%）	流程规划结果有后续应用计划	5	流程规划总结报告
	流程规划结果没有明确的应用计划	2	

(续 表)

2. 评估时间为项目正式结束后
3. 激励标准:100分奖励10 000元,80分及以上奖励8 000元,50分及以上奖励5 000元,50分以下不予奖励

二、项目成员
1. 项目成员由项目经理评分,评估方法如下:

评估指标	评估方法		评估标准
目标达成情况 (权重:50%)	目标达成100%或以上,按要求提交文档且质量较高	5	流程规划 计划书
	目标达成70%以上,按要求提交文档且质量比较高	4	
	目标达成50%以上,按要求提交文档,质量一般	2	
	目标达成50%以下,未按要求提交文档	1	
计划执行度 (权重:30%)	按预定时间完成	5	流程规划 计划书
	延后1个月完成	4	
	延后2个月完成	2	
	延后3个月或以上完成	1	
配合度 (权重:20%)	积极配合流程规划工作,并能提供一些有利于提高流程规划效果的想法或建议	5	流程规划 总结报告
	积极配合流程规划工作	4	
	基本配合流程规划工作	2	
	应付流程规划工作	0	

2. 评估时间为项目正式结束后
3. 激励标准:100分奖励5 000元,80分及以上奖励4 000元,50分及以上奖励2 000元,50分以下不予奖励

三、参与人员
1. 对于表现突出的优秀参与人员,可由各项目成员提名给予奖励,但每个部门不超过一人
2. 评估时间为项目正式结束后
3. 激励标准:获得提名即可获得500元奖励

四、其他
1. 绩效加分:
表现优秀的项目经理、项目成员及优秀参与人员,将以流程规划指导委员会的名义直接向其上司建议,在其当期的绩效评分中作为加分项,在总分上面加上0.1~0.5分以资奖励
2. 激励得分与个人绩效考核
流程规划项目工作作为项目经理和项目成员的一项个人绩效考核指标,权重为10%

■ 制订流程规划工作计划

流程规划工作计划表如表2-7所示:

表 2-7 流程规划总体计划表

NO	里程碑	具体工作	1月	2月	3月	4月	5月	6月	7月	8月	9月	责任主体
1	流程规划启动	成立项目组	■									流程管理部
		制订计划	■	■								项目组
		发布流程规划操作指引		■								流程管理部
		流程规划启动会		■								项目组
2	部门流程清单识别	流程规划培训			■							项目组
		部门流程清单识别			■	■						各部门负责人/业务子项目组
		审核各部门流程清单				■						项目组
		流程清单识别交流会				■						流程管理部
		部门流程清单完善				■	■					各部门负责人/业务子项目组
		编制公司流程清单 V1					■					项目组
3	流程分级分类	制定流程总图初稿、流程分级分类研讨会、发布公司流程清单 V2					■	■				各部门负责人/业务子项目组/流程管理部
4	流程重要度评估							■				各部门负责人/业务子项目组
5	任命流程所有者	培训交流会完成公司流程清单 V3						■	■			各部门负责人/业务子项目组/流程规划指导委员会
6	完成流程清单和系统图	各部门画系统图							■			各部门负责人/业务子项目组
		完成公司系统图								■		项目组
		发布公司流程清单和系统图									■	项目组

■ 发布流程规划操作指引

为了便于流程规划工作的顺利开展,我们会在正式启动项目工作前完成流程规划方法论的设计,并完成各阶段工具表格模板的开发设计,制作一个流程规划操作指引,内容一般包括:

- 项目简介,包括项目背景、项目范围、价值、目的及目标;
- 项目实施计划;
- 项目组各角色及职责定位;
- 流程规划流程及方法论;
- 各阶段工作的详细操作说明;
- 介绍各种表格及模板工具的使用方法;
- 提供一个案例;
- APQC 通用版标杆流程模型及本行业流程模型;
- 已有的流程清单(有竞争对手的流程清单参考更好);

- 项目组激励方案。

为了提高流程规划操作指引的可操作性,除按上个章节所讲进行小范围试点外,在正式发布前,我们一般都会与流程规划的重点部门,比如业务运作管理部门进行几轮的前期沟通,以确保方法论的完整性和可操作性。

■ 流程规划启动会

当前期工作一切准备妥当后,项目组即可召开流程规划启动会了。启动会的重点在于:
(1) 项目简介,包括项目背景、目的及目标;
(2) 简略介绍一下流程规划有关理念与方法论;
(3) 项目组各角色及职责定位;
(4) 项目的总体计划;
(5) 项目的最终产出以及对大家的好处。

2.4 流程清单识别

■ 流程规划方法论培训

流程规划小组成员一般都是各部门负责人,具体的流程规划工作他们可能并不亲自负责,所以项目组可以要求每个部门指派具体流程规划操作人员。在正式开展部门流程清单识别之前,项目组有必要对这些人员做一次流程规划方面的培训,培训的重点在于各种表格模板如何使用而非理念宣贯。

还是有很多人不明白该如何做流程规划方面的培训。我们这里就提供一个案例,因为很多具体内容在下面的章节都会陆续涉及,所以这里只提供一个培训课程目录。

案例　我们的流程规划培训课程目录

1. 项目简介:讲解项目的背景,强调项目立项的必要性和重要性,以及传达公司对项目的期望和重视度;
2. 流程规划涉及的概念:价值链图、流程总图、流程清单以及流程规划的定义;
3. 流程规划的目的及产出:强调对大家具体有哪些实实在在的好处;
4. 流程规划中的角色与职责:强调整个流程规划会具体涉及的岗位以及各

岗位的具体职责;

5. 流程规划步骤、表格模板使用案例说明:介绍流程规划方法论,重点讲解每个步骤所用到的表格模板,以及这些工具的使用及质量要求,最好附带一个具体案例;

6. 流程规划推进计划:说明整个项目的计划,给大家一个宏观视角;

7. 答疑:针对各种问题进行解答,重点放在流程规划第一步的"部门流程清单识别"上,因为这是培训后的第一阶段的主要工作内容,同时也是整个流程规划最核心的基础工作。

■ 部门流程清单识别

部门流程清单的识别是流程规划工作的第一步,也是至关重要的一个环节。部门流程清单识别的好坏会直接影响后续各环节工作的质量,因为后续各环节的工作都是基于此阶段工作的成果基础上。所以,项目组要特别注意本阶段工作质量的把控,特别应注意部门流程清单识别的完整性和流程描述信息的质量。

这个阶段的工作使用到的表格为部门流程清单识别表,填写方法如下:

第一步:各部门岗位代表(包括部门经理,因为有些工作仅存在部门经理岗位中)把岗位职责说明书中的岗位职责分别填入部门流程清单识别表中的"岗位职责"栏中。

如果本岗位没有岗位职责说明书,则可以采取"工作穷尽法",把自己岗位的实际工作项填入"岗位职责"栏中。

第二步:对"职责"进行分解,至少细化到岗位活动,然后把得到的工作活动清单填入"工作分拆"栏中。

第三步:把"工作分拆"后的结果按工作性质等进行分类,然后以活动发生的先后顺序排序,提炼出活动中的流程,填入"包含的流程"栏中。

第四步:描述出该流程的上下游,填入"输入/提供者""输出/接收者"栏中。这个主要是为理顺流程间的接口打基础。

第五步:根据工作分拆的结果,汇总成"流程走向"。

第六步:注明识别出的流程是否有已成文的制度,如有则填入"相关制度"中并注明文件的有效性,否则注明"没有成文的制度"。

第七步:汇总并整合各岗位代表完成的部门流程识别表。

下面提供一个包含部分实际案例内容的例表供参考,如表2-8所示:

表 2-8 流程规划用表一——部门流程清单识别表

	岗位职责	工作分拆	包含的流程	输入人/提供者	输出及接收者	流程走向	相关制度
1	**固定资产管理：** 1. 负责公司固定资产管理，建立健全固定资产账卡，做到账实相符 2. 负责固定资产变更工作，掌握各部门固定资产变更情况，及时完成各项固定资产变更工作 3. 负责编报有关固定资产各项报表和各项统计资料 4. 负责资产清查、评估及报废工作	申请人填写固定资产申购单 本部门经理审批 行政部经理审批 金额超过5 000元行政副总经理审批 金额超过1万元总经理审批 金额超5万元董事长审批 行政经理提交审批后的申请单给采购部采购专员按采购流程操作	固定资产申购流程	固定资产申购单/申请人	审批后的固定资产申购单/采购部专员	申请人填写固定资产申购单→本部门经理审批→行政部经理审批→金额超过5 000元行政副总经理审批→金额超过1万元总经理审批→金额超5万元董事长审批→行政经理提交审批后的申请单给采购部采购专员按采购流程操作	固定资产申购流程，文件有效
		行政经理填写固定资产迁移单 迁出部门经理签批 迁入部门经理签批 固定资产会计做账务处理	固定资产迁移流程	固定资产迁移单/行政经理	固定资产迁移得到的资产/固定资产会计	行政经理填写固定资产迁移单→迁出部门经理签批→迁入部门经理签批→固定资产会计做账务处理	固定资产迁移流程，文件需更新版本
		财务部经理下发固定资产盘点通知 行政经理完成固定资产盘点清单 行政经理、固定资产会计联合进行固定资产盘点 固定资产会计编写固定资产盘点报告 提交报告→固定资产会计调整账务	固定资产盘点流程	盘点通知/财务部经理	固定资产盘点报告/固定资产会计	财务部经理下发固定资产盘点通知→行政经理完成固定资产盘点清单→行政经理、固定资产会计联合进行固定资产盘点→固定资产会计编写固定资产盘点报告→提交报告→固定资产会计调整账务	没有成文的制度
		申请人填写固定资产报废申请单 行政经理审批 金额超5 000元行政副总经理审批 金额超1万元总经理审批 金额超5万元董事长审批 行政经理做固定资产的报废处理 固定资产会计做账务处理	固定资产报废	固定资产报废申请单/申请人	固定资产报废报告/固定资产会计	申请人填写固定资产报废申请单→行政经理与相关人员（比如IT人员）做验收并审批→金额超5 000元行政副总经理审批→金额超1万元总经理审批→金额超5万元董事长审批→行政经理做固定资产的报废处理→固定资产会计做账务处理	固定资产报废流程，文件需更新

(续表)

	岗位职责	工作分拆	包含的流程	输入/提供者	输出及接收者	流程走向	相关制度
2	……	……	……	……	……	……	……
3	**团队管理**：通过流程制订部门分工、组织职责订下属项目和制订计划，审阅分析定期报表报告，确保下属绩效的公平及项目标计划的达成。组织部门内的学习交流和培训，提高部门人员的专业素质	……	不考虑建立流程				
4	……	……	……	……	……	……	……

各部门填写完部门流程识别表后即可提交给"流程规划小组"审核。审核什么呢？我们不妨先来看看大家最容易犯哪些错误。

表2-9是我们在多年的流程规划工作中曾经审核到的一些具有代表性的问题。从这些问题列表中，你可以反过来思考该如何审核部门流程识别表，而且你也可以得到启示，如何在培训和表格设计方面尽量避免让这些问题重复发生。

当然考虑到目前国内企业流程管理水平偏低的事实，有些问题总是无法避免的。所以，除了通过培训和完善表格设计外，我们应该主动参与到各部门的流程识别活动中。比如主动去询问各部门进展情况以及是否还存在一些不清楚的地方。以便当阶段性的产出不符合要求时可以及时调整。必要时，我们甚至可以进行小范围地、有针对性地召开流程规划培训和研讨会。在一些大的部门，我们甚至采取过先试点某几个岗位，然后再推广的方法，效果也很不错。

表2-9 流程规划工作中的代表性问题及改善措施

列项	不足	改善措施
职责	• 岗位职责说明书本身有效性不足，未能及时更新，甚至存在错误 • 岗位职责说明书一般仅包含本岗位主控的工作，未能反映很多参与/配合/协助其他部门的工作项 • 有些岗位没有岗位职责说明书，很容易遗漏工作项	• 以实际工作为主对职责再次确认，将职责之外的工作内容补充上 • 可以参照一定时期的工作记录文件（包括工作报告/E-mail等），对职责的完整性进行复核 • 重要的岗位或者部门，一般可以采取多个岗位代表同时填写表格最后再整合的方法 • 建议部门内开会讨论部门流程识别表，把遗漏的工作补充上
工作拆分	• "岗位职责"未得到完全分拆 • 填写不规范，有的写成了做事情的规则与要求，甚至直接写成了工作表格名称 • 工作项没有注明哪个岗位负责，或者仅注明了部门。如"提交申请表"、"财务部下发预算"等 • 工作拆分颗粒度不适当，有的太粗，有的太细。比如"仓管员做物料入仓"被分解成"仓管员点数""仓管员做物料入仓""仓管员更新台账"等多个步骤，必要性不大 • 只是把本岗位工作列举出来，没有把部门外岗位工作充分识别出来 • 工作拆分的结果没有按工作项的先后顺序重新排列，无法体现流程的走向	• 建议采取部门开会讨论部门流程识别表的方式，针对"岗位职责"逐句进行工作分拆分析 • 用动词词组描述，最好能够让人一看就明白工作内容 • 工作活动要加上负责岗位，例如××岗位提交×××申请表 • 同一个岗位同一个时点完成的工作不必拆分，概括成一个大的工作项 • 多个岗位共同完成的工作按不同岗位进行拆分 • 考虑完成一项工作需要哪些岗位，这些岗位做了哪些工作 • 工作拆分要求按活动的先后顺序进行排列

（续　表）

列　项	不　足	改善措施
包含的流程	• 局陷于本部门看流程,导致流程未被识别。比如某流程跨越 ABC 三个部门,B 部门在此流程中并不占主导,导致 B 部门在做流程识别的时候遗漏了此流程 • 不是所有的工作都适合建立流程,流程适合重复性及相对比较固化的工作,项目类工作与发生频率低的工作可不建立流程 • 流程都有相对应的管理制度,但流程规划中却未识别出来 • 对制度和流程有混淆,导致部分流程未被识别,流程写成了制度名称 • 由于思维定式,已存在的流程较容易被识别出来,而一些隐形的流程容易被忽略 • 识别的流程颗粒度比较大,比如只识别出一个笼统的采购流程,没能体现流程的分类	• 打破本部门界限去思考,必要时可以与上下游同事沟通 • 本部门已制定的流程制度中所包含的流程要求全部体现在这一列,如果没有则说明前面的"职责"或"工作拆分"有遗漏 • 流程是客观存在的,不管是否形成制度,或者是否需要形成制度 • 我们建议只有跨三个岗位的工作才写成流程 • 不能直接填写相关联的制度或者流程名称,比如公司费用管理制度一个文件其中包含很多个流程,"各种类型的费用报销流程""预算外费用申请流程"等,所以不能把所有有关费用的流程统一命名为费用管理制度,可以根据实际情况新命名 • 可以把从客户提出需求到得到满足的整个过程中的所有活动按先后顺序一一列举出来,然后对照识别的流程清单看是否有遗漏 • 应该把流程的分类体现出来,比如采购流程可以分解成"办公用品采购"、"生产物资采购(又分备货式和集中式两种)"、"固定资产采购"等
输入与提供者	没有正确找出本流程的输入	输入是站在"包含的流程"角度去分析,这个流程的输入是什么,由谁提供,目的是找出本流程的上游流程
输出与接受者	没有正确找出本流程的输出	输出是站在"包含的流程"角度去分析,这个流程的输出是什么,由谁接收,目的是找出本流程的下游流程
流程走向	有的写成了操作岗位的先后顺序,比如"申请人→工程师→部门经理→副总经理→总经理",没有把流程中的活动表达出来	流程走向表达方式为:"(岗位)活动→(岗位)活动→……",不能仅仅为岗位之间的流转,可直接从工作分拆中整理

通过部门流程识别表你可能认为已经把本部门所有的流程都识别出来了。其实不然,这个阶段的工作只回答了本部门"存在"哪些流程,但却无法回答"应该"有哪些流程。

当然,要回答"应该"有哪些流程的确是件非常困难的事情。但是,我们觉得我们有义务和责任引导各流程所有者去思考这个问题。事实上,根据我们多年的经验,虽然有些流程所有者不善于思考这个问题,但也有很多流程所有者对这个题目很感兴趣。比如某公司的人力资源部通过对标准人力资源模型的深入分析,发现日常工作中遇到的很多"疑难杂症"原来是因为缺少一些标准模块,而且思考问题也更加系统,解决方案也更加全面。

为了让使用者更容易地完成此工作,我们同样设计了表格,但并不做硬性要求,可以从两个角度思考"应该"有哪些流程。

(1) 基于战略需要。比如公司把提高客户满意度作为战略计划的重要指标。如果现在公司里客户服务并非重点,而且流程成熟度也不高,那么现在就有必要开始考虑搭建一个客户服务流程体系来规范和提升这方面的工作。

(2) 基于改进需要。可以参考 APQC 通用版标杆流程清单、竞争对手流程清单及某些已成型的流程模型,如供应链模型或客户服务流程模型。

当然,考虑到工作的重要度,我们一般把精力放在运营流程而非管理流程上面。

表2-10是我们拿流程管理工作做的一个实例分析。很多公司启动流程管理工作,一般是从文件管理、流程梳理或流程优化开始的,当这些工作已经被很好地例行化后(虽然这已经实属不易啦),你就会发现流程管理工作遇到了发展的瓶颈,这有点像消防队每天忙于到处救火,虽然疲于奔命但火灾还是居高不下。那么现在你就会发现,救火本身无法从根本上解决问题,应该采取其他预防措施才行。流程管理工作也是如此,刚开始你可能会为解决一个流程问题而激动万分,但最后你就不会再有这种激情,因为你会发现永远有解决不完的流程问题,而且解决之后的效果并不大,有时候你花费很多精力就是解决一些"鸡毛蒜皮"的事。这是因为流程管理的导向发生问题。之前是问题导向,现在应该转为目标导向。要根据战略对流程的要求以及流程绩效本身的要求去做。这样不但更有主次,而且也会更加有效。所以,我们在某企业做流程管理时,遇到瓶颈后,我们也开始尝试搭建流程绩效管理流程。也许有人质疑,作为探讨性的工作,流程绩效管理的初期阶段是否适宜建流程。我们的建议是,建流程是其名,探索一套有用的方法为其实。你完全可以在第一次"小试牛刀"后就编制一个简易的流程绩效管理流程,这有助于你从一开始就关注如何完善和提高方法论的可推广性,然后在适当的时机再发布推广即可。有时候流程是不能等完全固

化才能形成流程的,适宜流程化管理的工作越是尽早做出流程,越有利于此工作的规范性。

表 2-10　流程规划用表二　新增流程识别表

基于战略需要新增流程识别表

三年战略计划		已有流程	新增流程
1	建立充分、适宜、有效的流程管理体系并能有效运作。通过流程优化使流程运作效率达到行业内先进水平	1　流程规划流程	
		2　体系文件管理流程	
		3　流程梳理流程	
		4　流程优化流程	
		5　流程审计流程	
		……	……
		……	流程绩效管理流程:结合人力资源的绩效管理模块,搭建关键端到端流程的绩效指标体系,加强对流程绩效的测评和考核,流程优化从问题导向转变为流程绩效导向
2	××××	1	……
		2	……
		……	……

基于改进需要新增流程识别表

竞争对手及行业标准		已有流程	新增流程
1	人力资源六大模块标准模型	1　招聘流程	
		培训流程	
		2　绩效考核流程	
		……　……	
		……	人力资源规划流程:目前人力资源工作规划不足,在组织管理和人力配置及成本方面缺少明确的指导,需要加强各模块的年度经营计划工作
2	××××	1	
		2	
		……	

■ 从部门流程识别表中可以看出什么

当拿到部门流程识别表后，我们相信你一定会有意外的惊喜，这是我们在做流程规划工作之前没有预测到的。部门流程识别表作为各部门工作真实反映的载体，你可以从中发现很多有价值的信息。

1. 可以反映部门工作的成熟度

有些部门最后识别出的流程很少，甚至没有。这说明该部门工作的成熟度比较低。工作的流程化可以反映工作例行化程度，如果一个部门例行化的工作很少甚至没有，整天都在"务虚"的话，说明此部门的工作尚处于探索阶段。那么此类部门在本组织内的生存压力就比较大。特别是在组织架构调整或者"经济危机"的情况下，最容易被减缩编制甚至被取消。这也从一个侧面提醒，一个部门如果想在一个企业中生存下去，一定要提高例行化工作比例。不能很好地融入企业运作体系中，其价值也无法得到充分体现。

比如流程管理部门的工作。仅仅解决几个特定的流程优化项目是不值得祝贺的，因为这没有持续性，这几个项目的成立可能有特定的背景。所以，只有当流程优化工作成为一个例行化的流程，从需求的产生到问题的解决，不再依赖特定的因素（比如高层领导支持）而能自发产生并得到有效处理时，流程优化工作才能真正发挥其持续优化的目的。

2. 可以体现部门工作的价值度

当你发现某部门的流程清单及描述全部是操作性事务时，这是一个说明此部门的工作尚处于本职工作价值链低端的明显信号。

从流程清单上分析。比如某公司人力资源部门的流程仅仅包含招聘和档案管理两部分工作。对于其他模块工作，比如规划、薪酬、绩效等工作却分布在总经办或财务部门。

从流程本身分析。比如某公司的人力资源部门在整个招聘流程中发挥的作用仅限于接收各部门的人力需求申请表、在人才网站上按人力需求申请表发布招聘信息、组织人力需求部门与应聘者面试、为新员工办理入职手续等一些纯操作性事务，却没有包含一些本应该发挥的高价值含量的工作，如人才需求分析、人才测评和筛选、人才跟踪测评等。

另外，如果某部门的流程清单都集中在对本部门内活动的描述上，而对本流程涉及的其他部门岗位的活动知之甚少，也可以从一个侧面反映其岗位工作价值的大小。因为当某岗位对端到端流程缺乏整体视角时，那么其工作的价值就会因为缺少明确的导向性和目标性而大打折扣。

有一点需要说明,即使在此阶段已经做足了审核和完善工作,因为思维定式、流程识别能力等各种因素,流程清单的完整性并不足够。所以在后续的工作环节中,仍需要通过对流程之间逻辑性的思考等方法进一步提高流程清单的完整性。当然,后续环节仅仅是起到补充作用,本阶段尽可能保证流程清单的完整性是至关重要的。

■ 汇总公司流程清单 V1

各部门(包括业务子项目组)完成流程识别后,流程规划小组负责完成公司流程清单 V1。此清单是各部门识别出流程的一个整合,主要是把各部门识别出的重复流程删除,同时在整合时查漏补缺,为后续的流程分级分类做准备。

2.5 流程分级分类

小到乡村小道,大到南北大动脉,中国有一个庞大的公路网络。为了有效地管理这个网络更好地为社会经济活动服务,国家把公路按行政等级、使用任务、功能和交通量分为不同的等级。这样不同等级的公路,根据其功能可以在管理权限分配、投资决策、公路网规划、公路设计等方面进行针对性管理,以实现公路网络的全面、协调和可持续发展。比如国道一般是具有全国性政治和经济意义的主要干线公路,对全国的社会经济活动影响非常大,所以国道中跨省的高速公路由交通部批准的专门机构负责修建、养护和管理。再比如干线的分流作用非常明显,支线的可达性则较强,所以在修建标准和管理方法各方面都有所不同,而乡间小道则不纳入统筹管理范围。

如果你还想了解更多有关流程与公路的关系,你可以延伸阅读作者金国华的畅享网博客文章《流程与高速公路》:http://blog.vsharing.com/tiaozi/A718838.html。

一个组织所有的经营活动可以看成是由一张流程组成的网络,这张流程网络与我们前面说的公路网络有异曲同工之处(如图2-5所示)。管理好这些流程也需要分级管理。很显然总经理不可能把精力放在如何审核一个订单这样的小流程上,他应该关注端到端流程的绩效是否满足客户和公司战略的要求。当衡量服务时效是否满足客户要求时,不能各部门各自为政地按自己制定的标准衡量涉及本部门部分是否达标,而且这也没必要,而应该看从接到客户需求直至服务送达客户手中的整个过程是否满足客户期望及市场要求。

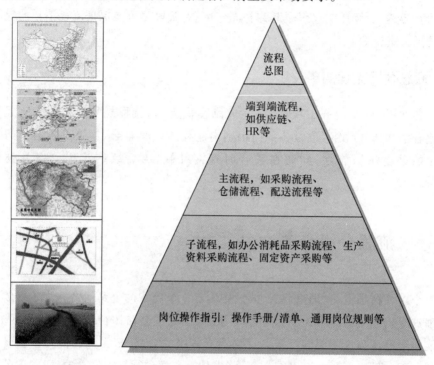

图 2-5 公路网络与流程网络

■ 公司流程全景图

下面是一张公司流程全景图(如图 2-6 所示),形象地把流程网络的模样展现出来。虽然流程不像公路那样有形,但是通过其中的逻辑关联性,流程同样是鲜活和立体的。

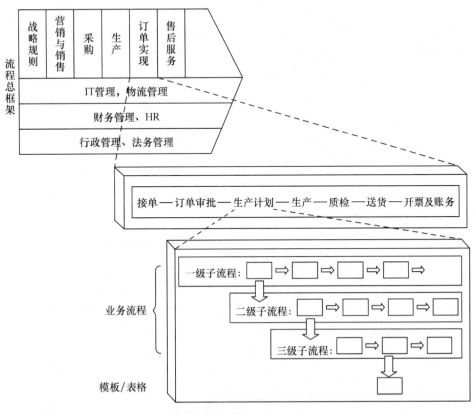

图 2-6　公司流程全景图

■ 公司流程总图

在对流程分级之前或至少同时,流程管理部门需对公司的流程总图进行规划。其他部门无法胜任此项工作。这个用来盛放流程的"容器"不一定能够一次成型,但总是可以先做一个雏形,随着流程分级工作的深入,再不断地调整和完善。

那么该如何搭建适合本公司的"流程容器"呢？可以参考 APQC 流程分类框架,图 2-7 是一个通用版的流程分类框架,此外目前还有如汽车、电信等 10 个特定行业的流程分类框架。需要特别说明的是,此框架并非针对特定组织设计,所以贵公司未必能包含所有的流程,当然也许贵公司存在此框架并不包括的特性流程。而且其中有些流程的划分也未必适合中国国情,更不要说适合贵组织环境。比如图 2-7 中提到的"环安卫管理",国内组织一般都把其纳入行政管理中,那么贵公司最终制定的流程总图直接称之为行政管理即可。也许贵公司包含 6 个运营流程和 10 个管理及支持流程,这很正常。事实上,APQC 在金融等其他行业的流程分类框架也不都是 5 个运营流程和 7 个管理及支持流程。参考此框架关键在于理解并灵活应用它,千万不可以生搬硬套。

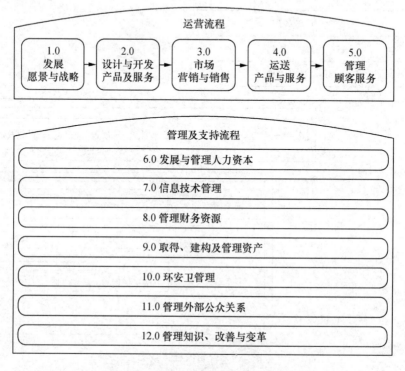

图 2-7　APQC 流程分类框架通用版

当然 APQC 的流程分类框架只是提供了重要参考,如果贵公司没有规范和成文的客户服务流程,但是并不代表贵公司没有做客户服务,只是可能很多客户服务工作被分解到各个部门(这同时提示我们,这有可能是未来的优化方向之一),或者此类别的工作没有得到足够重视而已。所以在制定流程分类框架时,仍需要包含客户服务流程类别。这有助于公司关注和重视客户服务流程的建设。

流程总图是否仅有 APQC 这种表达方式呢?当然不是,表达方式是可以多种多样的。你可以使用波特价值链图表达,也可以使用更加特性化的图。图 2-8 是某公司的流程总图。

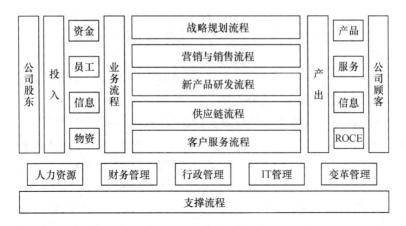

图 2-8 ××公司流程总图

流程分类

公司内所有流程理论上是可以互相贯通的,不过为了高效管理这些流程,有必要先根据流程的性质进行分类,这有利于从整体上把握不同类别流程的定位与作用,有利于更好地设计公司流程体系。你当然可以参照 APQC 模型把流程分为两类:运营、管理及支持流程。常见的还有另外一种分类方式,即分为战略流程、经营流程、支持流程。

1. 战略流程

战略流程是面向未来的,为企业提供方向和管理。包括企业长期、中期及近期战略目标的规划,战略目标的分解,制定战略目标实现策略与分解,确定所采用的竞争策略与商业模式,战略过程的控制与调整。它提醒我们要注意抬头看路,要关注外部的市场环境。我们认为做流程管理需要充分地理解公司的战略意图、目标与公司的盈利模式,把握行业成功关键要素及公司的竞争策略。对战略目标的正确把握是做好流程管理的前提,因为理解了战略,就知道流程管理的目标,就知道如何选择重点,如何平衡与取舍。

2. 经营流程

我们理解经营流程就是直接为客户创造价值的流程,能够被外部客户看到或感觉到,经营流程从客户提出需求开始,到满足客户需求结束。经营流程是水平的,是横向跨越多个部门的,它是企业竞争力的根本所在,也是企业流程管理与改善的重点。通常来说,经营流程包括:产品价值链(新产品管理)、市场链(营销和销售)、供应链(产品与服务的提供)、服务链(客户服务管理)。经营流程以战略流程为导向,以战略流程确定的架构为基础展开,它的逻辑顺序是:战略—商业模式—经营流程。我们认为做流程管理重点就应该放在经营流程上面,经营流程是直接、直观的,容易出成绩,也是企业流程管理的最终目的所在。

3. 支持流程

支持流程为经营流程提供支持服务,通常包括决策支持、后勤支持与风险控制三类。决策支持是最体现支持流程价值的,类似于军队中的政委,虽然不带兵打仗,但他可以为军队统帅提供决策支持、出谋划策,一个好的军师是一支部队作战成功的关键。后勤支持流程是最基础的,是支持流程存在的基本价值,必须要做到为业务流程运作提供基本的保障,就像部队里的炊事班。没有饭吃,部队是没有办法打好仗的。风险控制是业务流程中非常重要的一部分,它是代表公司对经营中的风险点进行有效的控制,常见的方式有预算管理、审计管理、业务审批管理等。支持流程一般是纵向职能专业导向的,专业管理部门明确,所有者相对容易确定,流程横向协调的难度相对较低。在做支持流程设计的时候,要以战略流程为导向,要能够有效地支持公司未来发展战略,为战略目标的实现准备好相应的专业资源、支持与管控能力;要以经营流程为目的,一切为经营流程服务,能够真正帮助提升经营流程的效率与效果,而不是自娱自乐。

在流程划分过程中,还有另外一种流程分类需求。我们不妨先给出这类流程分类的定义:对于同样范围(即相同起点与相同终点)的流程因不同的管理需求设计不同的流程操作线路。

流程的正确分类有利于提高管理效果。分类的方法有很多种,我们在图2-9中列举了一些常见的分类方式。不同的性质的流程,分类的方法也会有所不同。

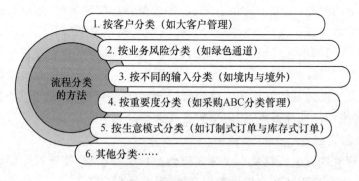

图2-9 流程分类的方法

- 按客户分类。比如可以分为企业级客户、个人用户及政府单位。
- 按业务风险分类。如普通审批流程和审批绿色通道。
- 按不同的输入分类。比如电子订单处理流程与手工订单处理流程。

- 按重要度分类。如采购 ABC 分类管理、设备采购流程、备件采购流程、办公用品采购流程等。
- 按生意模式分类。如定制产品管理与库存产品管理。
- 按管理对象不同分类。如收入会计、管理会计、应付会计、固定资产、总账等。

"到什么山上唱什么歌"、"量体裁衣"、"看菜吃饭"、"因材施教",这些词语中都包括了浅显的管理道理,管理要因地制宜,与周围的环境相匹配。流程管理也是如此,不同的环境下流程的目的不一样,流程的设计也应该有所不同。流程的目的设定其本质是取舍与权衡,它不可能做到面面俱到与平均用力,一定会有所侧重,有所为有所不为。流程的设计是为了目的与目标出发,目的与目标又是根据公司的战略与客户需求去定义的。不同的业务模式、不同的客户群、不同的流程环境对于流程的目的是不一样的,否则流程很难实现差异化的管理目的,流程的目的与目标不一样,流程设计的线路也应当不一样。流程的多样化指的是流程的边界相同(同样的起点与终点),但中间的活动线路不同。

举个例子来说,同样是培训流程,如果培训的目的是基于绩效改善的,那么培训需求调查就应该将重点放在绩效不达标的原因上,分析哪些因素是可以通过培训来提高的,只需要调查受训员工的主管或者对绩效评估结果做分析就可以了,而不需要大面积地询问受训学员希望接受的培训内容,对于受训学员要调查的是他们对于培训的内容认识度有多高,他们接受或喜欢的培训方式是怎样的? 在培训效果评估的时候,对于常规的培训后问卷调查没有太大的意义,重点应放在培训后绩效的监测与对比分析上,如果绩效没有提高,培训就是无效的。但如果培训的目的是福利性质的,如健康知识培训,这个时候培训需求调查的重点是受训员工的需求,他们期望培训哪方面的内容? 相反受训员工的领导或者公司的需求则不需要考虑。培训效果的评估则完全可以采取平常的培训完成后的问卷评估方式。如果培训是面向行动的,即为公司接下来要做的事情做准备,则培训需求调查的关键在于了解公司要做的事情的目的是什么? 需要通过培训解决哪些观念的问题、认识的问题、能力的问题等,学员想学什么是不重要的。对于学员要调查的是他们对培训知识的认识度及喜欢的培训方式。培训效果评估重点要放在后续的行动上,是否达到了预期的效果。例如为了流程优化项目实施而展开的流程优化方法与工具培训,在做效果评估的时候要看流程优化项目运作得如何? 流程优化设计的工具是否被正确的应用等,常规的问卷调查方式是没有意义的。

在流程多样化的实践中,我们也碰到一些问题:多样化与标准化的平衡。多样化的好处是能够实现差异化的管理目的，但管理的复杂度高了，管理成本上升了；标准化的管理则管理简单、成本低，但流程无法满足多样化的需求。二者之间如何平衡呢？一般来说共性的东西应该要集中管理也就是标准化，个性的东西则要分散管理，也就是多样化。但我觉得还有一个非常重要的标准，就是问自己一个问题："在实施多样化的时候，有投资回报吗？"如果投资回报不大，我们可以不做多样化处理，仍然沿用标准化的流程；如果投资回报较大，我们就采取多样化的流程；如果没有回报，则完全不用考虑多样化。

所以，流程分类有其利但已有其害，我们一般建议能够不分类的尽量不分类，以实现标准化流程的效益，要注意把控标准化与多样化之间的平衡。比如虽然根据业务风险不同，某业务审批流程可以分为普通审批和绿色通道两类，但如果差别点仅仅是审批线路的长短，则完全可以整合在一个流程中。

那如何判断是否需要分类管理呢？其中一个最重要的判断原则就是分类要有投资回报。如果流程进行分类后，并不会带来明显的投资回报，一般不建议分类管理。流程分类的三个基本要求，如图 2-10 所示：

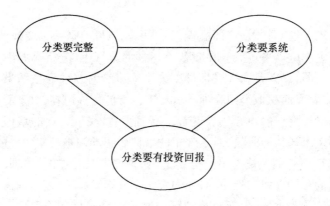

图 2-10 流程分类的三个基本要求

■ 流程分级

做管理要有化繁为简的功力，分级就是化繁为简的基础。做流程管理也是这样，管理好一个活动非常容易，管理好一个流程难度大一些，管理好一批流程组成的子系统难度更大，管理好由子系统组成的企业管理体系则更难，管理好由上下游企业系统组成的供应链系统则难上加难。如果流程不分级，都细分到活动，当你要管理的是整个企业管理体系的时候，你一定会陷入混乱，迷失在太多的细节上。

在谈如何进行流程分级之前，我们想先和大家分享一下，实际工作中非专业流程管理人员是如何看待流程分级的。我们在某企业做流程规划之前与该公司中高层领导沟通时,我们发现了一个有趣的现象:该公司中高层领导普遍把流程分级与组织架构跨度"混为一谈"。比如他们认为部门内部流程就是低端流程,而跨部门的就是中端流程,而跨不同中心或群组的就是高端流程。这当然是错误的,但他们却觉得这样比较容易理解和接受。这个现象告诉我们组织内部成员被科层制组织的影响有多深,而我们做流程规划工作一般又都恰恰是在这样一个缺乏流程导向视角的环境中开展流程规划。所以,在明确流程分级方法之前,先扭转大家的视角更为重要。

我们也经常接到有人咨询有关流程分级具体方法的问题,比如"流程到底分几级?""一级、二级的定义和区别是什么?""一级流程一般可以分解成几个二级流程?"

其实这些问题没有标准统一的答案。不同级别之间并没有严格的定义,只是相对概念而已。即使所属同一行业的两家公司,因为发展阶段及管理精细化等各种因素的不同,对流程分级的要求也不相同。作为一个新介入该市场的企业,为了灵活性可能会牺牲部分管理的精细化,所以该企业的采购流程可能就是一个笼统的规则而已,甚至还没书面化,但对于一个规模庞大、运作已经高度标准化的公司,采购流程可能需要分拆为不同类别及不同层级的子流程。即使同样的流程在不同的公司,流程的级别也不相同,比如配送流程在物流公司是个高端流程,而在其他行业可能仅是个低阶辅助性流程,这与不同公司业务管理模式及核心竞争力等因素不同有关。

通常企业将管理层级分成:战略、战术、战斗三个层级,对应的将企业的人员分成高层、中层与基层。高层负责战略层面的工作,包括公司战略规划、战略推动实施、战略评估与调整;中层负责战术层面的工作,包括某一领域工作的计划、组织、协调、控制及激励等;基层则负责按岗位职责与操作规范完成分配的任务。

我们认为流程也可以类似地分为高阶、中阶与低阶三个层级。高阶流程就是公司的整体管理体系,以客户/市场需求为输入,以经营/战略目标实现为输出。中阶流程我们建议是相对完整的子流程体系,有的公司称为端到端的流程,也有的公司称为一级流程。中阶流程建议是从最终用户开始,到最终用户结束。最终用户我们建议是利益相关者,而不是某个内部客户,通常利益相关者包括外部客户、供应商、股东、员工、社区、政府、银行、合作伙伴等。我们曾参照美国APQC标准将一家公司的流程分成了10个中阶流程:

(1) 战略管理流程;
(2) 新产品开发流程;
(3) 供应链管理流程;

（4）营销与销售流程；

（5）客户服务流程；

（6）人力资源管理流程；

（7）财务管理流程；

（8）行政与综合事务管理流程；

（9）信息技术管理流程；

（10）变革、改进与知识管理流程。

低阶流程则是细划到可执行层面的流程，通常就是反映在我们的制度中的流程，这类流程有一个特点，就是流程已经分解到了岗位，有了责任人，有了执行的主体，可以开始执行了。当然低阶流程还包括了岗位操作手册，也就是某个岗位非常细致的作业流程。

从我们接触的企业来看，大部分有一定管理基础的企业都只把管理重点放在低阶流程，对于高阶、中阶流程没有管理。而从我们的实践经验看，流程层级越高，管理的投资回报越大，因为高阶流程的改进是整体的、根本性的和方向性的。

企业决策层负责高阶流程的管理，他要负责整体管理体系的规划、推动实施与改进。有的企业将职责落实到专业管理部门，但我们认为如果高层不能够充分地参与，不能够承担决策职责，高阶流程是管理不好的。专业管理部门无法准确地把握高阶流程的灵魂，他们充其量是看一些表象，做一些分析以及形式上的东西。因为战略是老板的战略，战略部门/岗位的职责不是制定战略，而是协助制定战略，是将战略分解、细化，推动战略实施。只有高层才清楚公司的战略，才会有良好的市场敏感度，为此高阶流程的管理职责他们责无旁贷。

企业中、高层负责中阶流程的管理。通常中阶流程往往交给一个部门的负责人管理就可以了，例如人力资源管理流程、财务管理流程。但经营类的流程由于是水平导向的，往往跨越了前后台，所以我们建议由高层来担当，如副总经理、副总裁。他们负责子系统的设计、推动实施与改进。如果中阶流程管理者不具备相应的管理视野，那么这个中阶流程是管不好的，因为他不理解公司的战略，找不到战略对中阶流程的需求，不能理解经营流程，不知道经营流程对支持流程的需求，不能理解中阶流程的整体，无法搭建体系化的中阶流程。

低阶流程的管理由基层管理者负责，低阶流程的执行由基层操作人员负责，但跨度大的低阶流程有时让高级管理层作所有者是非常有必要的。基层管理者不代表是职位最低的管理人员，在有些公司是部门经理，取决于公司的实际岗位设置。但基层管理者必须具备管理职责与权力，不能只是一个操作者。低阶流程的管理者主要的职责是基于中阶流程的要求，设计好低阶流程，推动流程相关人员执行,并能够持续对流程进行优化。

举一个合同评审流程为例,说明分级的重要度。

参考 APQC 流程分类框架模型,我们亦可以把流程分为四级:

0 级:流程总图,公司流程的俯瞰图,由 1 级流程按公司业务运作管理模式有机组合而成。相当于前面所指的高阶流程。

1 级:端到端流程,如供应链、人力资源管理、行政管理、财务管理等。相当于前面所指的中阶流程。

2 级:主流程,如人力资源管理中的培训管理。相当于前面所指的低阶流程。

3 级:子流程,如培训管理中细分的高级员工培训管理、普通员工培训管理、内外训管理等。相当于前面所指的低阶流程。

4 级:岗位操作指引,如操作手册、清单等。相当于前面所指的低阶流程。

案例　APQC 流程分类框架中所有流程都要形成文件吗?

图 2-11 是截取 APQC 流程分类标准的 5.0 管理顾客服务章节举例说明。

```
5.0    管理顾客服务
5.1    发展顾客服务战略                          5.4.2.2 分析客户投诉处理数据与辨识改善
       5.1.1 制订客户层级                                机会
       5.1.2 定义客户服务政策与程序              5.4.3 评估顾客对产品或服务的满意度
       5.1.3 建立服务等级                              5.4.3.1 索取顾客对于产品与服务的售后意见
5.2    管理顾客服务                                    5.4.3.2 收集索赔数据与产品退回理由
       5.2.1 管理顾客意见与要求                        5.4.3.3 分析产品与服务满意度数据与辨识
              5.2.1.1 接收顾客要求                             改善机会
              5.2.1.2 传达顾客要求                5.5   客服人员管理
              5.2.1.3 响应顾客要求                      5.5.1 客服人员需求规划
       5.2.2 管理客户投诉                                     5.5.1.1 预测顾客服务接洽量
              5.2.2.1 记录客户抱怨                              5.5.1.2 预测国内业务接洽量
              5.2.2.2 传达客户抱怨                              5.5.1.3 规划顾客服务人力
              5.2.2.3 解决客户抱怨                              5.5.1.4 追踪人员成效
5.3    售后安装与维修服务                               5.5.2 顾客互动与服务质量评估
5.4    衡量评估顾客满意度                                      5.5.2.1 监控与评估顾客的反应电话
       5.4.1 评估顾客对咨询与意见回馈的满意度                  5.5.2.2 监控与评估顾客的反应信函
              5.4.1.1 索取顾客对于客服过程的意见
              5.4.1.2 分析客服资料与辨识改善机会
       5.4.2 评估顾客对客户投诉处理与解决的满意度
              5.4.2.1 索取顾客对于客户投诉处理的意见
```

图 2-11　流程文件实例

我们一般不建议 1 级流程文件化,比如"5.0　管理顾客服务",这更多的是一种流程大类的名称而已,写一个大而全的"客户服务流程"意义不大。

二、三级流程一般可以文件化。但有时候不需要每一个流程都文件化。比如某公司"5.2　管理顾客服务"并没建立流程,但"5.2.1　管理顾客意见与要求"建立了一个"客户问题处理流程","5.2.2　管理客户投诉"建立了一个"客户投诉管理";再比如某公司"5.3　售后安装与维修服务"直接分拆为两个流程"售后安装流程""售后维保服务流程",当然如果贵公司属于分销性企业,也许没有维修服务而是直接由厂家处理,所以就建立一个"售后安装服务流程"即可;而有的公司因为客户满意度方面的工作成熟度不够高,也许"5.4　衡量评估顾客满意度"就建立一个"客户满意度管理流程",其他5.4.1和5.4.2与5.4.3就没有建流程;而对于"5.5　客服人员管理"可能由于工作成熟度不高就没有建立一个流程,虽然对内部客服人员的服务质量也进行评估但统一隶属于另外一个1级流程人力资源管理流程中。

4级描述我们一般不建议文件化,因为基本都是一些组成流程的活动。当然这不是绝对的,因为有些公司的流程分级后,个别1级流程的某2级流程可能会分拆到5级甚至6级,这个时候其4级也是流程,必要时可以考虑文件化。

■ 流程分级的具体方法

一般0级流程总图与1级流程的划分,可以由流程规划小组讨论制定,然后邀请公司高层领导参加研讨。流程规划绝对不是仅仅把流程组装在一起即可,还必须满足公司战略及商业模式的要求,所以可以探讨以下几个问题。

1. 公司未来三年的发展战略是什么?

如果战略影响到价值链,无疑就会影响流程框架。比如本公司未来三年要提高电子商务在商业模式中的比重,那么信息管理部门在电子商务管理方面的流程和团队在整个流程框架中的位置和重要度显然是需要提升的。国内某知名企业甚至把IT流程纳入运营流程的一部分。

2. 公司在本行业中的竞争战略是什么?本公司差异化的竞争要素是什么?

即使是同一个行业,不同的公司因为竞争战略的不同流程框架差异化也是非常大的。比如有的公司专注高端客户赚取高利润率,而有的公司则专注大众需求以量取胜。

3. 公司的流程价值链是否支持战略？框架是否充分？

通过对以上两个问题的深入思考和研讨，可以提升公司流程框架的合理性和充分性。

接下来，我们谈一下 1—4 级流程是如何分级的。我们这里介绍两种最常见的方法：

方法一：借助专业模型/行业模型

一般公司流程总图都包含一个名为"供应链管理"的 1 级流程，虽然贵公司也许并没有提及供应链的概念，但不代表这些流程不存在，只是可能很多流程都是分散到各个部门独立运作而已。这也就是为何客户对产品或服务不满意，而每个部门又都自我感觉良好的原因之一。通过流程规划，我们有必要把这些关联性极强的流程借助 SCOR 模型（如图 2-12 所示）整合在一起，这有助于引导各部门以端到端的视角看待流程绩效。

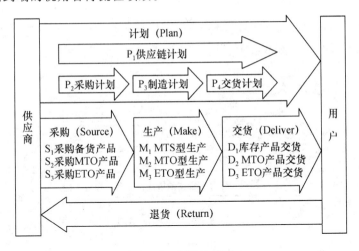

图 2-12　SCOR 模型

方法二：接力棒式分级法

如果没有专业的模型参考，或者即使有模型参考但是无法满足实际需要时，又该如何分级（包括分段）呢？可以采取按时间或逻辑先后顺序的方式，我们称之为"接力棒式分级法"，如图 2-13 所示。比如流程规划小组可以组织相关人员针对各 1 级流程研讨。根据各活动发生的先后循序和逻辑关系完成流程的分级、分类、分段。比如按时间逻辑先后顺序进行分级，订单执行流程可分为订单接收、订单审批、生产计划、生产、品检、送货、签收、开票、应收、核销等。

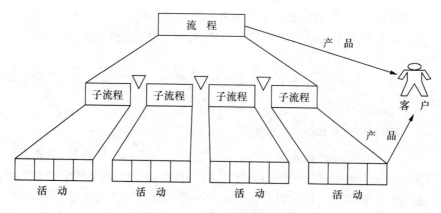

图 2-13 接力棒式流程分级法

■ 流程分级的原则

流程分级的方法虽然很明确,但如何才能保证 1 级流程分级的有效性呢?这需要在遵循 5 大原则基础上灵活应用,如图 2-14 所示。

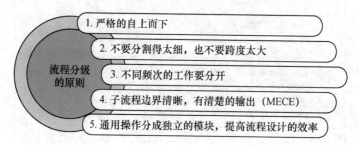

图 2-14 流程分级的原则

1. 严格的自上而下

如果说流程清单的识别是从下到上的话,流程的分级则是从上到下。流程规划主导者也从流程所有者转为流程规划小组。之所以必须坚持严格的自上而下,是因为流程所有者的视角决定。如果让流程所有者主导流程的分级,最终的流程分级图将会与组织架构图基本一致。但是严格的自上而下,并非说不需要征求流程所有者的意见。如果流程规划小组自己做一个流程分级图,那么作为使用者,流程所有者如果根本不认可的话也就无法得到应用。所以,充分征求流程所有者的意见是非常必要的。有时候为了便于应用,流程规划小组甚至要在部分细节方面做一些妥协。

2. 颗粒度适宜

一般我们鼓励流程的跨度尽可能大,因为端到端管理流程不容易迷失于细节,有利于把握流程的总体绩效。但这并非代表流程的跨度可以无穷大,如果是这样就没有分级的必要了。

那流程的颗粒度多大才适宜呢?看似简单的问题,被难倒的人可不少。有人觉得应该尽可能大,有人觉得尽可能小,有的人甚至希望能找到一个划分流程颗粒度的统一标准。但实际上并不存在,其实即使理论上可能存在统一标准,实际应用时也不可能严格按标准划分。流程颗粒度的划分当然首要原则还是看一件事情是否从头到尾得到端到端的解决。但如果公司流程所有者机制并未完全建立起来而且公司流程意识还比较淡薄的情况下,流程根据组织架构做适度的匹配调整是有必要的。流程管理不能完全脱离组织架构而存在。

3. 频次分明

如年度计划、月度计划和周计划,虽然都为计划但仍需要建立不同的流程。

4. 流程边界清晰

各级流程的边界应该清晰,并且有有效输入。根据流程颗粒度划分的不同,产出可以是阶段性产出,也可以是端到端产出,但绝对不能是半成品。

5. 通用流程模块化

有些流程是很多其他流程同用的,这些流程最好模块化,以方便调用,同时也可以提高流程设计的效率和柔性。比如,某公司的预算外费用审批流程是一样的,那么在其他具体各类别的费用审批流程中就无须重复描述,只要直接调用同一个预算外费用审批流程即可。

■ 流程如何分段

在工作过程中,同事及同行经常会与我们交流一个问题:流程多长比较好?我们这里指的是写在制度里面的,也就是前面所说的中低阶流程。我们曾经去一家制造公司,在公司大堂里挂着一副巨额图片,仔细一看原来是流程图,再仔细一看,把公司所有的流程都描绘出来了,可以说是公司的全景图了。很显然流程太长,失去了层次感,也很难表达清楚。如果流程分得太细了,极端地说都变成了岗位内流程操作指引,则流程太分散,失去了整体感,衔接的难度增加了。

根据我们的经验给出了流程分段原则:流程分段是为流程管理服务的。低阶流程的管理者非常有弹性,如果跨度小、成熟度高完全可以交由较低的管理层级;如果跨度大、成熟低则必须交由较高的管理层级。我们认为低阶流程的分段取决于其上一级流程(中阶流程)的管理者及他的管理习惯。

低阶流程是组成中阶流程的基本单位,低阶流程划分得比较长,则低阶流程的数目会少一些,完整性也会好一些;反之,则低阶段流程数目较多,而且相对分散。如果有岗位操作手册,可以尽量的长一些,培养大家大的流程思维。

有一点需要特别强调的是,正如管理的幅度和层级是息息相关的一样,流程的分级和分段也密不可分。

■ 完成公司流程清单 V2

流程规划小组最后整合成公司流程清单 V2。流程清单的格式不做硬性要求,可以参考 APQC 的 Word 格式,也可以用 Excel 格式,如表 2-11 所示:

表 2-11 ××公司流程清单

序号	一级流程	二级流程	三级流程	归口管理部门	流程状态
					填写说明: 已有×××流程,有效 已有×××流程,待梳理 未有文件,待梳理

2.6 流程重要度评估及任命流程所有者

■ 流程重要度评估

无论是流程管理部门还是流程所有者的精力是有限的,所以对流程进行重要度评估是非常必要的。因为流程问题永远存在,如何尽可能地把有限的资源和精力放在重要高的流程上面非常重要。事实上,我们从来不能也没精力和能力解决所有的流程问题,所以我们必须在公司内部宣导一种"80/20"文化。

什么样的流程重要呢?这必须回归流程管理的价值核心——是否增值。企业所有的活动,都是为了满足外部客户满意度,实现自身价值。所以,无论设置多少维度希望尽可能科学地测量重要度,增值性是最根本、最直接的判断标准。因此,从客户角度,与客户直接打交道、客户最看重的流程的重要度比较高:

- 直接与客户打交道的流程,比如供应链流程、客户服务流程等;
- 与核心竞争力相关的流程,比如电信行业,与客户感知的信号覆盖度相关的流程。

首先,我们先就流程的大类做一下重要度分析。在前面章节,我们一般把流程分为战略流程、经营流程和支持流程三类。战略流程当然很重要,但在很多企业,战略流程仍属于老板个人的流程,所以我们一般不建议花太多精力放在此类流程上。支持流程,虽然也很重要,但属于后方支援性流程,我们一般也不把此类流程列为重点。而经营流程属于前线流程,从接收客户需求到满足客户基本上都通过此类流程达成,它不但是最接近客户的流程,而且也是直接体现企业价值的流程,是内外部客户关注的焦点,所以我们把此类流程列为流程管理的重心。根据我们的经验,大概有80%的精力应放在此类流程改造上。

千万不要小看这个分析。它给我们日常流程管理工作一个非常强烈的导向作用。所有的流程管理工作(包括流程优化、流程检查、流程梳理、流程审计等)都会向此倾斜,而且会体现在每一个具体的工作中。比如,在筛选流程优化项目时,只有在资源充足的情况下(比如IT开发资源或人力资源),我们才会考虑启动支持性流程优化项目;在制度管理中,我们要求经营流程一定要全部书面化并且对接,但对于部分支持性流程我们却不做硬性要求,甚至部分支持性流程从来都没书面化,这我们一点都不担心。甚至在流程管理的相关培训、宣传推广方面,我们都特别偏爱经营性流程。

还有一点需要注意,同一个部门的流程并不一定全都是经营性流程或者全都是支持性流程。比如同属于物流部门的流程,配送流程可能是经营性流程的核心环节之一,而仓储管理可能属于支持性流程。

那又是如何评估一个具体流程的重要度呢?我们根据经验也给出了一个参考,如表2-12流程重要度评估表。这仅是提供了一个评估维度的视角,你不必照搬此表。为什么呢?因为在实际运用中我们亦发现此表的实用性不强,我们自己都没有完全套用过此表。首先,评估项的设定是否科学,是否能既全面又准确地反映出流程的重要度值得怀疑,不要忘记脱离组织具体环境去评价一个流程的重要度是不实际的。何况不同性质的流程评估项也未必须一致,比如一些管理支持类流程,虽然与客户相关度不高,但并不代表不重要。其次,各评估项的权重如何设置也是一个难题,如何证明此项就占 30%,另外一项仅占 15% 呢?最后,每个评估项如何评估也缺乏标准,为何 A 流程的"与战略相关度"评为 30 分而不是 25 分呢?

表 2-12 流程重要度评估表

评估项及权重 流程名称	与客户 相关度 30%	与战略 相关度 25%	与整体绩效 相关度 25%	流程 横向跨度 20%	总分	重要度 等级

鉴于以上原因,在实际工作中,我们会要求大家参考此评估表的同时,具体评估方法可以"八仙过海,各显神通",毕竟目的是只要找出管理的重点即可。而且也不一定给出每个流程的打分,只要把流程按重要度从高到低划分为 A、B、C 三级即可。

在评估时有一点需要特别强调的是,评估的范围仅限于一、二级,最多评估到三级流程即可,不建议对颗粒度过小的子流程评估。这同样是基于端到端管理流程的要求而来。比如对于整个销售订单执行流程,你非要划分哪个子环节更为重要没必要,因为客户是整体感知服务的。

当然各部门为了管理的需要可以对本部门内的流程进行重要度分析,这是值得鼓励的,但不能作为流程规划小组工作的一部分以免影响正常计划。

■ 任命流程所有者

流程所有者是流程管理体系中最重要的概念之一。这方面的话题,我们统一在第七章中论述,这里就不再多说。

■ 完成公司流程清单 V3

××公司的流程清单如表 2-13 所示:

表 2-13 ××公司流程清单

序 号	一级流程	二级流程	三级流程	归口管理部门	流程所有者	流程状态

2.7 绘制流程系统图

流程规划小组负责绘制公司流程地图,这是流程清单的另一种更具立体感的表达方式,有点像绘制全国交通地图。我们前面给大家展示过公司流程总图(对应0级高阶流程),而且相信大家亦非常熟悉单个流程图的画法(对应2—4级低阶流程),但如何表达1级中阶流程呢?相信这是一个困惑大家已久的问题。在我们接受的有关流程规划的咨询中,此问题也是焦点之一。

其实,画流程系统图就是给端到端流程拍个照。我们在不同的企业都组织过流程规划研讨会,也重复给流程所有者出同样一个题目:"画出你管辖流程的系统图。"当然,即便是同一个流程,比如人力资源管理流程,不同的人画,得到的结果总不一样。这很正常,因为这体现了不同企业管理的差异化和特色。但问题的严重性在于这些系统图有一个共性,那就是往往与组织架构图惊人的一致。图2-15就是某企业人力资源经理画的一张人力资源管理流程系统图,这当然不是我们想要的结果。

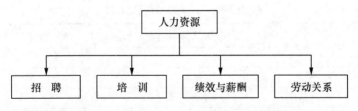

图 2-15　××公司人力资源管理流程系统图

我们推荐的系统图模板如图 2-16 所示,希望对大家有借鉴作用。

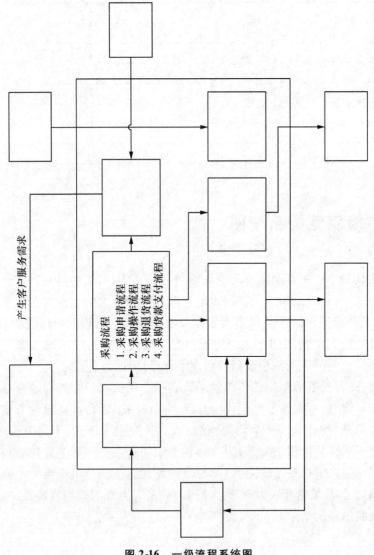

图 2-16　一级流程系统图

具体的画图是:首先将二级流程放在图中央,一般按业务逻辑先后顺序从上到下、从左至右排列,在每一个二级流程框中可以把三级流程、流程分类,甚至主要步骤列示出来。然后将与本一级流程相关的其他一级流程框放在四周。最后用箭头表示流程与流程之间的关系,从输出提供方指向接收方,并注明主要输出。

图 2-17 是我们给出的一个有关财务管理流程系统图的案例。

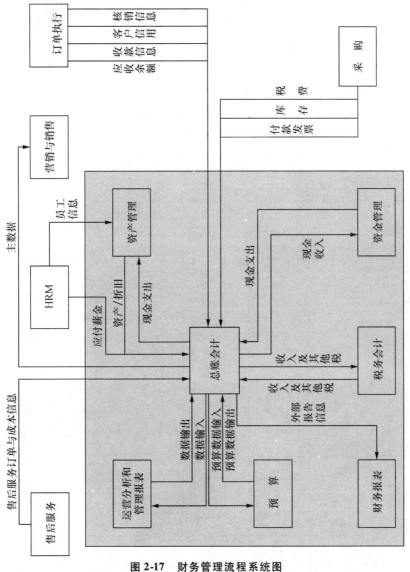

图 2-17　财务管理流程系统图

另外一种常见的系统图画法,就是用流程图的形式表达,如图 2-18 所示。

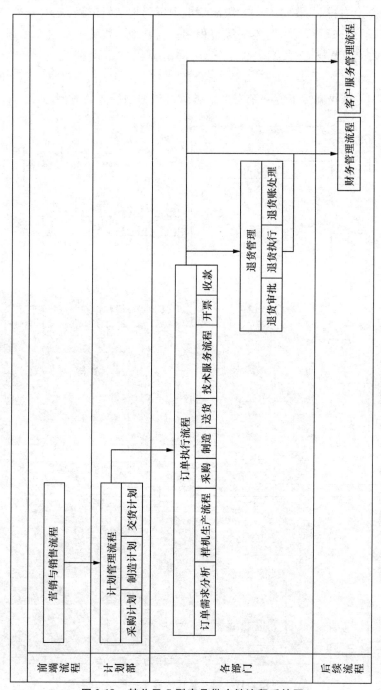

图 2-18　某公司 S 型产品供应链流程系统图

不过,这种表达方式有一个弊端,就是因为太注重排列的左右上下顺序,导致很多流程之间的关系无法充分表达而过于抽象化。所以,我们一般推荐第一种画法。

当然,系统图的表达方式没有统一模式。系统图本身也有很多种画法,为了便于匹配组织架构让大家更容易理解,你甚至可以把部门及岗位表达在系统图上,具体画法取决于管理目的。有的甚至喜欢画成树形图,这都没关系。这有点像地图一样,可以分交通地图、旅游地图、铁路交通图、森林地图,甚至现在又出现了生活地图和情人节地图等。

我们就见过某企业是这样表达流程系统图的,如图2-19所示,而且推广效果也非常好。

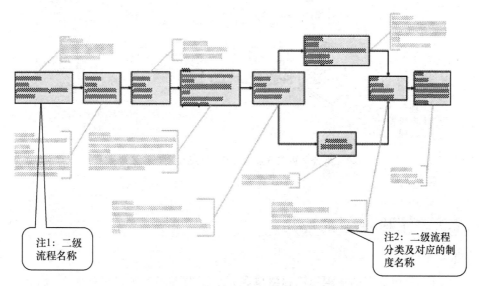

图2-19　某公司供应链流程系统图

再看一个企业的流程系统图(如图2-20所示),它细化到了岗位活动节点。

不过,流程的管理规范化还是非常有必要的。所以,一般还是要求按照统一的模板画系统图,这对于管理效率和统一管理思想是非常必要的。个别一级流程系统图可以做适当的细微的调整,但整体的规划思路和质量要求不能改变。

一旦完成流程清单和流程系统图,流程规划小组即可以发布流程规划成果。一般通过成果汇报会或者召集流程所有者分批次讨论的形式开展。同时把流程清单和系统图挂到内部OA系统上。

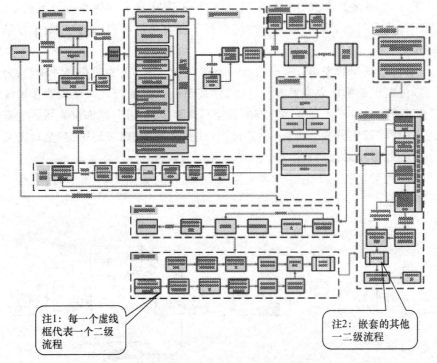

图 2-20　某公司供应链流程系统图(细化到岗位活动版)

2.8　流程规划的应用

当把公司所有的流程用流程清单和系统图的形式展现出来的时候,你有一万个理由值得祝贺,但我们仍然建议你还是不要急于庆祝。这不是谦虚过度,而是实在还没到庆祝的时候。

■ 一个永远值得你不断深入思考的问题

为了便于你掌握流程规划的方法,我们前面一路从部门流程清单识别讲解到绘制流程系统图,可谓一气呵成。但,在你做流程规划(特别是第一次尝试)的过程中是否真的会一帆风顺呢?事实上,流程规划路上有鲜花,但更多的是崎岖的山路。因为这个工作是对公司内部所有关键活动的格式化,可谓是一个深度变革,所以让所有人短时间内接受这种新的理念几乎是不可能的,特别是对于流程文化不够浓厚的企业。

所以，我们现在有必要补充谈一谈我们在做流程规划工作中曾经遇到的困惑，因为我们相信你也一定会不可避免地遇到。也许你会疑惑为何我们不在本章的开始讲，而事实则是，在工作的开始阶段，你往往意识不到这个问题的重要性。如果你一开始就对流程规划的难度有充分的认识，也许你会不启动此工作了。所以，从这个意义上来讲，流程规划工作的确需要有"初生牛犊不怕虎"的勇气。

流程规划工作中最困扰人的一个问题就是："为什么做流程规划？"也许你会说，我们在第一个小节不是已经讨论清楚了吗？但为何又总觉得没有完全回答这个问题呢？有时候，我们觉得这个问题与"人生活的意义在哪里"有异曲同工之处。也许你觉得自己已经找到一万个理由做流程规划，但这仍然不够，因为我们必须把"为什么做流程规划"转化为"流程规划的最终价值"，这恰恰是最难的。

几年前，我们在某公司做流程规划时也深受此问题的困惑。当时，流程规划工作已经开展了半年，并且取得了阶段性成果，工作进展也比较顺利，可以说一切都按工作计划有条不紊地进行着。但在一次流程规划小组内部沟通会上，大家突然又一次提及这个问题："为什么做流程规划？"我们逐渐意识到大家频繁受此问题困惑的真正原因是他们不了解流程规划最后到底能带来什么实实在在的价值。

与你一样，第一次听到这个问题，我们也是感到很可笑。是啊，工作已经开展了半年，讨论会也没少开，培训也没少做，内部期刊宣传也是铺天盖地，怎么还需要再回头思考"为什么做流程规划"这个看似超白痴的问题呢。不过，一旦你静下心来，站在客户角度仔细分析后，你恐怕再也笑不起来了，相反随之而来的是压力。为何这么说呢？

流程规划工作可以说兴师动众，所有的部门领导都须亲自牵头支持和配合这个工作，甚至还直接与大家的工作绩效挂钩。虽然谈不上全员参与，不过整个公司上下有不知道此工作的同事也难找，所以可谓"深入人心"。可问题是，大家一鼓作气，按计划经过一年的不懈努力完成了工作目标，那又能怎样呢？而且一个部门领导明确质疑："我现在什么表格都按要求填写了，但我仍然不知道流程规划有什么用途？"

所以，现在要回头好好看看当初做流程规划的原因和目标。翻开工作文件，我们发现当初大致是这样描述的：

一、做流程规划的原因

1. 战略需要；2. 体系化管理的需要；3. 分层管理的需要；4. 流程优化的需要。

二、流程规划成果

1. 公司流程清单；2. 公司流程系统图。

三、流程规划成果应用

1. 把握重点流程；2. 建立流程全景图，从总体提出解决方案；3. 根据流程全景图和流程清单，从框架上做优化；4. 发现并解决流程衔接问题；5. 发现职能缺乏及重叠问题，促进组织架构优化；6. 有利于做好流程审计和流程绩效工作。

乍一看，也许你也认为写得已经非常清楚。不过，随便抽几个问题分析，还真是无法解释清楚，比如：

（1）公司流程清单、公司流程系统图是流程所有者关心的吗？或者我们有没有给他们解释清楚，这两个成果对他们的价值在哪里？而且，假设现在把公司流程清单放在你面前，又能怎样呢？

（2）做流程规划是为了战略落地。现在战略无法落地的原因到底是什么？凭什么说做了流程规划就可以让战略落地？即使的确能解决这个问题，那到底又是如何解决的呢？

（3）根据全景图和流程清单从框架上做优化，具体怎么做？

举这个例子的目的，绝对不是否认当初流程规划的原因和目标的正确性，而是强调我们应该随着工作的深入开展，需要不断思考这些目标如何落地。

所以，流程规划固然重要，但是如何真正落地才是关键。流程全景图和流程清单是流程规划的主要成果，取得这个成果当然非常重要。但在取得流程规划成果时就开香槟庆祝实在是一件愚蠢的事。因为，也许流程全景图和流程清单是流程规划小组做流程规划工作计划时衡量是否成功的一个重要指标。不过，这只是我们专业流程管理人员关心的。对于其他人，比如流程所有者而言，他们的付出刚刚完成，他们还在期待我们接下来的动作。他们只有从我们接下来的动作中受益，他们才会持续地支持我们的工作，从而达到互动双赢的效果。否则，流程规划的成果很快就会被束之高阁。所以，想到这里，你就知道，为什么你不能高兴的过早，因为艰巨的任务还没有开始。

也许，当某一天你离开目前所在的公司后，其他人对你的评价是："这个人还是蛮有能力的，虽然现在也没看到流程规划到底有什么价值，不过能系统整理出来整个公司所有流程的清单，在我们公司还是第一人。"你喜欢这样的评价吗？

不要认为可笑，我们就曾经在不止一个公司亲眼目睹我们的前辈耗费2年的时间编制并装订成册的公司流程手册，直到现在还崭新地存放在各部门领导的书柜中。因为流程变化很快，这些手册还没经过应用就被束之高阁。甚至，至今我们手头上还保留着两本这样的超级形象工程的成果，以时时提醒我们不要犯这样的错误。特别是现代组织,文件管理已经实现电子化,随着市场环境的剧变,流程文件的更新周期已经从之前的几年缩短为几周,所以完全没必要装订成册。如果不进行持续的更新,这些成果的价值将比 IT 产品的折价速度还要快。

所以,如果你能在流程规划起始阶段,哪怕是在工作开展过程中意识到这个看似"超白痴"的问题,都值得祝贺,因为这会让你更加关注流程规划结果如何落地的问题。

其实,不只是流程规划会遇到此问题,所有的流程管理工作都会遇到类似的困惑。当你轰轰烈烈地开展某件工作时,突然某一天别人或者你自己会问自己"为什么做这个"。这个时候,你应该庆祝自己,因为你开始考虑工作背后的需求了。如果你工作时很少回头审思自己工作的必要性,那么你的努力还只停留在表面。

■ 流程规划成果的应用

那现在我们就尝试列举一下流程规划成果的应用。事实上,你往往不能一下子找到所有的应用途径。这有点像网络浏览器的发明,其初衷就是希望实现信息的共享,但当初谁又能知道互联网能发展到今天这个模样,而且还在以越来越快的速度改变着生活呢。我们这里仅仅列举一些常见且重要的应用。

流程梳理

我们前面也已经提及,在流程规划的过程中,你会发现公司流程网络存在一些重大缺陷。比如一些重要的核心端到端流程,中间有缺失、重叠甚至冲突之处,而且分类和流程之间的接口也不够清晰,而这往往是导致日常工作经常出现问题的原因,比如供应链的标准模块不够完整,或者缺少统一的客户服务流程等。发现这些机会,就可以与流程所有者一起开展流程梳理项目。因为流程梳理比较重要,所以具体开展方法我们在后面会以独立的章节讲解。

因为流程规划工作强调的是流程清单识别及流程系统图的绘制,关注的是完整性和逻辑性,在流程规划的过程中不可能把所有发现的问题及时解决,所以这是流程规划后最直接,也是最急迫的应用。这有助于进一步提高流程清单和流程系统图的准确性。而且这也是一个非常珍贵的机会,让流程所有者从全局视角关注流程框架。

流程优化

很显然,流程规划的过程中亦会发现很多的流程优化空间。比如客户服务流程的整合。另外流程重要度分析也为流程优化提供了输入。在年度流程优化工作计划中,以及流程优化需求分析时,就可以参照流程清单,根据重要度级别有选择地分步骤优化。这有助于提升流程优化工作方向的准确性和价值度。下面我们列举一个案例。

在我们为一个生产企业做流程规划的过程中,我们发现其流程体系中缺少生产计划环节,这一核心问题是导致客户投诉居高不下、生产节奏难以把控的重要原因。最后根据我们的建议,该公司成立了一个"生产管理流程改造项目"。最终,在提高客户满意度、提高产能方面得到极大提高。

除了流程梳理和流程优化是流程规划最重要、最直接的成果应用之外,还可以应用到流程管理的其他模块,比如流程绩效、流程审计、流程管理长效机制等。我们在这里先不展开,具体可以阅读后续章节。

如果你想通过一次流程规划就立马解决所有问题是不可能的。流程规划只是提供了一个更加系统、更加全局的视角,至于各种问题的解决还要在日常工作中不断引导和改进,这同样是一个持续改善的过程。比如通过流程规划,发现公司还没有规范的战略管理流程,但公司是否有必要和能够在短时间内建立规范的战略管理流程?是否有必要新成立战略管理部门?这都不是一次流程规划能解决的。可能经过分析后,暂时维持现状,也可能先规范战略管理流程中的一些核心子流程如经营计划流程,或者暂时先把战略管理职责放在某个大的职能部门下。有些小型公司,战略可能就在创业者脑袋中,只要能满足公司发展需要,不一定制定规范的战略管理流程。

流程规划梳理出来框架的目的在于,如果公司发现战略工作有缺陷,比如战略的落地效果差,流程清单和流程系统图有助于说明问题所在和告诉我们如何解决这些问题。比如公司把提高客户满意度作为战略之一,但每次客户满意调查结果都显示毫无改善。那么这个时候流程清单就有助于分析与客户直接相关的流程有哪些,然后根据客户需求有针对性地设置流程绩效指标,并制订相应的改善计划,同时把相关指标纳入执行岗位的绩效考核中,这样就可以保障战略落地。

案例 如何做好组织架构与流程体系调整

很多人对调整组织架构涉及大量的流程梳理感到头疼。其实这也是流程规划应用的又一个范例。正好我们做过类似的项目,提炼一下,给大家一个参考。

如果把企业看成一个系统,每个企业的系统模型是大不一样的,而且其中的参数种类和权重也差异很大。所以同样的变革项目放到不同的企业系统中,方法也没定势。所以,希望本文能起到抛砖引玉的作用。

步骤一：制定组织架构调整方案

组织架构的调整，其本质是对业务管理模式的创新。所以组织架构的调整绝对不是仅仅发布一个新组织架构图了事。要充分研讨组织架构调整的目的和意义，明确业务管理模式新需求和导向，并给予调整岗位清晰的职责定义，并让其他变革利益相关者对此有充分的了解。藏着掖着，变革永远都不会成功。变革信息的透明化和公开化非常关键和重要，如果别人不知道你变革的真正目的，变革又怎能得到真正、准确、正确的贯彻呢？

步骤二：制订流程转换计划

组织架构调整到位，并不代表马上能实现当初的目标。只有把变革对接到流程上，变革当初设定的目标才能得到真正贯彻。

（1）成立流程转换小组。一个相对较大的组织架构调整，有必要成立一个专门的小组负责流程的转换工作，以便保障流程转换的质量，并确保流程能够按照预期的目标运行。项目成员至少包括：变革倡导者、业务管理核心成员、流程管理人员。

（2）梳理流程清单。如果公司还没有做过流程规划，也没有现成的流程清单，可以考虑采取流程调研的方式获取简易流程清单。

（3）根据流程的重要度和急迫度，做好批次转换计划。

步骤三：流程转换

（1）确认流程转换需求。根据变革对业务管理新的导向要求，流程转换小组与各级流程所有者对流程清单中的每一个流程（包括高阶流程）进行审议，确定变更需求，并再次明确变革目标。需要注意的是，组织架构调整往往并不完全是对现有流程的管理改变，而会产生设计新流程的需求。

（2）流程变更。完成工作流程文件及表格的设计、更新及发布，涉及系统的由IT部门完成相应转变。

（3）流程发布与培训宣贯。

（4）流程转换效果评估。文件发布后，就指望流程得到彻底贯彻是不现实的。所以流程转换小组应根据流程的性质采取各种流程监控手段，在一定周期内检查流程的执行情况，确保流程得到准确、彻底的执行。

（5）配套方案设计。流程转换后，还要对考核/计划等配套管理工具进行对接，实现管理的闭环管理。

Chapter Three

第三章　流程梳理

3.1　什么是流程梳理

从前印度有四个盲人,相互友好。但是各自认为自己是个聪明人,人们都以聪明人看待他们。

有一天,四个盲人坐在树下乘凉。有个赶象的人走过来,大声喊着:"象来了,让开点!"一个盲人提议说:"象是什么样子,咱们去摸一摸好吗?"另外三个盲人齐声说:"对,摸一摸就知道了。"他们向赶象的人说了想法,赶象的人同意了,把象拴在树上,让他们摸。一个盲人摸了摸象的身子,就说:"我知道了,象原来像一堵墙。"第二个盲人摸着象的牙,就说:"象跟又圆又滑的棍子一样。"第三个盲人摸着象的腿,就反驳他们说:"你们俩说得都不对,象跟柱子差不多。"第四个盲人摸着象的尾巴,大声叫起来:"你们都错了!象跟粗绳子一模一样。"

四个盲人你争我辩,都认为自己说得对,谁也不服谁。赶象的人对他们说:"你们都没有说对。一定要摸遍了象的全身,才能知道象是什么样子的。你们每个人只摸了象的一部分,就断定象是什么样子,怎么能说得对呢!"

第三章　流程梳理

每个人对流程的认识犹如"盲人摸象"

相信大家都已经非常熟悉"盲人摸象"的故事,这个故事的寓意是不能只看到事物的一部分而应看全局才能了解事物的全面和真实情况。

不要以为这仅仅是一个寓言故事。其实生活中这样的例子可以说屡见不鲜。比如我们对待同样一个事物有不同甚至截然不同的视角和看法,这本身就是一个最好的例证。

图 3-1 是 17 世纪绘制的中国地图,其实这并不是非常久远的事情。那个时

图 3-1　17 世纪的中国地图

候没有卫星,所以就只能靠感知和简单的测绘方法,现在看来这与实际地图出入甚大。

其实,我们每一位流程中人对流程的认识又何尝不是如此呢!由于长期的职能导向,我们的视角被局限在流程的某一小段,对流程整体的认识来源于与上下环节直接接触的模糊认识。即使是公司的高层,对这个错综复杂的流程网络也是一知半解。

要注意流程规划与流程梳理有很大不同。流程规划的对象是公司所有流程,重在理清流程之间的脉络。而流程梳理的对象则是某一段具体流程,重在理清具体流程内部的脉络。

■ 流程梳理的定义和目的

"申请单到底需不需要总经理审批?"

"我在这个流程中到底审核什么?"

"为什么有时候需要 A 部门审批,有时候则不需要。判断标准是什么?"

……

相信你也听过类似的很多抱怨。我们在这章就要解决这个问题,所以我们定义的流程梳理是指公司内尚未固化(按习惯或凭经验)的隐形流程显性化,或对描述不完整、不清晰、与实际运作不符而影响规范化管理的现有流程进行分析、清理与确认的过程,目的是为流程建立方法和规则。进行流程梳理的一般目的有:

(1)隐形流程显性化;

(2)使流程运行线路清晰合理,各岗位职责明确;

(3)部门与部门、岗位与岗位、活动与活动之间的接口清晰;

(4)流程操作相关人员达成共识。

3.2 不是为了梳理而梳理

可能是因为流程梳理的需求相对比较多,我们发现很多流程管理从业者特别是新手都对此工作非常感兴趣,好像什么问题都需要通过流程梳理来解决。当然这也不难理解,因为遇到流程问题,往往首先面对的问题就是现状到底是怎么样的?这个逻辑思路绝对正确,但我们只是不希望流程梳理泛滥。

从下面两个网友的对话中你是否能体会到什么?

案例　探求梳理背后的目的

网友A：你好,我想向你请教一下流程梳理如何做？我是一个刚毕业的MBA,目前在一家公司人力资源部任流程管理专员。对这块工作仅有些简单的理论,但是对眼前的工作很茫然。

网友B：为什么做流程梳理？

网友A：因为目前我们公司只有岗位说明书,很多流程都没浮现出来,流程也不顺。

网友B：流程不顺有什么问题吗？如果不顺没有问题或者问题不大为什么要梳理？这不是目的,很多公司未必需要流程全部文件化。有些公司流程文件化也未必高效。所以,你还是要想一下为何要启动这项工作？

网友A：因为总裁认为日常工作经常出现重复性问题,而且这些问题也得不到根本性解决。另外现在很多部门虽然也有工作说明文件,但是没有统一格式不利于管理。所以希望能首先把目前的流程梳理出来,然后看如何解决？

网友B：你觉得把流程梳理出来就能解决问题吗？制度统一格式就能解决问题吗？或者撇开这个不说,你知道总裁所指的问题到底是什么吗？

网友A：应该可以吧。先梳理出来至少对现状有一定的认识啊。总裁所指的问题应该是泛指。

网友B：如果你不能讲清楚具体问题所在,或者说目标所在,就贸然做流程梳理并不是一个好办法。有点像跑马拉松,立刻跑起来从理论上来讲当然有好处,但如果你不知道目标在哪里,也许跑得越快距离目标越远。或者先看看你有什么计划？

网友A：我倒没想太多,总裁让做,我也觉得有必要梳理出来。我现在就想先在全公司范围内做流程梳理的培训,比如如何绘制流程图等。

网友B：然后呢？

网友A：然后让每个部门按照固定的格式把各自的流程全部梳理出来,统一放到我这里来管理。

网友B：各部门有动力梳理吗？统一放到你这里来又怎么管理？比现在存放在各部门管理有什么优势？

网友A：让总裁要求他们梳理了。放到我这里至少可以统一啊,但具体该如何管理和具体优势现在还不清楚。

网友B：如果你按照目前思路走下去,失败几乎是必然。你都不知道此工作最终产出是什么,别人更不知道。那么即使流程文件化了,也统一规范化了,那又能怎么样？而且这么短时间内完成各部门流程的编制,流程文件的正确性也无法得到保障。这都是形象工程。

网友A：那到底我该怎么做呢？

网友B：目的？目的？目的？问题？问题？问题？不清楚怎么做，往往因为目的不清楚，我指真正的目的。或者你还是再具体化一下你们总裁的目的，比如列举一个你们总裁提及这块工作时经常谈到的案例。

网友A：我们是一个行业软件公司。经常出现软件无法按时给到客户，然后给到客户BUG不断，所以客户经常投诉。

网友B：现在问题就比较具体了。那你再分析一下为何经常无法按时给到客户？为何软件交接后BUG不断？

网友A：开发人员经常承诺了时间但又无法及时完成，等到要交付时才发现还没有开发完但也没办法。测试的时候好好的，但交给客户后使用时，才发现某些东西没测试到。

网友B：其实仔细分析这两个问题，大的方面来看并不是流程问题，是流程的执行和保障机制缺陷的问题。所以流程梳理出来当然对以后工作的规范性起到重要作用，但流程梳理出来并不能真正解决你刚才提到的两个核心问题。那两个核心问题可能还需要在流程的执行保证机制上面下一些工夫。比如对承诺时间的制定有更科学的标准，对承诺时间的达标率作为开发人员的绩效指标；针对软件BUG，可以汇总一下以往所有出现的BUG，然后完善测试标准，并把软件交付后的BUG的数量和严重度及客户投诉也作为绩效考核的一个维度。

网友B：当然也可以在流程梳理时，通过流程线路的优化，比如承诺时间制定活动及软件验收过程实行多环节审批等方式来加强对这一块工作的引导。

网友A：多谢！很有道理。那接下来工作计划该如何调整呢？

网友B：暂时不要做全公司范围内的流程梳理，就先解决目前的问题吧。以提高承诺时间的准确性和降低交付后BUG的数量为目标。

网友A：茅塞顿开，谢谢！

上面这是一个真实的案例，而且非常具有代表性。我们经常接收到类似的困惑，每次都在不断地引导咨询者关注问题和目标。

我们之所以提及这个案例，就是为了让你明白流程梳理绝对不是为了梳理而梳理。而这恰恰又是大家常常"无意识"地陷入的一个怪圈。

我们还有另外一个重要目的，就是强调流程梳理的作用。上面案例所提及的具体内容，我们认为应该是一个流程优化项目而不是一个流程梳理项目。当然这两者不能完全分离开，两者是相互促进的关系，但两者有所偏重。流程梳理重在对模糊流程路线和职责的清晰化(虽然中间也可能会有部分优化工作),而流程优化重提高流程效率而对流程进行优化(虽然流程优化的初始往往需要先梳理,因为有些流程的确并没有显性化,或者说本来就存在部分模糊的地方)。两者的工作内容虽然有部分的重叠,但出发点和目的却有本质区别。流程优化我们会在后续章节进行讲解,到时大家再结合本章对照着琢磨。

我们认为流程梳理不妨问题导向,这里的问题是泛指,或者说要有目的地去梳理。要思考通过梳理到底能产生什么价值。如果通过梳理仅仅就是得到一个文件化的描述文件,那这样的梳理不做也罢。有没有文件化,流程都在那里运作,为何一定要强求文件化呢。而且为梳理而梳理,往往最后得到的流程文件并不能准确反映流程现状。这也就是为何很多公司大张旗鼓地做流程梳理,最后又把流程制度束之高阁的根本原因所在。而且随着市场环境的变化加速,被束之高阁的流程制度又以每月30%的幅度做价值递减。

不要让流程梳理泛化的另外一层意思就是不是所有的流程都需要梳理,这同样适用于80/20法则。比如会议是不是一个流程啊?考勤是不是一个流程啊?从理论上讲这些都符合流程的要素,比如考勤也是由一连串相互作用的活动组合而成,员工打卡→考勤专员收集考勤数据→异常问题处理和特批→考勤专员把考勤数据发给薪酬专员,也有完整的输入和输出。这个流程就无须做流程梳理,因为流程本身比较简单,各岗位职责非常明确,而且可以被信息系统高度管控。只需要对此流程做一些管理规则的界定即可,比如工作纪律要求和惩罚条例等。

流程梳理要有实实在在的产出!

下面这个案例描述的是一位网友在做流程梳理时遇到的困惑。非常感谢这位网友的分享,他道出了这个工作的关键点。这个案例如此具有代表性,以至于案例的标题我们都直接引用。

案例分析 如何应对流程梳理过程中的部门和主管的"闭关政策"

在这几天开展的一次针对收入相关流程梳理的过程中,碰到了许多软钉子,尤其是一些专业性较强的部门,如财务、某维护中心等。在这些部门的主管描述一些与其他部门有接口的流程时,他们往往觉得没必要搭建这样的流程,理由如下:

(1) 这个流程与其他部门没什么关系,完全在我们部门内部操作;

(2) 这个流程全是财务知识和ERP中的具体操作,我说你也不懂(然后你非让他描述,他就抛出一大堆专业名词);

（3）这个流程写不写我们都这样做，写了别人也看不懂；

（4）这个流程我们领导说了不建；

（5）这项工作怎么开展我们部门还没想好，或没统一意见，现在没法出流程；

（6）这个工作二三年也不开展一次，这样还需要流程吗？

（7）这个工作有很多灵活的处理方式，不好在流程中描述，描述了还要进行管理体系的监督审核，证据也不好提供；

诸如此类的原因一大堆，让流程管理部门头痛不已。

如果面对这些问题的是你又该如何处理呢？

有人反馈说："我也遇到过这样的问题，我反思自己，一是我的业务知识不够丰富，二是部门主管不配合，三是上级领导重视不够。"我们认为这个解释并不充分。业务知识不够丰富，我们的问题是作为流程管理人员你何时能比专业人员更专业，如果梳理一个流程总是要等到吃透此流程相关的业务知识，我看没几个流程可以梳理。至于部门主管不配合，上级领导重视不够，我们认为基本上算是一语中的，但这样表达显然还不足够，因为这只是说问题而没有说为何不配合不重视。

很显然在这个案例中，这些部门主管和领导并没有认可流程梳理工作，或者说没看到这次梳理工作的价值所在，更为严重的是部门领导都认为没必要建。这同样可以说明上面我们强调的流程梳理一定要有明确的目标。

从这个案例，我们还想引申出来另外一个关键问题：为何不是流程所有者主导？为何不是流程所有者提出梳理？

这让我们想起一个在实际工作中遇到的案例。一个部门领导反映一个流程存在很多问题，而且流程目前还是隐形的，所以要梳理出来。介绍完所有的问题后，他说："你们是专业做流程的，赶紧帮我把这个流程梳理出来吧。"我们的回答是："我们梳理出来的流程你相信吗？"

我们是专业的流程管理人员，说我们专业，是因为我们掌握足够的技巧知道如何更好地描述和规范一个流程。但这个隐形流程的本身面貌，我们很难比各级流程所有者（包括管理和操作者）更专业、更权威。而且，我们也往往发现，自己在描绘一个隐形流程时比他们更白痴。随便问自己几个问题试试就明白这话一点儿都没贬低自己：

（1）"真正"的流程是怎样的？你梳理出来后问问自己可以充当流程所有者了吗？我想答案是否定的，既然如此，你对此流程的了解还只是冰山一角。

（2）你能做到熟悉公司的每一个业务流程吗？真实的情况往往是你连公司到底有多少流程都不知道，突然哪天冒出一个问题你才知道原来还有一个流程藏着。即便我们熟悉公司的主干流程，但并不代表我们知道（先不谈熟悉）所有的支线流程，而且其实我们也没那么多精力，也没必要管理到所有流程。

（3）你了解每个活动背后的管理原则吗？也许简单的流程你可以凭一己之力梳理出来，不过你了解流程背后诸多的管理原则吗？这才是流程真正的意义所在。

这绝对不是贬低自己，而是更准确地评估自己。一般来讲，流程所有者缺乏把一个流程表达好的技能，而一个专业流程管理人员缺乏的恰好相反，那就是不了解现状。所以，一个流程要想真正地梳理漂亮，一定要两者结合。犹如越野赛，一个导航员一个驾车手，缺一不可但位置不可颠倒。

让流程所有者自己操刀，我们可以保持低姿态，根据实际情况，随时提供各方面的支持：复核流程描述的逻辑性、规范性、完善性、完整性，提供及时到位的帮助；组建梳理项目组，给予政治支持、决策支持、资源支持、方法引导、工具表格培训、工作督导、宣贯推广等。

这样做有几个好处：

（1）各自充分发挥自己的优势；

（2）充分调动流程所有者的积极性和成就感；

（3）梳理出真正漂亮的可操作的给客户带来实实在在价值的成果；

（4）让流程所有者再深层次地研究和思考每天面对的流程，有利于整体把握流程；

（5）各级流程所有者参与的过程恰恰就是最好的宣贯过程，有利于真正地贯彻到底；

（6）培养一种良好的团队协作、自主做流程管理的土壤和氛围；

（7）专业的流程管理人员的威望被确立和巩固；

（8）专业流程管理人员可以抽出更多的时间放在流程整体涉及和优化等更高层级的工作上。

这有点像管理者面对下属的心态。有时感觉下属的效率和质量太差，自己三下五除二就可以搞定，但下属要做很久而且质量还得不到保障。如果你总是放不下这个心结，不让员工去错，那么他永远无法成长，他真正的潜质也就永远无法显示出来。所以，比较高水平的领导喜欢放权，而且手下总是有几个得力干将。而低水平的领导喜欢事必躬亲，结果工作 8 年离开公司的时候才发现没有一个下属能补位。

奥运会后,张艺谋在接受《人物周刊》采访时,有一段精彩的对话:

人物周刊:"斯皮尔伯格没走的话,开幕式会有什么不一样?"

张艺谋:"不会有什么不一样。顾问都是在海阔天空阶段、务虚阶段起作用,到务实阶段,顾问的作用就不大了。我甚至发现,顾问在务虚的时候谈想法,如果不跟我们滚一滚,都打不到点子上,哪怕他是最聪明最博学的人。他兴致勃勃、灵机一动说出来的想法,全都是我们的剩饭……然后就变成人跟人的客气,还频频点头。"

永远记住,我们是流程的管理者,我们最大的价值在于让流程所有者真正地掌控和驯服流程,并享乐其中。我们不能夺人所爱,也不能喧宾夺主,更不能取而代之。

3.3 如何启动一个流程梳理项目

大家好!

目前发现采购流程中间有一些环节不顺畅,存在诸多问题:

1. 目前仅有一个通用采购管理流程,所以很多细节没有规定,操作问题多多。

2. 审批路线不统一。有些分公司要求必须行政副总经理审批,有些分公司则不要求。有时候一些采购订单要求 CEO 审批,但具体规则是什么不明确。

大家是否可以约个时间梳理一下?谢谢!

——生产管理部　任玉泉
2007 年 7 月 5 日

流程梳理的需求是多种多样的,如上 E-mail 即是其中一种。当我们遇到这些需求时,我们应该如何处理呢?

我们一般提倡流程所有者自主提出并自发组织做流程梳理工作。因为只有这样才能充分发挥流程所有者的作用,有利于更及时地把问题消灭在萌芽状态。不要把流程梳理看得过于神秘,有时候两个流程所有者的一个电话就能解决遗留已久的流程不顺畅的问题。

当然,因为很多组织架构都采用层级制,所以由流程所有者自发地做特别是跨部门的流程梳理工作有一定难度。而且根据我们的经验,流程梳理一般会涉及各部门及岗位职责变更,所以,即使流程所有者自发成功组织了流程梳理项目,但梳理的质量往往很难得到保障,项目目标会在无休止的争吵和不断妥协的情况下大打折扣,甚至最后会不了了之。

所以,我们一般会亲自组织一些跨度(跨部门及岗位的数量)比较大的流程梳理项目。这样既能保证项目的质量,又能传递给流程所有者流程梳理的高效方法。同时,我们鼓励和引导流程所有者自主做一些流程梳理工作,在一些中型项目中,我们甚至会亲自参与作顾问的角色。

还记得我们的流程规划吗?这同样是一个流程梳理工作的重要输入。通过流程规划,我们可以从全局视角发现关键流程的缺失,以及存在重大职责不清的流程。这些都是我们梳理的重点对象。

■ 界定问题

虽然生产管理部的任玉泉已经给我们说明了他的困惑。但这些困惑需要我们去评估,因为有时候问题提出者往往会无意识地把问题放大以引起大家的注意,而有时候问题提出者通过只言片语又把问题描述得过于简单和表面,甚至有时候会误导大家而完全没有谈及真正的问题。

所以,一般情况下,我们需要与问题的提出者做充分的沟通。对问题的真实性、严重性、全面性及正确性都做进一步的了解。比如上面这个案例中提及"很多细节没规定",我们必须了解具体指哪些细节?又是如何影响日常工作的?影响度又有多大?有没有具体工作中的案例证明?上面案例中还提及"审批路线不统一"并列举了两个具体案例,我们需要了解更多,比如还有其他特殊情况吗?等等。如果只是一些个别的、暂时性的问题,通过与相关所有者沟通一下或许就完全可以解决。另外,还需要征求一下该流程其他岗位人员对这些问题的看法,这样有助于更为真实地反映问题的真貌。

最后我们还需要界定一下这些问题的性质,并分析一下产生这些问题的原因是什么。千万不要被问题的表象所迷惑。搞清楚问题背后的管理需求、管理原则、重要改变点、改变的风险点,然后再着手开展工作也不迟。经验证明,该做的功课永远也无法避免。这就是为什么往往很多流程梳理项目仓促上马但总是谈不到点子上,需要不断地从头再思考而最终仍收效甚微的原因。俗话说的"磨刀不误砍柴工",即是此道理。

■ 组建项目组

对问题搞清楚后,即可考虑成立一个流程梳理项目。首先就是要找到一个合适的项目经理。项目经理的选择非常重要,他必须对出现问题的端到端流程有足够的话语权,一般由流程所有者担任。有时候流程所有者不愿意自己出面领导这个项目,必要时也可以考虑由流程管理部出面协调。但无论如何流程所有者要认可这项工作的价值,如果流程所有者觉得出现的问题不是问题时,建议不要盲目立项。当然有些流程梳理时可能并没有明确的所有者,可以让第三方部门比如内部虚拟改进小组或流程管理部组织开展。

有了项目经理人选后,就可以召集组员了。一般流程梳理项目成员可能包含以下几种角色。需要强调的是,流程梳理项目成员的组成要考虑项目本身的性质,比如难易程度、涉及岗位等因素,不同的流程梳理项目成员组成是不一样的。

1. 流程各级所有者

梳理流程涉及的各岗位都应该有代表参加,如果问题调查得已经非常清楚,部分无关岗位可以不参加,或者作为项目组的临时成员。如果涉及流程岗位职责变更时,建议各环节代表由其部门最高领导亲自参与,否则不利于项目工作的高效和落地。需要留意的是有时候一些部门领导不愿意参加,并不是因为他没时间(其实只要前期问题搞清楚,真正的梳理用不了太多时间),而是因为他对此次梳理工作的价值并不真正认可。

2. 项目秘书

有人觉得此岗位多余。其实不然,项目工作涉及很多零碎的工作。比如会议的召集、会议记录、工作的跟催、工作文档的整合等。

我们曾经看过几次失败的流程梳理项目。失败的重要原因之一,就是项目经理是高层管理人员,虽然很热心组织大家,但因为很多细节工作无法得到及时和闭环的跟进,最终整个项目不了了之。这是因为高层管理人员没有太多的精力关注项目工作,他只是说大家该如何做,但如何能保证和最终流程有没有达到指示的效果,他却很少有精力关注。梳理流程的重要改变点的落地,可以说是一种耐力和意志力的较量。不但需要一遍一遍地告诉所有相关操作人员改变点,而且还要持续不断地督促和检查执行的效果。

高层管理人员不要太过于相信自己的权威,在习惯面前权威的力量是有限的。

3. 流程的上下端客户

在梳理流程的时候,听听客户的意见是必要的。他们不一定亲自参与项目组中,但梳理的结果应充分征求他们的意见。有时候大家辛辛苦苦梳理的结果对流程的客户并不是最想要的。

4. HR

如果涉及岗位职责变更,HR 人员的参与也是至关重要的。这有助于缓解各方的冲突和提供最佳的解决方案。

■ 做项目计划书

流程梳理项目的大小不一样,所以我们一般不要求像后面流程优化章节提到的必须填写严格的项目计划书,但做项目计划的确是至关重要的。核心要素必须包括:

项目目标:本次梳理到底要达到什么目标,不能空泛,比如让流程更加顺畅之类"放之四海而皆准"的描述。必须具体,甚至有时候可以问题导向,比如"明确什么情形下需要 CEO 审批的规则"。

设定项目的里程碑:这主要是要求项目组织者在正式启动项目之前,就要对项目的大致过程有一个预测,这样不但有助于提早评估任务的难度和解决路线图,而且有利于保障项目实施的质量。

时间计划:有可预期的进度对于保持项目成员的积极性是非常重要的。

> **案例** 很多项目一开始就已经注定失败

作为某流程其中一个岗位的部门领导,李总对近期发现的流程问题非常关注。然后他立马召集大家开会讨论,希望能把此流程重新梳理一次。首先他介绍了一下自己总结的流程问题以及他亲自做的一个流程草稿。然后他让大家都谈谈对此流程的看法,结果大家畅所欲言热烈响应并表示也都认同这些问题。最后李总说这次会议主要是先看一下大家的意见,以便看看如何梳理此流程。没有说明下次会议时间,也没有说明会议跟进事项,然后就散会啦。结果,此次会议召集完,再也没有下文。

点评:此案例其实在我们日常工作中也比较常见。流程问题一次次地开会强调,但总又无法完成闭环。此案例具有非常强的代表性,比如梳理组织者不是流程所有者,项目的发起有点一相情愿,没有项目闭环的推进和跟进计划,没有项目秘书等。发散性引导大家做项目,就像一盘散沙没有充分凝聚力,项目从一开始就必须有强烈的目标导向性。

■ **项目启动会**

项目准备工作一切就绪后,项目经理即可召开启动会。启动会主要传达几个信息:项目成立的背景、主要解决的问题及项目目标、项目的里程碑及时间计划、各成员的职责等,然后对大家的具体工作做一些说明。

3.4 收集流程信息

项目正式启动后,项目经理应该让项目成员再次补充和确认一下问题。虽然项目组织者在启动前已经与部分岗位人员针对问题做过沟通,但那时沟通的目的是验证问题的真实性、严重度,对问题本身的描述质量要求并不高,目的是为立项可行性和必要性做分析。比如当分析预计会涉及职责变更时,就需要考虑项目成员要有相关岗位领导和 HR 的参与。但具体是什么样的职责变更,在这个阶段并不十分清楚,也没必要过于具体。而正式启动后则不同,问题描述的质量和全面性直接会影响梳理的质量和效果。

项目组需收集流程信息完成流程梳理分析表,如表 3-1 所示。流程信息的一般来源包括已有的流程文件、实际运作描述(一般比流程文件更细化更准确)、工作记录文件、工作绩效分析报告、日常流程问题记录、客户调查报告、与流程所有者访谈等。特别是对于还未成文的流程,需要各岗位同时填写《流程梳理分析表》,如果涉及多个分公司操作,应该让每个分公司岗位代表都填写,最后整合。必要时,可以针对流程的现状描述专门召开研讨会。

表 3-1 流程梳理分析表

流程的客户:
流程目的:
流程目标:
流程所有者:
岗位及职责: 1. 2. 3. 4. 5.

(续　表)

流程的上下端流程：							
序号	时间点	活动名称	具体工作描述/管理原则/经验点/工作质量要求/异常处理	存在的问题			用到的相关文件（制度/指引/操作手册/模板/表格）
				描述/证据	原因分析	重要度	
1							
2							
3							
4							
5							
6							
7							
8							
填表说明：按工作的先后顺序填写，尽可能细化，至少应该细化到岗位。							

当然，并不是每一个流程梳理项目都可以做到如此细致地收集流程信息。比如梳理的流程相对比较简单，或者项目成员对流程的认知度比较高（有时候是自认为把控高），或者是项目经理的把控度比较高，亦可直接填写流程梳理分析表然后整合。

而有些梳理项目，问题点比较具体和明确时，如果已经有成文的流程制度，亦可直接基于现有的制度讨论。

像其他流程管理模块工作一样，流程梳理本身亦是一件循序渐进的工作。不可能要求所有的流程梳理项目都严格按本章节的方法去做，虽然这的确是一套已被我们证明可操作性极强的方法。这与方法的成熟度、与特定组织的适宜度和宣传推广力度有关，何况项目经理也需要一个过程接受。所以，如果是流程所有者自主的流程梳理项目，一般我们会在关键环节上以谏言的方式去逐步推广方法论，比如在启动之前建议项目经理是否需要做一次培训，在启动后如果项目组过早陷入具体问题上及时建议再收集一下看看是否还有其他问题，在项目方向发生偏离时及时提醒项目组关注目标，在流程梳理完成后建议项目经理做培训和推广，必要时提供一些样本和亲自协助推进这些工作等。我们一直认为，方法论的推广不是靠一两次培训课就可以做到位的，培训课更多是一种理念的宣贯，是松土。具体如何应用要靠在实践中引导和夯实。只有在实践中，使用者意识到方法论的价值，下次他才会主动地应用。

这有点像中国的社会变革,从新中国成立初期的"大锅饭"到现在的市场经济体制,并不是一蹴而就的,中间经过一个"改革开放"的过渡,完成了观念转变和实践论证的过程。所以,我们在极力引导大家应用本方法的同时,更要大家首先关注目标。

最终收集到的流程信息质量(详细度、完整性和准确性)往往并不如意。即使你已经给出了流程梳理分析表,但仍然会有部分成员不能填写完整,比如他说他也不能说清楚流程的目的,比如他对其他岗位的工作缺乏了解,比如他认为岗位工作描述无须太过详细,甚至有人干脆就没填写。虽然这不合乎我们的要求,但你仍然要接受异常情况,所以时刻要注意把握重要岗位提供的信息质量及目标导向。而且这个时候也是体现项目秘书重要性的时刻,他不但需要负责工作的跟催还需要对工作的质量进行检查,而且更重要的是负责流程信息的整合,在整合的过程中发现有些信息不够时还需要亲自与各岗位人员沟通。

3.5 流程分析和设计

当我们通过《流程梳理分析表》获取了足够的流程信息后,我们不能简单地把汇总的结果当做最终产出发布出去,我们需要对这些信息做必要的分析,以便设计出更高效且适宜的流程。

■ 流程分析和设计的一般步骤

第一步:首先要找到流程的客户。

流程的客户一般包括内外部客户,不能简单地把流程上下端接口岗位当做客户,要尽可能站在整个公司流程系统的角度去看待本流程的客户。可以找一些客户代表进行访谈,分析客户是如何看待此流程的,客户对此流程的价值期望是什么。

第二步:讨论并确定流程的目的。

一般从流程产出的接受者即客户的需求与公司经营管理要求两个方面来分析。同样一个流程,不同的目的决定了流程路线的设计和效果。

第三章 流程梳理

案例　理赔流程的变化

"不出险不知理赔难",这是不少车主在遭遇保险纠纷后的普遍感觉,从保险公司拿钱无疑虎口拔牙。造成这种局面的原因是什么呢?因为保险公司的车险理赔流程设计的目的是保证自身的风险尽量小,少赔钱,所以流程也特别复杂"车辆出险—报案—现场处理—提出索赔请求—配合保险公司事故查勘—事故结案—提出索赔材料—赔案审核—领取赔款",而且对报案的时间有严格要求,如果报案迟了还会影响赔款金额。据测评结果显示,目前车险平均结案周期为34天。

但中国平安保险在2009年推出"万元以下3天赔付"的承诺。这又是为何呢?仔细分析其实不难理解。一是客户对理赔难的投诉一直居高不下,直接影响保险业务的健康发展,二是大部分车险都是万元以下的小事故,一样的服务定损和处理程序导致保险公司人力成本也很大,而且综合考虑这类小事故骗保的风险并不大。随着保险业的价格战向服务战转移,此流程的目的不能再一味强调风险,更应该关注通过提高服务质量和客户满意度来获取业务增长。

案例　哪个办公室用品管理流程更好

公司A设计办公室用品管理流程的目的是在预算范围内,尽可能简化流程的复杂度。而公司B设计此流程的目的是控制风险。

结果两家公司最后设计出的流程完全不同。公司A的流程设计为"行政专员根据历史用量做采购计划→预算内直接通过办公用品供应商电子商务平台下单,预算外行政经理审批→员工领用"。公司B的流程设计为"部门申请→部门经理审批→行政专员汇总→行政经理审批→行政副总经理审批→制定正式的采购订单→采购部经理审批→采购→员工领用"。

第三步:把流程的每一个目标分解成量化的目标,并找出关键控制点。

要求做到具体可测量,一般可以从质量、成本、速度、风险和数量等几个维度去设定。目标一般可以作为流程绩效评估的标准。

第四步:任命流程所有者。

可以参照流程管理长效机制的"让所有者把流程真正管起来"章节。

第五步:明确岗位职责。

职责的分配原则如下:

- 确保流程整体效益最大化;
- 职责清晰,不重不漏,不扯皮;
- 权责利对等原则;
- 让胜任和最想得到结果的人去执行。

大家对职责纠缠不清怎么办？最为棘手的项目就是当明确职责成为该项目的主要目标时。我们曾经做过很多流程梳理项目,凡是涉及职责问题的项目难度是最大的同时风险也是最不可控的。虽然HR与流程管理部门都是中立的第三方部门,但对于某个职责该放在哪个部门并不一定比流程所有者更在行,而且职责的定位预示着某项工作及责任的长期担当,这可能就是为何每个部门都不希望接纳模糊不清的职责的原因。而火上浇油的事情就是中国文字的博大精深,有时候大家可能对如何配合完成工作没有根本的矛盾,但一落实到职责描述上分歧就来了。

职责不清的问题必须通过流程梳理项目得到解决时该如何做呢？也许你认为很简单,直接抛给上级领导即可。这的确是一个好主意,但随着端到端流程管理不断加强,各部门之间越来越像一个团队,很多职责不再那么容易界定。政府部门的职责界定可能很清晰,但却苦了我们这些市民,跑上跑下做了很多政府部门之间的串联工作。所以越是客户导向和流程管理比较好的企业,遇到这种小范围的职责不清的问题越多(其实这是好事,这总比为难客户强),你总不能每次都提交给上级领导吧。总体的原则应该是大家达成一致,实在无法达成一致的情况下再让上级领导决定。

在处理这类问题上,我们也总结了一些经验:

- 不追求前瞻性,不追求能够适用于未来很长一段时间的业务管理需求,追求的是解决现在的问题,满足当前的业务需求;
- 不在大的职责上、定位上花费太多的精力,重点讨论具体的工作由谁负责,解决目前的可能的扯皮或不顺畅;
- 由于业务不成熟,制定制度的思路不追求精细化、规则化,我们重点强调的是粗线条的流程走向、基本的分工与管理原则。

以上我们给出了职责不清时的三条处理原则。这虽然可以解决一些问题,但我们仍希望组织内各岗位能积极主动承担"模糊不清"的责任。毕竟,组织的外界环境瞬息万变,流程的调整永远落后于要求,所以这个时候需要每个部门主动站出来才行,不能斤斤计较。下面这篇文章是刊登在 2009 年 6 月 25 日《南方都市报》上的一篇社论,希望对你我他都有所启示。

案例　规定动作之外还有恻隐之心?

一个醉汉,卧在广州街头,整整 12 个小时。医生接 120 电话来了,发现是醉酒,"没有问题",走了;巡警来了,医生说没问题,就把他抬到人行道上,也走了。深夜里有居民经过其身旁,感到惊慌;也有"上网的男子"路过,动了"趁机偷一把"的念头。这一切,只有冷冰冰的摄像机记录下来了,直到这名叫王富涛的男子死亡——这一下,连摄像机也不知道他具体什么时候离开人世的。

如果不出人命,对于一个人潮涌动的大都市来说,这实在是微不足道的一幕。即便是人已经死了,也没有引起诸如"××领导高度重视"之类的东西。倒是对到场的医生和警察有了一些小小的疑问。医生为什么没有救他?警察为什么没有等到他酒醒?

问这两个问题,的确是人之常情,毕竟是一个生命消失了。不过,医生和警察也没有被这两个问题唬倒。因为他们有的是专业知识和工作规定。医生说查看时发现王富涛"生命体征在正常范围之内",也就是说,科学数据可能证明他们没有责任;警察也有理由:医生已经说了"没问题",我们能把他挪到人行道上,那已是人道主义了。

由于各行各业都有自己的难处和行规(正式说法是工作条例或准则),大家对医生和警察的"官方说法"似乎还真无可奈何。然而用生活常识细想,又觉得有些不对劲。一个人醉死街头而不是一个人迹罕至的地方,难道除了他自己,别人就真的干干净净、毫无责任?

当然,我们这些所有没到场、没进入那台摄像机范围的人,都可以道貌岸然地感叹一番人情冷漠,继而对社会公德包括自己的道德觉悟提点希望。但如要较真,我倒觉得,到场医生和警察虽然在"规定动作"中难以找出毛病,但还是应该负些责任的。比如有律师朋友就说警察应该约束醉汉直至其酒醒。

何况,既然穿着制服,就应该不负角色期待——比如,医生是治病救人的,警察是保护人民生命和财产安全的。两种保护人民生命的人都来了,醉汉还是死了,怎么也说不过去吧?是的,生命体征稳定,那就连醒酒措施也不采取了?是的,医生说了没事,那就连等醉汉酒醒,或者每隔一段时间再去"巡视"

一下的动力也没有了吗？看来,有人对工作只是例行公事而已。然而,医生和警察都是人,其工作对象也是人,那就应该有点恻隐之心。规定动作虽然做完了,但问题没有解决,这就得靠超常动作来弥补,醉汉之死就是因为没有这一环。

这应该也算不上苛求。社会管理有空白,总得有人来填补。

第六步:确定流程线路,画出流程图。

流程图应该如何画？一个简单的问题实际上困惑的人倒是不少。我们一般建议用微软的 Visio 画图软件的"跨职能流程图"模板。因为微软的 office 套餐中并不默认安装 Visio 软件,所以这的确会给推广带来一定的难度,可以让公司 IT 部门把软件存放在局域网文件服务器上。有人建议直接用 Word 画,我们不赞同这种方式,因为用 Word 画流程比较困难,而且不易后续维护,何况 Visio 是一个非常简单的画图软件,绝大多数流程图也就是用其中几个功能而已。

下面我们提供了一个最普通的流程图(如图 3-2 所示),供你参考。

画流程图本身并不是一件难事,难的是如何才能画好,我想这也是为何很多人困惑的原因。根据我们的经验,给出以下几点建议:

(1) 流程图尽可能简洁明了:流程图最好不要超过一页范围,另外虽然 Visio 软件提供了大量的专业符号,但我们建议不要用过多的专业符号"吓唬"员工,毕竟他们都不是专业人士。

(2) 活动按照发生的逻辑先后顺序从上到下,从左到右排放。

(3) 流程图要符合逻辑。

(4) 各节点的颗粒度大小要一致。这一点是最容易犯错的,把"送货"与"打印文档"放在同一流程图中是不合适的。我们一般建议节点的颗粒度以岗位划分,需要注意的是不同时点同一岗位的活动要分开,比如"A→B→C→A→D"就不能简单描述为"A→B→C→D"。

(5) 各节点的颗粒度要适度,不能太大也不能太小。太大不容易被理解,太小流程主线就不突出。请看某网友的困惑:"梳理流程的时候我发现,流程下面还可以定小流程,再下面甚至还可以定更小的子流程,那到底梳理到什么地方可以截止呢？"其实,梳理多细在于流程梳理的目的,也就是说是否能够解决你的问题。一直细化到工作时不会频繁出现大问题即可。如果一个工作成熟度不

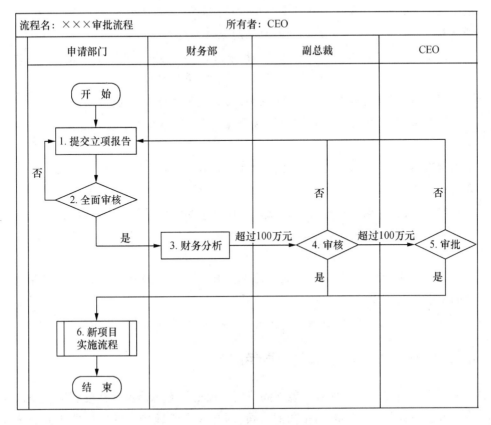

图 3-2 一个普通的流程图

高,大家经常出现问题,就越细越好,反之梳理出主线即可。

(6)流程图中应该把与此流程相关的上下端流程嵌套进来,如图 3-2 中的第 6 节点嵌套新项目实施流程。

(7)验收标准:要求一个外行能看懂。

一个朋友的困惑　一直想找一个比较标准的流程切割粒度的原则

网友 A:我一直想找一个流程切割粒度的原则,但是比较困惑。比如一个流程里面有好几个操作步骤是由同一个人完成,这些操作步骤是应该一个一个分开来写,还是合在一起写成一个动作呢?

网友 B:流程颗粒度我觉得没有一个唯一的标准。主要还是看一个事情是否从头到尾得到端到端解决,而且有时候与公司的很多因素有关。比如部门导向比较严重,可能很多流程颗粒度会小一点。如果公司的流程意识已经非常强,那颗粒度可以大一点。总体说来颗粒度越大越好。

网友 B:如果是一个人在一个时间段完成,可以写在一起。但如果一个人的几个步骤与其他岗位的操作有一些穿插,那么就需要分开。

网友 A:越大越好?我一直觉得颗粒应该越小越好。

网友 B:对于管理层,越大越好;对于操作层,越小越好。但即使是这样,也要追求视角尽可能宽。

网友 A:看来没有标准的流程切割粒度的原则,感觉流程没有对错,各人有各人的画法。

网友 B:没有绝对和唯一的标准。不过你提的问题很好,可以总结。

第七步:确定流程与上下游流程之间的接口以及与规范流程运行要求相关联的制度之间的关系。

完成以上七步后,项目组即可按公司流程制度模板完成文件编制。

■ 流程背后的流程,流程是有灵魂的

性质相同的一个流程最后展现到我们面前的形态也是不一样的。即使是同一个行业两家业务模式高度相同的公司,同样一个流程最后的展现方式差异化仍然非常大。

我们往往容易被流程的表面形态所迷惑,而且很多人已经被毒害,看看你是否也曾经有过这样的惯性思维:"一般流程都需要部门经理—总监—副总裁审批,所以流程也应该这样设计。"

如何才能设计出高效且适宜的流程呢?你一定要把握流程原型,即我们所谓的流程背后的流程。

为了保持案例的真实性和鲜活性,我们直接从互联网下载了同属于教育行业的几个学校的费用报销流程图(如图 3-3a、3-3b、3-3c 所示)。对于流程图的质量以及是否符合规范,甚至是否存在逻辑错误,我们这里不做讨论。

第三章 流程梳理

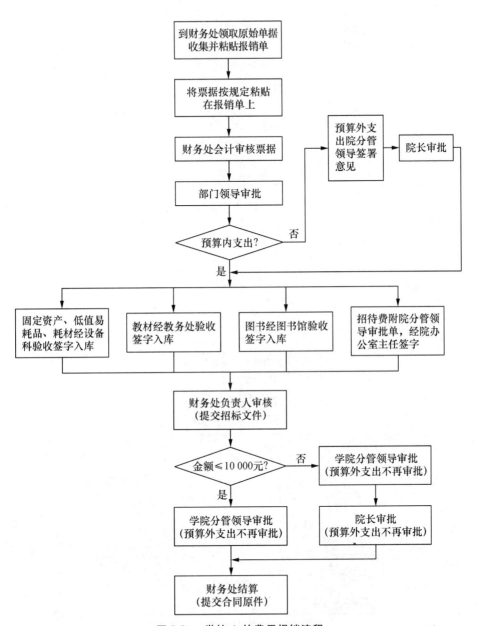

图 3-3a　学校 A 的费用报销流程

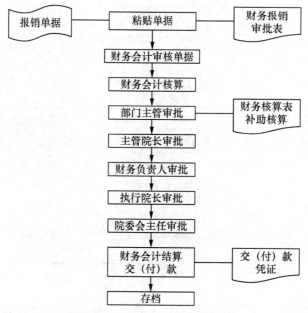

图 3-3b 学校 B 的费用报销流程

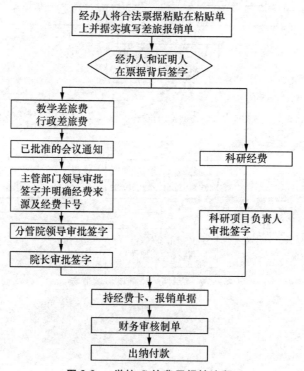

图 3-3c 学校 C 的费用报销流程

其实,无论费用报销流程最后展现的形态如何,大概都是基于下面这个最简单的原型,我们称之为费用报销流程的流程,如图 3-4 所示。无论费用报销流程包括多少个活动,也无论这些活动的先后顺序如何编排,也不管这些活动是通过人工还是通过系统协助完成,这些活动的本质都属于这四类。所以流程本身也是有灵魂的,流程最终展现的形态表达了该组织对流程管理的思路和原则,也表现了本组织的管理水平。

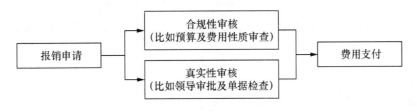

图 3-4 费用报销流程

所以,不同流程背后还存在一个满足管理需求的最佳路线的流程。只是基于各种合理或不合理的管理要求,每个公司的流程增加了很多环节。而这些环节是流程梳理简化的重点,流程的设计合理性分析,一定要回归"正本清源"。

流程背后的角色绝非岗位。通过研究流程的原型,有利于流程设计的完整性和高效。

■ 流程梳理要讲落地

人都希望追求完美,这是值得鼓励的。但完美对于流程设计来讲却不一定总是好事。一些流程梳理项目在讨论流程线路设计时,虽然大家都明知设计的流程很难得到实施和贯彻,但基于正常逻辑判断和完美的期望,还是很难说服自己放弃,最后大家互相鼓励说"虽然这样实施起来的确有些难度,但工作的确一般应该这样要求,先有后好吧。流程发布后先看看实施情况吧"。看似合乎逻辑的推理,但是一旦项目结束,是否真的还有人能持续关注流程实施情况?更可悲的是项目目标就是梳理出一个流程,而不是梳理出一个可执行的流程。结果项目组设计了一个理论上完美的流程,但最后却被实践抛弃。

这不是一个特例而是屡见不鲜。当然其中的原因是多方面的:一种可能是流程的确可操作性不够,这属于流程设计的问题;另外一种可能是流程的性质的确不属于那种可以自动融入日常工作中(如费用报销流程),而需要大量的引导和推动才能动起来的流程(比如流程优化建议管理流程,优化建议的处理机制有了,但如何让员工主动提建议呢),这属于项目组设定的目标没有包含搭建动力机制造成的。无论是哪种原因,设计的流程最终可以落地是流程梳理项目最基本的要求。

再次强调,流程绝对不是面子工程,更不是追求多方和谐的工具。

当然,你不能因此而降低流程设计的质量。我们曾经遇到过类似的案例,当我们发现流程没有得到执行时,流程所有者马上做的就是把流程文件调整到与实际运作一致。这绝对不是一个好主意。强调流程要落地的目的是让大家关注如何保证流程执行的问题,而不是强调流程制度要跟随实际运作调整,这有点颠倒两者的逻辑关系。

案例　这个外部客户满意度调查流程是否有效

在我们一次对内部流程进行审计时,我们发现外部客户满意度调查流程的执行效果不够好。比如按照流程设计"当项目结束后7日内,对外部客户进行满意度回访"。但我们追查2006年全年记录,平均每月完成100个项目,但只有5项做了外部客户满意度回访。更惊讶的是回访结果竟然被用来评估服务人员的绩效。

当我们提出这个流程存在的问题时,该流程的管理部门竟然这样答复"此项工作目前还不是很成熟,因为××等各种原因,目前只能做到5项左右的回访"、"本行业各公司外部客户满意度回访流程基本都是这样设计的"、"回访内容现在还比较笼统,所以基本上都是100%满意,不影响服务人员的绩效"。

3.6　明确各活动节点的管理标准

我很奇怪有些公司做流程梳理后最后的产出就是一张流程图。流程图之于流程犹如人之骨骼而已。图3-5显示的是某公司采购流程,由流程图和简单的流程说明两部分组成。

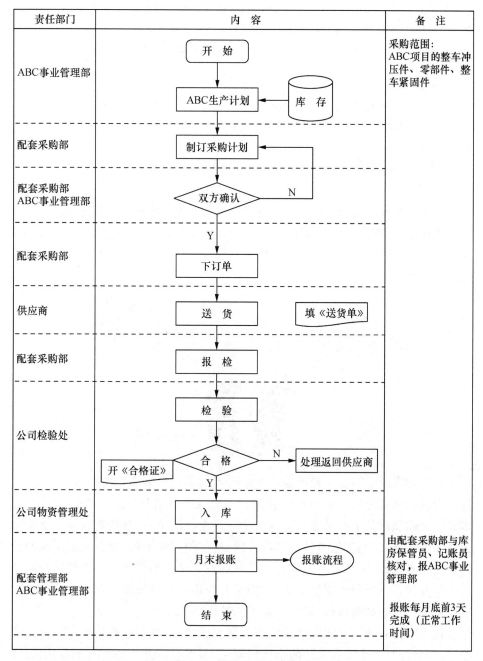

图 3-5 某公司采购流程图

流程说明：

1. 制订采购计划。由 ABC 项目采购小组负责，依据 ABC 事业部生产计划和库存制订采购计划，分别由 ABC 事业部和配套采购部签字认可后，对供应商下订单。

2. 到货报检。由 ABC 项目采购小组负责,采购员填送货单报到公司检验处,由公司检验处负责检验,检验合格,开具合格证;检验不合格,进行分析处理。

3. 物资入库。库房保管员见到送货单和合格证给予办理入库。

4. 物资出库

(1) 生产配送:根据车间生产需求,进行投料。

(2) 销售备件:由销售公司填领料单,经 ABC 项目采购小组确认后出库。

(3) 特殊物料:由使用部门填领料单、非生产用料审批单,经 ABC 事业部生产与物流小组签字后出库。

5. 报账。由采购员依据供应商发票同库房保管员、记账员进行核对,三方确认后报 ABC 事业部×××处。

看完这个流程,如果你是一名采购员,你知道如何操作吗?即使你能知道大概的流程路线,那么很多细节你肯定不知道。比如每个工作的接口岗位是谁?单据需要签字吗?工作有哪些质量要求?是否存在一些关键点?是否存在一些经验点?等等。

流程制度的编写者一般都是流程所有者或其指定的在本流程中工作的人,往往潜意识里认为很多知识都是想当然,所以文件普遍写得过于简单,这都犯了本位主义错误。其实一个流程文件的主要用途有两个:一是给新人或不熟练的人做工作指导,二是工作考核标准。所以,从使用频率上看,流程制度不是写给流程所有者看的,所以文件的编写应该站在一个新人的角度。一个好的流程文件不但要告诉一个新人流程的主线,而且要告诉他具体操作知识点。这样既有利于保障文件的高效执行,而且也有利于新员工的成长。

很多同行对如何描述好活动节点非常困惑,所以我们也提炼了一下与大家分享。其实,写一个流程文件的确比较简单,但要想写好绝对需要下苦功夫,质量高低的流程文件所产生的效果有非常大的差距,如表 3-2 总结的。

表 3-2　流程文件质量高低的差别

低质量的流程文件	高质量的流程文件
岗位对人的依赖高,人才的流失让工作立马逊色	岗位对人的依赖低
仅能学到一些非常表面的知识,比如流程路线等。岗位所需要的其他知识,比如活动的管理原则、具体操作、工作质量、经验、异常事件处理等方面的知识,需要不断地求助其他岗位	可以让一个新人迅速掌握岗位所需要的各方面知识
岗位知识"隐藏"在每个员工心中,而且随人才流失而丧失,每个新人需要"从头再来"	好的工作经验得到提炼、固化和传播。每个新人"站在巨人肩膀上"成长
工作方法"随心所欲",各有高招,效率低,质量不可靠	工作表格化,工作效率高,质量可以得到充分保障

根据我们的经验,写好一个流程文件应该做到以下几点:

(1) 要尽量把活动细化,并按逻辑详细描述,而不应该笼统地总体概括。当然,对于活动的颗粒度也要把握好度,把握重点。

(2) 应该注明每个活动负责的岗位,不要遗漏,更不可笼统地描述为部门。

(3) 要把重要活动的目的写清楚,以便流程操作者理解活动背后的管理原则和目的。

(4) 活动之间的逻辑,岗位之间的接口要清晰。

(5) 重要的知识点、经验点和关键点要提炼出来,让所有流程操作者少一些不必要的"摸索"。最好固化成通用的表格和模板,便于工作经验的传播,也有利于提高工作效率和质量。

(6) 必须考虑例外事件的处理,提高流程的应变能力。

(7) 与其他流程的接口要清晰。

(8) 用语规范,逻辑清晰,通俗易懂。判断一个流程文件是否描述正确、到位、清晰,就是一名新员工可以看懂,并可以起到指导作用。

3.7　培训和推广

流程梳理项目的一大忌讳就是认为把梳理出来的流程发给大家大功告成了。事实上,流程梳理的效果如何,要靠实践来检验。流程梳理出来仅仅是拿出了方案,方案能否被很好地执行,执行效果又如何,这都是评价方案优劣的一部分。

而且因为项目组成员仅是各岗位代表(人数有限,而且是否真能够代表还不一定),设计出来的流程未必能考虑全面,这需要拿到实际工作中去验证。所以,我们建议新流程上线的过程分为试运行和正式运行两个阶段,前后至少间隔一个月的时间,流程的版本也分为试行稿和定稿。在此期间,项目组要根据实际运行中发现的特例或异常情况及时完善流程,同时对大家执行情况进行监督。

试运行之前,我们建议以培训的方式推广新流程。培训的方式最好采取现场讲解会的方式,如果跨区域则采取电话会议的形式。培训的对象尽可能包含流程所有岗位操作人员,特别是涉及重要变更的岗位,必要时可以不同岗位分批次培训以提高效果。培训的目的有两个:一是介绍新流程及强调重要变化点;二是征求流程使用者的意见,并进一步完善。

为了尽可能保证培训的效果,我们甚至为流程梳理项目如何做培训制定了一个模板,如表3-3所示。

表3-3 流程梳理项目培训模板

```
目    录
1. 本次流程梳理的背景和目的
2. 新流程说明
    2.1  流程设计原则
    2.2  流程分类及分类原则
    2.3  流程图
    2.4  岗位及职责
3. 新旧流程对比
    3.1  流程设计原则变化
    3.2  流程分类变化
    3.3  流程线路变化
    3.4  岗位职责变化
    3.5  考核指标变化
4. 其他说明
5. 新流程实施计划(试用安排、注意事项、问题接口人、上线日期)
6. 问题解答
```

如果是关键流程的变更,我们还会在培训完后做简单测试。试卷的设计一般控制在一页内,主要考核大家对新旧流程的关键变化点的掌握情况,所以设计的题目也大多与本次梳理的关键点有关,而非包罗万象。举个例子如表3-4所示。必要时,测试的成绩发给各岗位流程所有者计入本期绩效考核中。需要强调的是,考试的目的并非为了考核,而是更好地让制度落地,所以考核完毕后要公布答案,以便大家了解自己哪些关键点还未掌握,对于错误率比较高的题目,项目组还应该专门做出解释,以免是流程设计不足或出现歧义。

表 3-4 采购审批流程调查问卷

采购审批流程调查问卷

说明:前 5 个题每题 10 分,后两个题每题 25 分,共计 100 分。

1. 目前,我公司生产物资采购分为几大类(　　)
   A. 项目单采购　　B. 日用品采购　　C. 策略性采购　　D. 固定资产采购
2. 空调事业部的策略性采购订单金额大于 300 万元,并且超出资金计划时,需要(　　)审批
   A. 部门经理、产品经理、事业部总经理、销售总监、业务副总裁
   B. 部门经理、产品经理、事业部总经理
   C. 产品经理、事业部总经理、业务副总裁
   D. 产品经理、事业部总经理
3. 行政副总经理需要审核的采购订单要满足哪些条件(　　)
   A. 金额大于 500 万元
   B. 金额大于 200 万元
   C. 金额大于 500 万元,并且为项目单采购
   D. 金额大于 200 万元,并且为策略性采购
4. 销售部门需要提交哪些资料申请采购(　　)
   A. 采购需求表　　　　　　　B. 经资金管理部门批复的资金计划表
   C. 分货表
5. 采购部门对采购申请的处理时效要求为(　　)
   A. 24 小时完成订货计划表　　B. 24 小时完成在供应商网站上下采购订单
6. 采购绿色通道是指什么?符合什么条件才可以走绿色直通车?
7. 为何不能超资金计划?在哪几种条件下,需要谁特批可以超资金计划?

在流程能够正常运行后,项目组即可把流程交由流程所有者审批并发布,项目即可关闭。项目组需把本项目的工作文档整理好交由流程管理部备案。

在项目关闭 3 个月后,流程管理部门应该对该项目的效果进行评估,作为项目激励的依据。流程梳理项目的评估标准如表 3-5 所示。这仅是提供了一个样板,但贵组织不一定照搬。是否采用以及如何采用,都需灵活应用,因为这与贵组织流程梳理项目管理的规范度和管理目的有关。比如知识管理的比重在流程梳理不是非常成熟的情况不宜过高,甚至可以删除此指标;如果贵组织要引导大家加强流程梳理后的宣传和培训工作,即可提高此评估项的权重。但无论评估项及权重如何调整,项目的最终产出都应该成为衡量一个流程梳理项目是否成功的最重要的指标。这对于在组织内部宣贯一种目标及价值导向的流程管理非常重要。而且评估标准应该在项目启动之前就告诉各项目经理。

表 3-5　流程梳理项目的评估标准

评估项		评估项解释	评估方法	权重	得分
目标达成情况		达成项目预定目标,有较为明显的产出	依照项目计划书对梳理关键点进行效果评估	50%	
流程制度质量		按标准模板编写,编写质量高,并且有正式发布	根据流程制度管理规定评估	10%	
项目管理质量	计划性	制订了项目的总体计划	项目计划书	10%	
	目标导向	清楚界定了要解决的具体问题,设定了针对性的具体目标	项目计划书	10%	
	成员参与度	流程相关方都参与梳理,梳理的成果得到大家的充分探讨并达成一致	工作记录和访谈	10%	
	宣传/培训	梳理后的文件向所有使用者做了培训推广	培训记录	10%	
	知识管理	项目工作记录归档质量	检查工作记录	5%	
			最终评分(百分制):		

表 3-6 是我们在某企业推广流程梳理项目初期采纳的一种简单表格,虽然维度不够齐全,但却"一针见血",效果也非常好。从中你可看出流程梳理项目的评估贵在适宜组织当前的环境。

表 3-6　2005 年流程梳理项目效果评估

评估人员:A、B、C、D、E									
项目名称	项目简介	效果简要	效果评估				项目获奖等级	获奖人员	奖金
			产出(50%)	难度(25%)	项目规范性(25%)	总得分			

对于项目的获奖比率应该如何设置呢?我们的经验是除非某项目彻底失败(这与我们的目标及价值导向冲突(这是我们做项目的底线),这种情况绝对不能奖励,但一般也不做公开的批评,因为很多项目失败的原因是多方面的),否则所有的项目都应该获奖。只是获奖的级别、获奖人员的数量、奖金额度不同而已。我们需要鼓励大家自发做工作改善,而不能因为做得不够完美就浇灭他们的创新激情。

而且,我们还应该在内部宣传刊物上大张旗鼓地宣传各项目的成果。这是对各项目的努力再次表示感谢,更重要的是在组织内部营造持续改善的氛围。

3.8 附:流程制度模板

■ 0.0 修正

表3-7 流程制度修正表

更改日期	更改内容	修订者

■ 1.0 目的

首先,要找到流程的客户是谁,一般包括内外部客户;其次,要找到客户的主要需求;最后,将这些需求转化为流程的目的。

■ 2.0 适用范围

包括适用的业务类型,适用的人员,适用的区域,适用的情形,有什么限制。
例如:办公用品采购管理流程适用于中国区各公司办公用品的采购管理。

■ 3.0 流程起点与终点

起点:从哪里开始?如接到客户的《订单需求申请表》。
终点:到哪里结束?如客户做货物签收。

■ 4.0 术语、定义及缩写

对于专业术语或需要定义与缩写的词语进行详细的描述,以提高流程的可读性。
例如:
术语:业务流程管理(Business Process Management,BPM)。
定义:流程所有者,是指对整个流程的效果与效率负责的人员。

缩写:事总,事业部总经理。

■ 5.0 职责

该流程涉及岗位及所承担的职责描述。

■ 6.0 流程分类

表 3-8 流程分类表

流程分类	流程名称	流程所有者	分类原则	输入/输出

■ 7.0 流程图

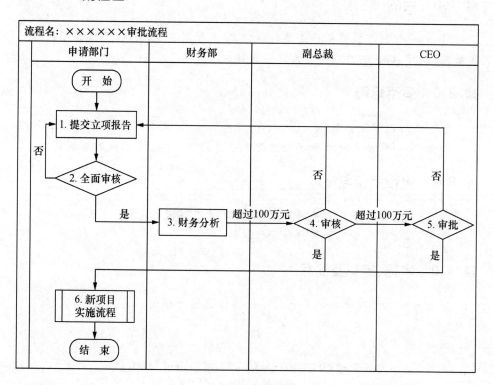

图 3-6 流程图

流程图绘制要求：
（1）活动在前的部门排在流程图的左边；
（2）验收标准：流程图要求一个外行能看懂，流程图要简单明了、符合逻辑；
（3）判断环节"否"路线要用红色线标识；
（4）各节点的颗粒度大小要一致；
（5）流程图中应该把与此流程相关的上下端流程嵌套进来，如图3-7中的第9节点嵌套培训流程。

8.0 流程管理标准

表3-9 流程管理标准

编号	任务	目的与程序		时限/KPI
在流程图中的编号	流程中活动的名称	目的		1. 时间要求；通常用工作日、小时、分钟等 2. 质量要求；通常有准确率、符合性、合格率等
		描述当前任务的目的与意义，存在的价值		
		负责岗位：	例：仓管员	
		程序		
		1. 应包括5W2H要素 2. 描述要求：(1) 必须考虑例外事项的处理，提高流程的应变能力；(2) 要反映用到的设备工具。如BPM系统、OA系统、条码扫描器；(3) 用语规范，逻辑清晰，通俗易懂；(4) 与其他流程的嵌套接口要清晰；(5) 工作经验知识点要提炼；(6) 岗位之间的接口要清晰；(7) 与其他流程之间的接口要清晰 3. 验收标准：一个新入职员工能看懂，能起到指导作用		
		简易参考模板： 1. 触发事件/触发时间描述 2. 具体操作步骤（小步骤的触发事件+操作者+时间+工具（表格等）+工作内容+方法+经验点知识点） 3. 异常情况处理 4. 与下端接口描述		

注：如果不同分类流程审批岗位相差无几，而且审批原则也差不多，为了便于使用者阅读，可以多个流程图配备一个流程管理标准。

- **重复 7.0—8.0 描述多个流程**

- **9.0 管理原则/管理规定**

内容编排要有主线,常见的编排方法有逻辑先后顺序、时间先后顺序、从大到小、从宏观到微观、先抽象后具体、重要度递减等。

- **10.0 相关文件**

至少包括:该流程前一个流程,该流程完成后将进入的下一个流程,与该流程执行相关的流程制度。

- **11.0 模板与记录表格**

模板,如经营计划模板等;记录表格,如招聘申请表、采购申请表等。

Chapter Four

第四章 流程执行

执行力就是实现规划目标的能力,对企业而言就是实现既定战略的能力。它是将想法转化为行动,将目标转化为成果,将决策转化为效益的能力。

4.1 执行力是企业成功的关键

我们知道任何行业的产业链,除了加工制造,还有 6 大环节:产品设计、原料采购、物流运输、订单处理、批发经营、终端零售。在国际分工下,中国的大多数企业被分到附加值最低、最消耗资源、最破坏环境、不得不剥削劳动者的制造环节。而其他有价值的环节基本上掌握在欧美各国的企业手中。在国际产业链中,中国企业实际制造的那部分产值如果是 1 美元,那么,其余部分的产值就是 9 美元。这 6 大环节创造出了 9 美元的价值,是整条产业链里最有价值、最能赚钱的部分。试想一下,中国企业的战略制定者难道不明白这个简单的道理吗?它们愿意将战略选择放在利润最低的制造环节吗?显然这不是企业战略的问题,很多企业家都曾经提出过打造核心技术、打造高价值品牌力的战略,但能够将战略转为有效行动,最终变成现实的企业凤毛麟角。问题出在哪里?缺乏有效的执行力。在企业实际的经营中,困扰企业的往往不是制定合适的战略,而是如何有效执行战略。

> **案例　没有持续执行的创新是无效的**
>
> 又到了年终例行工作总结的时候,A公司企业管理部部长亲自操刀,完成了洋洋洒洒几千字的总结,为了更好地展现本部门的业绩,他将重点放在了创新与改进上:本年度在管理方法上引进了平衡计分卡、流程管理、胜任力模型等,应当说是一个管理丰收年。回顾一年来的辛苦历程,整个团队都沉浸在成功的喜悦之中。然而总经理的一席话却彻底改变了他们的想法。总经理要求大家把近五年的工作总结拿出来做一个对比,一方面看看过往犯过的错误是否得到了纠正,另外一方面管理是否有延续性。当大家把近五年的工作总结放在一起分析时,人们发现今年的所有管理方法与工具在此之前就已经提出过了,几年前的问题到今天依然没有解决。可以毫不夸张地说,在创新与改进方面的成就都基本停留到表面,而且是一阵风式的,可能到了明年又会去追逐新的创新点,而原有的工作由于没有持续下去,又会恢复到原状。

其实在企业里有太多类似的事情发生,提想法、做策划、出方案、订计划的人一大堆,但真正能够关注执行,交出满意结果的则少之又少。

4.2　执行力关键在流程而不是人

执行力如此重要,如何保证执行力呢?有很多人都会说执行力的关键在人,我们认为小企业执行力关键在人,大企业则在流程,而不是人。

人是最不可控的,会受他的意愿、能力、个性及情绪变化的影响。比如我们发布一个制度的时候,不同的人对制度执行就会出现不同的反应:第一种抵触型的,为什么要出台这样的制度,我不习惯这样的制度,我是不会遵守的;第二种观望型的,看看吧,如果没有人检查,不影响我的利益,我就懒得理它,要是抓得紧就遵守;第三种服从型,制度是公司的法律、法规,我一定会严格遵守的;第四种积极推动型,不仅自己要严格遵守,还会推动其他同事一起遵守。人有五指,长短不一,企业员工也是如此,你不能指望每个人的执行力都非常强,要保证企业执行力,不能把希望寄托在执行人身上。

而企业的执行力更多地体现在员工团队的执行力上,尤其是跨部门团队的协作上,好的团队合作建立在好的团队领导力及团队规则之上。跨部门团队的规则主要体现在流程中,如果没有建立常态化的流程,再加上职能导向的影响,跨部门团队很难有高效执行力。

流程则不一样。流程是有设定好的触发条件的。当这个触发条件出现的时候,流程就会启动。有的是按时间触发的,比如每个月30号会触发一个月度例会流程的启动,每年的9月会触发年度预算流程的启动。有的是按事情触发的,例如,当出现不合格品的时候会触发不合格评审及纠正措施流程;当出现客户投诉的时候,会启动客户投诉处理流程。如果依靠人,则这样的事情没有保障,执行人想起来了就会去做,忘记了或者不高兴了就不会去做。

流程是程式化的。像流水式的生产线一样,已经设置好套路,把流程执行团队组织在一起,谁先做,谁后做,怎么分工。如果依靠人,这个团队任务如何布置,团队成员如何协调每一次都需要临时去安排,由于流程通常是跨部门的,因此任务的完成基本没有保障。

流程是闭环的。一个完善的流程体系都会有闭环的设置。有的是在流程中设置了检查点,有的则是安排了事后的抽查及系统的流程审计,建立起了自我发现问题、自我纠正与改进的机制。如果依赖于人则是不靠谱的,只能期望每个人、每个团队都自觉地养成闭环的工作习惯,自发地形成闭环的工作规则。

所以企业执行力的前提与关键在于企业是否采取流程化的运作方式,尤其是对快速多变环境下的企业。

4.3 没有流程执行力就没有流程管理的价值

某公司在很多年之前就设立了流程管理岗位,但在业务不景气裁员的那一年,公司非常果断地裁掉了流程管理岗位。公司的行为非常令当时被裁的流程管理主管不解:公司在经营困难的时候最需要通过流程管理去提升经营绩效,为什么却反其道而行之?原因就出在这家公司的流程管理根本就没有成功推行,没有得到老板的认可。

企业导入流程管理的目的不是要简单地获得理念,不是要去赶时髦,也不仅仅是要获得一大堆流程制度。企业想要的一定是价值,是通过流程管理解决企业面临的问题,提升企业的经营绩效。为此,流程管理人员要想在公司生存并获得好的发展,其前提是能够成功地把流程管理推动起来,并且通过流程管理方法的应用,为企业带来实实在在的结果,让企业看到财务上的回报与价值。我们认为流程管理相对于其他职能管理更有条件实现这一点。

流程管理要产生价值，首要的就是设计好的流程体系能够有效、高效地得到执行，通过执行才能把设计的价值体现出来，让公司真正受益。

我们知道要完成一个公司的流程体系的设计并不是一件非常困难的事情，但要让设计好的流程体系有效运行并获得满意的产出则非易事。

通过良好的流程规划与流程设计，我们可以获得一个理论上符合战略导向的、前后左右衔接顺畅的、职责清晰、不增值活动率较低的流程体系，这个流程体系理论上拥有卓越的设计能力，本身具有较强的竞争力，这是企业实现高效运营的前提。

然而，我们一直强调的是理论上好的设计，但设计能力不代表流程体系的实际能力，实际能力取决于设计能力是否能够被充分地发挥出来，而能否发挥出来的关键就是执行力，执行力强就能够充分发挥，甚至是超设计能力发挥，执行力差则无法发挥，或者是部分发挥。

举例来说，如果我们的流程体系设计能力是10，假设没被执行，换句话说执行力是0，结果就是 $10 \times 0 = 0$；假设执行力很差，只有10%，结果就是 $10 \times 0.1 = 1$。如果设计能力为6，执行力非常好，百分百执行，那这个流程体系的实现绩效是 $6 \times 1 = 6$，仍然比设计能力虽然优秀但执行力很差的流程体系实际能力要强。

流程执行是无论如何强调都不过分的，唯有设计好的流程得到了执行，流程管理计划阶段的东西才能够落地，流程管理中很多先进理念、经验、好的做法才有机会得到实现，企业才有获得价值的可能。流程不被执行，企业实际运行依然故我，流程管理只是高举高打，企业没有任何改变。

ISO9000质量管理走过的路已经充分说明了这点，流程管理人员一定要充分吸取ISO9000从业者的教训。实施过ISO9000质量管理体系的人都会有类似的经历，很多ISO9000质量管理体系实施都是从高层非常重视，从上到下全面推行；在咨询顾问和外部专家的帮助下企业建立了一套令人满意的文件化质量体系，也收获了一套先进的国际质量管理理念，但时间一长，这个曾经花大量投入才建立起来的完善的、标准化的质量管理体系慢慢地变成了一种累赘与负担，逐步地流于形式，成了能够保证继续获得质量管理体系认证通过的造假与应付。

做流程管理工作一定要动起来，由于流程管理面向的是流程，聚焦在流程的价值上，所以只要我们设计的方案能够动起来，能够执行到位，就一定会给公司带来价值。所以流程管理从业人员要花大量的精力去思考如何推动流程体系实施，至少在做流程管理策划的时候是面向行动的、面向执行的。

4.4 执行力是设计出来的

流程要有执行力,首先要有好的流程设计,换句话说,流程要被设计得易于执行。

一群老鼠长久以来被一只猫不断猎杀,数量不断减少。为了改变这种状况,它们召开了一次全体鼠民大会。

一个平时习惯发号施令的老鼠,率先站起来发言,它以很有权威的语气说道:"如果不解决那只猫,我们终将会沦为它爪下的玩物,但是杀死它却不是我们能力所及的事,所以我们目前急需要解决的问题就是如何躲开它,不被它抓住。各位,我准备了一个铃铛,如果能把铃铛挂到猫的脖子上,一旦猫靠近我们,铃铛就会发出声音,听到铃铛声后,我们只要躲到安全的洞里就可以了。"

老鼠说完后,会场里响起掌声。大家你一言我一语,赞美这真是个好主意,此时,忽然有一只小老鼠胆怯地说:"可是,要在猫的脖子上挂铃铛是相当危险的,不小心就会被猫吃掉的。"一时间,会场变得寂静无声,大家面面相觑,苦恼着该派谁去帮猫挂铃铛?

在企业的日常经营过程中,管理者经常和故事中那只老鼠一样犯同样的错误:制定一堆理想主义的制度,设计一堆理想主义的流程,而这些流程制度大多都无法实施。为什么管理者容易犯这样的错误呢?这与直线职能制的传统密切相关。

在直线职能制的组织结构下,管理、执行与检查三者分立,管理者负责设计流程制度,一线工人负责按文件操作,监督人员负责制度的检查。流程的设计者往往熟悉流程,不知道流程真实的执行情况,不知道流程日常运行中会出现哪些问题,发生哪些状况,甚至有相当一部分流程设计人员根本不在流程中,他们根据自己获得的二手资料(通常来自访谈、沟通、资料阅读),结合自己的想象去设计他们认为合理的流程。流程是否抓住了关键控制点,是否具有可操作性,流程是否充分地展开,是否容易防止发生错误,是否高效,流程设计者心里并没有底。

流程执行者熟悉流程的每一个细节,然而他们却没有参与到流程设计中去,他们只负责执行。由于流程的执行者长期从事简单执行的工作,所以他们没有养成思考的习惯,只会机械地按照设计的要求重复操作,他们并不了解流程设计背后的目的与管理原则,他们通常很难理解流程设计者的思路。流程设计本身就缺乏可执行性,加上流程执行者对于流程设计理解能力差,流程得不到执行,或者执行大打折扣就是非常自然的事情了。

■ 如何设计易于执行的流程

让流程执行人员参与到设计中来

流程执行者了解流程,熟悉流程,他们知道细节与真实状况,他们知道怎样的流程是可以操作的,是经得起实际检验的。如果企业还是由局外人设计流程,我们强烈建议,首先让流程的所有者自己去设计流程,流程管理同事千万不要"越俎代庖"。

然而有趣的是,流程管理同事很容易就插手进去,甚至是取而代之。原因主要有两方面:一方面所有者不愿意设计流程,尤其不愿意按流程管理同事设计的模板去写流程制度,他们非常依赖流程管理同事,希望把这些工作推出去;另一方面所有者流程设计的能力不高,往往不符合流程管理同事给出的要求,流程管理同事出于规范与标准化的要求不自觉地会接手流程设计工作。

我们在工作中严令禁止流程管理同事代替所有者去设计流程,并提出代替所有者形而上地设计流程是不负责任的表现,你设计流程却交给别人去管理,流程是不可能管得好的。

流程设计的关键不在于流程如何被结构化的表达,不在于是否符合流程管理标准工具与模板的要求,而在于是否符合业务运作的需求,是否能够有利于业务的管理。只有流程所有者才真正理解流程,能够把握住流程的灵魂,设计出业务需要的流程。

当所有者接管流程的设计任务时,流程设计工作还不够。如果流程所有者一个人埋头苦干、大包大揽,是很难设计出高质量的流程的。所有者虽然熟悉业务、理解业务,但他很有可能不在流程中操作,距离流程现场很远,他并不知道流程中每天发生了什么样的故事。

为此,要确保流程设计质量,还需要流程执行团队成员参与,因为他们是流程的操作者,是流程价值的创造者。要让流程执行人员参与流程设计,举行流程研讨会是一种非常有效的方法。

我们曾经推动公司开展"流程直通车"活动,定期由流程所有者组织流程执行团队成员对流程进行讨论,以流程运行中的问题为切入点,从改善流程设计与强化流程执行两个方面讨论如何减少流程问题的发生,提升流程的绩效。

这个活动开展后取得了非常好的效果,流程设计者发现,虽然设计自己负责的流程,但对流程还有很多不了解的情况,而且集体的智慧有助于提升设计的质量。更重要的是由于流程执行人员参与到了流程的设计中,大家加深了对流程设计的目的与重要性的认识,严格按流程执行的意识与能力都得到了明显的提升。

■ 抓住关键的少数

少则得,多则惑。管理的二八法则告诉我们影响流程结果的各种因素(包括活动)不是同等重要的,流程结果好坏往往是由关键的少数因素决定的,也就是我们常说的要抓住流程的关键节点。

我们要做一个现实主义者,而不是理想主义者,在流程设计的时候要树立抓关键的意识,不要指望把什么都管起来,不要期望流程什么都可以得到,一定要有所取舍,抓住关键的少数。

在流程设计的实操过程中,为了控制风险,确保质量,我们通常会对流程或者某个活动设计一些管理规则,要求流程操作人员对这些风险控制点、质量控制点按设计要求做好。由于没有抓关键的意识,流程操作人员需要遵守的操作要求会非常多,而同时又要求他们每天处理大量的业务,所有的控制点都要求在极短的时间完成。从设计上来说,这本身就是一个矛盾,又要快,又要多,又要好。我们曾经见过某公司的业务审核流程,其中有一个岗位需要检查点多达二十多项,为了确保流程效率,要求每一次单据的审核在很短的时间内完成。事实上他们很难按文件要求的去执行。

我们在设计文件管理流程的时候也曾犯过同样的错误,我们要求流程管理专员在发布文件之前要做好文件的审核,审核点也是面面俱到:包括了格式规范性、流程图表达正确性、审批手续的规范性、文件之间的接口和流程之间的接口顺畅性、文件发放范围的准确性等。这显然是一个很理想的设计,造成的结果是流程管理专员花了大量时间在文件审核上,由于评估文件审核的效果需要花费大量的时间,我们根本就没有能力保证这些要求是否得到有效执行。更重要的是,当时流程管理的关键问题在于流程制度的执行,文件审核的很多要求是不经济的,或者是不重要的。

为此我们调整了策略,把文件审核的关键点确认为两点:一是文件相关方是否达成一致,即审批手续的规范性;二是文件之间的一致性,即保证文件不要出现矛盾。这样一调整,反而取得了不错的效果。

将一些非关键的环节舍去不是不做管理,而是换了一种相对低成本的管理方式:结果管理,明确对工作的结果要求,而不对任务实现过程进行管理。例如文件审核中放弃了对流程表达规范性的审核,并不意味着对于流程文件规范性就完全不管了,实际上我们在后续的流程文件推动执行、流程文件执行检查中会对文件表达规范性进行复核,当文件由于表达问题影响了流程执行的时候,例如操作者看不懂文件、文件不符合大多数的人阅读习惯、解释成本太高等,文件规范性审批就具有一定的管理价值,我们会将其补充到文件审核的控制点中。

■ 明确流程的目标

一次参加培训游戏时,培训讲师安排了小组做团队游戏,团队在一起共同完成一项任务,可以看成是一个流程。开始的时候讲师没有给流程设置目标,让大家操作了一次;后面讲师给每个小组确定了清晰的目标之后又让各小组操作了一遍。后面一次的结果大大超出了前面那次的。

流程设计的确如此:想让流程获得好的结果,就必须给流程提出一个有挑战性的目标。流程有了清晰的目标,对于流程结果的管理才有了基础,这个目标会给流程团队强大的压力与动力,让整个流程变得更加有激情,流程能够得到更好的绩效表现。所以高执行力的流程设计必须有一个符合 SMART 原则的目标。

然而,企业的很多流程虽然被设计得很完善,但却没有设置目标,等于是告诉了执行者要做一大堆的事情及要遵守相应的游戏规则,但却没有告诉他要到哪儿,要做到一个怎样的程度。

由于流程没有目标,流程操作只是停留在符合流程设计的要求上,如果想做得更好,大家是有力不知道往哪儿使。这也会让流程管理人员很难做,虽然花了很多精力去推动流程设计、流程执行与检查,最多只能让公司获得一个完全符合流程设计规则操作的流程,但由于没有目标值作对比却不能对流程的绩效进行评估,不能对流程最终的结果负责。

流程没有目标是很可怕的。由于目标是一切管理的起点与终点,对于企业而言流程符合性严格来说是没有价值的。由于流程没有目标,流程改进也找不到基于绩效评估的需求,而只能采取等到流程出了问题后的事后改进,会增加流程运作的成本,降低流程的响应速度。

有些企业给流程设置了目标,但却没有给出明确的目标值,不清楚到底要给一个多高的水平,这仍然不能满足流程管理的需求。由于没有目标值,流程无法体现公司的策略,看不出公司的导向与侧重点。我们知道流程目标是从公司战略目标分解而来的,要与公司战略目标保持步调一致,体现公司战略差异化选择。流程目标通常有:质量、成本、时间、数量、风险五个方面,但不同企业在这五个方面的追求与侧重是不一样的。有的是要求在行业内做到领先水平,有的则要求保持平均水平即可,有的则有意维持在较低的绩效水平。

把战略目标分解落实到关键的流程上,让关键业务流程背指标,把公司的绩效压力传递给流程。当流程目标达成了,并促成公司整体战略目标达成的时候,流程才真正可以说具有执行力。

■ 遵循权责利对等的原则

好的流程设计要使流程团队达到"不需扬鞭自奋蹄"的效果,流程团队应该是我要做,而不是要我做。当流程团队积极、主动地要求朝着流程目标努力时,流程的执行就变得非常容易与简单,流程团队实现了自我管理,不再需要派专人去检查、去督促。流程设计真的可以做到这样吗?我们先看下面这个管理小故事。

案例 七个人均分一锅粥

有7个人住在一起,每天共食一锅粥,因人多粥少,争先恐后,秩序混乱,还互相埋怨,心存芥蒂。于是,他们想办法解决每天的吃饭问题——怎样公平合理地分食一锅粥。

他们试验了不同的方法:

第一种方法,指定一个人分粥,很快大家就发现,这个人为自己分的粥最多,于是又换了一个人,结果总是主持分粥的人碗里的粥最多最好;

第二种方法,大家轮流主持分粥,每人一天,虽然看起来平等了,但是几乎每周下来,他们只有一天是饱的,就是自己分粥的那一天;

第三种方法,推选出一个人来分粥,开始这位品德尚属上乘的人还能公平分粥,但没多久,他开始为自己和溜须拍马的人多分,搞得整个小团体乌烟瘴气;

第四种方法,选举一个分粥委员会和一个监督委员会,形成监督和制约机制,公平基本上做到了,可是等互相扯皮下来,粥吃到嘴里全是凉的,大家也很不满意;

第五种方法,轮流分粥,而分粥的人要等到其他人都挑完后才能取剩下的最后一碗。令人惊奇的是,采用此办法后,七个碗里的粥每次都几乎一样多,即便偶有不均,各人也认了,大家快快乐乐,和和气气,日子越过越好。

从这个故事里,我们可以看出采取第五种方法之后,分粥这个流程的目标(公平、合理)非常容易实现,流程表现得很有执行力。原因就在于流程设计遵守了管理的基本原则:责、权、利对等的原则。其他方法下,负责分粥的人虽然拥有了分粥的权利与把粥分好的责任,责任与权利对等了,但由于利益没有与责任相匹配,分粥的人没有动力把流程做好、做到位,而第五种方法下,为了保障个人利益,分粥人有着充足的动力把粥分好,而不需要任何人激励与监督。

在流程设计中,权责利对等的原则是一个非常重要有效的原则。一个流程,如果执行者根本不在乎流程的结果,或者在乎流程结果的人不负责流程操作,这样的流程是不会有执行力的。

4.5 如何保证流程有效执行

■ 理解流程是执行流程的前提

流程能够被有效执行的前提是流程设计要能够被流程执行人员理解。这个理解包括两个层面:不仅要理解是什么,还要准确理解流程设计的方法与规则,做到操作者之间、操作者与设计者之间的理解是完全一致的;还要理解为什么,要理解流程设计前后的目的,流程设计遵循的大原则,至少要了解本岗位操作的目的与价值及不按要求操作的后果。但实际情况是,有很多企业的流程并没有被操作者完全理解,而操作者能够理解为什么的更是不多。

操作者如果不理解操作的规则,他们就会按照自己的理解去操作,也就是我们常见的操作者在设计流程,流程的执行自然得不到保障;

操作者如果不理解为什么,那么严格按流程执行的意识就得不到保证,因为他们认识不到执行的价值与意义,认识不到执行不到位所带来的后果的严重性。

操作者如果不理解流程设计的原则,流程的执行就非常没有灵活性,一旦出现流程设计之外的状况,流程就会陷入停顿与混乱之中,直到管理者协调后出台新的流程规则。

如何让流程执行者理解流程呢？对流程的培训与宣贯是一个有效的方法。

■ 做好流程变更后的推广

由于培训是有一定成本的，所以我们不建议流程发生变更后都安排培训。从投资回报的角度确定流程变更后的不同策略：培训与邮件通知。当关键流程发生关键的变更时，有必要采取安排培训方式推广流程，具体的说明如下：

- 关键的流程

通常包括业务流程以及没有一个部门主导的跨部门管理支持流程。业务流程一直都会直接影响外部客户及公司的经营目标，一旦没有执行到位立刻就会给公司带来不利的影响，为此，业务流程变更后安排培训是有必要也是很有价值的；跨部门管理支持流程如果没有一个部门去主导，没有人会对流程去解释、跟进、解决问题，为此这类流程是需要安排培训的。而绝大多数管理支持类流程，也就是各职能专业管理流程都有归口职能管理部门，他们有充足的动力去管好流程，他们会在关键的节点对流程执行进行把关，即使公司不安排培训，流程的执行也能够得到保证。即使在执行前期出现一些问题，也不会对公司产生多少影响，换句话说流程允许一定的过渡期。

- 关键的变更

关键的变更通常从两方面衡量：一是变更的内容，二是变更的范围。当流程设计的思路发生变更，包括流程的目的、目标及管理原则进行了调整，流程运转路线进行了调整，流程团队的职责发生了调整时都属于关键的变更，而流程某个岗位的操作细节，或者是由于组织架构调整带来部门、岗位名称在流程制度中的变更等则不属于关键的变更。当流程制度变更的范围达到了1/3以上就应当属于关键的变更，而变化范围小，或者涉及的岗位很少，则可以不作为关键的变更处理。

上述两个原则供流程管理人员作参考，具体的培训需求还要根据企业及流程的具体情况而定，具体的方式可以由流程管理人员与所有者协商确定。

对于非关键流程及关键流程的非关键变更，可以由流程所有者或归口管理部门自行确定推广的方式，不做培训的要求。但流程管理人员在制度发布的时候，要利用制度发布邮件进行推广，推广的关键内容是制度变更的目的以及变更后制度对各岗位的要求。请大家注意制度发布邮件内容不要太多，否则根本不会有人关注，很可能收到后不阅读或者直接扔到垃圾邮件中。

人力资源管理部门本身负责公司培训，流程管理人员没必要再另搞一套独立开展流程制度的培训工作，完全可以借用已有的培训体系，将制度培训列为公司培训体系中的一部分。流程管理人员要做的事情是将流程制度培训在公司推动起来，在工作常态化之后纳入培训体系，由人力资源管理部门人员负责。

要将流程制度培训推动起来需要做好两件事情：一是在公司内建立流程制度培训的紧迫感与共识，让公司认为应当且有必要开展流程制度培训；二要解决流程制度培训方法，让大家知道流程制度培训应当怎么做。

要解决第一个问题通常比较容易，因为流程制度培训在大多数公司都没有做起来，而跨部门流程在缺乏培训的情况下，在流程变更前期会出现很多混乱、错误及问题。在此着重介绍一下第二个问题："流程制度培训怎么做？"

先要确定培训讲师，培训讲师由流程所有者指定，而不建议是对流程不熟悉的第三方。然后要确定公司需培训的关键流程清单，对于清单中的每个流程，流程管理人员要与流程的所有者或归口管理部门共同确定培训讲师。由于流程培训相对不复杂，培训讲师应当是岗位而不是人，有利于工作的持续性。接下来要解决培训内容（培训什么），我们建议培训内容包括以下内容：

- 流程变更的背景、目的与意义

这是比较枯燥的内容，而且流程执行人员通常不关心流程设计背后的理念，因此要让大家理解，建议要拿出具体的问题来结合讲解，要告诉大家流程变更之前存在哪些实实在在的问题，这些问题对公司造成了怎样的影响。当然如果能够搜集完整的案例更好，案例就是真实流程鲜活的再现，紧贴参训人员，很容易引起共鸣及产生互动。同时一定要将违反流程制度的问题，问题的严重性，对公司的影响说清楚，既可以让员工认识到遵守制度的重要性，又可以增加岗位工作的认同度。

- 流程设计的原则

原则是为了实现流程目的、目标的总体策略。流程设计的详细展开都是在原则指导之下进行的。举个例子，如考勤管理流程，不同公司管理的目的不一样，对应的管理原则也不同。有的公司采取的是简单控制、减少管理成本的原则、信任员工的原则；有的公司则是严格控制，增强公司团队规范性的原则。很显然这两种不同的原则，设计的流程会有很大的差异。

让流程团队掌握流程设计的原则，有利于提高团队成员共同管理流程的目的。当碰到流程制度没有考虑的问题时，流程团队能够基于流程的原则快速采取正确的应对措施；当团队成员就具体问题意见不一致的时候，回归到流程设计大原则，可以避免大家陷于细节，有利于大家快速地达成共识，找到正确的方法。同样，对流程设计原则的培训要能够将原则结合具体流程设计的细节来对照讲解，也力求生动、通俗，否则很难有好的效果。

- 对各岗位的要求

这是流程培训的重点,一定要讲透彻。首先要告诉大家流程制度对本岗位的要求是什么?如果是已有流程的变更,就要说明新旧流程对本岗位的变化点。岗位的要求包括:岗位的工作内容(做什么),工作的方法、规则(怎么做),工作的要求(要做到怎样的程度)。为了提高大家的执行意识,一定要将各岗位违反流程操作要求所带来的后果说清楚。其次要说明岗位前后的接口,即与上下流程节点岗位信息如何传递,如何交接。最后要告诉大家如果发现流程存在问题应当找流程所有者去处理,保证流程问题能够得到及时解决。

- 流程操作需要的知识、技能

这一点很容易被忽略。把流程设计好了,推广到位了,流程可能仍然无法执行,因为操作者可能不具备流程要求的知识和能力。为此要识别出流程操作要求与岗位人员胜任力之间的差距,当岗位人员不胜任的时候,必要时需要安排这方面的培训去解决。例如企业在实施客户投诉处理流程的时候,通常客户投诉处理团队并不具备如何与客户打交道的能力、并不掌握如何处理客户投诉的技巧。很显然仅有培训流程制度是没有用的,还需要安排客户投诉处理方法与技巧方面的培训。

■ 新员工入职流程制度培训

新员工入职是流程制度培训的一个黄金时期。作为一个新人,对公司的文化、人员、内部运作都不熟悉,他有着迫切的需求去了解新的公司、新的部门、新的岗位,而流程制度则是他最好的老师,随叫随到,不用求人。

如果公司已经建立起新员工入职培训体系,可以直接借用这个平台,将流程制度培训的要求加入到新员工入职培训教材中。新员工入职流程制度培训的内容很简单,并不是要告诉新员工去掌握需要的流程,只是告诉公司的流程制度导航图是怎样的?他所在岗位需要掌握的流程有哪些?流程制度放在哪里?应当如何查找?每一个流程中负责解释与咨询的人是谁?一般公司都采取 OA 及类似的软件管理公司的流程制度,也有些公司还没有引入类似的管理软件,而是采用专人在文件服务器上共享管理,并通过邮件进行发布的方式。不论怎样的方式,提供一份公司的流程总图与动态维护的流程清单是非常必要的,流程清单格式如表 4-1 所示:

表 4-1 流程清单

序号	流程名	制度名	归口部门	相关部门	相关岗位	应会岗位	解释岗位

通过简单的 Excel 操作，每一个新员工可以快速地查找到与本岗位相关的流程制度，及本岗位必须掌握的流程制度（应会岗位），同时在学习流程制度的过程中遇到困惑的时候能够方便地找到可以咨询的岗位和人员。

另外一方面比较重要的是把好入口关，让每一个新进入公司的员工树立强烈的遵守流程、执行制度的意识，把公司对于流程制度执行力的要求讲清楚。

■ 新员工试用期流程制度培训

如果公司在培训体系中，已经实施了导师指导制（即在试用期内给每位员工安排一名导师，这个导师负责新员工试用期的在职培训）。建议将流程制度培训与导师制度结合起来，加强新员工的在职流程制度培训。新员工试用期间，流程制度培训要解决的问题是新员工要掌握岗位操作必须要遵守的流程制度，不仅包括流程制度理解本身，还包括流程操作的能力培养。新员工要掌握哪些流程呢？利用上面的流程制度清单可以快速地整理出来。

公司都非常强调人员交接，以老带新，希望公司运作可以不随人员变更而波动。岗位流程制度的培训就是其中最重要的保证，把岗位需要掌握的制度培训到位了,教会岗位必须掌握流程制度的技能,流程的质量自然有保证。在这个过程中导师要发挥非常重要的作用,不仅要把流程制度的要求讲透,还要传授流程制度执行相关的经验和知识。

导师对新员工试用期间流程制度的培训,不建议管理得太细。具体的培训方式、培训安排由新员工导师自己掌握。建议只重点管理结果,在新员工转正的时候,可以安排流程制度的考核来评估新员工与导师双方的绩效。

■ 找到对流程执行负责的人

也许有的人会说流程执行当然是流程所有者去负责,还需要找其他人吗?流程所有者是对流程整体结果负责任的岗位,他要负责流程的设计、流程的推动执行、流程的检查与优化,当然对流程执行负第一责任。

然而,流程所有者要怎样做才能够保证流程的执行力呢?流程所有者负责流程的设计,但他通常并不在流程中操作,他没有办法实时了解流程运行中的状态,一般都是流程出现较大的问题之后才会反馈给流程所有者,为此流程所有者还需要找人帮助推动流程的执行。

流程所有者需要怎样的助手呢?首先他必须负责流程操作中的一环。由于他在流程中操作,具备掌握流程运行实时情况的能力,他能够在督导流程按要求操作方面弥补流程所有者的不足。

其次,流程所有者助手要符合职责相关的原则。换句话说,如果流程没有做好,对谁的影响最大?谁最关心流程的执行力?所以,所有者助手通常会在流程所有者所在部门。也许有人会说,有些流程跨度大,各岗位在流程中都不占主导地位,似乎没有人对流程执行力感兴趣。那也好办,流程所有者可以定义这样一个角色给到某个岗位,把负责流程执行力工作的职责交给这个岗位。如订单处理专员,由他去一站式地面对客户,负责流程从接单到交单的全过程的跟进、监控与问题处理。

所有者助手在推动流程执行方面要承担哪些职责呢?他要对流程全过程负责监控,对流程的符合性负责,当流程出现不符合的时候,及时地退回,要求前端环节重新纠正后再走流程;当流程出现延迟的时候,他会提醒流程当前处理环节尽快完成流程的处理,以确保流程运行时效。

这样的角色其实在每个流程团队都能够找出来,比如费用报销流程的财务控制人员,当流程发生变更的时候,报销申请如果不按新的流程操作,到了费用报销处理专员处会被卡住,他会告诉申请者错误所在,并把正确的申请方式给他,直到他的申请符合流程为止。为了提升流程效率,财务控制人员会在制度变更的时候,发出邮件通知相关人员变化点,并会定期地举行流程操作培训。当操作者不熟悉流程规定的时候,他可以直接求助这个财务控制人员,在这里能够得到最清晰、最专业、最容易懂的解释。

如果每个流程都有一个助手来协助流程所有者确保流程执行力,我们有理由相信流程设计之后是有执行保障的。当然这里有一个前提条件就是流程助手要有非常强的制度执行意识及制度推动执行的能力,而且公司高层不能利用个人权威跨越流程(高层不能带头违反流程)。

某公司的管理副总抱怨:公司的流程没有执行力,制度里明确规定需要经过他的批准之后才能够通过的事情,但实际就是没有人按这个流程去执行,而当他知道的时候,不符合已经是很普遍的事实。问题在流程执行中缺乏一个执行者帮助他来把关,没有这样的人去发现流程不符合,并对不符合进行处理。另外,也存在公司缺乏制度意识的可能,如果公司高层带头违反流程、违反制度,流程的执行肯定会是一句空话。

流程所有者助手在推动流程有效执行方面要做哪些事情呢？通常来说包括以下内容:

(1) 流程操作者在执行困惑时可寻求帮助的权威人员,也就是我们常说的制度解释人员,负责答疑解惑、指导操作;

(2) 协助所有者做好流程制度宣传者与推动者;

(3) 协助所有者做好流程制度有效执行的过程监控者;

(4) 协助所有者做好流程问题的协调解决者。

流程所有者与所有者助手之间的关系如图4-1所示:

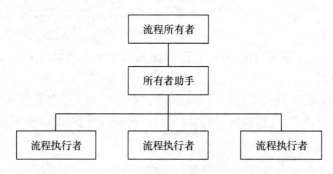

图4-1 流程所有者与所有者助手之间的关系

■ 人们只会执行被检查的流程

流程设计好之后不会自动地被有效执行,从设计到有效执行还有很长的一段距离:首先流程设计的游戏规则要被流程操作人员理解;流程操作人员要有能力、有意愿严格按游戏规则去执行;能够及时发现执行中存在的问题并解决;能够根据流程执行结果与目标对比分析检讨流程设计是否存在问题并促进流程的优化;对违反流程的人员及行动要有所约束。

我们先说说如何解决流程操作者的意愿问题,怎样保证公司员工都具有按流程操作、按制度办事的意愿。管理上有句名言:"你检查什么,就会得到什么。"检查代表了公司的关注度,代表了公司的要求,流程执行人员自然就会跟着检查的要求去操作。所以流程制度的检查是一个非常重要的环节。

案例 流程执行力是如何炼成的

在某企业,有一个部门的执行力非常强,只要是交给这个部门执行的工作是完全可以让人放心的。为此,在公司建立了极高的信任度,关键的控制点都倾向于交给这个部门去把控。这其中的奥秘何在呢?经过分析发现原因很简单,该部门在流程新建或者变化的时候,会与操作者详细地确定操作细节,确保流程制度是可操作的,是可以为大家所理解的。而且对于每一个关键流程都会安排专人做定期检查,检查的结果都会与操作者的绩效奖金挂钩。所以该部门员工的制度意识非常强,遇到不符合制度的行为都会坚决制止,不做例外放行,除非得到了特批。该部门还有一个非常好的经验,他们很好地把握了检查的频次与检查点,保证不会投入太多。

如果公司每个部门都如此,流程执行力就不会有问题了。但事实上这样的部门是非常稀缺的,公司就是要把其他部门也打造成这个部门一样,让每一份流程制度都发挥它的作用,产生应有的价值。

如何安排制度的检查?是否每一个流程都要安排检查?检查的范围和频次又如何控制?这些问题我们在流程检查章节会深入展开,有兴趣的读者可以重点关注。

■ 通过问责制强化流程执行意识

> **案例** ISO 质量管理体系为何很难有切实成效

范经理是某制造企业的质量管理部经理,建立、实施并保持 ISO9000 质量管理体系是他的主要职责之一。为了能够保证 ISO9000 质量管理体系的有效性,质量管理部每年至少会组织一次全面的内部质量管理体系审核,同时质量管理部还会定期对制度执行进行抽查。为了引起大家的重视,对于质量体系内审及制度检查中发现的不合格会根据严重程度(严重不合格、一般不合格、轻微不合格及观察项)对部门负责人给予相应的处罚。

然而,事实证明这种操作方式不理想,大家依然不关心质量管理体系的要求,经过分析发现原因如下:

- 违反制度带来的影响远远小于他们的关键绩效指标,他们关心的绩效指标是产量、质量、能耗、成本等。不论是收入、上司的评价还是个人的晋升,制度执行对他们基本不会有影响。

- 他们不认为违反制度是一个问题,他们认为制度本身设计不合理,执行制度是表面化的要求,或者违反制度没有给公司带来损失或产生负面影响。他们经常会向范经理反映:"流程制度执行是出了问题,但我们单位在产品质量上交出了满意的答卷,所以那些根本不是问题。流程制度本质是为确保外部审核,保住我们的 ISO 认证资格而已。"

由于范经理掌握了公司质量考核大权,于是在对检查结果处罚无效的情况下,他将制度检查的结果整合到各部门的质量考核方案中。但依然效果不佳,原来的问题依旧。范经理发现对于公司及质量管理部而言最重要的还是产品实物质量,公司总不可能将制度符合性的权重提高到超过质量结果指标,而且制度检查的成本也非常高。最终,范经理还是没有找到确保质量管理体系有效执行的措施。

我们可以仔细分析一下上述案例:范经理设计的考核方案为什么不能解决质量管理体系执行力的问题。通过分析我们可以发现,其中存在两个关键问题:

第一,不能仅仅因为不符合流程制度要求而去处罚操作者,要让操作者知道不符合操作带来的后果,让他真正理解违反流程操作是不对的。所以要将流程执行符合性与流程执行的最终结果联系起来,把不符合操作产生的结果和影响找出来,基于这些不良后果再去追溯违反流程的操作。如果不符合流程制度要求,但没有对流程结果产生影响,我们需要检讨这些要求是否是不增值的、是多余的。如果由于流程设计不合理,操作者按照符合公司利益要求的方式操作,这种不符合制度难道也要进行处罚吗?

第二,流程检查结果考核要简单、易行。如果一个岗位的日常绩效考核指标超过了5个,根据我们的经验,这样的绩效考核效果是不佳的。被考核人员肯定会抓大放小,那些小的绩效指标设置的效果就会大打折扣。所以,流程检查符合性指标如果要给到岗位,一定要进入前5名。如果不是,可以不用考核,而通过流程检查结果的通报与会议的检讨已经能够起到促进改善的作用了。

在工作实践中,我们发现了一种既能减少负责流程管理的部门用于流程制度检查的成本,又能够有效考核执行人员,有效约束不符合流程制度行为,强化公司流程制度执行力的方式。那就是制度执行问责制。

问责制在企业与事业单位都得到了较为广泛的应用。什么是制度执行问责制? 是指由于违反流程、不遵守制度给公司带来损失(既包括显性的损失,也包括隐性的损失)或不良影响的时候,由利益相关部门或者是公司中立部门提出问责需求,由中立的第三方负责调查问题,找到原因,明确责任,以流程制度为依据,对违反制度的人或行为根据公司损失的大小追究相应的责任。显性的损失是指为公司带来的实际不良后果,如不能够按期交货导致赔偿违约金与特殊运费的发生;隐性的损失是指无法直接用财务数据来体现的损失,例如不能够及时交货导致客户满意度下降,造成其他部门工作混乱,增加其他部门的工作量等。

问责制具有显著的优势,具体如下:

(1)强调了结果导向。如果你不执行流程,但你能够确保流程的结果,公司是可以不做强行约束的;一旦有不良后果,那就应当为不执行流程、不遵守制度的失职负责。而且,基于结果再找到过程的责任,说服力和教育力非常强,大家对于违反制度的行为认识会非常深刻。

(2)减少了公司整体流程检查的成本,提高了检查的效率。从结果出发,对每一个事故、问题进行逆向追踪,由于检查是带着现实问题开展的,目标明确,检查效率很高,而且重点突出,不需要全面铺开。

(3)问责的效果明显,能够给流程执行人员充分的约束力。不谈对责任人处以多少额度的罚款,就是由于某人不执行制度给公司带来损失的事实通报批评出去,也足以产生巨大的影响,责任人对此印象是非常深刻的。

(4)问责不仅要追究执行人员的责任,对于共性的问题及流程设计的缺陷产生的问题,还要追求管理者的责任,使得管理者非常关注流程设计的质量及流程制度的推动执行,执行者不敢跨越流程,违反制度。

（5）每一次问责都是一次不合格的检讨与改进机会，中立的第三方可以借此机会好好反思流程存在的问题，是设计的问题，还是执行的问题？并从根源上加以改进，促进流程的优化与制度的完善。

但问责制的使用要把握一个度，不能过于严厉，否则会导致由于过于担心责任，各个部门不敢、不愿意承担新的责任而影响了跨部门的协作能力。

4.6 流程执行的两把利器

■ 把流程固化到 IT 系统中

在质量管理中，通常会用西格玛水平衡量质量符合要求的水平。质量实践经验告诉我们以人工控制为主的流程，其质量保证能力最多只能达到 3 倍西格玛的水平，而随着流程自动化程度的提升，流程管理可以达到 3～6 倍西格玛水平，甚至是更高。这充分说明了流程自动化的好处：不仅能够确保严格按流程要求操作，而且流程质量稳定、可靠。所以，要确保流程执行力，流程自动化是一个非常好的办法，也就是我们常说的把流程固化到 IT 系统中。由于生产流程的自动化由工艺设计人员负责，具备很强的专业性，一般流程管理人员不会投入大量精力关注，因此我们主要介绍非生产性流程，主要是管理支持类流程，这类流程的自动化主要是借助于 IT 信息技术。

凡是有明确规则，操作不需要人的经验与个人智慧判断的工作，理论上完全可以由 IT 系统代劳，而不再需要人去操作。哪些工作可以交给 IT 系统去操作呢？

数据采集：借助一些硬件的辅助，如 POS 机、序列号扫描仪等，可以将原来非常庞杂、低效的数据采集、收集与统计工作变得异常简单、高效。

数据传递：应用数据库技术，企业内的数据从一个地方输入后就可以存放到数据库中，整个公司可以共享这些数据。这样就可以节省大量不同部门、岗位之间因数据的传递而花费的精力与时间。

数据处理与分析：信息系统在数据处理与分析方面非常有优势，它能够在极短的时间内完成庞大的数据处理工作，而且不会出现错误。在企业中，一般都会有一大批数据处理人员，他们的主要工作就是表格与数据的处理，把数据从不同的表格汇总在一起，通过 Excel 按管理者的要求进行统计计算，而这些工作理论上都是可以由信息系统替代。

如何进行流程 E 化？如何把业务流程固化到 IT 系统中？是将现有的流程

原封不动地搬上系统吗？仅仅实现流程手工操作的电子化，这是一种流程 E 化的方式，会对企业带来一定的好处，但没有充分利用 IT 技术服务业务流程的管理，流程的本质没有发生变化，流程的绩效也不会有根本的改善。所以，我们经常可以听到，花了很多钱上管理信息系统，并没有带来工作效率的提升。为此，流程 E 化不能停留于简单的手工流程电子化，要做到先优化后 E 化，借助 IT 工具，根据业务流程的目的进行重新设计，去除不增值、冗余环节，增加有价值的活动，追求从流程本质上进行改善。

流程的 E 化是分层次的，高阶流程的 E 化与低阶流程的 E 化方法是不同的。高阶流程通常是由一群子流程组成的，如供应链管理流程。在做流程 E 化的时候要尽量站在较好的流程层级去整体设计 E 化的方式，这样才能保证系统 E 化的整体性、完整性及有效性。最典型的案例就是 ERP 软件。由于它是站在整个企业运营的角度去设计的，包含了企业的预算管理、财务管理、人力资源管理、生产计划、物料管理、采购管理、订单管理等各个方面，所以 ERP 系统就将企业基础的业务流程都集成到了系统中，可以充分地实现信息的共享，实现流程之间的无缝连接，为企业提供一个相对统一的、集成的运作平台，提升了企业运作效率，也提升了信息共享能力与企业的经营决策能力。

对于高阶流程的 E 化，如果市场上有成熟的管理软件，如 ERP、CRM、SCM、PDM 等，则建议企业直接引入成熟软件，根据企业业务规划需求选择适合的管理软件，借助于软件开发方、实施方完成在公司的软件实施。如果市场上没有成熟的软件（通常见于新兴行业），此时流程 E 化实质是开发一个软件系统，要采取模块化的设计理念，而不能简单地将一群相互关联的流程搬到流程管理软件中。

流程管理人员最常面临的 E 化通常是借助于业务流程管理软件（BPM）实现流程在系统中运行。即便是一个流程的 E 化也要完整地将流程识别出来，对流程整体进行 E 化，而不是对流程的某个部分，或某种分类开展 E 化。否则后面肯定会带来很多不必要的流程重复 E 化工作。

不同的流程成熟度与通用性是不一样的，成熟度高的流程更容易标准化，不容易发生变化；通用性强的流程，不仅适用于一个企业，有的还适用于行业内所有企业，有的甚至适用于不同行业的企业。根据流程成熟度与通用性的不同，建议流程 E 化的原则如下：

（1）行业内通用的流程建议让它在基础的管理信息系统 ERP（有的还包括 CRM、SCM 等）中跑

既然是行业内通用的流程，就应该本着先优化后固化的流程 E 化原则。我们应当充分吸取行业先进的经验，将行业内先进的、成功的做法借鉴过来。而基

础的管理信息系统,最典型的 ERP,它正是建立在先进管理理念及在行业优秀企业的实践经验基础上提炼出的业务模型,将业务流程、行业知识、管理规则、管理经验固化到 ERP 系统中。换句话说,ERP 本身不仅是一个管理软件,更重要的是它包含了行业内先进的管理模式、管理思想,而这些管理模式都是行业领先企业已经用实践证明是行之有效的。为此,这类流程非常适合采取拿来主义的策略,直接引入成型的管理系统,其 E 化的关键是了解公司的需求,选择好适合公司的管理信息系统,并设计好基于先进管理信息系统工具支持下的业务流程与管理规则,把管理信息系统的功能充分地发挥出来。

当企业达到一定规模的时候,实施 ERP、CRM 等管理信息系统是必然的选择。然而有相当一部企业实施 ERP 系统的时候并没有获得预期的目标,甚至起到了副作用,其关键原因在于系统实施前没有做好公司业务流程的设计,没有理解 ERP 软件中包含的管理思想与管理模式,而是将现有的运作模式照搬到 ERP 系统中,而 ERP 没有得到很好的配置,很多好的流程设计、管理经验没有为公司所用,ERP 的功能没有被发挥出来。所以这类企业实施管理信息系统之前一定要先完成流程现状的梳理,并根据未来业务需求及管理信息系统的功能对未来流程进行重新规划、设计与优化。

(2) 企业通用的流程建议在流程管理软件(BPM)中运行

有这么一些流程,受不同企业的管理方式的影响、策略选择不同,不同企业流程的运作方式不同,然而在公司内部是统一的。对于这类流程非常适合固化到 BPM 软件中。这类流程具有一个特点,流程的信息会与 ERP、CRM 等基础管理信息系统发生数据交换,会进入公司的共享数据库中。这类流程通过固化到 BPM 软件中,由于信息之间的交换与连接,将企业不同的管理信息系统打通了,有利于更好地实现企业整体数据的共享,实现企业流程之间的连接。这类流程一般是独立地 E 化,通常我们是完成优化之后再将其固化到 BPM 软件中。要注意如果是企业内个性化的流程不建议 E 化到公司的 BPM 系统,因为这类流程变化的频率过快,需要的 IT 系统开发量较大,既增加了不必要的流程运作成本,也拖慢了流程适应变化的速度。

(3) 企业内个性化但相对成熟的流程建议在 OA 上运行

这类流程的典型代表通常是办公审批流程,由于在 OA 上的工作流不涉及表单开发,是直接以附件+流程的方式运行,无须做 IT 代码开发,可以直接由不懂 IT 技术的人进行配置,流程 E 化的成本非常低而且速度很快,为此,只要流程具备一定的成熟度就可以在这个平台上运行。

(4) 企业内个性化但不成熟的流程建议用手工

这类流程是个性化的,应用范围不广泛,E 化后的应用不广,投入产出不合算,没有 E 化的价值。另外由于不成熟,流程经常要调整,固化到系统之后反而影响了流程的及时调整,降低了流程的灵活性。即便是手工流程,我们也提倡尽量实现无纸化,减少纸张的消耗,加快传递的速度,增强流程的可追溯性。通常有两种方法值得大家借鉴:一是邮件审批,二是传真审批。

把流程固化到制度中

案例 流程固化就是要有章可循有法可依

某公司王老板由于全年的业绩完成得非常出色,年终挣了不少钱。在公司的庆功宴上,王老板借着酒兴表达了自己对骨干员工的感激之情,并当场宣布将与公司骨干员工分享公司的利润,重奖销售部小吴 10 万元,重奖研发部老刘 20 万元,重奖制造部老张 5 万元。这些钱都不在正常的工资范围之内,当时这家公司还没有完整的薪酬绩效制度。除了例行的工资与奖金外,并没有年终分红一说。第二天财务就将奖金打到了他们的银行账户。王老板感觉自己很大气,体现了团队利益共享的精神,正期待在公司员工内部引起良好的反响,更好地激励员工完成来年的目标。但令他没有想到的是,没有享受分红的人有意见了,抱怨老板一碗水没有端平,而享受分红的人也有意见,制造部老张意见最大了,凭什么我的分红是老刘的 1/4,我的贡献与辛苦都大于他,至少也应当拿 20 万。王老板非常懊恼,找到某咨询公司人力资源高级顾问请教。顾问告诉他,问题的关键在于没有薪酬绩效制度,一个人拿多少钱,没有事先的约定,而是完全凭事后老板的感觉,当然不会有好的效果。

从上面案例中,我们可以看出制度对于公司管理的重要性,制度是管理的标准与基本准则。制度同样是流程执行保障的利器,把重要流程形成正规制度后其执行力才会有保证。因为制度代表了公司权威,有强制性,有巨大的约束力。

我们先来谈一下制度与流程的关系。从狭义来看流程就是利用资源将输入转化为输出的一组相互关联的活动,可以理解为活动流。从广义来看流程是为客户创造价值,将输入转化为输出的一个系统,包括了活动、资源、职责等不同要素。在实际工作中我们谈的流程基本都是第一种,即活动流。我们从活动流的角度谈谈流程与制度关系。

流程是制度的框架和主线,制度是流程有效执行的保障。犹如桥和桥墩护栏的关系一样,如图 4-2 所示。

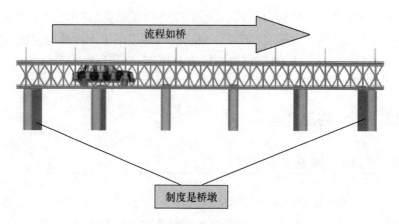

图 4-2　流程与制度的关系

如果制度没有流程作为框架,制度的设计就会是问题导向与部门导向的,设计缺乏整体性,制度之间充满了大量的重合、矛盾及缺失。我们曾经在一家小企业见到了五份不同的采购管理制度,分别出自采购部、财务部、质量管理部、IT管理部及企业管理部之手,然而这五份制度加在一起也没能对完整的采购流程进行控制,还导致操作员工的无所适从。所以,在制定制度的时候要想清楚是为哪个流程服务的?要了解清楚流程的框架,要理解流程的目的、目标与管理原则,知道制度是如何为流程目的服务的。流程好比是树干,制度就是树叶,离开了树干,制度就成了一堆杂乱无序的树叶,既不实用也不美观。

流程是制度的灵魂,制度是为了流程而存在的,不能弄反了次序。流程管理的假设与制度管理的假设条件是截然不同的,流程管理是基于人性本善的角度,强调充分地信任员工,充分发挥员工的主观能动性与创造性,实现员工的自我管理,将决策点前移,减少不必要的管理成本。而制度管理是基于人性本恶的假设,尤其是当企业达到一定规模之后,管理者无法监控到公司的每一个角落时,于是通过制度去约束人的行为。所以,制度对于流程管理的作用是两面的,既能够提升流程的执行力,又会限制流程执行人员的主观能动性,影响流程的应变与创新能力。为此要把握制度管理的度:不要所有的流程都设置一个配套的制度,也不需要将流程中的每一个节点及每一个节点中的每一个控制点都建立控制制度。如何把握这个度呢?取决于流程运行的需要,我们的经验是抓大放小,对于公司整体运作的大框架要理顺流程运行顺序,在关键的控制点上建立制度,而对于细枝末节的及非关键的控制点可以通过结果去控制,把流程操作的空间留给流程执行人员,充分发挥他们的积极性与创新力。

而制度则是为了保证流程能够有效执行,保证流程设计的目的能够顺利实现而做出的安排。制度是基于人性本恶的假设来设计的,即人天生会逃避工作,不喜欢工作,非理性而且不能够自律。基于此,流程设计完成之后,不会被自动地执行,需要给操作者相应约束,这种约束在公司通常表现为制度。制度是公司的法律法规,具有正式性与强制性的特点,所有的人必须遵守。当流程有了配套制度之后,流程执行人员就必须严格按流程制度去执行,否则就要受到违反公司制度的制约。

制度设计通常包括哪些内容呢?

(1) 流程运作的方法,主要是指流程运行的活动步骤。由于在制度中规定了任何人都不允许跨越流程,流程设计的活动线路才会变为实际操作,价值才能够得到体现。流程运作的方法一般是以流程图的方式展示。

(2) 流程运作的规则,主要指为了实现流程目的需要遵守的规则,例如计划流程中的改单规则、排单规则、插单规则等。目的是保证流程运行井然有序,控制流程运行的风险,执行流程设计的策略,确保实现流程设计的目的。

(3) 流程执行的职责分配,主要指流程团队成员之间的分工与职责,确保团队合作规则清晰,每一项工作都能够落实到岗位。

(4) 流程运行的管理要求,包括流程的整体目标及关键活动的 KPI,必须符合管理标准。也就是要解决流程的目标,并规定每个节点的操作要做到怎样的程度。这实际是对流程操作提出具体的绩效要求,以确保流程目标能够实现。

(5) 流程运行绩效的评估规则,包括流程检查、流程绩效评估、流程审计相关的制度,保证流程的执行会得到检查,有制度去保证当流程执行不符合的时候能够被发现。

(6) 流程运行绩效的激励规则,即奖优罚劣。对于不符合流程、流程执行力达不到要求的责任人员要有约束,对于表现优秀的人员要有正向的激励。

概括而言,制度包括两大部分:一是流程必须要遵守的规则;二是对流程执行绩效的激励制度。前者保证流程操作有章可循,流程的关键控制点用制度的方式严格地管理起来,符合流程设计的思路;后者保证流程执行有激励机制保障,使得流程执行人员既有高效执行的动力,又有严格执行的压力。

是不是所有的流程都需要设计配套的制度呢?答案是否定的。如果对于公司所有流程不分轻重缓急全都制度化的话,公司就会陷于制度化泛滥的困境,一则制度管理成本太高;二则失去管理的焦点,制度得不到真正执行;三则由于制度化带来的管理刚性,会削弱公司的应变能力与创新能力。

什么时候需要为流程制定配套制度呢?其实很简单,可以根据以下两个条件来判断:

(1) 当没有制度的时候,流程执行效果得不到保障,而且由于流程执行不到位会对公司造成一定的影响时,流程就需要配套制度。需要注意的是,没有制度并不代表流程一定会失控。如果流程执行不会出现太大问题,而且对公司的影响也很小,那么制定配套制度的必要性就不大。何况没有配套制度并不代表没有对这些流程进行管理,只不过是采取了简单的管理手段,如流程结果管理、定期的流程讨论会议等。当这些流程真正具备一定管理价值,成为公司问题的时候,我们可以再将其纳入制度管理的范围。

(2)关键的重要流程,存在重要的风险控制点。现在很多公司提倡制度化、规范化、精细化,流程管理很自然地会承担这些使命,但一定要注意,不要陷入制度化泛滥的歧途。很多公司都会全面组织流程梳理,提出要将所有的流程文件化、制度化,建立完善的制度化管理体系,恨不能将每一个识别出来的流程全部制度化。接踵而来的问题是这么多的制度怎么管理?如果不能把这些制度真正管起来,制度化管理就会带来一个可怕的后果:两层皮的管理模式(说一套,做一套),不但会破坏制度化的意识,而且会让人对于制度的权威失去信任。为此流程制度化应当抓重点,而且制度化要把握颗粒度,应当尽量将制度定得简单、清晰,易于执行。

制度化管理的好处:

- 可将优秀人员的智慧转化成为公司众多职员遵守的具体经营管理行为,形成一个统一的、系统的行为体系;
- 能够发挥企业的整体优势,使企业内外能够更好的配合,可以避免由于公司中员工能力及特点的差异,使公司的生产经营管理产生波动;
- 为公司员工能力的发挥提供了一个公平的平台,不会因为游戏规则的不同、评分标准的不同,对员工努力的评定产生大的误差;
- 有利于员工更好地了解企业,更好地规范企业的工作流程,让员工能够找对自己的位置,有法可依,使工作更顺畅;
- 有利于公司员工的培训,也有利于公司员工的自我发展。由于有统一的标准可供参考,公司员工可以清楚地了解自己需要达到的标准,能够对自己的工作有一个明确的度量,可以发现差距,有自我培训发展的动力和标准。

案例 制度是管理者的化身

老刘刚进入 A 公司担任公司高层管理岗位的时候,由于老刘有丰富的行业积累与管理经验,公司老总在原岗位职责基础上不断给他增加新的工作内容。在试用期的半年时间里,由于不了解公司、不熟悉团队、不适应企业文化等多方面的原因,老刘的工作压力非常大,经常要加班加点才能够勉强应付日常的工作。一年之后老刘变得很轻松,他基本上很少亲自动手操作,时间一般都花在业务战略思考、团队培养及流程设计与创新方面。公司另外一名高层老总很是羡慕,于是向他取经。老刘说："答案就是制度管理,原来我忙,时间都用在具体工作的处理上,换句话说这些事情与人都是靠我来管的,我做出决策后事情才会有进展,我提出要求之后团队才会有动作。当事情越来越多的时候,我就是一天24小时都用上,也处理不过来。于是我采取让制度来代替我管理团队与任务,我把我的管理思想、方法与经验变成制度,将做事情的方法固化成流程,将决策与判断的经验固化成规则,将团队管理的要求转变为岗位说明书与绩效管理规则。当这些制度制定之后,它们就代替我去做管理的事情了,制度可以无限传播与复用,每一次复用就代表我行使了一次管理职责。就好像孙悟空拔毫毛变成无数个孙悟空,他们都可以去操作很多重复的事情。有了制度,我就不用亲历亲为了,我要做的事情就是推动制度执行,并定期地更新制度,以保证能够满足公司变化的要求。"

4.7 制度生命周期管理

制度管理与流程管理有着紧密的联系,一般情况下,制度管理都会让流程管理人员负责。制度管理是流程管理的基础与保障,为此要高度重视制度管理。

在企业里我们经常会听到这样的抱怨:制度太复杂,很难看得懂;制度与制度之间矛盾,做一件事情要去查阅不同的制度;制度得不到及时更新,管理措施已经变了,制度还是原来的;制度发布之后没有人看,大家对制度也不理解,操作的时候容易走样;制度写的是一套,执行是另外一套,制度成了一个空架子;公司的制度太多、太乱了,要用的时候不知道要看哪些……

以终为始去看待制度管理工作,企业希望制度管理给公司带来什么?制度管理是一种手段,企业的本意要的不是一堆制度,而是通过制度规范运作之后,提升运作效率、质量、减少运作风险,最后体现在财务报表上就是提高收益,减少损失,要有纯利进账。但实际情况是,在很多企业里,企业制度并没有被执行,而是成了摆设,是只有投入没有产出的文档管理工作。

为什么会出现这种情况呢?根本原因在于没有对制度进行全生命周期管理。通常只管理到制度的拟定与发布,而对于后续的制度执行、制度检查、分析与制度改进则关注得太少,甚至完全没有关注。

我们从实践中总结了制度生命周期管理的方法,如果能够有效实施,应当可以解决上面提出的问题。制度生命周期的管理图如图4-3所示:

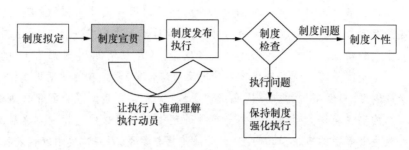

图 4-3　制度生命周期管理图

■ 制度的拟定

制度的设计是制度管理的起点与源头,对于制度管理是否能够实现目的、创造价值至关重要。我们知道处于不同发展阶段及不同行业特性的企业,制度化管理需求是不一样的,所以,在做制度设计的时候,首先要确定公司制度设计的策略。

很多企业都提出要由粗放式管理向精细化管理转变,从随意而为的凭经验管理向规范化管理转变,似乎精细化与规范化管理模式能够产生好的效果,其实这是一种典型的认识上的误区。管理是有成本的,管理做得越精细,需要投入的资源越多,也就会花费越多的成本,如果不限精细化,管理成本也会趋于无穷大。很显然,花成本做管理的目的是要有效益,当管理投入不能够带来足够的产出时,管理活动是不增值的,精细化也就是无效的。管理做得越规范,员工可以发挥的空间就越小,企业的应变能力与创新能力也就越差。

如果企业已经进入成熟期,又在一个相对稳定的行业,企业的流程相对会比较稳定,此时企业可以把管理做得细致一些,规范一些,但精细化也不是全面铺开,同样要针对关键的流程及关键的环节。相反,管理适合做得简单一些,可以在公司流程的框架及关键节点、建立制度,通过原则管理提升企业的灵活性,通过抓大放小的制度设计,充分地调动人的能动性,提升运作效率。

要为制度建立流程框架,让公司不同的制度能够成为一个有机的整体,确保制度之间能够统一,方向一致,不出现重叠,不出现相互之间的冲突及不一致。可以将制度设想为图书馆中的书,把流程设想为图书馆中的书架与编目。如果没有书架与编目,书籍就会无序地堆放,根本没有办法去查找,还同时会出现书籍大量的重复购买,导致资源的浪费。流程就是要承担这样的角色,将一堆杂乱无序的制度让它上架整齐排列,通过编目建立制度之间的联系,既方便查询,也方便管理。

流程与制度之间的关系如图 4-4 所示:

第四章 流程执行

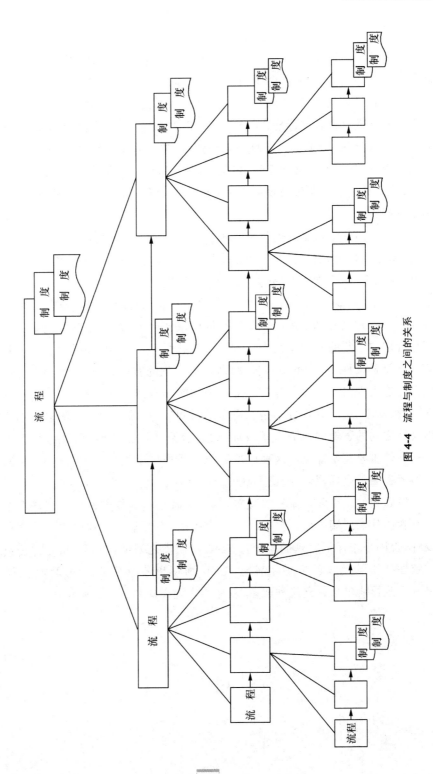

图 4-4 流程与制度之间的关系

流程制度应"大而全",还是应"小而专"?

有些公司的流程制度多达 600 个,而有些公司的流程制度可能仅有 30 个。之所以产生如此大的差别,除了与行业及流程管理成熟度有关,与流程制度的管理方式也有很大关系。同样是人力资源管理,A 公司可能就编写一个大而全的人力资源管理流程管理标准,而 B 公司可能有多达 40 个小而专的流程,比如外派培训管理流程、新员工入职培训管理流程、项目式培训管理流程、培训月度计划制定流程、外请老师培训流程、招聘计划制订流程、招聘流程、高级员工招聘流程等,我们见过某公司仅绩效考核制度就达二十多个。这两种管理制度的思路,哪个更好呢?

相信这两种管理制度的思路都有支持者。事实上,我们之前一直是"小而专"的坚定支持者,但现在我们更多支持"大而全"。也许有人认为,"大而全"不就是"小而专"的简单汇总嘛,其实不是,而且差距还很大。

支持"小而专"有充分的理由,比如易于维护、认领(文件跨度越大越不容易找到管理者)、嵌套和引用。之所以我们后来转而支持"大而全",是因为随着制度化管理的不断深入,"小而专"的管理思路逐渐暴露了其局限性。比如最直接的一点就是文件太多,不便于管理,即使是流程的所有者,也会因为文件的逐渐增多而迷失方向。流程所有者经常因为临时出现的一些特性要求,而重新编制新文件,却不关心(往往并不是忽视而是明知故犯,因为无心理清繁多的现状流程文件之间的逻辑关系而自动放弃,而这恰恰是恶性循环的开始)是否与已存在的文件重叠甚至冲突。这种现象导致的另外一个更为严重的后果就是:流程所有者丧失了全局视角,降低了制度的严肃性。

所以我们现在强调流程制度文件要"大而全",这样做的目的就是希望流程所有者能从端到端视角去整体设计流程制度,不要基于颗粒度太小的流程进行设计,否则很难保证管理的系统性,很难对制度之间进行整合,很难保证制度的一致性。如果企业已经做了流程规划,则可以直接根据公司的流程规划结果——流程清单来建立这种联系,具体的实现方式如表 4-2 所示:

表 4-2 流程清单

一级流程	分段	分类	需建立的制度	工具和模板	岗位操作指南
人力资源管理流程	招聘管理	校园招聘 内部竞聘 猎头招聘 ……	1. 汇编版《人力资源管理制度》 2. 多个小册子：《招聘管理制度》、《培训管理制度》……	略	针对招聘流程节点展开，供某岗位操作使用
	培训管理	入职培训 在职培训 外训 ……			
	薪酬管理				
	绩效管理				
	员工关系管理				
	人力资源规划				
……	……			……	……

说明：一级流程是公司最高阶流程，仅次于公司级总流程。二级流程是一级流程的第一级组成部分，二级流程下面可能还会细分为三级、四级甚至更多。但为了保证制度的完整性，同时减少制度的复杂性，制度编写建议以二级流程为对象，即一个二级流程对应一个制度。二级流程的配套制度主要为流程操作步骤及政策，流程操作步骤直接以流程规划结果中二级流程包括的子流程展开，同时要考虑流程的分类。制度的第二个关键内容是政策，政策一般会包括两大类：流程各部门必须共同遵守的规则及流程中节点责任岗位必须遵守的规则。流程各部门共同遵守的规则应当在制度中直接表达出来，而对于某岗位须遵守的规则可以通过单独附件的形式来表达，在流程步骤中建立关联即可，以使流程更加有层次，更容易阅读。岗位操作指南一般是单独的制度编写，但要在所属二级的节点中做好关联。

如果公司没有开展流程规划，没有建立战略导向的流程体系时，仍然需要对流程制度进行梳理，目的是理清制度之间的联系，保证管理的系统性，同时方便制度使用者查看。在实际情况中，制度的出现一般都是问题导向的，即当企业运作中出现了某类问题之后，为了控制风险和规范管理就会建立相对应的管理制度。例如如果经常有人迟到早退，可能公司会出台员工考勤管理制度。这个时候制度的编写也是由某个部门去主导的，换句话说，各个部门基于本职能管理的需求各自为阵地出台相关管理制度，制度之间的设计缺乏整体性。所以跨部门的流程得不到浮现，部门间流程的空白地带得不到管理，制度之间大量重叠、矛盾,使得流程操作者无所适从,还会导致运作的混乱。

为此在做制度设计的时候需要对已有制度进行一个梳理,梳理的方式可以按下面的模板进行(如表4-3所示):

表 4-3 梳理模板

现有制度	包含流程	整合后流程	新的制度	工具和模板	岗位操作指南

表格使用说明:从公司现有的每个制度中识别出包含的流程,将这些流程进行整合。由于没有对流程制度做整体设计,所以制度包含的流程是长短不一,相互重叠,而且不是连续的。需要将这些流程中相同的进行合并,颗粒太小的进行整合,间断的做补充,将其完整地识别出来。然后根据整合后的流程从公司整体重新做制度设计,通常会将原来若干个制度整合到同一份制度中,后面的操作步骤与前面的描述完全一样。

单个制度的设计:设计一个制度和写作文的道理是一样的,写作文需要一个主线索,有的按时间先后顺序,有的按故事情节发展顺序,有的按空间转换顺序,有的按设计的结构开展等。制度的设计也是一样,可以按流程活动流转的顺序,也可以按管理制度内容的类别,也有的直接按制度设计者的个人喜欢展开。要保证单个制度设计的完整性,同时有力地支持到流程管理,按流程活动流转顺序展开来设计制度是最有效的。根据我们的经验,制度一定要将流程浮现出来。将流程浮现出来了,流程的整体才会得到有效的管理,流程执行者岗位之间的接口(职责接口、信息接口等)才会明确,跨部门流程才会顺畅。另外按流程流转顺序开展制度的编写,逻辑清晰,阅读起来简单而且容易查找与宣贯。

单个制度设计还要注意精细度。制度的关键内容为流程操作步骤与规则,流程的操作步骤理论上可以无限细分,要写到一个怎样的程度?哈默说过如果三个岗位之间工作没有烦恼的话,就没有必要设置一个流程。所以单个制度设计理论上关注的是岗位之间的衔接,没有必要把一个岗位可以完成的事情也非常详细地写出来,而应当将岗位主要的任务列出即可,对于关键节点的岗位操作如果有必要可以做配套的岗位操作指引。对于流程的规则设计也要把握规则的复杂度,对每一个活动每个可能会出现问题的点都需要建立规则吗?显然不是,制度设计者要从流程关键控制点要求,结合流程实际运作情况来设计规则,对于重点的控制点及容易出问题的控制点建立规则,而对于非关键及质量稳定的控制点不需要建立复杂的规则。

■ 制度的审核和发布

由于制度的发布管理相对简单,这一块很多公司都做得不错。值得注意的是,要尽量地简化发文手续,提高发文的效率。对于制度的审批要把握两个要点:

第一,对审批权限要分级,不要所有的制度都给到公司的高层人员;分级的依据是制度的跨度,如果是属于某个部门专业管理的范围,直接交给该部门负责人就可以了。高层只适合两类制度的审批:一是缺乏主导部门的跨部门流程,每个部门都是参与者;二是某个部门主导的跨部门流程的关键内容:流程的管理原则、策略、重要的规则等。

第二,流程变更时,不是所有的变更都需要找原审批人审批。对于流程的管理原则、管理职责、关键点没有发生本质变化,只是流程局部做了一些调整,可以直接由流程所有者审批。

发布前,制度管理人员需要对流程制度文件做一次审核。审核什么呢?这又是大家常见的一个问题。下面我们提供了一个流程制度发布清单供你参考,如表4-4所示。不过,大家在使用此表的同时,需要思考几个问题。你真的能做到每次发布时根据清单逐条核对吗?清单的重点在哪里?清单的价值在哪里?适合贵组织的清单又是什么样子?

流程制度发布清单只是一个知识点提炼,作为一个岗位学习资料很好。制度管理人员对制度审核时,则需要简化,把握重点。具体是两个关键点:一是制度的审批手续是否完整并符合要求?二是制度之间的衔接是否顺畅?新的制度发布是否需要同时作废旧制度?制度修改之后是否会与其他的制度发生矛盾?要确保制度之间的一致性,否则操作就会混乱。

表 4-4　流程制度发布清单

工作项目		作业方法	注意事项及经验点
1	审核文件内容审核	1.1 文件模板审核	使用正确的标准模板,旧版本文件要改用新模板
		1.2 文件结构审核	符合公司流程清单和公司流程系统图中的流程分段/分类原则,不可以出现重叠
		1.3 审批是否完整	1. 确保该流程所有相关部门领导都有书面的(包括 E-mail)会签意见 2. 文件中要注明审核人的姓名,不可直接写部门或岗位名称
		1.4 文件描述是否清晰易懂	1. 流程目的要清晰 2. 文件的使用范围要清晰 3. 流程的起点及终点须与流程描述相符 4. 涉及岗位的职责须足够清晰,并与文件描述一致
		1.5 流程的逻辑关系是否成立	1. 从流程图上大致判断流程描述是否存在逻辑错误,与管理标准描述是否一致 2. 看流程图表达是否明了,流程图活动颗粒度是否一致
		1.6 管理标准是否足够清晰	1. 内容的完整性:每一个节点的描述信息可以从以下几个方面考虑:(1)谁做?(2)何时做?即活动的触发条件要明确;(3)在哪里做(包括信息系统)?(4)做什么;(5)为何做?(6)怎样做?(7)工作输入?(8)工作输出?(9)工作结果是否符合要求的标准?工作质量控制点?(10)异常状况下的处理方法?(11)工作要用的或参考的其他标准文件、手册及知识点 2. 内容的逻辑关系要与流程图一致 3. 内容的规范性: (1)每个节点应该指明具体到岗位的责任人 (2)注意每个节点活动的时间要具体,绩效标准要明确
		1.7 文件的输入输出接口是否规范明确	本流程的上下端接口或者引用其他流程接口信息应该清晰,引用文件名称及编号信息应该齐全
		1.8 相应附表表格是否完整	1. 文件中需要用到的参考文件及表格模板要齐全 2. 文件的上下端流程文件是否描述清楚
2	文件发布	2.1 更新流程清单和系统图	更新公司流程清单和公司流程系统图
		2.2 完成文件发布 E-mail	1. E-mail 要用规范标准格式,必须包含几部分:问候、发文背景、制度前后关键变化点、OA 访问地址 2. 特别要注意发送范围的准确性,以免漏发或发送范围过大

■ 制度的推动执行

制度发布之后不会被自动执行,需要有人去推动。制度的推动执行关键要做好两个工作:一是制度的宣贯,即让制度执行者能够理解制度设计的目的,熟悉制度的要求;对于制度的宣贯前面已经有详细的阐述;二是制度执行过程的推动。主要流程关键节点操作人员在制度发布之后要严格按新的制度要求去控制,对于不符合新流程要求的操作严格把关,督促前端岗位人员按新制度纠正后才允许通过,绝不允许不符合制度要求的操作流入本岗位的下游。

■ 制度的检查

制度的检查包括两方面:制度执行符合性检查,制度执行效果评估。根据制度的重要性不同可以选择不同成本的检查周期,如按月、季、年或者有问题的时候再检查。检查的目的是提升大家对于制度执行的重视度,同时也可以及时发现问题,保证制度执行的最终效果。

■ 制度的检讨

流程运行没有效果不外乎两个原因:一是制度设计的问题。由于制度设计(包括流程本身设计)不合理,虽然各岗位已经严格按制度执行,但由于偏离了方向,用错了策略,没有抓准关键控制点使得结果不达标。这类情况一般表现为:检查发现的问题的显著特征是流程执行基本到位,但流程存在的问题是普遍性的;二是制度执行的问题。制度设计是合理的,但由于没有执行到位,最终效果不佳。此时流程存在的问题通常是局部的,有的人执行得好效果比效好,有的人执行不到位则效果差。

■ 制度的改进

制度的改进主要是针对制度本身的问题开展的。当制度出现问题的时候,实际上就是一个流程优化的需求,完全可以按开展流程优化项目的方式,经过完整的目标、现状及问题分析,对流程及其配套管理措施进行重新优化设计和改进。具体的操作方式参见流程优化章节。

Chapter Five

第五章 流程检查

5.1 没有检查就没有竞争力

企业经营绩效不佳、竞争力差的原因是综合的,有战略问题,有流程设计问题,也有流程执行问题。然而最大的问题还是缺乏检查,没有及时发现并找到真正的问题所在,没有及时将问题解决。

我们可以先来看战略的问题。公司确定了自己的战略之后,会将战略分解到各个部门与岗位,管理水平高的企业还会将战略分解到流程上,通常会表现为企业的战略实施计划,通过计划管理推动战略的实施。战略的制定都是基于一定假设前提的,一旦假设是错误的,战略选择也就错了。因此战略实施过程中需要做定期的评估,当发现战略假设前提发生变化的时候要适时地对战略做出调整。战略评估的关键在于流程检查,从结果层面来验证战略的正确性是通过战略目标评估来实现的,通常是用财务指标与客户指标进行衡量。但战略目标没有达成并不代表问题就出在战略本身,有可能是战略执行出了问题。为此我们还需要通过流程检查来评估战略举措是否被执行到位了。用战略举措相关流程的检查结果结合战略目标完成情况就可以确定战略问题的所在。为此,流程检查是保证企业战略方向选择正确的关键。

再来看一下流程设计的问题。企业通过基于公司战略的流程规划设计了公司管理体系的流程结构,通过流程设计,以流程为主线构建了公司整体营运管理体系。在不考虑战略条件下,一个卓越的营运管理体系显然是企业竞争力的关键要素。如新产品设计一样,好的设计一定要经过生产、市场的反复检验,能够为市场所喜欢且能够为公司带来丰厚回报的设计才是高质量的设计。流程设计也是如此,设计不仅仅在于逻辑上的优越性,更重要的是应用上的优越性。要保证流程设计的质量就必须定期对流程设计进行评估,通过流程执行情况及流程运行的结果来检验流程设计是否充分、适宜、有效及有效率。然后再根据发现的流程设计问题采取有针对性的改善,确保流程体系的卓越。

最后我们来分析流程执行的问题。在流程执行的章节,我们已经对此做了详细的论证,流程要保证能够有效执行,流程设计能力要保证能够充分地实现,流程执行过程中的检查是非常重要的手段与保障。

所以,我们可以很明显地看出,流程检查是流程管理 PDCA 体系中最重要的一个环节,它承上启下,对上促进流程设计的反思,确保设计符合战略要求,流程运行线路精简,不增值活动比率低;对下确保公司有力执行,流程目标能够实现。没有检查,管理体系就不可能实现目标,企业就不会有竞争力,没有流程检查,流程管理 PDCA 环就无法运转,企业管理就无法实现螺旋式的上升。

从另外一个角度看,企业竞争力是一种相对竞争力,是与竞争对手相比较所展现出来的能力。企业的竞争力不是与生俱来的,而是在企业发展过程中不断地通过后天的学习、培养积累而来的。管理专家曾说过:"未来企业的唯一竞争力将来源于比竞争对手更快的学习能力。"在实践中学习是企业获得经验和增长能力的重要途径。而流程检查则是企业在实践中学习的一个关键环节,通过检查去发现问题,积累经验,发现不足,总结教训。

案例 点菜高手的秘诀

小李是大家公认的点菜高手,他所在部门每次聚餐都会把点菜的任务交给小李负责。他点菜总能够适合大家的口味,让大家感到满意。小王的点菜水平很差,于是小王非常好奇,想知道小李是如何做到的。有一次部门聚餐,大家提议去一家新开张的饭馆尝个鲜。照例点菜权又交给了小李,吃完饭之后,大家陆续离开饭馆,小王无意中发现小李在饭桌边停留了一会。他好奇地问小李:"都吃完了,你还看什么?"小李说:"今天我们来了10个人点了10个菜,看吃完后的情况,还有很多剩余。说明这家的菜量比较大,下次可以少点一个菜。哪些菜吃得比较干净,说明这家餐馆哪些菜是比较受欢迎的。剩余较多的菜,可以分析是菜口味不对路,还是这家饭馆师傅水平的问题,还是上菜的顺序出了问题。这样,下次点的时候可以不用点那些不受欢迎的菜,而且可以优化点菜的顺序。"

小李并不是天生的点菜高手,他超乎常人的点菜能力是基于闭环的做事方式,他比别人多做了一步,点完菜之后检查效果,通过总结不断提高自己的水平。

5.2 把握流程检查的度

在做流程检查之前,一定要清醒地认识到流程检查本身是可疑活动,换句话说流程检查很有可能是不增值的活动。流程管理就是要尽最大力量消灭不增值活动,减少浪费,提高效率。为此,流程检查要确保增值,而不能迷失到流程检查任务本身当中。

流程检查是一种手段,而不是目的。流程检查的目的是要为企业带来价值,要做到有价值就必须要求流程检查产生的回报超过流程检查的投入。从流程管理PDCA环来说,流程检查是必须的,否则很难保证管理目标的最终实现,从流程体系整体来说肯定是没有问题的,但流程体系检查要细到一个怎样的程度?是否要针对每一个流程、流程中的每一个节点、流程节点中的每一个活动、每一个活动的每一个规则都设置检查点?很显然是没有必要的。为此,我们一定要控制好流程检查的投入成本,使之与流程检查所带来的产出相匹配。否则,流程检查就会浪费公司资源,不创造价值。

把握流程检查的精细度是控制流程检查投入产出比的关键,在这方面我们可以借鉴美国质量管理专家戴明的检验原则,如表5-1所示:

表5-1 戴明的质量检验原则

序 号	检验条件	质量检验原则
1	检验的成本远大于不检查所带来的损失	不做检查
2	检验的成本与不检查所带来的损失相当	抽样检查
3	检验的成本远小于不检查所带来的损失	全检(100%检查)

虽然戴明所提出的质量检验原则更多是针对产品的,但其管理思想完全适用于流程检查。然而,流程检查的成本与如果不安排流程检查可能会给公司带来的损失的评估存在一定的困难,但这并不会影响这一原则的应用,其关键在于对质量检验原则背后管理思想的把握。在做制度检查的时候,要注意两个关键问题:

（1）决定对某个流程开展流程检查的时候，一定要强化检查投资回报的概念，不能够带来适度投资回报的检查是不需要的。为此，在做检查的时候要有成本意识，要多想一下本次检查是否值得去做？时刻要回答一个问题：通过流程检查给公司带来了什么收益？时刻提醒自己：流程检查是否过度？是否在浪费公司的资源？

（2）在设计公司流程检查方案的时候，要根据质量检验原则确定流程检查的精细度、频次及抽样方法，控制流程检查的成本。不是所有的流程都需要安排检查，抓住关键的流程就好了；不是流程中的所有环节都需要检查，抓住关键的少数就可以了；不同流程的检查频次是不一样的，有的是高频次的，有的是低频次的；不同流程的抽样方式也不一样，有的是大样本量的，有的是小样本量的。

此外，流程检查要与流程实际执行情况相匹配。流程的成熟度不一样，不同流程的人员能力也不一样。对于流程成熟度高、流程人员能力比较强的流程，流程运行可能已经处于稳定的受控状态，很少会出现问题，流程中虽然有一些关键的检查点或控制点，但这些检查点或控制点的绩效已经很稳定，我们称之为稳定的控制点。对于这类控制点，我们可以降低流程检查的投入，如果稳定到一定的程度，甚至可以取消这个风险控制点；相反，流程成熟度与人员能力都比较低的时候，流程绩效表现不稳定，容易出现问题，流程检查的投入要适当增加。因此，流程检查方式要与流程实际绩效表现相适应，要随着流程实际绩效状况做动态的调整。当流程绩效表现出较大的波动时，要加大流程检查力度或者新增流程检查点；流程绩效稳定后，可以减少流程绩效投入，甚至是免检。

为了便于大家理解，我们提炼了一个流程检查的分析图，如图5-1所示：

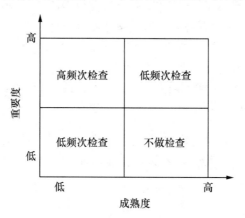

图5-1　流程检查的分析图

如图5-1所示，对于重要度高而流程成熟度又低的流程，绩效波动大，这是流程检查的重点,为了控制流程运行绩效,促进流程走向成熟,建议采取高频次的检查方式;对于重要度高但流程成熟度高,或者流程成熟度低但流程重要度也低的流程,可以采取低频次的抽查,因为流程不会出什么大的问题;对于重要度低且成熟度高的流程完全可以不用做检查,这样的流程几乎不会出什么大问题,也不会给公司带来损失。

5.3 流程检查的方法

■ 流程稽查

对单个流程的稽查。稽查流程的安排(主要表现为公司的流程制度)是否得到了执行?执行是否到位?是否符合流程制度的要求?

■ 流程绩效评估

对流程运行的最终结果、效果进行评估,并将其与流程的目标进行对比,评估流程目标是否有效达成,以及流程目标达成的具体情况。

■ 客户满意度评估

流程的要求都是企业内部的安排,虽然流程反映了外部市场与客户的需求,但在客户需求传递与实现的过程中,可能会有很多的错误,加上客户需求处于不断的变化之中,为此非常有必要对客户满意度进行评估,听听客户对流程体系绩效表现的评价。流程管理强调客户导向,为此客户满意度评估对于流程管理有着极其重要的价值与意义。

■ 流程审计

流程体系审核是针对公司流程体系整体进行全面的、系统的检查,目的是评估流程体系的充分性、符合性、有效性及效率性,它的输出是流程体系整体的评估与改进建议。

5.4　如何开展流程稽查

首先，我们来谈谈流程稽查由谁负责？这有两种选择：一种是流程归口管理部门或流程所有者；另一种是独立的第三方，如流程管理专业部门。先来分析一下，两种角色之间的差异。如果是流程归口管理部门，由于它熟悉流程的规则及流程运行的情况，理解流程的目的、目标及管理原则，所以它负责流程稽查的时候，善于把握流程的关键点，稽查会直接面向问题，能够非常清晰地设计稽查的路线，知道要稽查哪些记录、资料，要访谈哪些问题，而这些操作都可以与日常工作紧密结合起来，非常清楚按照怎样的逻辑顺序开展，归纳起来就是稽查成本低、效果好。从另外一个方面来说，由于流程归口管理部门或流程所有者是对流程结果负责的人，他们会更加重视稽查结果的应用，更有能力知道如何根据流程稽查结果采取流程改善措施，有助于流程绩效的提升。显而易见，流程归口管理部门或流程所有者负责流程稽查，投资少，见效快，投资回报高。如果是独立的第三方负责流程稽查，由于他不在流程中操作，他先要花费大量的时间去熟悉流程、理解流程，而且往往还是一知半解。通常情况下，他不能真正理解流程，他能够做的就是简单地根据制度要求进行核对，能够对浅层的符合性负责，但没有能力发掘出流程深层的问题。当然，第三方稽查也有其先天的优势，就是责任回避，他可以做到流程稽查结果公正、客观。

流程稽查的目的还是立足于改进，因此，流程稽查最好是能够让流程归口管理部自行负责，而不太适合安排给独立的第三方。为了强化流程执行力，独立的第三方可以采取成本较低的流程审计、流程重大问题的调查等方式来监控流程执行，督促流程操作人员严格执行制度。

然后，我们要确定流程稽查的重点。我们要反复强调，流程稽查是可疑活动，客户并不愿意为这样的活动埋单，所以流程稽查一定要抓重点，抓住关键的少数。什么样的流程需要做定期的稽查呢？我们认为直接为客户创造价值的业务流程是公司重要度高的流程，因为这一类流程如果有差错会直接影响公司向客户提供的产品或服务，也会直接影响公司的经营目标。另外一个原因就是业务流程是水平的、跨部门的流程，传统的管理模式中是没有人对流程整体负责的，很容易在部门间产生扯皮、推诿、衔接不顺畅的情况。

对于大量不直接为客户创造价值的管理支持类流程，它们的重要度相对低，毕竟它们在业务的后台，即使出现问题也不会直接影响外部。加上这类流程大都是垂直的,都有专业的管理部门,从职能导向上来说,职能部门负责人有足够的动力把流程管起来,对流程结果负责任。但有一类跨部门管理支持流程需要作为重要度高的流程来看待,虽然流程有归口管理部门,但流程归口管理部门对于部分关键点不能控制,需要协调相关部门才能够保证流程的整体绩效。

通过上述原则我们可以确定公司需要稽查的重点流程是业务流程和流程归口管理部或所有者不能有效控制流程关键节点的跨部门管理支持类流程。

确定了需稽查的重要流程后,我们还要对这些重要流程的成熟度进行分析。分析流程成熟度有一个非常简单的方法就是看流程绩效的稳定性,如果日常运作中很少出现问题或很少收到内部的抱怨,就证明这些流程的成熟度高,反之则流程的成熟度低。流程稽查的重点应当是成熟度高的重要流程,其他的流程可以不做流程稽查,通过例行的绩效考核、流程体系审核及流程问题的处理来保证流程执行的效果。

现在我们来介绍流程稽查的具体实施方法及注意事项,流程稽查实施步骤如下:

第一步:理解流程的目的、目标及管理原则

我们在第一章中提到过,要把握流程的本质,流程的本质不是流程图、流程制度,而是流程制度设计的思路,是流程的目的、目标及管理原则,流程制度通常展示的是实现目的的手段与方法。举个例子来说,一个审批流程的本质是审批控制的风险点而不是要经过哪些岗位审核与审批。很多公司流程并没有明确的目的、目标及管理原则,这些东西是隐含在业务高手的脑袋中,并没有显化到公司的制度里。如果流程稽查是独立第三方负责的话,这个环节尤其重要。理解了流程的本质,做流程稽查才有明确的方向,才知道重点所在,否则只能做一些简单的制度与操作的核对工作。

第二步:确定流程稽查的关键点

理论上来说,一个流程可以稽查的点非常多,流程稽查不可能覆盖每一个稽查点,也不可能对每个稽查点同等对待。为提升流程稽查的效益,需要确定关键的少数几个稽查点,我们称之为关键点。关键点的确定,首先是从流程本质出发。关键点是对流程目的、目标的达成起关键作用的流程控制点。例如,对于企业内部"培训流程",讲师的选择、培训教材的开发、培训后续巩固工作的安排就是关键点。其次还需要考虑流程实际执行情况,有些关键点容易出现问题,而有的关键点绩效则很稳定,不需要安排稽查。这需要在稽查之前充分地收集流程运行情况的资料,力图找到流程操作问题多发点,有利于提高流程稽查的针对性

及发现问题。

第三步:确定稽查方法

在找出关键稽查点之后,就要确定具体的稽查方法。稽查方法通常包括:查记录与资料、现场观察操作、人员访谈等。用得最多的是查记录与资料,需要想好流程运行中有哪些记录是可以得到的?哪些记录是可以直接在信息系统中拿到的?哪些记录是纸质的?保存在哪里?哪些记录是缺失的而需要做模拟操作或现场观察?确定关键稽查点是否符合判断标准,要确定流程稽查的抽样方法、区域、业务类型及样本量。

第四步:设计稽查线路与实施计划

由于流程稽查可能要查阅多个记录,同样的记录会被多个不同稽查点使用,要保证流程稽查的效率,需要汇总不同稽查点的稽查方法,设计一个最佳的稽查路线。在设计流程稽查线路的时候,首先是要拿到流程运行过程的一个汇总台账,通过这个台账去追溯流程执行的过程,确定抽样的安排。例如稽查培训流程的时候可以使用《培训计划》,稽查人员异动管理的时候可以使用《员工花名册》等。其次,在设计流程稽查线路的时候要以"流程记录"为对象确定一个稽查顺序安排,保证一次查阅某项记录的时候能够完成对所有相关稽查点的稽查,尽量避免为了不同的稽查目的反复去查找同一份记录。最后要设计好稽查点之间的关联,当某项记录出现什么情况的时候可以通过抽查另外一项记录解决问题。

流程稽查的计划主要需与配合稽查的部门和岗位做好工作时间的衔接,如果流程稽查方法与稽查线路设计得比较到位,那么流程稽查本身就不会花费太多时间。

第五步:开展流程稽查

为了保证流程稽查的效果,不论是流程所有者还是独立的第三方在开展流程稽查之前,都应当与受稽查部门、岗位事先通好气,明确流程稽查的目的与背景,要强调流程稽查是基于改进流程的目的出发,而不是要去找谁的错或者是和谁过不去。

开展流程稽查时的另外一个重要问题是一定要保证稽查记录的可追溯性、可量化及真实性,以便于对稽查问题的描述准确、清晰,从而有利于后续改进的决策。

第六步:提交流程稽查报告

在正式提交流程稽查报告之前要与相关岗位人员充分地沟通,确保大家对于报告内容是经过充分沟通并达成一致的。另外稽查报告需要暴露的问题应当是具有普遍性的、重大的、有代表性的,对于偶尔的、局部的、轻微的问题可以与被稽查人员沟通后不体现在正式的流程稽查报告中。在流程稽查问题比较多的时候,稽查报告需要采取一定的策略,建议与流程相关部门负责人沟通,适当控制报告中反应的问题数量,将一部分问题以非正式的方式提出。要再次强调流程稽查的目的是为了流程绩效的改进,并不是要伤害流程执行团队的积极性。

第七步:跟进流程稽查问题整改

这是最重要而且又最容易被忽视的环节。我们多次强调流程稽查的目的是为了改进,所以切不可发出稽查报告之后,不花时间跟进问题的改进,而又匆匆地投入另一个流程的稽查中。流程稽查问题整改中最关键的要素是问题严重度的评估及问题的根源分析。问题严重度分析的目的是根据公司资源配备状况及工作优先安排,评估在流程稽查中发现的问题哪些是重要的?哪些是紧迫的?哪些是需要立即采取措施进行整改的?而哪些又是次要的,无须立即改善的?切不可认为只要发现问题就应当要改进,要考虑改进的投入及问题本身的重要度。例如企业文化层面的问题、员工行为习惯的问题不是简单地处理就能够解决的。对于问题产生根源的分析是问题能够真正彻底解决的关键,从表象上来看流程会有很多的问题,但如果从根源上分析,问题的本质往往只有一个。为此不论是流程的所有者还是独立的第三方都应当花大力气去思考问题产生的原因,一直深挖到问题的根本,然后再制定有针对性的纠正措施去改善。

对于流程稽查问题整改的跟进一定要到位,要让公司感受到对于问题改进的重视,感受到流程稽查的真正目的。如果只做流程稽查而做不好流程改进的跟进,流程稽查会很难持续地开展下去。必要的时候,要对流程做再次稽查,对比分析来评估整改措施的效果。

为便于读者掌握流程稽查方法,我们制定了流程稽查操作指引及流程跟进模板,如表5-2、5-3、5-4所示:

表5-2 流程稽查操作指引

工作项目	操作步骤	规　则
1. 明确稽查的目的	找出待稽查流程的相关制度,提炼流程的目的及目标	
	与流程团队成员讨论确认流程的目的及目标	

(续　表)

工作项目	操作步骤	规　　则
2. 找出流程稽查点	从流程目的、目标推导出流程的关键节点,在流程的相关制度中找出流程关键节点的稽查点	稽查点一般为流程制度中必须要遵守的规则、岗位的操作要求及流程走向
	对所有的稽查点进行分析、筛选,确定需纳入稽查的关键稽查点	去除流程实际操作中不容易出问题的稽查点,重点关注容易出错的稽查点
	根据对流程现状的掌握,确定流程稽查的重点	对于问题多发地带要重点排查
3. 制定流程稽查表	确定每一个流程稽查点的稽查方式,包括明确稽查目的、稽查的标准、稽查的方法、抽样的数量	稽查方法有:查阅记录和资料、现场观察、人员访谈
	设计流程稽查的线路	找出稽查诸多记录的切入点,从提高效率的角度设计合理的稽查顺序
	确定流程稽查的实施计划,明确需要配合的事项	需他人提供的记录(必要时开通相关系统权限),配合的访谈等
4. 流程稽查	与被稽查部门就稽查目的与计划达成共识	
	按稽查计划实施现场稽查	要注意记录的详细及可追溯性
	对稽查结果进行汇总分析	要从流程整体进行汇总分析,重点关注共性的问题,当信息不足时,要安排补充稽查
	制定流程稽查报告,与被稽查部门确认后正式发出	1. 报告要基于事实,不要有主观倾向 2. 抓大放小,对于轻微的问题给被稽查部门指出即可,不需要都体现在报告中
5. 跟进问题整改	与被稽查部门一起对流程问题进行评估,确定是否需要采取整改措施	考虑必要性及改进的价值
	与被稽查部门一起分析问题产生的真正原因,并制定流程问题改进的纠正措施	制订详细的改进计划,包括责任人及完成时间
	跟进纠正措施的执行,一直到执行完毕	纠正措施要有清晰的验收标准
	评估纠正措施的效果	

表 5-3　流程稽查记录表

编　号	流程检查点	检查目的与标准	检查方法	检查线路安排	检查结果	初步结论
				第一步： 第二步： 第三步： ……		

表 5-4　流程问题整改跟进表

编　号	不符合事实及危害描述	问题严重度评估	原因分析	改进措施	完成时间/责任人	完成情况

5.5 如何开展流程绩效评估

流程绩效评估,顾名思义就是对流程的绩效状况进行评估。与同行交流的时候,大家都认为流程绩效评估是一个难题,似乎很难找到有效的办法,我们在做流程管理的时候也经历了同样的困惑,经过一年多对此领域的探索,对于如何开展绩效评估,我们有了更深的理解与认识。

■ 流程绩效评估要适应企业发展阶段

要在企业导入流程绩效评估,最重要的是要弄清楚流程绩效评估的目的。人们很容易把全面、准确地评估流程绩效作为流程绩效的目的,也经常会将书本上介绍的流程绩效评估目的作为所在企业的流程绩效目的,这种做法是很有问题的。首先,将流程绩效全面、准确地评估出来可能是一个世界性难题,比如流程成本的精确计算,虽然 ABC 作业成本法提供了流程成本核算的理论与方法,但在企业里没有对应的核算体系去支持它。如果要算清楚流程的成本需要运作一个大型的财务成本核算项目,同时会大幅增加公司的管理成本,还很可能根本算不清楚流程的成本。其次,即使流程的成本计算出来了,对于公司的管理决策也并不能够带来本质的改善,甚至庞大的流程成本信息对管理者还会造成决策的干扰,占去了管理者宝贵的时间,所以说对于企业可能并没有带来任何收益。

所以,在准备对流程绩效进行评估的时候,先不要考虑采用什么样的方法、模型对流程绩效进行评估,不要期待在流程绩效评估方面取得突破性的进展,也不要去想为了能够对流程绩效进行评估,需要增加多少个基础数据采集点,要让企业增加多少个记录,要让公司的 IT 系统提供多少支持。真正需要考虑的是:做流程绩效评估的目的是什么?要考虑回答这个问题,不能仅仅给出理论务虚的答案,一定要基于企业实际。为了更好地回答这个问题,请读者试着回答下面三个问题:

(1)没有对流程绩效进行评估,企业运作会出现什么样的问题?又对公司的经营目标达成与外部客户满意度造成怎样的影响?

(2)流程绩效评估结果对管理者有何帮助?公司的管理具备这个基础吗?公司将从中得到什么收益?

(3)从流程绩效评估目的出发,流程绩效评估需要一个怎样的结果?一定要求精确吗?一定要求及时吗?

经过这样一番思考,你会发现公司并不需要建立全面的流程绩效评估体系,不需要对所有的流程绩效都进行评估,也不需要流程绩效评估多么精确。流程绩效评估会体现在某些关键的流程,体现在某些指标上,体现在满足管理者需求就可以了。

在企业中,流程绩效评估的目的是什么呢?不同的企业需求是不一样的。应用流程导向管理模式的企业对流程绩效评估的需求是最完整、最全面的,它们的目的是将流程绩效作为企业绩效管理的一个最重要的维度,这些企业通常依据平衡计分卡框架构建了完整的企业绩效目标,并将企业的绩效目标分解到了关键业务流程上,把目标分给了流程,流程绩效评估的方向与内容非常明确。通过流程绩效评估与分析及改进,确保流程绩效满足公司经营的需求。事实上,这样的企业在国内非常少见,换句话说,国内大多数企业并没有流程导向的管理思路,并没有建立战略与流程的联系,并没有提出流程绩效目标的要求。此时,要想在企业全面导入流程绩效管理体系是不可能成功的,因为不具备这样的环境。另外有些企业流程绩效管理的需求是客户、市场驱动的,例如市场对于订单交货期的要求,会迫使企业对订单执行流程产生强烈的时效管理要求;客户对做生意方便性的要求,会使得企业对与客户交互流程产生客户交易性绩效管理要求。这类企业流程绩效管理的需求通常是局部的、相对简单的。在这些企业做流程管理的时候,可以聚焦到现有流程的绩效需求上,将流程绩效评估做得更加深入,更好地支持流程绩效改进。同时可以去挖掘类似的流程绩效管理需求,引导企业前瞻性地做好关键流程绩效管理工作。还有一些企业的流程绩效管理需求是零星的、问题导向的。当公司经营出现问题的时候,需要对流程绩效进行评估,以满足问题分析与决策的需求。例如当我们对财务的某项费用有降低需求的时候,需要评估费用是被哪些流程花费了,我们可能会对消耗费用的流程进行评估,以寻找改善的方法。在这类企业做流程管理的时候,流程管理人员要做的就是解决好每一个出现过的问题,并总结流程绩效评估的方法与作用,争取将这类流程绩效评估例行化。

■ 流程绩效评估的三个维度

图 5-2 所示的就是流程绩效评估的三个维度。

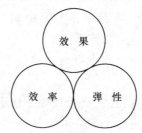

图 5-2　流程绩效评估的三个维度

效果

效果也就是流程的产出在多大程度上满足了客户的需求和期望,客户既包括外部客户也包括公司内部客户,主要是企业股东,所以效果就是流程绩效达成流程绩效目标的程度。流程的绩效目标一般来自于公司与客户两个方面。公司的要求体现在经营目标的需求及内部管理的需求上,外部的需求则来自于市场与客户的需求及市场竞争的要求。这个需求可能包含了质量、时效、风险、数量及成本五个方面。

流程绩效目标是评估流程效果的基础,然而,企业通常没有为流程提出具体的流程目标。这也使得流程绩效评估变得方向不明确,增加了流程绩效评估的难度。例如《合同评审流程》,可能很多公司都会说合同评审流程的目的是保证公司合同履约能力,杜绝不符合的质量成本;控制合同价格,确保满足公司的利润要求;评审交货期,确保能够如期交货;控制合同的法律、业务及应收风险,避免产生相应损失。但通常合同评估流程没有设定目标:合同违约风险要控制到一个怎样的程度?如何评估对利润的评审工作的效果?是合同的毛利率吗?还是与公司价格策略的符合率?

外部客户需求是流程效果指标的重要来源,通常企业都会将识别出来的客户需求转化为企业内部的服务品质标准,这些品质标准会被分解到相应的流程上。为了保证流程有效,必须正确确定顾客的需求和期望,然后将顾客之声转化为公司内部的技术、管理规范,最后要确定收集和使用评价流程效果的数据。为了确定所考察流程的顾客需求与期望,我们可以根据总体业务流程图逆向进行确认,如图 5-3 所示:

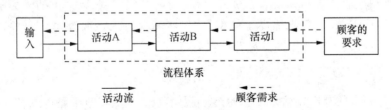

图 5-3 确定所考察流程的顾客需求与期望的流程

效率

流程效率是指在效果测评的基础上,追求效果的过程中节约资源和剔除浪费的程度,这对外部顾客来说非常重要。所有的企业都应该持续努力地提高业务流程的效率,因为随着运营成本的下降,其中一部分可以传递给外部顾客,为其带来更多的价值。典型的测评指标有:处理时间、投入产出比、增值时间比例、质量成本。

流程周期时间是非常重要的效率指标,它非常的直观、形象、易获得,也容易为人所理解。在瞬息万变的时代,速度是供应链之间竞争的核心,供应链上的各个环节对于流程速度越来越关注,更快的速度意味着更敏捷的响应,更快的资金周转,不论是对公司还是对客户都有极其重要的意义。流程周期时间可以为不同行业、不同类型企业所采用。

如果企业建立了质量成本核算体系,不符合质量成本也是一个非常实用的指标。对于质量管理水平一般的企业,质量成本占到了产品总成本的20%~30%,而质量成本的绝大部分都是由不符合质量成本导致的。为此,对不符合质量成本的度量,有利于帮助企业找到通过提高质量有效降低成本的方法,既有利于改善经营绩效,又有助于提高产品质量,提高外部客户满意度。

投入产出比也是衡量流程效率的一个重要指标,企业可以根据不同的需求对投入与产出做出不同的定义。产出可以是产量,也可以是金额,也可以是纯利,还可以是工作量,如订单量、产品检验时间等;投入可以是人员、资金、费用、设备等。常见的投入产出比有:人均产值、人均销售额、人均纯利贡献、费用贡献率等。投入产出比是一个综合指标,非常适用于企业之间的对比分析,它能够全面地反映流程效率情况。

效率导向是流程管理的一个重要原则,流程管理对企业的价值除了更好地满足客户需求之外,还要通过构建卓越的流程体系及流程体系的卓越运营,为企业提升运营效率,降低经营成本,带来运营竞争力。所以流程管理成功与否的一个重要指标就是是否帮助企业提高了效率,而效率最直接的体现就是资金运作效率(加快应收与周转),及人力资源效率(精简岗位编制,以最少的人力资源满足企业运作需求)。只有提高了效率,才能够非常直观地向公司传递并证明流程管理的价值,才能够促进流程管理在公司的广泛推广。

弹性

满足顾客的基本要求是不够的,公司为了在激烈的竞争中赢得顾客,必须不断采取措施以超过顾客对目前及未来的需求与期望,让顾客感到惊喜,提高顾客忠诚度。

流程弹性是指流程应具备调整能力,以满足顾客当前的特殊需要和未来的要求,尤其是个体顾客的需要。适应性是一个容易被遗忘的指标,但是对于企业取得竞争优势至关重要,顾客通常会记得你如何处理他们的特殊要求。在设计流程的时候必须考虑到异常、紧急及未来可能出现的情况,对这些变化能够迅速地响应,做调整,保持连贯性。

适应性最难测评,但又是顾客首先投诉的对象,常用的办法有:

(1) 与标准流程相比,处理特殊的顾客要求所需要的时间;

(2) 被拒绝的特殊要求所占的比例;

(3) 特殊要求递交上级处理的比例。

对于经营环境变化较快的企业,弹性也是极其重要的流程绩效指标。我们知道很多情况下,企业的倒闭或没落通常是企业没有快速响应环境的变化,没有跟上市场变化的节奏。

■ 目标导向的流程绩效评估

了解了流程绩效评估的三个维度,对于流程绩效评估还是会一筹莫展,不知从哪里下手,这是非常正常的。流程绩效评估的三个维度告诉你流程绩效评估的基本框架,它适用于指导每一个流程绩效评估,但它无法给出每一个流程绩效评估具体开展的操作指引。对于具体流程的绩效评估一定要围绕着流程目的与目标展开,流程目的与目标是流程绩效评估的前提与根本。因为只有弄清楚了流程的目的,流程存在的价值与意义,才知道朝哪个方向去评估流程的绩效。很显然,不同流程的目的是不一样的,有的追求速度,有的追求风险控制,有的追求质量,有的追求应变能力。流程绩效评估是为了达到流程目的而采取的一种手段,绩效评估的意图就是要检验流程绩效是否实现了流程目的。有了流程目的,只能够给流程绩效评估指明一个大致的方向,但具体如何评估还是不清晰,还需要有明确的流程目标来指引。流程的目标就是衡量流程目的实现与否的具体可量化的指标,对于管理基础好的企业还会设置相应的目标值。如果公司设置了流程目标,流程绩效评估是一件非常容易的事情,流程目标就是绩效评估的指标,只不过流程绩效评估可能会做进一步的细化。例如流程目标把周期时间平均控制在 2 小时内,流程绩效评估可能会在评估流程总的周期时间的基础上,对流程各节点的时间同时做一个评估,目的是便于更详细的分析。流程设置的目标值对于流程绩效评估是非常重要的,如果没有目标值,流程绩效评估完成之后很难做出绩效优劣的判断,流程绩效评估就只是做到了测量而已,很难进行促进绩效改进的分析。

现实企业中,很有可能是公司对于关键的业务流程没有设置目标,此时流程管理人员不要一厢情愿地去推行流程绩效评估。因为企业根本不具备导入流程绩效评估的条件,强行推进是不可能成功的。流程绩效的本质是为公司战略与经营服务的,公司没有为流程设定目标表明,在公司层面没有建立完整的绩效指标体系,公司主要的指标仍然聚焦在财务指标上。至少在公司的高层,结果导向的管理方式是公司的主流,公司高层没有将战略举措分解到流程上,没有将战略目标分解到流程上。从平衡计分卡的角度来看,公司高层并没有为企业设置客户维度的目标、过程维度的目标以及学习与成长维度的目标。高层没有为流程设置目标的原因在于流程管理的需求还不迫切,或者是由于高层对流程管理的理解还不到位。为流程设置目标这一定是公司高层要解决的问题,其他任何人都无法替代,在这种情况下,流程管理人员要做的是加强流程绩效评估的宣传,寻找一些条件成熟的流程作为流程绩效评估的试点,待企业条件成熟之后才能够深入推动。

所以,我们可以很清晰地看到,流程绩效评估的难点不在于用什么方法,而在于对流程本质的理解。了解了流程的目的与目标之后,在流程绩效评估的时候需要注意的就是尽量控制流程绩效评估的成本,如控制流程绩效评估的频次,充分借助公司已有的 BI 系统等。当发现流程目标设置得不容易评估的时候,可以从流程绩效评估的角度,提供目的相同但指标不同的替代评估指标,例如不合格率转变为不合格次数或者投诉次数。

目标导向的绩效评估模板如表 5-5 所示:

表 5-5　目标导向的绩效评估模板

流程目标	一级流程目标	与企业总目标的关联	可管理级流程目标	流程绩效评估指标				
				质量	时间	成本	数量	风险

■ 流程绩效分析的四个方面

流程绩效评估是手段不是目的,目的是要对流程绩效进行控制,保证流程绩效在符合流程目标的基础上,持续改善流程绩效。因此,流程绩效评估结果分析才是最重要的,要通过分析找到流程设计或执行存在的问题,以促进流程体系的持续改善。

流程绩效评估结果分析的前提是要有标准,与不同的标准对比,分析会得出不同的问题。通常来说流程绩效评估分析可以从以下四个方面开展：

（1）与流程绩效目标对比分析，找出现实绩效与流程绩效目标之间差距，对差距进行原因分析，找到真正问题所在并加以改进。

（2）在企业内部做横向比较，这比较适用于在不同区域设有分公司或办事处的企业，通过横向比较，促进不同区域之间流程绩效的相互竞争，及流程管理成功经验的相互学习。

（3）与同行业的主要竞争对手进行流程绩效对比分析，是件非常有价值的事情，通过这个角度的分析，可以了解本企业在市场上的相对表现，结合公司的经营策略，能够准确地找到公司流程改进的方向及目标。

（4）对流程绩效评估结果的稳定性进行分析，通常可以采用控制图的方式。当流程绩效处于稳定的状态下，说明流程已经处于受控状态，如果要改善必须从流程优化入手，当流程绩效处于波动状态，说明流程处于非受控状态，通过加强流程的质量控制就能够提高流程的绩效水平。

■ 如何建立战略导向的流程绩效指标体系

我们提炼出了战略导向的流程绩效评估指标体系示意图，如图5-4所示：

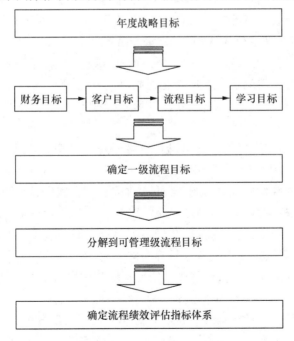

图5-4　战略导向的流程绩效评估指标体系示意图

第一步：将企业战略目标按平衡计分卡四个维度分解成符合 SMART 原则的目标

分解的逻辑是先从财务层面设定战略目标，财务是结果层面的指标，是企业经营成果的最终体现，如果战略不能够获得好的财务回报，再好的战略也是没有丝毫价值的。平衡计分卡另外三个维度：客户、流程、学习与成长都是为财务目标服务的，提高客户满意度、改善流程绩效、提升企业能力都是为财务目标的达成创造条件，提供保障。这符合增值的原则："让客户付费的活动才是增值的。"当然在一定时期，企业为了能够市场增长，为提升未来获利能力可能会放弃短期对盈利目标的追求，但即便如此，企业当期非财务目标仍然是为了财务目标服务的。

财务目标是战略的最终目标，是结果衡量指标。设定了财务目标还不够，因为财务目标不会自动达成，还需要有清晰的财务目标实现路径，抓住财务实现的关键成功因素，也就是对过程进行管理。为此，完成财务目标设定之后，我们还需要围绕财务目标将战略目标分解到流程、客户、学习与成长三个维度。

企业所挣的每一元钱都来自客户的口袋，为此财务目标确定之后，企业要思考一个问题，要实现财务目标，需要为客户提供怎样的价值？也就是要设定客户层面的目标，要满足客户的哪些核心需求？在这些需求满足方面达到一个怎样的程度？企业要获得高的市场占有率、高的毛利，都是来自于客户对企业价值的认可，如对公司品牌价值的认可、对公司产品竞争力的认可、对公司服务质量的认可、对交易方便性的认可等。客户层面的指标应当直指企业财务指标，因为提高客户满意度的目的就是让客户满意的同时实现公司的盈利目标，所以从价值工程的角度，企业优先要设定的客户层面目标是有利于企业财务目标达成的目标。

正确设定了财务目标与客户目标，战略还是无法落地。因为方向虽然清晰了，但路径还不清晰。如果没有路径，企业就会采取分猪肉的方式将这些指标按照责任主体去分摊，再通过目标管理的方式去控制。实践证明这种方式很难奏效，因为财务目标与客户目标的达成通常需要企业作为一个整体去努力，需要知道用什么样的路径去实现。所以，我们需要将财务目标与客户目标分解到企业流程层面，为流程设定目标。财务目标与客户目标的达成要做哪些事情？支持目标实现的关键流程是什么？需要这些流程绩效做哪些改善？只有将目标分解到流程，战略才真正具备了可实施性。

理论上，通过上面的环节，财务目标与客户目标已经分解到了企业流程上，已经与流程建立了密切的联系，按逻辑推理，只要流程目标达成了，财务目标与客户目标就应当能够达成。然而我们知道流程要有好的绩效最重要的还是取决于流程执行者——人。为此,我们要为企业设定第四个层面(学习与成长)的目标,企业只有具备了相应的能力,才能够保证流程目标能够达成,进而保证客户目标与财务目标的实现。通过流程目标,我们能够更好、更准确、更有针对性地设定企业团队、关键岗位需要提升的能力。

第二步:将流程目标分解到公司一级流程上

流程绩效目标来源于公司的流程目标。在上面我们已经阐述了要保证财务目标、客户目标的实现关键是流程目标的实现。流程目标的分解过程已经将公司财务目标与客户目标转化为流程目标。然而很多企业并没有从战略层面为公司设定流程目标,为此在这种情况下要开展流程绩效评估是非常困难的,因为流程绩效评估没有明确的方向,而且评估的结果并不会得到企业的重视,也就谈不到基于流程的绩效改善。在公司确定了明确的流程目标之后,我们需要将流程目标分解到公司一级流程上。公司一级流程主要包括:战略规划、供应链管理、新产品开发、营销和销售、客户服务及人力资源管理、财务管理等。在分解的过程中一方面要保证流程目标能够落实到对应的一级流程上,另外一方面要将一级流程与公司财务目标与客户服务目标做个对比,可以再次验证流程目标的设置是否有遗漏。

第三步:将流程一级目标分解到可管理级流程目标

为了保证流程目标能够进一步落地,我们需要将一级流程目标按照流程的层级从上到下再做分解。分解到一个怎样的层级为止呢?我们认为要到可管理级。什么是可管理级?我们认为只有现有的职能管理模式能够对接了才是可管理级。一级流程目标通常不能给到某个部门,也给不到某个岗位,它不是可管理级的。所以可管理级要分解到能够给到部门与岗位为止。因为落实到了部门与岗位,才真正责任到人了,才真正有人对它负责。

第四步:确定流程绩效评估体系

经过上面的步骤,我们已经建立了一个不同层级的流程目标,有公司总体流程目标,也有一级及相应不同层级的子流程目标。目标确定后,我们需要做的就是确定流程目标评估的指标,关键要解决两个问题:一是要用易于评估的指标去评价目标;二是要确定流程绩效指标评估的方法,包括评估人、数据来源及频次等。

为了便于大家理解,现提供一个从战略分解到流程目标的案例,请大家阅读时注意分解的逻辑及内在的关联性,具体如图5-5所示。

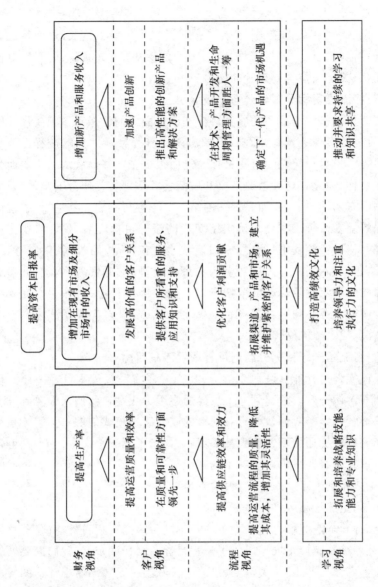

图5-5 从战略目标分解到流程目标的案例图

■ 流程绩效评估结果的应用

流程绩效评估首要的任务是为了绩效目标的实现而服务的,当流程绩效没有达标时,企业应当细致地分析原因,落实责任主体,找到流程绩效不符合要求的原因,采取有针对性的改进措施。对于非常重要的流程绩效指标可以直接与责任主体(如所有者、流程执行者)的绩效考核相挂钩,流程绩效评估的结果可以直接作为他们绩效考核数据输入之一,体现到当期的绩效考核结果上。

通过流程绩效整改之后流程绩效仍然达不到目标要求,则表明问题主要出在流程整体的设计上,需要组建一个团队运用流程优化的方法去解决,直接产生流程优化项目需求,提交给公司流程优化负责部门。另外通过行业竞争对手流程绩效对比分析也会发生一些客户非常看重而企业又没有做好的流程绩效指标,这也是重要的流程优化需求。

当完成流程优化项目时,项目组需要对流程优化的效果进行评估。通常来说,流程优化的目标与流程目标的指标是一样的,不同点在于目标值不一样。因此,流程绩效评估的结果可以直接作为流程优化效果评估的基础数据,既可以保持指标统计口径的一致,也可以减少不必要的重复工作。

有些企业还没有为流程设置目标,因为不清楚流程的实际绩效会是怎样的水平,同时也不知道目标值应当如何设定。此时,流程绩效评估的结果可以为流程目标的设置提供一个基础,企业可以在当前流程绩效水平的基础上加上改进的期望值就可以设定出流程的目标值。同时有助于向流程内外部客户做出服务承诺,让内外部客户了解流程的真实服务水平。例如向客户承诺交货期是多长?通过供应链管理流程时效分析很容易给出。先需要确认承诺时效的服务水平,不同的行业要求是不一样的。假定我们选为90%,表明在公司承诺的交货期内交货的比例可以达到90%以上。我们可以通过统计公司从客户下单到交货时90%订单的最长周期时间,作为向客户承诺的交货期时间。

5.6 如何开展客户满意度评估

■ 为什么要开展客户满意度评估

虽然企业战略目标中设定了客户层面的目标,但这些都是企业内部的评估指标,并不是客户的评价,没有代表客户真正的心声。客户是市场的裁判,客户的评价是最关键、最客观的。为此,开展客户评估是要了解客户对公司的评估,了解客户对公司的需求,了解客户对公司产品、服务能力、品牌形象、交易便利性等的评价。从另一个角度去看,市场不断在变化,客户需求也在不断变化,公司的战略假设都是建立在对市场及客户分析的基础上,随着时间的推移,这些假设前提在不断变化,可能变化影响了假设前提的正确性与有效性,为此客户满意度评估也是要及时捕捉市场变化的信号,为战略调整提供依据。另外,通过客户满意度评估,我们还有机会了解到与竞争对手之间绩效的比较,在哪些方面我们做得比较好,哪些方面落后于对手。通过客户满意度评估能够明确公司的竞争优势与不足,找到提升市场竞争力的方向与对策。

也许大家会说,这些似乎都与流程没有什么关系。其实不然,客户满意度评估与流程的关系是最大的。我们常说垂直的职能制架构导致没有人真正去关心客户的需求,没有人对客户需求负责,导致客户满意度下降,进而影响公司的业绩。关心客户并为客户创造价值的是流程,所以客户满意度评估为流程管理提供了清晰的客户导向,让流程清楚地知道什么活动是增值的,什么活动是不增值的。为此客户满意度评估的结果是流程管理的重要输入,通过客户满意度评估有助于我们发现客户集中反馈的问题及公司的不足,这些问题与不足不是某个部门能够解决的,往往是跨部门或者是根本没有人去关心的问题,必须通过流程去解决,是流程优化与改善的重要目标。

■ 如何开展客户满意度评估

首先,我们需要确定客户满意度信息的来源。

谈到客户满意度评估的时候,有人可能马上就想到客户满意度问卷调查。其实问卷调查只是客户满意度评估的输入之一,通常来说客户满意度评估信息的来源有以下几方面。

1. 客户日常沟通记录

客户日常沟通包括售前、售中、售后不同环节。在售前,客户可能会向销售或商务了解公司的产品、价格、服务、保修条款及商务操作等;在售中,客户可能会针对订单做过程跟进,了解订单处理状态,对异常情况(如延迟要求)要求企业给出反馈等;在售后,可能会提出使用咨询、售后服务需求等。这是评估客户满意度时一个非常重要的信息来源,通过与客户的沟通,我们可以发现大量的客户需求、客户的不满、客户的建议等。

如果企业有与客户沟通的网络平台,可以通过在线客服的方式非常低成本、高效率地收集到客户日常的沟通信息。当然,也有必要在关键的客户沟通、服务岗位建立相关的记录,将客户宝贵的沟通信息记录在案。

2. 客户投诉、抱怨信息

对于客户的投诉、抱怨,企业应当高度重视,及时有效地处理好客户投诉有助于保持甚至是提高客户满意度。同时客户投诉、抱怨信息是客户满意度评估的重要信息来源,建议企业对客户投诉、抱怨做好记录,详细记录客户投诉的内容、投诉的处理过程及结果。

3．客户走访信息

一般而言，企业都会定期地对客户进行走访或拜访，目的是为了维护好客户关系，同时了解客户的需求，为客户解决问题。客户走访一般都是由销售人员负责。客户走访是企业获得客户信息的有效渠道，然而通常并没有被充分利用。走访人员通常只是从本部门需求出发，了解相关的信息，并没有从公司整体去做全面的了解。为此，要充分地利用这一渠道，从战略与流程角度设计好客户走访的问题清单，通过一次走访，全面地了解客户的感觉与评价。

4．电话回访

很多企业都会应用呼叫中心通过客户服务人员对客户进行回访，了解客户对于产品及服务的满意度状况。这也是非常宝贵的客户信息收集渠道，企业应当建立相应的记录并有效管理起来。

5．客户满意度问卷调查

虽然很多企业都喜欢采用问卷调查的方式，但我们认为问卷调查是最复杂而且也是最难以保证质量的方式。主要原因在于问卷调查本身的专业性与复杂性。问卷的设计、抽样方案的设计、如何保证客户回答的真实性、问卷信息的深度及有效性等都是非常难以处理的问题。所以，客户满意度问卷调查应当是客户满意度评估的一个参考或补充。

6．客户满意度评估信息库的建立

企业需要将上述不同渠道的客户满意度评估信息进行汇总，建立一个集成的信息库，这样才能够进行整合，分析，得出全面的评估结论。建立集成统一信息库的前提是客户满意度评估信息的结构化，也就是要把客户的信息按同样的标准分解成不同的类别，在此基础上再做统计、汇总与分析。对于客户满意度评估信息结构化一般分成两个层次进行，第一个层次，要从客户的关键需求进行结构化，此时不宜过细。换句话说，如果客户在选择合作伙伴的时候，他一般会从几个方面去评估。通常客户的关键需求包括：产品质量、产品价格、产品交货期、售后服务、服务态度、交易方便性、品牌形象等。第二个层次是对每一个关键需求进行适度的细分，目的是准确了解客户的真正需求，例如对于交货期可能会分解为公司报价时间、合同签订时间、订单审批时间、制造时间、配送时间等。

确定了客户满意度评估信息的结构之后，就需要将这些信息进行转换，对于历史数据要做一个初始化转换，对于今后的记录则可以直接在日常工作中增加信息转换的要求。完成信息结构化转换之后，公司就可以定期地对数据库进行汇总与分析。

7. 客户满意度评估

首先，要对信息库汇总的结果做一个筛选与确认，这项工作安排给公司里经验丰富的中、高层人员比较合适，由他们去判断客户反馈的是否符合事实。例如客户通常会抱怨交货期长，但有可能公司在行业内已经是交货最快的，此时有助于理解客户反馈信息的真正含义。

其次，对于客户反馈的信息要做一个重要度排序，找出公司认为重要的而我们又没有做好的客户反馈的问题。要做出适宜的重要度排序，应当从公司的战略层面去思考，哪些需求是行业竞争的关键成功因素？哪些需求是公司差异化选择的重点？如果是公司战略中需做好的客户需求没有得到客户认可，那就是公司要重点改进的。另外，对于问题也要做一个统计概率分析，公司需要关注的是系统性问题，要与个案、局部问题区分开来。

最后，我们可以找出重要的客户改进点，这些改进点就是流程管理的重要输入，通常会以流程优化的方式来解决它。

5.7 如何开展流程审计

■ 理解流程体系审核的目的

通过流程各阶段，运用系统管理方法，公司可以建立起战略导向的、与公司内外部环境相适宜的流程体系，企业希望通过流程体系的运作来保证公司战略目标的实现。然而，这个精心设计的流程体系是否充分、适宜、有效、有效率？流程体系是否得到了有效执行？流程体系运行的结果是否能够满足战略目标的要求？这些问题比流程体系设计本身更重要。虽然我们可以通过流程稽查、流程绩效评估、客户满意度调查等方式对流程体系的某一部分或者某个方面进行评估，但我们始终没有从全局上做过系统的评估。流程管理的优势在于整合，在于全局管理，流程规划正是基于这样的理念，但要真正地保证流程体系有竞争力，在完成流程体系设计之后，我们还需要对流程体系进行评估，并根据评估的结果去纠正并不断改进流程体系，使得这个流程体系真正为公司带来良好的绩效与竞争优势。流程体系审核最重要的特点就是系统性，它是对流程体系进行全面而不是局部评估，它的目的是对公司流程体系进行评价，发现流程体系中全局性的问题，推动公司流程体系做全局性改善。借鉴ISO9000族标准中质量体系评价的四个维度，我们提出了流程体系审核的四个目的。

充分性：这与ISO9000体系是有本质区别的，ISO9000以标准为依据去判断质量管理体系文件是否得到了充分的展开，通俗地说就是"写你所做的"。ISO9000 质量管理体系很容易出现泛文件化问题，也就是对于所有的操作都希望文件化。流程体系的充分性则完全不是这个概念。不论流程是否形成了文件，它都是真实存在的，不论流程采取文件化管理还是其他方式，对流程管理的方式也都是真实存在的。流程体系充分性不追求都要文件化管理，他追求的是对流程管理方式的充分性。对流程的管理按精细程度不同可以分成放任式管理（不管理）、结果管理、粗线条管理、精细化管理。

符合性：是否按流程体系设计的要求操作？也就是执行与制度的符合性，防止说和做两张皮，这一点与 ISO9000 是完全一致的，即"说到的就要做到"。

有效性：流程体系的结果是否达到了流程体系的目标？这一点与 ISO9000 也非常类似，只不过评判的依据不一样，ISO9000 是依据 ISO9000 标准及企业的质量目标，流程体系评估依据的是企业的经营目标（包括平衡计分卡的四个维度）。可见流程体系的有效性比 ISO9000 体系的有效性层面要高，因为质量目标实现了，企业不一定能够实现经营目标。

效率：效率就是流程体系设计本身是否卓越？卓越就是不增值活动比例最小化。这是 ISO9000 审核所没有包含的。一个卓越的流程体系通常能很好地连接战略目标，流程设计顺畅，接口清晰，线路简洁，没有不必要的重复工作。

■ 多长时间做一次流程审计

流程审计的周期取决于流程审计的目的。流程审计的目的大体可以分为专项审计与例行审计。专项审计一般是为某个管理改进项目服务的，通常是一次性的。例如企业为了改善供货时效而开展供应链流程审计，以便了解供应链时效不符合市场要求的问题所在。例行审计的周期取决于公司流程管理的节奏，流程管理的节奏是指公司对于流程体系整体管理的周期，多长时间公司会对企业流程体系做一次全面的评估与调整？管理的节奏与公司的战略管理息息相关，有的企业是半年做一次战略评估与调整，有的则是一年，有的则没有明确的时间，是随意的。为什么要强调企业流程管理的节奏呢？如果企业没有对流程体系进行整体管理的意识，流程审计是不具备时机的，因为评估完成之后，企业不会有后续的动作，评估就失去了应有的价值。

为了更好地配合公司经营需求，我们认为一年开展一次流程审计是比较合适的，一般来说公司至少每年都会开展一次系统的战略规划、经营计划与年度预算。流程审计报告对于公司的来年规划与计划是非常有帮助的。

■ 如何开展流程审计

1. 确定审核的中心

后台管理支持流程按部门审核,以部门为中心进行审核,一个部门往往涉及并承担了多个流程的职能,因此审核时应当抓住重点流程。例如培训流程会涉及公司全体,但审计的时候只要审查培训部门就可以了。这种方式的优点是审核效率高,缺点是审核的内容分散,很难从整体上对流程进行判断,为此比较适合职能部门专业管理的流程。

业务流程按流程审核,以流程为中心进行审核。由于流程通常是跨部门的,审计时要同时覆盖涉及的所有有关部门。然而,我们还是要强调以主推部门及主要参与部门为主。这种方式的优点是流程导向非常清晰,容易发现流程设计与执行方面存在的问题,缺点是效率低,比较适合水平的业务流程审核。

2. 把握流程追踪的顺序

流程追踪按先后顺序可以分成顺向追踪与逆向追踪两种。按照流程逻辑先后顺序进行审核。例如从营销、销售到产品实现与交付流程,再到售后服务流程。这种方式的优点是可以系统地了解流程体系运行的全过程,可以查证流程衔接情况,缺点是耗时较长、成本高。审计组成员经验不足,或者公司的流程成熟度不高时,比较适合采取顺向追踪。

逆向追踪是指按照流程运行的相反方向进行审核,例如从客户投诉、抱怨反查到订单,也就是从流程结果到影响结果的流程因素。这种方法的优点是针对性强,易发现问题,但问题复杂的情况下,不容易理清。如果流程审计组成员对于公司业务非常熟悉,审计经验丰富,而流程成熟度又比较高的时候,就没有必要采取顺向追踪的方式,采用逆向追踪可以直扑要害,减少审计成本。

3. 集中式审计还是分散式审计

集中式审计:类似于ISO9000质量体系审计,由审计小组集中用一段时间对公司的制度做一次全面的审核。这样做的好处是整体性强,能够从全局的高度发现流程体系存在的问题。缺点是实施的难度大,而且成本相对比较高,会对受审方正常工作产生较大影响。一般来说,公司越大实施的难度也越大。

分散式审计:有的公司是有审计部门的,他们常年的工作就是对流程体系进行审计,要确保一年内覆盖流程体系的全部。这样做的好处是由于审计工作分成了很多块,审计的难度减小了,对于被审计部门的影响也减小了。缺点是流程审计缺乏整体性,加上流程审计的时间跨度大,很难得出流程体系整体的审计结论。

如果企业具备ISO9000质量管理体系成熟的审核经验,我们建议采取集中式审核,集中式审核的整体性非常好,有利于促使企业做全局的改善。为了保证效果,一定要紧密结合公司的实际情况,建议从现有的问题、绩效分析及经营策略出发,而不是做一次完整的普查。另外,审核组人员的构成也非常重要,审核组成员一定要对公司的业务非常熟悉,这样才能够提升审核的深度,找出企业经营中深层次的问题,提升流程审计的价值。

事实上,很多企业并没有养成集中式流程审计的习惯,而且也不接受集中式流程审计对公司的影响及耗费的成本。此时,分散式流程审计是一个不错的选择。有一些台资企业就是采取这种方式,它们会将流程审计的任务给到专门的岗位,该岗位人员的工作任务就是在一年内完成公司关键流程的审计,并提出整体的流程审计报告与改进计划。他们依据公司的流程清单确定关键的审计流程,然而将工作分解到每个月,通常每个月会完成3~5个具体流程的审计。如果把公司流程做一次全面覆盖式审计,成本也是非常高的。为此,做分散式流程审计的时候需要把握三个关键点:一是抓重点,我们建议重点审计业务流程,业务流程的重点又可以选择当年重点业务。二是问题导向,而不是做流程普查。公司当年的关键战略、经营问题是什么?非关键的问题不做审计。三是以流程审计为切入口,带动完整的流程管理活动的开展,用流程审计带动流程梳理、流程目标设定、流程优化、制度管理等。

流程审计的流程

1. 制订计划

组建审计组,需要有一名组长,建议由流程管理专业人员担当。组内成员至少有业务方面的专业人员,以确保审计的深度与效果。但同时要符合独立性原则,即不要出现自己审自己。

流程审计计划模板:

××公司流程审计计划

一、审计目的

略

二、审计依据

通常包括公司的经营目标、流程目标、流程制度、客户合同、相关标准等。

三、审计范围

1. 涉及流程;

2. 产品线及业务类型;

3. 审核区域、部门；

四、需提供的支持

主要是人员配合的需求。

五、日程安排

审计时间为 2007 年 8 月 13 日~17 日，具体见表 5-6。

表 5-6 ××公司流程审计实施计划

审计时间	受审部门及人员	受审地点	审计流程	审核员

2. 确定审核范围

根据审计的目的确定审计流程体系实际的范围，流程审计范围的确定是以流程为主线的，要审哪些流程？在此基础上确定产品线、区域、业务类型、部门、岗位及人员。为了提高效率，流程审计不建议采取全产品线、全区域的普查方式。

3. 流程初步调研

流程管理专业人员应向审计组提供完整的相关工作文件。以流程为主线理清文件的作用与关联，建议画出完整的流程图，并将文件放到流程图对应的位置中。分析文件之间的一致性，包括版本之间的一致性，及文件之间衔接的一致性（目的是发现是否存在不同文件规定不同的矛盾）。

收集并分析流程的绩效测评资料与流程问题反馈。如果公司已经开展流程绩效评估，则直接分析近一年来流程绩效评估记录；如果公司没有开展，则可以找到与流程关联的财务、客户满意度数据分析；可以通过与公司高层、流程团队成员访谈或查看流程反馈记录对流程问题进行了解与分析。本项工作的目的是掌握流程存在的问题，以提高流程审计的针对性，提高审计的效率与效果。

4. 编制检查表

根据发现的问题，确定流程审计的重要关注点。如果有历史流程审计，要把曾经发生的问题也作为本次审计的重点。

然后，根据流程文件与业务经验提炼出流程审计的检查点。流程文件重点取流程管理规则、管理要求,根据业务经验找出一些容易出错的环节。

将所有的检查点列出,并找到检查点审计的方法:是现场观察、问询,还是查阅记录?验证判断的标准是什么?确定抽样的方法。

设计审计的线路。前面找到的审计检查点是无序的,但由于不同的检查点可能查看的是同一个记录,访问的是同一个人、同一个场所,所以为了避免反复,需要对检查点审计的先后顺序做出安排。另外需要根据业务流程逻辑关联,找到流程相关记录的总清单、台账,以便于全面了解业务记录并做出抽样安排。例如查订单执行全过程,客户订单台账就显得非常重要,可以从订单作为一个切入点,顺向追踪流程的全过程。流程审计检查记录表如表5-7所示。

表 5-7 流程审计检查记录表

审计流程	受审部门及人员	审核员	
检查内容	审核点及审核方法	检查结果记录	审计发现
1. 流程管理的充分性	1.1 了解现有流程管理方式		
	1.2 审核流程管理的充分性		
2. 流程执行符合性	2.1 来自于流程制度中的关键控制点及规则		
	2.2		
	2.3		
3. 流程结果有效性	3.1 来自于流程绩效评估与流程目标的对比		
	3.2		
	3.3		
4. 流程设计的效率	3.1 目标合理性		
	3.2 流程线路顺畅性		
	3.3 接口顺畅性		
	3.4 增值分析		
	3.5 其他		

5. 制订审核实施计划

审计计划关键是对现场审核的人员、时间以及审核路线做好安排,内容通常包括审核目的、审核范围、审核依据、审核组成员等。

6. 召开首次会议

首次会议不是必需的。在流程审计刚推行的时候可以召开,审计程序化之后可以不开,直接以邮件的方式通知就可以了。首次会议主要是与受审方确认审核计划,启动内部流程审计工作,以得到他们的支持。

7. 现场审计

现场审计是按照审计计划的安排,通过现场观察、查阅文件和有关记录,与受审方人员交谈和沟通,必要时要经实际测定等调查方法,抽取一定样本,查证发现问题和获取客观证据。

由于流程审计一般都是基于改进需求的,所以可以在现场审计的时候同时了解流程团队对于流程问题与改进需求的建议。这些虽然不会作为流程体系审计结论的主要依据,但可以为流程优化提供更多的输入。

现场审计要注意客观性,尽量减少主观信息收集。例如在了解流程处理时效的时候,不建议采取询问受审方感觉到的时长,而建议直接通过在现场用手表测量实际流程花费的时间。

一般常用的审计方法有:

- 问:要善于提问,以检查表为主线,抓住主题,适当延伸。
- 听:要注意倾听,观察对方态度、表情及反应,并适当引导。
- 看:要仔细观察,注意现场环境、设备、产品、标记及有关记录。
- 记:要做好记录,"口问手写",对调查获取的信息、证据做好记录,包括问题发生时间、地点、人物、事实描述、凭证材料、涉及文件,以作判断依据。

以我们的经验,审核时最关键的是论证审核所获得的信息的真实性。例如在提问的时候,抽查被问人员时,要了解他的背景,如绩效、个性测评资料等,最好是能够从正反两面进行验证,例如找一名绩优员工与绩差员工分别进行访谈。

流程审计抽样的关键点:

- 样本数量的选择。建议采取样本总量开根号,例如样本总量为100,抽10个就足以有代表性了。
- 为保证抽样的随机性,抽样要注意分层,要将不同类别的样本做区分,比如按重要性、区域、岗位等,尽量使各层次的样本都能够抽到;
- 抽样做到独立性,要做到审计组自己选取,而不是受审方。

8. 补充审计

按审计计划完成审计之后,如果还存在不确定事项,而且又会对审计结果产生影响时,应开展小范围的补充审计。补充审计要保证审计获取的信息充分、客观并得到受审方的确认。

9. 编制审计报告

流程审计完成之后,流程审计组长应召开流程审计小组总结会议,以流程为主线将流程审计结果进行汇总串联,充分地说明审核过程与审核发现。同时在会议上,审核组成员要充分、自由地表达他们的审核发现(主要针对问题),审计组长应当在此基础上进行归类与汇总。为保证流程审计报告的整体性,由流程审计组长负责在会后撰写流程审计报告初稿。完成后,审计组长应再次召开审计组进行讨论、确认,经小组成员共同确认后,确定流程审计报告的正稿。流程审计报告正稿应逻辑清晰,审核事实准确,具有可追溯性,不能够出现主观推断的成分。

由于审计报告是公司非常正式的文件,为此审计组应当本着有利于公司管理改进的角度确定审计报告的内容。不是所有的不合格项都要体现在审计报告中,有些问题可以在审计报告外体现,如与受审计方沟通。

为便于读者理解,现提供审计报告模板如下:

××公司流程审计报告

一、审计概述

1. 审计目的

如果是专题审计,直接列出审计的目的。

2. 审计范围

审计的流程、区域、产品线、业务类型、部门、岗位、时间跨度等。

3. 审计方法

包括现场观察、访谈、查阅记录等实际审计中使用的方法。

4. 审计说明

抽样的风险、审计可能存在的问题(审计不充分、审计有遗漏等)。

二、总体结论

先点出好的一面,再根据审计结果说出存在的不足。

三、审计发现与建议

问题1:将问题的核心内容概括成一句话,使读者快速理解。

1. 审计发现

详细地列出审计组审核到的事实,要求要有可追溯性,而且事实都是支持问题主题并按照一定的逻辑关系展开的。

2. 原因分析

在与问题相关部门沟通之后,审计组给出的分析参考,供责任部门整改借鉴。

3. 造成影响

说明可能造成的影响的目的是有利于公司管理层理解问题的严重性与紧迫性,便于问题整改的决策。影响要能够与内、外部客户的建议相联系,包括对外部客户满意度的影响,对内部利润、风险等经营目标的影响。

4. 审计组建议

审计建议是必需的,流程审计的价值不仅仅在于发现问题,还在于能够提供流程管理改善的咨询,帮助所有者去改进。建议要直接针对问题的原因。

5. 业务部门反馈

略

问题2:××××××××××。

……

四、后续跟踪,如表5-8所示

表5-8 后续跟踪表

序 号	问题描述	改进措施	责任人	预计完成时间
1				
2				
3				
4				
5				

10. 召开末次会议

末次会议应邀请公司高层、流程所有者、受审方及流程执行关键人员参与。末次会议重点包括:

(1)流程审计简要介绍(目的、范围、依据、审核过程);

(2)审计发现及不合格项;

(3)审核结论通报;

(4)与责任部门确定不合格整改的安排。

11. 改进追踪

流程审计小组负责流程审计发现不合格项的改进追踪。追踪是流程审计能否产生价值的关键所在,为此流程审计小组一定要高度重视。为确保改进效果,流程审计小组人员必须把握以下几个关键点:

(1)原因分析是否到位?流程审计小组成员在原因分析中要提出专业有价值的建议。很多责任部门在做原因分析的时候抓不到问题的本质,会错将现象当原因。

(2)改进措施是否针对原因分析,是否能够从根源上消除问题?要从根源上解决,通常需要花费较多的时间,实际工作中责任部门喜欢采取应付的措施来对付审计组,例如针对操作不合格,会提出强化操作的要求来解决,但实际上这些措施是没有价值的。

(3) 改进措施一定要细致,便于跟进。要求责任部门有具体的完成时间,有责任人,有清晰的质量标准。

(4) 要高度重视改进后效果的验证,如果效果达不到要求,一定要督促受审方重新整改。一旦出现整改不到位而无人跟进的时候,流程审计的价值会大打折扣,也会影响大家对后续流程审计工作的重视度和支持力度。

5.8 流程检查结果的应用

检查的价值不在于提供多少检查报告,不在于检查报告有多么精彩,也不在于检查报告是否能够得到他人的认可,而在于是否能够将检查的结果应用到工作中,并通过这些应用使检查产生价值。

在前面我们就提过检查本身是不创造价值的,那它的价值是如何产生的呢?其价值就在于检查结果的应用,通过应用给企业带来价值。检查结果如何应用呢?

■ 将结果应用于流程优化

通过客户满意度评估,我们可以了解客户有哪些需求?不同的需求的重要度是怎样的?针对不同需求,客户对公司的满意程度如何?针对不同需求,公司与竞争对手的对比如何?根据客户满意度调查结果,我们可以知道对客户关注度高而没有做好的需求要加强,对客户关注度低而做得不错的需求可以维持。所以,客户满意度调查的结果就为流程优化明确了方向,一方面我们要增加有利于改善客户关键需求的活动,另外一方面我们要减少客户关注度低的流程活动的投入。不断地以客户需求为导向去优化我们的流程,客户满意度会提高,流程所创造的价值也会提高,流程的绩效也随之提升。

另外一方面,根据流程绩效评估结果,我们还可以发现哪些流程的绩效与目标差距比较大,那么这些绩效差距大的点就是流程优化的方向。所有有利于流程目标达成的活动都是增值活动,这也是流程需要加强的,所有与流程目标达成无关的活动都是不增值活动,需要通过流程优化减少或去除。

通过流程的检查,结合流程绩效评估,我们会发现流程设计本身存在的问题,例如没有抓住流程的关键点,流程设计得不具备可操作性等,这些会直接成为流程优化的输入,通过流程优化去解决这些问题。

通过流程审计,企业可以发现流程体系的全局性问题,也会发现关键流程存在的问题,这些问题都会体现在流程审计组出具的不符合报告中。对于跨部门的综合问题通常需要以流程优化项目的方式才能够解决,而不是像 ISO 质量体系那样直接交给责任部门去整改。

以流程检查结果驱动的流程优化,由于问题非常明确,而且以具体的检查事实为依据,所以流程优化项目的目标清晰且项目的价值明确,流程优化项目的开展通常会比较顺利。

■ 将结果应用于绩效考核

流程检查的结果从另外一个角度反映了流程管理相关责任人对流程管理的绩效。流程绩效评估反映了流程管理最终结果的质量,流程检查反映了流程执行的水平(过程管理能力),流程审计是全面的评估流程管理的水平,并能够提示流程管理责任人在流程管理方面存在的重大缺陷,这些都是绩效考核的重要内容。

与绩效考核挂钩的方式有多种,可以直接与岗位绩效考核方案关联,将流程检查结果作为绩效考核指标的一部分,也可以设立专项流程考核方案,根据流程检查的结果对于流程管理相关责任人奖优罚劣,还可以将流程检查的结果与员工的评优、晋升及福利挂钩。考核的对象可以是流程所有者、流程执行者及流程管理人员。

■ 将结果应用于过程控制

检查发现的问题要能够及时地采取补救措施,而不是任其发展。为此检查结果提交之后,责任部门应及时提交整改单,对问题的严重度进行评审,对不合格事项进行处理,并迅速采取补救措施,将不符合流程的现象扭转过来,确保流程结果能够符合要求。

■ 将结果应用于纠正措施

问题有可能是随机性的,也有可能是系统性的。对于系统原因产生的问题,例如大面积发生问题,或类似的问题反复发生,此时应要求采取纠正措施。要求责任部门认真分析问题发生的原因,从根源上采取有针对性的措施,把问题彻底解决,促使企业的管理体系得到根本的改善。流程优化本身就是纠正措施的一种。

■ 将结果应用于战略调整

客户满意度评估的结果与流程绩效评估的结果进行关联,对于公司战略调整具有极强的参考价值。公司的战略本身就是取舍,有所为与有所不为。根据客户满意度评估结果,我们很清楚客户关心的价值点在哪里,也很清楚这些价值点公司做得如何,同时也会了解竞争对手在这些方面的表现。公司是否需要调整战略?是否需要找到新的差异化客户价值突破点?

第六章 流程优化

6.1 流程优化是流程管理生存之本

虽然我们建立了"流程管理 PDCA 环",而且全书也是围绕着 P—D—C—A 的顺序开讲,但这并不意味着流程管理工作必须严格按此顺序开展。

这其实并不矛盾,流程管理的体系设计符合戴明博士的 PDCA 环,但每一个企业在引入流程管理的时候,并不是因为还没流程,请不要忘了一个基本事实:流程是一直都存在的,哪怕你还不习惯称之为流程。引入的原因,往往是因为流程已经不能适应企业发展及管理的需要。这有点像城市规划,在城市规划概念未出现之前,并不代表城市就一直没有规划,只是现在发现城市建设的好坏已经严重影响城市的发展,有必要对城市建设进行更科学、更系统的管理而已。而且成立城市规划部门,也不能马上根据城市地图来个翻天覆地的"格式化",这是非常不现实的。规划与优化应该齐头并进,规划是愿景,那么优化就是实现蓝图的一个重要手段。

流程管理从哪里入手?看似很简单的一个问题,不过,被此折腾得"死去活来"的人也不少。

我们之所以把这个问题放在本章的第一节来讲就是希望你不要把流程管理看成一个简单的递进层级关系,更不要被市面上的理论误导。我们发现目前市面上基本上所有的有关流程管理的理论甚至互联网上搜索到的头号管理咨询公司的PPT都是从流程规划开始讲起，我们很担心大家还没发现流程管理的奥妙就被引入邪道。而且，很多企业管理理论，出口就大讲特讲模型、框架、原则、理论、工具和要素，结果流程管理的追随者被搞得云里雾里，颇有"横看成岭侧成峰，远近高低各不同"的味道。你在那里大讲特讲良田亩产万斤的葵花宝典，可我切肤之痛的却是良田和稻种在哪里。

我们先来看一个发生在某企业中的真实案例：

案例　流程梳理往往就是错误的开始

有一位朋友计划在公司推行流程管理，不过策划了半年多，最后还是无功而返。他给我介绍了一下他们的流程管理之路：现存的问题是工作中经常出现很多问题，但问题的解决因为要涉及很多部门，所以一般比较难以解决。公司想全面梳理一下各部门的流程，目标是建立一个流程体系。手段就是成立一个流程管理项目，然后从各部门抽调一个经验丰富的领导做专职流程专家，对全公司所有的流程进行梳理。但是，最终这份提案未获得管理层的通过，主要原因就是方案书存在很多漏洞，可执行性不够，然后又恰好遭遇经济危机的大环境，所以此项目最后就被否决了。

这绝对不是个别现象。无论是在流程管理专业论坛上，还是从日常我们接收到的咨询案例来看，很多公司一开始启动流程管理就决定做流程规划的不在少数。因为一般企业计划做流程管理就是因为实际工作中存在很多问题，然后发现很多流程到底是怎么样的不清楚，所以直接想到的措施就是把这些流程梳理出来。但针对上面这个具体案例，存在相当多的问题："你如何说服一个经验丰富的领导专职出来做流程专家？""流程专家的职责是什么？难道仅仅就是梳理流程？如果流程专家的工作就是梳理部门的流程并维护其有效性，那么为何一个高级文员甚至兼职不能胜任？""既然是计划各部门抽调经验丰富的领导做流程专家，那么流程专家这个职位相对他原职位的吸引力在哪里？""在流程绩效体系未搭建的情况下，流程专家的绩效如何评估？""流程专家是暂时性的专职还是长期性的专职，这些岗位的归属是怎样的？难道永远隶属于这个虚拟的流程管理项目组吗？""流程专家是否真的具备足够的技能完成流程的梳理？毕竟流程是一直在变的。""即使完成了公司全部流程的梳理，然后呢？后续的措施是什么？梳理完这些流程真的就能解决问题吗？""公司目前决定做流程管理

的背后的真实目的是什么？你是否分解到问题？也许流程清单梳理出来的并不能解决管理者的痛点，只是一个错觉罢了。"

案例　梳理的背后往往是优化

还有一个朋友有一个烦恼："公司今年成立了流程管理部门。今年的任务就是完成全公司的流程清单，可是我调研了一下，大家给我返回来的都是一些边缘流程，真正本部门核心职能的流程很少。"针对此问题，我们也进行了较为深入的交谈。

我问："公司为何要流程清单？背后的需求是什么？"

他答："想了解公司的流程现状。"

我问："那高层又是为何想了解现状呢？高层想做什么？现在有什么痛点使他们想做这个？"

他答："公司是做行业软件的。工作中频繁出现质量问题和重复犯错误，比如已经发给客户的软件经常出现很多BUG，而大部分BUG本来在开发过程中应该可以避免的，所以客户经常投诉。公司高层觉得应该通过建立机制解决问题。"

我说："那这不是没有流程清单的问题，是工作规范如何得到执行的问题。你梳理出来流程清单能保证解决他们的痛点吗？其实领导的需求和痛点是确定的，如果你能将这些需求分解到具体的问题，然后再思考解决方案，那么无论是解决方案的可行性还是针对性都会非常强。"

即使领导的确是希望抓体系建设也没关系，但开展工作时至少应该是两手抓：一虚一实，齐头并进。一抓长期有收益的体系，一抓短期有产出的项目。拿这个单位的实际案例来讲，如果高层真正关注的是工作质量得不到保障，那么最应该做的就是针对重要的工作流程成立流程优化项目组，完成"梳理流程＋流程优化＋与绩效挂钩"。在有这些短期见效的项目基础上，再扩展做流程的全面梳理，无论是时机还是阻力也会得到比较好的解决。直接马上全面开展流程体系规划是一件很危险的事情。

也许你怀疑，问题出在企业内部的推动力不够上，那让我们再看一个咨询公司的真实案例：

第六章　流程优化

> **案例　　不要迷恋咨询顾问**

我们一个咨询界的朋友给一个企业做流程管理项目。像上面所说的那样，该企业也是计划做流程的全盘梳理及搭建流程体系。根据合作整个项目分两期进行，一期完成流程梳理，二期完成流程实施。第一期进展还非常顺利，既然是公司高层找外力梳理流程，所以各个部门还算是配合，很快就梳理出大量的流程文件也画了不少流程图。企业老板一看有"实际产出"很是高兴，第一期的合作账款也得以顺利支付。不过，第二期流程的实施就没那么"幸运"了，因为首先第一期的"产出"本身就是咨询顾问根据与各部门经理简短的访谈，然后各部门领导"人云亦云"地点头附和而成。真正要实施的时候发现存在很多问题，梳理出来的流程根本与实际不符，或者梳理出的流程太注重框架、太粗，无法真正实施，所以迟迟看不到产出。结果此项目最后不了了之。

我们发现很多管理者往往都喜欢建体系，好像建了体系就解决了所有问题。我们的观点是体系本身作为一个比较宏观的成果或者说愿景本身是好的，但搭建这个愿景还需要诸多的条件、环境、资源等配套支撑因素才行。而这些支撑因素不会在目前已有的企业环境中凭空而出，需要有步骤地培育。在工作的萌芽状态就开始建体系无疑自掘坟墓。这无论对于企业还是对于国家，道理是相通的。想想俄罗斯与中国的改革开放吧。俄罗斯是一个喜欢建体系的国家，所以俄罗斯的改革从大规模的休克治疗术开始，短期内从上到下建设一套西方民主体制，后果就是国家体制的崩溃。而中国的改革开放则是从思想松土开始，先做了几年的社会大辩论，比如市场经济到底姓资还是姓社，"时间就是金钱"是否就是腐朽的资本主义思想。通过一系列的讨论，使大家的思想得以充分解放，然后再试点经济特区，进而再推广全国，最后获得了巨大的成功。所以，体系的建设需要渐进式塑造。

在这里，我们不妨再花些笔墨说一个在同一家公司发生在前后两任流程经理身上截然不同的成功和失败的案例。

> **案例　　同一个公司，两位流程经理不同的经历**

A公司从2001年开始做流程管理。小张作为第一任流程管理经理，决定从规划开始，他持有的观点就是"流程先要固化，然后才能谈优化"。经过一年的时间，声势浩大的流程规划工作完成了，不但没有完成本来的目标，因为有些部门不是很支持，觉得目前运作已经非常好，所以提交的"功课"也是参差不齐。

而且流程规划的结果就是基本统一了流程文件的编写格式,至于流程并没有完成全面浮现,更别说如何应用了。最后在小张离职的时候,领导对他说了一句话:"做流程管理,要看产出。"小李是2002年加入A公司接任小张负责做流程管理工作的。小李的做法与小张的做法完全相反,他没有强调每个部门流程的完整性,他首先与各部门领导访谈,收集了一下问题。然后在取得公司领导支持后,成立了几个流程优化项目组。并在半年内有了较大效果,公司领导很满意。所以后来小李又通过持续不断的流程优化项目,在全公司范围内巩固和宣贯流程管理的理念和重要性。然后在流程优化的基础上,不断扩展其他流程管理理念的推行,如流程绩效等。实际上,流程规划在A公司的全面推行,是在2006年才开始的。即使是这样,目前A公司流程管理工作中,流程优化项目工作仍然占到70%的比例。

从以上这个一成一败的案例中,你是否有所启示。如果你是一名流程管理领域的新来者,我们的建议就是不妨从问题入手,比如成立几个"流程优化"项目。项目开展过程中辅以流程管理理论及工具的培训课程和内部宣贯,通过项目的开展逐步培育流程管理生存的土壤,通过阶段性产出不断地强化流程管理理念和塑造大家的信心,通过前期的摸索探讨一些适合本公司的流程管理方法和工具。当公司有了一大批志同道合者,再开始谈"模型、框架、原则、理论、工具和要素"也不迟,成功也就有了水到渠成之势。

即使贵公司已经具备了一定的流程管理土壤,可以做流程规划,但我们仍然强烈建议开展流程管理工作时两手都要抓:一虚一实,齐头并进。一抓长期有收益的体系,一抓短期有产出的项目。流程优化作为流程管理在企业的生存之本还是不能忘的。这有点像制造企业的新产品和旧产品的关系一样,新产品对于公司的未来发展及核心竞争力当然很重要,但离开了源源不断可以提供现金流的旧产品的支持,谈新产品开发简直就是无稽之谈。

6.2 流程优化组织

虽然流程优化项目比较容易有产出,但就如何开展而言,仍然是一个不小的难题。如果贵公司已经有非常好的创新文化还好,否则推动大家行动起来绝对是一件令人头疼的事情。如果贵公司是一个讲究派别的公司,那更是雪上加霜。

三国时期,曹操"挟天子以令诸侯"的做法虽然惨遭世人唾骂,但在没有足够权力和号召力的时候,流程管理部门想打破以往安逸自足的文化,吹起改革的号角,一定要懂得如何借力。而其中营造改革的氛围和建立一个流程优化组织是最重要的。

■ 如何营造改革的氛围

首先还是要看效果,没有产出的宣传是无力的。根据我们的经验,一般突破口来自跨部门的工作中。因为各部门都不愿牵头解决一些跨部门的问题,而恰恰流程管理人员作为独立的第三方可以填补这个空缺。流程管理部门可以考虑找一些改革意愿较为强烈的部门,帮他们协调解决一些疑难杂症。当大家看到你的确能帮助解决工作中的一些实际问题并有产出后,其他人就会对你产生信赖感。毕竟,人都是往高处走的,之前喜欢安逸自足一般是因为没有畅通的解决渠道而已。而且,从某种意义上讲,解决这些日常出现的跨部门问题本身就是一个个超微型流程优化项目。随着其他部门对你的信任,这一个个超微型流程优化项目将会演变成大型流程优化项目。

也许有人坚持流程管理专业定位。只做与流程相关的、重要的事情。其实,特别是在流程管理部门起步阶段,无须过于强调和看重部门定位。哪里有需要就支援哪里。一个部门的定位及工作边界从来就不是设定好的,而是看你能做什么。特别是跨部门的工作或项目,更是如此,谁能胜任领导就会交给谁。如果你想胜任流程优化改造工作,那么初期安心做好一个到处救火的消防队员很必要。

■ 流程优化组织长什么样

当已经有了一定的改革氛围后,流程管理部门应着手说服高层建立一个可以支持持续做流程优化的组织,给流程优化工作的开展扫除最后一个障碍。各个企业的实际情况不同,流程优化组织到底长什么样最合适也没有定论。

有的企业,在各部门都有专门的流程专员固然非常好。不过,大多数企业并不能做到这一点,至少不能一步到位。所以在这样的企业推行流程优化工作,就需要一个虚拟组织。这里我们为你提供一个真实案例,希望对你有所参考,建成的流程优化组织如图 6-1 所示。

首先这是一个虚拟组织,我们之所以不称之为"流程优化委员会"是因为"管理改进委员会"更容易理解,也更容易被领导接受。毕竟领导有时候未必能接受流程优化这个概念,但他绝对支持进行管理改进。当然,这个组织也未必是

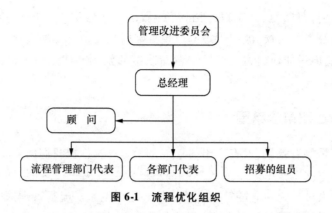

图 6-1 流程优化组织

独立存在的,可能被整合到其他虚拟组织中,作为一个子项目运行。形式是次要的。

这个虚拟组织需要一个强有力的领导,可以是"总经理"也可以是某一个高管,职位并非最重要,关键是他有足够的权力和威信支持流程优化工作。

之所以设置顾问,是因为总经理一般没有过多的时间亲自参与到流程优化工作中来,所以可以邀请一个德高望重的高管担任顾问,在重要问题需要决策或需要强有力的推动时请求他的帮助。

在此组织中,流程管理部门代表无疑是最核心的角色。甚至从某种意义上来讲,他正是"挟天子以令诸侯"的曹操。如果说总经理和顾问提供权力支持,那么流程管理部门在此虚拟组织中则真正要负责工作的规划、监控、汇报、评估等。

一般会邀请一些部门代表参与到这个组织中来,这样便于后续工作的开展。至于邀请哪些部门,没有定论。根据实际情况选择,比如关键流程涉及的部门、对流程优化工作支持度比较高的部门、近期流程优化工作相关的部门等。

除此之外,我们还鼓励招募一些组员。这些组员可能是高管,也可能只是一个普通员工,关键是这些组员要富有创新意识。这有利于在公司内部创造一种鼓励创新的氛围。同时,这些组员还有项最重要的工作,就是协助流程管理部门开展流程优化项目,可以亲自参与个别项目,也可以协助做一些多项目的管理工作。招募的方法就是通过 E-mail 宣传或者内部刊物即可。

■ 流程优化组织有效运作的机制

建立好流程优化虚拟组织是否就万事大吉了呢?当然不是。这只是成功的基石。源源不断的产出是此组织能持续被认可的保障,有关这个方面我们会在随后的章节中一一介绍。我们这里先谈另外一个重要话题:组织有效运作的机制。

为了充分保证这个虚拟的流程优化组织能够有效持续运作,配套的管理机制是非常重要的。有一个企业是通过如下方式实现的:在各部门领导的绩效考核指标中设立一个占一定权重的流程优化项目指标。这个指标的评估主要是根据平时流程优化项目中各部门的参与度、配合度及业绩得出。为了让大家更加直观地了解,我们同样给出了实际案例供你参考,如表6-1所示。

表6-1　××公司管理改进委员会的激励方案

××公司管理改进委员会激励方案			
目的: 鼓励公司员工参与到流程优化项目中 **人员范围:** 所有参与公司流程优化项目的人员 **评估方式:** A. 项目经理:由管理改进委员会参照项目产出、项目难度、项目规范性三个维度进行评分 B. 项目组成员:由项目经理评分,评分方式由项目经理决定 C. 参与人员:对于表现突出的优秀参与人员,可由项目经理提名给予奖励,每个项目不超过一人 **评估时间:** 一般在项目正常运作后三个月进行评估 **优化项目奖项设立:**			
排名	项目经理奖励额度	项目组成员	奖励额度	优秀参与人员
A 类	5 000 元	20%(1~2 人)	1 500 元	500 元
B 类	3 000 元	40%(2~3 人)	500 元	
C 类	1 000 元	无	无	
绩效加分: 表现优秀的项目经理和在各项目中排名第一的项目组成员,将以管理改进委员会的名义直接向其上司建议,在其当期的绩效评分中作为加分项,在总分上面加上 0.1~0.5 分以资奖励			

6.3　流程优化需求漏斗分析

既然流程优化是流程管理的生存之本,那流程优化的需求来源哪里?正如我们序言中提到的,很多朋友都有类似的困惑,其实我们在刚开始做流程管理的时候,同样面临这个问题。一是不知道流程优化需求来源于哪里,二是怕"失业",因为一直没有探讨出来比较好的可持续产生流程优化需求的方法,生怕哪一天不再有流程优化需求产生。不过经过几年的探索,我们最终发现流程优化需求就像那个经典的例子:如果把你对世界的认知当做一个圆的话,你知道得越多,你未知的也就越多。流程优化也是如此,你越是优化越发现,还有更多、更高层级的问题等待优化,根本就没有"失业"之说。

在系统整理和总结流程优化需求分析方法论的时候,我们发现整个流程优化需求自产生到分析完成其实就是一个漏斗"过滤"的过程,为了便于大家理解和在本企业推广,我们称之为"流程优化需求漏斗分析",如图6-2所示。

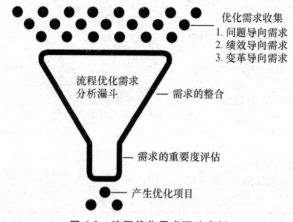

图6-2　流程优化需求漏斗分析

■ 流程优化需求的来源

我们发现,根据流程优化需求驱动因素的不同,流程优化需求大致可分为三种:问题导向、绩效导向、变革导向。

- 问题导向:比如流程优化建议、流程事故、内外部客户投诉及意见反馈、流程审计报告等;
- 绩效导向:流程目标及绩效测量报告、标杆企业对比分析报告等;
- 变革导向:企业战略、经营思路及策略、重要改革举措、流程规划报告等。

■ 流程优化需求漏斗分析

1. 流程优化需求的收集

(1) 流程优化需求申报

作为流程管理的专业人员,主要优势就是对流程的整体把握,但却对业务本身了解不足,可往往最重要、最急迫的流程优化需求机会来源于业务一线。我们发现,至少在流程管理还没做到一定高度时,由流程管理人员主动发现重要且准确的流程优化需求的机会很渺茫。鉴于此,我建议在做流程优化需求分析之前,在企业内部做一次全面且深入的流程优化需求申报。这一措施至少可以带来两个好处:一是充分发挥流程所有者的作用,找出最急迫和最重要的需求点;二是让流程所有者从需求阶段就充分参与,有利于保证后续流程优化改善项目获得流程所有者的支持,从而保证优化的效果。

在这里我们提供一份我们的样本作为参考,如表6-2所示。提供样本的目的不是让你拿来即用,你需要结合本公司的实际情况,如行业、发展阶段、企业管理水平、流程理念的普及度、受众的接受度等因素,设计更适合本公司的工具表格。事实上,我们这个表格也是经过无数次修改而成的,而且目前还不足够好。根据我们以往的经验,这些表格每年都会根据实际运用的反馈情况,做一些调整。有时候需要增加一些问题描述点,有时候为了提高易用性则需要删减一些非重点问题描述点,甚至有时候会根据不同填写对象的特点做一些调整。

表6-2 流程优化项目申报表

申报人		申报项目名称及所属流程	
期望完成时间		项目负责人	
一、现状描述			
二、主要存在问题(问题描述、后果、频率等)			
三、期望项目实现效果			
四、预计效益(可从时间、成本、风险、质量与顾客感知方面分析)			
五、资源需求(从人员、资金、IT开发资源三方面分析)			

我们针对不同的部门和客户特点,甚至设计出简易版本,如表6-3所示。个别客户甚至没要求一定要填写规范格式表格,可以按自己的格式填报,甚至发一个邮件即可。主要就是考虑受众的接受度,毕竟需求的收集是目的,收集的方式是次要的。在这个问题上,客户更有发言权。我们做的就是尽量引导。

表6-3 流程优化项目申报表(简易版)

现状及问题描述	原因分析	优化建议及期望效果	涉及的IT系统	优化急迫度(A/B/C/D)	提出人

是不是设计好表格发给各部门就可以坐享其成了呢?当然不是。特别是在流程管理还没有足够影响力的时候,流程管理专业人员应该抱住帮助流程所有者更成功的心态推动这件事,事实上,也只有客户更成功,我们的价值才能得到充分体现。

我们的一般做法就是根据实际情况,比如根据申报对象的不同,开几次"流程优化需求申报交流会":一是告诉客户为何有必要填写此申报,重点说出此工作可以给流程所有者带来哪些实实在在的好处;二是告诉客户如何更好地填写表格;三是告诉客户根据本年的公司战略流程优化的重点会在哪里,当然这是一个开放性的问题,只希望做一些引导,不做硬性的规定。

在完成一轮流程优化申报交流会后,还需要定期回访。看大家是否已经足够了解如何申报。这样做的目的就是督促大家在计划时间内完成高质量的流程优化需求申报。

无论如何,无法收到所有部门的申报,以及收到的申报质量参差不齐,这些现象你都是无法避免的。而且,你应该警觉,别人不提供申报,有可能是因为你所做的工作并没有让他体会到价值。所以,以后你应该更加努力。

(2)收集其他各种渠道的需求

由流程所有者申报有其利亦有其弊。因为流程所有者的视角所限,所以他们提出来的流程优化需求大多是基于现状而非未来,基于解决问题而非提高效率,基于部门内而非端到端流程视角。所以,流程管理人员还需要从其他视角收集优化需求。

客户满意度调查报告：以客户为导向做流程优化绝对是流程优化的基本原则之一。因为公司内部很多流程的设计者本位主义非常严重,自我感觉良好的流程客户不满意,自我感觉较差的流程客户却不一定关心。其实,往往并不是内部客户不关心外部客户,而是他对外部客户的意见了解不够全面,或者只是了解一部分。我们曾经在客户满意度调查中发现一个对某项服务时效差的反馈,但内部流程所有者却自我感觉良好,因为每个流程所有者只了解与自己相关的该服务的一部分,他并不知道整体服务时效远没有达到客户期望。

公司战略：分析公司的年度战略,有利于你圈定流程优化的重点。比如现在经济危机状况下,很多企业把降低管理费用作为战略之一,那么与管理费用相关的流程绝对是你考虑的重点范围之一。

流程规划：如果贵公司已经做过流程规划,那么流程规划会发现很多流程框架及大的端到端流程的优化需求。比如以往每个部门都觉得自己的流程运转良好,但客户仍不满意,原来大的端到端流程本身存在优化空间。

标杆企业对比分析：有时候你可能觉得已经非常好,但竞争对手可能比你做得更好,而且这恰恰又是企业竞争力之一。那么,这时竞争对手就是你做流程优化的看板。通过研究竞争对手的核心流程,往往可以发现很多极大的改善空间和超越机会。如果贵公司不是行业内数一数二的公司,那么追赶竞争对手就已经足够让你折腾的。

流程审计：如果贵公司有对流程进行审计的话,审计报告同样是一个流程优化需求的重要输入来源。

流程绩效评估：通过对流程目标本身的定期测量,找到流程的差距。

流程优化建议：有关流程优化建议运作模型,我们将专门分出一个章节讲解。这里我们只是提一下与流程优化需求相关的内容。在做流程优化建议分析时,会发现一些问题解决起来难度比较大,那么这些流程优化建议一般就适宜纳入流程优化项目中完成。

2. 流程优化需求的整合

当所有的流程优化申报反馈回来时,以及其他各渠道的流程优化需求得到识别后,我们需要对这些需求进行整合,以便分析。

在整合之前,对流程优化需求进行充分的了解是非常必要的。因为往往很多部门提交的优化需求只是问题的表象而已,表象背后的问题本质并没有浮现。所以流程管理人员需要与申报者进行专门的沟通,以便对每一个优化需求进行全面深入的了解,把握需求的核心,从而有利于更好地做好需求的整合。我们一般是通过开"流程优化需求确认会"的形式与各部门对汇总后的需求进行探讨沟通，重点在于明确需求、了解需求的重要度、设定问题大致的改善思路及目标。如果不能一次就需求达成一致，还需要进行需要多次的沟通，直到流程管理人员能驾驭这些需求为止。

整合流程优化需求的方法很多，但根据我们的经验，以流程导向整合最好。具体一点就是说按照流程的分级/分类/分段，对收集到的各种优化需求进行重新分解或整合，然后归类到所在的流程。这样便于更清楚地看清问题的本质。当然如果贵公司还没完成流程规划，也没关系，只要把所有的需求做一个归类即可。这里我们同样提供一个样本供参考，如表6-4所示。

表6-4 流程优化需求分析表

流程名称			问题及需求	原因分析	建议方案	优化类别	涉及部门	重要度
一级	二级	三级						

组织内部的一些问题很容易因为难度大、部门跨度大、一直没人愿意站出来主导解决等各种原因而被淡化，时间一长甚至得出"本该如此，无法优化"的定论。出现这种情况时，我们应如何处理呢？必要时可人为营造急迫度。当然，这不是弄虚作假，而是把问题的严重度以及后果更准确地展现出来，最好还是交由流程所有者定夺。

案例　有些优化需求需要人为营造急迫度

A公司是国内知名的办公用品销售商，随着本行业特点和互联网经济的发展，通过互联网下订单的比例越来越高。而在一次流程审计时，我们发现该公司的电子商务平台客户界面不友好的问题。比如因为电子商务平台设计考虑太多内部管理需求，导致退单率达35%，而且客户（特别是新客户）下单根本无法独立完成，全部需要与公司助理进行电话沟通。

发现此问题后，我们与各部门都做了沟通，结果发现大家都知道这个问题，但因为各种原因一直没人解决，所以现在大家已经不再认为这是一个问题。考虑问题的严重性，而且对客户满意度的影响，另外公司的战略已经明确提出要加大电子商务在业务模式中的重要性。所以，我们决定人为营造此优化需求的急迫度。

（1）通过收集以往的客户满意度调查报告和客户投诉报告,发现多达70%的客户意见都集中在电子商务平台的操作方面；

（2）通过与竞争对手的电子商务平台做对比,提交一份《电子商务平台分析报告》；

（3）内部召集电子商务平台研讨会。

虽然我们不能确保这些工作能保证该项目的立项,而且对我们也并没有直接好处,但是我们还是非常高兴能让大家看到电子商务平台的重要性和现存问题可能会导致的后果。可喜的是,这次人为营造急迫度非常成功,最后公司领导同意立项解决。

不是每一次营造急迫度都能成功,因为也许流程所有者经过对此问题进行认真的论证后,可能还会延后处理,这并没关系,至少让大家又重新认真考虑一下此问题。

3. 流程优化需求的重要度评估

一般而言,接到的需求总比能够解决的多。所以有必要对所有的需求进行重要度分析。千万不要做好好先生,光顾着满足所有客户的要求而迷失方向。勇于放弃次要的与把握住重点同样重要。

（1）首先基于公司总体战略制定流程优化的战略和方向。如果公司把提高客户满意度作为今年的战略重点之一,那么与客户服务流程相关的需求重要度就高一些。

（2）让流程所有者给出重要度排序。流程优化的直接目的就是协助流程所有者提高流程绩效,所以客户的意见至关重要,我们一般都会让流程所有者自己提出重要度排序。

（3）你还可以根据战略相关度、急迫度、投入产出比、短期见效性、目标明确性、风险与障碍等关键评估指标及其权重,进行最终的流程优化需求重要度排序。

4. 流程优化需求项目化及项目立项

（1）流程优化需求项目化

当所有的优化需求分析完成后,把零散的优化点分割组装成一个个项目是非常关键的一步。只有分割成单个的项目,需求才有了被解决的基础。根据我们的经验,优化需求的项目化考虑因素如下：

- 成熟度：无论是问题本身,还是公司对问题的要求都比较明确,而且解决方案都相对比较成熟。
- 问题的独立性：问题的范围及边缘比较清楚,特别是流程的E化。

- 流程端到端：同属于一个端到端流程的问题一起解决。
- 颗粒度：预计6个月内见成效。项目的颗粒度应该有所界定，一般我们建议一个项目的实施期不可超过6个月，最长周期为1年，需要跨年度的项目我们一般不鼓励，因为让每一名流程改善项目成员长期持续保持高涨的改革情绪是非常难的，所以，如果一个项目的确需要很长的时间，那么干脆分几期好了。太远大的目标就是没目标。
- 资源满足度：永远也不要想一口吃个大胖子，保持渐进式的改革是非常必要的。一般流程优化项目的开展是以组建虚拟项目组的形式，各级流程所有者分配到流程改善项目上的精力有限，所以抓大放小、保证项目质量应该是第一位的。流程优化项目考虑最多的资源一般为项目经理及IT开发资源。

完成项目化后，还需要再与各流程所有者进一步确认需求，及讨论项目经理的合适人选，并对项目的目标、预计完成时间、重要度等重要信息进行讨论。这样，经过与流程所有者充分沟通后，即可完成流程优化项目汇总表，如表6-5所示：

表6-5 流程优化项目汇总表

项目名称	现状及关键问题	大致优化思路	项目目标	项目经理及项目成员	预计完成时间	重要度
说明：重要度的评估主要考虑战略相关度、急迫度、投入产出比、短期见效性、目标明确性、风险与障碍							

案例　有关流程优化项目如何起名

就像人的名字一样，流程优化项目的名称同样有学问。下面我们就举两个真实案例让你体会一下名字这个看似无关紧要的信息的"四两拨千斤"的力量。

（1）有一个项目希望通过设计一个简单的业务流引擎，实现批量非业务流程的E化。刚开始我们命名"非业务流E化项目"。但这个名字太专业，很多人不是很理解这个项目到底做什么，是否包含本部门的流程，所以不利于推广。最后，我们更名为"无纸化办公项目"，虽然项目的名称稍大，但经过包装后很利于推广。后来，很多部门主动追问项目的进度，急切期望本部门流程尽快上线，这充分体现了名称的魅力。

（2）当然名称并不总能产生正向作用。我们曾经做过一个项目,项目范围涉及的流程为"A—B—C—D",项目的目标是提升端到端流程的整体效率,符合公司的要求。但从项目的效果来看,C环节的效率提升最大,其他环节的效率提升不大,甚至有所下降。可能是因为优化后流程的核心变化点在C子流程上。所以,最后也不知道为何,此项目组把此项目命名为一个与C子流程非常相关的,而且是一个非常具有技术性的名称。这个霉气的名字就像噩梦一样伴随着项目组。从项目立项、组建项目组到方案设计,项目经理要不断地给ABD各环节的参与人员和流程所有者解释,项目的范围以及为何会增加了部分ABD环节的工作量。但其他环节的流程所有者总是不明白,而且一直误认为这是C子流程想提升效率而牺牲ABD环节的效率而已,所以并没有把此项目提升到公司整体端到端流程规划的高度。特别是在方案上线的时候,ABD各环节操作者更是不配合。所以,最后整个项目在项目总管及管理改进委员会的干预下,通过召集各子流程所有者重新明确项目的范围及项目对公司的意义,以及强调提升端到端流程整体效率的目标要求,并把项目名称更改为一个更通俗且可以包含整个端到端流程概念的名称。

从以上案例,你能得到什么提示呢？生活中,你是否遇到过经常远程交流的同事或朋友,因为一次打电话才知道自己从名字上一直错误判断了对方的性别。这是同样的道理。

所以,我们可以提炼一下给流程优化项目起名字的原则：
- 名称一定要通俗,不要太专业,这样利于传播；
- 名字一定要表达出项目的范围；
- 名字也不要太大,比如如果只是优化订单执行流程某子流程,就不宜称之为订单执行流程优化,这样会给其他流程所有者过高的期望；
- 名字要表达出项目的层级,比如一些项目我们命名为再造,普通的则采用优化；
- 必要时,名字需要包装,甚至要用一些时髦的词语。

（2）项目立项和启动

完成项目化后,流程管理人员需把立项建议名单提交给公司高层或管理改进推进委员会确认项目并任命项目经理,必要时需召开一个流程优化项目立项介绍会。获得公司高层或管理改进推进委员会的高度认可很必要,这有利于进一步确保优化方向的正确性,以及获取足够的政治支持。没有大环境的支持,靠自娱自乐是无法获得持续成功的。

6.4 流程优化六步法

流程优化项目确定后,如何才能高质量地完成这些项目呢?

经过我们多年的实践证明,流程优化与项目管理结合是最适用的方法。当然,项目管理理论及方法论比较多,流程优化项目亦有其特性,如果全部照搬项目管理方法论显然并不适宜,至少在公司内部推广起来非常困难。所以,有必要充分吸收两者的特点整合一套非常简易的方法。

我们最初设计的流程优化项目管理方法足足有14步之多,不过经过大量项目的应用和多次完善,我们现在把它浓缩成现在的六步,简单称之为"流程优化六步法",如图6-3所示。

起初我们并没有为方法命名,我们一直在强调应用。当有一次与宣传部门同事交流后,我们发现了方法论包装的重要性,一个好听的名称很利于方法论在公司内部的推广。之前同事之间交流如何做流程优化时很难传播,每次都是解释一大堆,而现在很多人开始说"流程优化就是那六步",实践证明这的确非常有效。不一定所有的同事都知道具体是哪六步,但当他需要时,至少他会意识到有一个解决方法供其选择,这就足以。

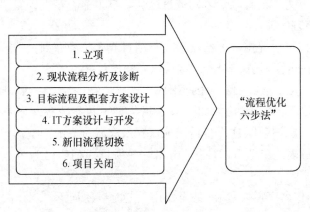

图 6-3 流程优化六步法

项目经理无疑是流程优化项目的核心角色,所以对于项目经理而言,仅仅知道这六步法还不够,他必须掌握足够的细节和方法。所以我们也设计了一个更为详细的流程优化项目经理清单供其参考,如表6-6所示。当然,为了让项目经理掌握实际技巧,我们还会对项目经理辅以大量的如"如何做好流程优化"方面

第六章　流程优化

表6-6　流程优化项目经理 Checklist

工作项目		作业方法	注意事项/经验点	项目会议	相关方法/工具
1	立项	1.1 确定项目组成员与分工	1. 项目经理是必需的 2. 必须安排一名项目经理秘书，负责会议组织、项目组工作的跟进 3. 项目组成员一般包括：项目经理代表、项目涉及流程的各岗位代表、流程上下端客户、IT开发部代表，必要时要求第三方加入		
		1.2 召开项目启动会	介绍项目的大致情况及各组员的职责	项目启动会	项目计划书
		1.3 项目工作计划	工作计划必须包括：项目启动、现状分析、方案与配套设计、新旧流程切换、效果评估各阶段结束时间及责任人		
		1.4 项目组成员的技能培训	借助流程管理部提升项目组成员的流程优化项目管理能力		
2	流程分析与诊断	2.1 详细描述流程现状	利用流程现状分析表，必要时画出流程图	流程优化分析会	流程现状分析表
		2.2 讨论现有流程主要存在问题			
		2.3 现有流程增值分析			
3	流程优化设计	3.1 讨论并确定主要问题的解决方法	1. 注意设计新流程之前要建立一切都是可以改变的理念 2. 流程优化设计方法：①运用哈默流程优化九大原则；②运用ESEIA原则	流程优化方案讨论会	流程优化方案书
		3.2 设计新的流程，并画出流程图			
		3.3 基于新流程设计调整相应配套职责分配	必须人力资源参与配合，涉及岗位部门职责的调整		
		3.4 基于新流程设计制定配套绩效评估及激励制度	使得考核的导向与流程导向一致；2. 职责变化后要分析相应岗位对KPI是否需要调整		
		3.5 基于新流程设计制定配套制度及清单	对于重要节点要要制定checklist，以确保流程执行到位		
		3.6 流程优化方案可行性、可操作性评估	让各岗位操作层面的代表对流程优化方案有详细的了解和反馈，以便完善方案，提高方案的可行性及可操作性		
		3.7 优化方案确认	1. 要让优化方案相关领导充分了解优化方案，达成共识并签字确认，以利于方案的实施 2. 优化方案定稿后，如在后续制订IT解决方案、测试上线过程中发现需要变更，需填写需求变更申请表	流程优化方案确认会	

(续表)

工作项目		序号	作业方法	注意事项/经验点	项目会议	相关方法/工具
4	IT方案设计及开发	4.1	与IT方确认需求	达成共识,且应有确认签字	需求确认会	IT解决方案书
		4.2	提交IT解决方案			
		4.3	确认IT解决方案			
		4.4	跟进IT系统开发	对照IT开发部给出的上线时间表跟进		
		4.5	IT系统的测试(软硬件安装、权限设置及数据准备)	1. 为确保测试效果,IT系统必须提供清晰的测试点清单 2. 测试要安排好需求相关责任人		
		4.6	IT系统操作手册	IT开发部负责制定系统操作手册,以做测试及上线培训使用		
5	新旧流程切换	5.1	为新流程设计制定配套的制度	1. 完善或制定与新流程配套的管理制度,可以先做一个简单的指引做上线培训用,项目关闭前再由流程管理部发布 2. 系统操作手册定稿 3. 强调流程优化前后岗位职责变更		
		5.2	召开新旧流程切换计划会	1. 确定新流程上线策略:全面一次切换,还是先试点再作全面切换,如试点,要选择好试点单位 2. 确定新流程上线时间 3. 确定新流程前准备工作:新流程配套制度及操作手册的定稿,培训计划、上线培训、上线问题反馈平台、各平台问题反馈接口人等	新流程上线启动会	需求变更表
		5.3	安排上线前培训	1. 受训者应包括所有与新系统有关联的人员 2. 提前与培训部联系,可以利用部培训资源与专业能力,提高效率		
		5.4	发上线邮件通知	应包括:① 项目背景;② 项目意义;③ 上线时间;④ 上线范围;⑤ 新旧切换方案;⑥ 新流程上线问题受理安排;⑦ 上线操作注意事项;⑧ 出现异常情况时决策安排;⑨ 流程重要优化点		
		5.5	上线及问题处理	1. 理顺问题反馈,受理及处理的程序与责任人,一般项目成员为各岗位代表,负责收集上线相关问题汇总及跟进 2. 如果是大的项目,建议每个分公司安排接口人	流程上线问题讨论会	上线问题跟进表

第六章 流程优化

（续 表）

工作项目		作业方法	注意事项/经验点	项目会议	相关方法/工具
6 项目关闭	6.1	项目验收	项目目标达成评估，如果有遗留问题需继续跟进		
	6.2	流程制度的定稿及发布			
	6.3	项目效果评估	1. 评估时机一般为流程正常运行一个月后 2. 评估要求量化，用数据说话 3. 评估指标至少包含大项目组目标要求		
	6.4	团队成员获得的新技能反映到人力资源上	1. 对项目组成员 2. 项目经理发E-mail给各项目小组成员及主要参与人员的上司一封感谢信，对项目组成员的成绩给予肯定并表示感谢		
	6.5	项目正式关闭	1. 项目关闭的时间一般为新流程正常运行一个月后 2. 对期间所有发现的问题均有记录，且在会议交流过程中确定解决措施 3. 项目关闭时，流程的运行及维护交接给所有者或归口管理部门 4. 与项目组成员一起分享项目经验及知识 5. 项目关闭后，项目经理应发一封"项目关闭"通知给项目组成员。通知内容应包含：项目名称，项目重要进展回顾，项目目标达成状况，项目成果介绍，项目经验总结	项目关闭会	项目关闭计划 项目效果评估计划
	6.6	项目知识管理	整理项目知识，包括全过程的文档，记录经验和教训		

235

的理念培训及案例演示教程。为了宣贯及使项目经理易于接受,这个清单只列出了一些关键点,我们会在接下来的各章节中详细讲解。针对专业流程管理人员,我们则强调看流程优化流程,这里面不但包括"流程六步法"及流程优化项目经理清单而且包含更多细节的描述及大量的经验点和知识点。这对专业流程管理人员非常重要,而对项目经理而言可能还没开始做项目已经被吓倒。

所以,即使是同一个方法论,针对不同的用户,展示界面及繁简程度也是不一样的。

6.5 项目立项

■ 组建项目组

在接到流程优化任命通知及相关项目资料(原始流程优化需求申报及分析报告)后,项目经理应尽快组建项目组。一般来讲,一个流程优化项目可能会涉及图6-4中的10种角色。不过不用担心,我会对每个角色一一作出详细描述,你会发现很多项目可能只需要其中几个角色。这很正常,像以上所说,每个企业每个项目的约束因素数量是不一样的。而且,也许很多角色在你们企业是整合的。为了便于决策,我们一般建议流程优化小组成员不多于8个。

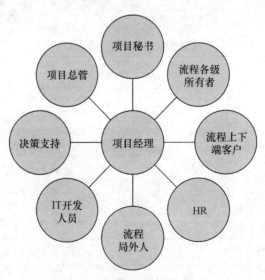

图6-4 流程优化项目组角色

决策支持

之所以首先提及决策支持,是与此角色的作用相匹配。我不知道离开了领导决策支持,一个流程优化项目如何可以成功。其实理解这个道理很简单,流程优化项目一般都会涉及权责利的变更,比如两个部门需要合并,而此类变更唯一能有效推动的角色就是掌握足够职权的领导。

什么层级的领导可以为本项目组提供决策支持呢?一般可以从以下几个方面考虑:

(1)首先他具有足够的权力,至少有与项目大小相匹配的资源。衡量权力是否足够,有一个简单的办法:想想此项目受益方和失益方,如果他没有足够大的权力支配双方的资源,就说明他还不足以担任此重要角色。

(2)资源提供者。无论项目需要人力还是物力资源,他应该可以调配自如。

(3)信念的支持者。至少,一般变革开始都不被教条主义者接受。所以项目需要坚定优化的决心并持续不断推动,这是此角色需要解决的。实际上,他本身应该就是此信念的推崇者,至少应该是理解者。

项目总管

一个组织里面,懂得"流程管理+项目管理+团队管理+计划管理"的项目经理并不多。所以,如果一个组织经常做流程优化工作而且往往多项目共存时,项目总管的角色就很重要了。有些企业里,流程管理部门会作为项目总管。项目总管的作用在于:

(1)给每个项目提供专业方面的培训指导,从专业角度把控项目进度和风险;

(2)多个项目之间需求和改善如果有关联,项目总管就可以起到穿针引线的作用,把多个项目有机地集合在一起;

(3)当各项目需要资源及管理决策支持时,由项目总管汇总后直接对口领导决策支持;

(4)作为独立的第三方,项目总管往往承担对各项目效果评估及对项目经理的绩效评估工作。

项目经理

项目经理无疑是项目的核心。项目最终能够达到圆满完成目标很大程度上取决于项目经理。一般项目经理是所要优化流程的最高所有者或者他指派的一个中高层管理人员,否则他无法调集必要的资源完成项目。项目经理主要负责项目的目标、计划、时间、质量、风险和成本的管理。

由于项目经理太过重要,而且我们也曾经在此点上遭受不少挫折,所以,我们这里给出了项目经理必须具备的能力要素:

(1)流程所有者。优化哪个流程就由哪个流程的所有者担当,自己当家做主,做出来的方案才最为可行和到位,而且也有利于保持持续的改革热情,千万不可"皇上不急太监急"。

(2)足够的权力和威望。可以整合所优化流程要求,调配各种资源的权力。

(3)项目管理能力。具备一定的项目管理能力是必需的,所以我们一般倾向于找一些管理经验丰富的管理人员担当,这在一定程度上可以降低项目的风险。

案例 项目经理的职权要能覆盖所优化的流程范围

我们曾经组建过一个流程优化项目,项目的范围包括 A—B—C—D 整个端到端流程的改善。而我们当初任命了一个负责 B 子流程的所有者担当项目经理,因为我们被他的改革热情和勇于肩负重任的态度所感染。不过,最终证明当初我们的决定是非常错误的。整个项目以失败而告终,原因就是 B 子流程所有者没有整个端到端流程的视角,而且也没有足够的权力调动各子流程的资源。设计的方案总是得不到端到端流程各环节的积极反馈和认可。事实上,最可笑的是直到失败后项目关闭时,我们仍然不知道可行的解决方案在哪里。有时候事情的复杂度绝对会超出第三方的预料。

项目秘书

我们相信你很惊讶于我们为何要单独强调这个角色。说实话,在我们刚开始做流程优化项目时,我们也从来没考虑过设置项目秘书。不过在经历了几次惨痛的经历后,我们强烈提醒你流程优化项目秘书单独设置是绝对必要的。

因为项目经理在整个项目管理过程中更多地发挥管理者的作用,而项目的实施落地离不开一件件看似烦琐的小事。具体说诸如会议安排、会议纪要、工作跟进、异常反馈、起草方案书等很多琐事都需要这么一个岗位。你总不能指望项目经理自己去做吧。经验证明,没有一个专职项目秘书的项目无论是进度还是质量一般都无法得到保障。

如果你认为项目秘书仅仅是一个文职秘书而已,那你就大错而特错了。文职工作只是他最基本的工作。有时候项目组设计方案的时候只是总体设计,方案的细化及可行性分析都需要项目秘书去完成,这才是项目秘书最增值的部分。永远都不要忘记,很多人只是带着脑袋开会而已。一定要有一个人去主导串联工作。而且,期望每个项目组成员都能主动按时完成工作简直就是一种奢望。这就需要项目秘书不断的督促督促再督促。

事实上,我们往往发现,项目秘书可以起到一个副项目经理的作用。在我们发现这个现象后,如果我们想培养一些新的项目经理,我们都会有意识地安排他先以项目秘书的身份参加一两个项目。

流程所有者

首先说明这里可不是指一个人,是指流程各级所有者,简单地说,如果优化的流程涉及4个岗位,你需要安排4个岗位代表参加,至少你需要安排与本次优化最相关的那2~3个关键岗位代表参加。即使同一个岗位,有时候根据实际情况也有可能有多人参加,比如一个中层管理者,一个实操基层员工。

流程上下端客户

优化流程往往会带来此流程上下端客户输入输出的变化,所以流程上下端客户的参与会使解决方案的可行性大增,而且有利于方案的最终实施。

IT 开发人员

你所在的公司工作流程可能还处于手工阶段。不过,对于现代企业来讲,重要的主干流程还是手工形态是非常危险的。所以,一般流程优化项目都会涉及IT 系统的改良。

我们的经验是,要在项目一开始就吸纳 IT 人员参加,这样对于保证解决方案的可行性非常必要。以往的案例可以证明:辛辛苦苦完成的"完美方案",很可能最终因为系统根本无法实现或者投资太大而失败。

HR

有些流程优化项目会涉及岗位职责的变更,这时候 HR 人员的参加就是必不可少的。

不得不承认,只要涉及岗位职责变更就预示着项目的复杂度上了一个"台阶"。如果仅仅涉及工作方法的改良,大家都相安无事。如果涉及职责变更就预示着大家的利益要重新分配。所以,很多项目经理极力回避这个问题。即使无法避免,也总希望把很多已涉及职责变更的地方直接用工作操作方便的描述一笔带过,甚至掩盖。

其实,这不是精明的办法。因为当大家意识到此问题时,优化方案的执行效果将会大大降低。所以,聪明的办法是及早把问题暴露在大家面前,及早吸纳

HR 人员的参与,尽早解决此问题。即使不涉及职责变更,可能需要调整部分岗位的考核方案,吸纳 HR 人员参加也有利于保障改革方案实施效果。

流程局外人

  这个角色的设置,你可能也比较疑惑。其实,道理非常简单。想想企业为何要不断地招聘新人补充新鲜血液。圈内人踢球往往就是一件工作从此处转移到别处。这不怪他们,因为这是思维定式的结果。你可能听到过类似的激辩:公司一直都是这样做的,为什么现在要改变?而且可能存在风险,所以这点最好先别改变。这样导致的后果就是,项目成立之初的愿景非常美好,但最后的解决方案就是解决了几个无关紧要的问题而已。

  所以,现在需要一个局外人问几个问题:"这样做的真正目的是什么?当初为何这样做?现在的环境是否已经变化?或者有更好的方法取代现在的方法?"

案例　流程优化需要旁观者的创新思维

  A 公司的生产秩序一直比较混乱。主要体现在所有环节的生产没有很好的排程计划,而且跟单员下车间直接追单更是严重干扰了生产秩序,所以每个订单都无法预估完成时间,导致客户非常不满意。而且这种状况已经持续了十多年,每次遇到问题大家都是争吵,但每次又都无果而返。因为每次大家讨论的焦点就是如何在目前的组织架构职能范围内改善。一个新加入的成员提的第一个问题就是:"为何没有一个专门负责排单的生产控制部门?"正是此创新的一问彻底改变了已持续十多年的生产秩序混乱的局面。通过设立独立的生产控制部、跟单员不能直接下车间影响正常生产秩序、开发内部订单跟进系统三个措施的实施,极大地改善了生产管理状况,通过两年的流程优化改善,平均每个订单的生产周期降低了 20%。

  还是强调,你所领导的流程优化项目不一定需要全部九个角色。这与多方面的因素相关:企业文化、管理水平、项目本身性质、项目目标、公司的组织架构、行业特点、员工素质等。把这九个角色都一一提及的作用在于:至少在需要的时候你不会遗漏。

  为了便于理解,我们这里汇总一下一般项目中各角色的参与情况,如表 6-7 所示。

表 6-7　一般项目中各角色参与情况总结

角色名称	是否必须参与	备注
项目经理	是	不可群龙无首
项目秘书	否，一般是	除非项目非常小，易于把控，可以考虑由项目经理或其他成员兼任，否则强烈建议此角色必须设置
流程各级所有者	是	流程的主人必不可少
流程上下端客户	否，一般是	重要项目需要客户参与
IT 开发人员	否，一般是	只要涉及 IT 系统开发，就必须参加
HR	否	涉及岗位职责变更时，需要参加
流程局外人	否	大型变革性项目一般需要
项目总管	否	一般不亲自参与其中，但会监控项目进度并提供实时帮助
决策支持	否	一般不参与，但在大型、难度比较大的变革性项目中需要参与，尤其是涉及很多重大问题需要决策时。一般会以决策指导委员会的形式参与小组

项目经理在组建项目组的时候，切记要征求组员上司的同意。毕竟参加项目就意味着该成员的正常工作多少会受影响。如果没有组员上司的认可，该成员的参与度是无法得到保障的。

■ 召开启动会

如果项目经理对项目本身已经有充足的把握和了解，我们一般建议项目经理在召开启动会前就完成项目计划书并交流程总管备案。如果项目难度比较大，也可以在启动会后再做项目计划书。

当招兵买马的工作完成后，项目经理应该召集所有组员开一次项目启动会。任何项目都需要一个正式启动仪式，否则组员总是觉得工作还没正式开展，而不能全心投入项目工作中。在项目启动会上，项目经理要把项目的背景以及关键问题介绍给小组成员，然后介绍每一位成员及其大致的职责和项目计划书。

■ 完成项目计划书

说到计划，我想起一个对计划通俗的解释："一个哪怕写完就可以扔掉仍然要写的东西。"虽然这样的解释你未必认同，也许你觉得这是对计划的一种调侃性的描述。不过我个人认为，这句通俗的解释形象地描述了计划的核心。"写完就可以扔掉"是说一般计划与实际执行是两个层面的事情,实际执行不能照搬计划,甚至有时候最终结果会背道而驰。"仍然要写"则强调了做工作之前有一个全盘框架性思考的重要意义。

在我们刚开始做流程优化项目时,我们也并没有意识到做计划的重要性,总是感觉多余。毕竟一般项目经理都是所要优化流程的所有者,感觉一般还是可以控盘的。不过经过几次挫折后,我们越来越认识到计划的重要性。为什么呢?

当项目总管把项目需求及原始资料提交给项目经理时,一是项目经理到底能从这些繁杂的信息中提炼多少有价值的信息值得怀疑,二是项目目标并没有十分直接地给予说明。这样导致的后果就是要么项目关闭时很多优化需求还没有得到完全解决,要么就是偏离了当初项目设立的目的,而且项目总管对项目的监控和评估也就变得非常困难。每次项目经理都会告诉你一切都在进行中,但他不能明确地告诉你到底进行到哪里,是按计划还是超出计划控制了呢?这些都是未知数。等到有一天项目要关闭时,他才告诉你因为这样或那样的原因,只解决了其中一两个问题,但为时已晚。

所以,解决此类问题的最好方法就是让项目经理在正式开展工作之前先完成项目计划书,以对项目目标、边界、关键问题及优化需求、组织、里程碑事件做一个全盘框架式的思考,并与流程所有者、优化需求申报者、项目总管达成共识。这样,项目就有了保障。而且当项目计划书包含很多知识点时,项目的质量会进一步得到巩固。比如项目计划书中会直接建议一般应考虑的组员角色,这样就把因遗漏重要项目成员而导致项目失败的几率降到最低。

总之,项目计划书的使用,重在强调让项目经理全局地端到端地看待整个项目,并就关键的环节与优化需求申报者达成一致。

那么就让我们看看项目计划书的真面目吧,如表6-8所示。不过你如何想拿来使用的话,还是提醒你千万不可照搬,要考虑本企业的特点及客户的接受度。事实上,你看到的这个版本是我们经过多年完善而成的,期间既有过删减整合也有过丰富细化,而且即使到现在,我们仍然不确定这是最适宜的,我们还在根据客户的使用反馈意见不断地调整。如果你直接把它搬到贵公司,可能会水土不服,但你可以根据实际情况在此基础上简化或者细化。

表6-8 _____流程优化项目计划表

一、项目背景、范围及目的			
二、流程现状及主要问题			
三、流程优化初步思路/资源投入/预计效益			
四、项目组成员	角色	姓名	职责定位
	决策支持		
	项目经理		
	项目秘书		
	各级流程所有者		
	……		
	流程上下端客户		
	相关IT人员		
	其他		
五、项目目标	测量指标	指标计算公式/指标含义/现状值及期望目标值	
六、项目推进计划	工作内容(可参考"流程优化六步法")	预计完成时间	责任人

项目计划书填写简要说明:

(1) 项目背景。很多人(甚至包括个别项目经理)认为填写这些信息都是"摆花架子",没有实际意义,我们却不这样看。项目背景有助于帮助项目组成员了解项目立项的来龙去脉,这绝对有助于提高项目的方向性和统一思想战线。举一个并不是非常恰当的例子,一个CEO要求和关注的项目和一个部门经理关注的项目,项目成员对此工作的重视度及投入的精力是不同的;再比如,如果你知道这次流程优化的起因是因为发生了一次严重的风险事故,那么这次优化的方向则会聚焦在如何做好风险控制方面。

(2) 项目范围。我们都知道控制好项目的边界是非常重要的,因为项目范围直接会影响组员组成、投入资源的大小及项目周期的长短。所以,我们在既定的时间及资源要求下,一定要把好项目范围关。项目范围本身有几个角度可以定义:

- 组织广度:比如是限定在某个分公司内部还是在整个集团;
- 流程选择:比如是 A 流程还是 B 流程;
- 流程分类:比如是优化 A 流程的 A_1 还是 A_2;
- 优化深度:比如是关注流程的风险控制还是关注流程的时效,还是都关注;

(3) 项目目的。给整个项目组指明前进的方向和使命。

(4) 流程现状及主要问题。让项目组成员清楚地了解目前的处境及所要解决的主要具体问题,让大家更深层次地了解项目。

(5) 流程优化初步思路/资源投入/预计收益。介绍解决问题的初步假设、项目的规模及项目产出,激发大家的斗志。

(6) 项目成员。可以参考上面所讲的九个常见角色进行选择,特别是对于经验比较少的项目经理,我们建议对照九个角色,在角色必要性、能力要求(整个项目管理过程对成员的综合能力及职责的要求)等方面一一深思熟虑,千万不要先入为主"随便"指定几个项目成员。

(7) 项目目标。这是强调项目目标导向的重要手段,如果项目组仅仅停留在目的层面,我们不建议立项,至少不建议立马启动。通过以下案例,你会意识到我们强调这一点并非空穴来风。

案例 项目目标真的那么重要吗?是的

A 公司在 2004 年成立了一个"客户服务流程优化项目",其中一个项目目标就是"客户可以在电子商务平台查询订单处理信息"。起初我们并没意识到项目目标有什么问题。但是,项目关闭后的效果评估却差强人意。因为我们发现客户查询到的信息有 15% 与订单的真实状态不符,而且客户还是习惯通过电话询问客服专员,因为客户认为信息不够充分而且不够准确,实时性也达不到要求。经过调研,我们终于发现问题出在项目目标上。

因为大家一直在强调"可以查询到",所以整个项目组的注意力一直都集中在相关功能上线上面,而忽略了对信息质量的要求,比如信息必须是充分的、实时的、准确的。如果项目组当初制定的目标是"客户可以通过电子商务平台实时查询到充分的、准确的订单处理信息",那么在方案设计的时候就会考虑到底客户需要了解多少种状态信息而做一些客户调查访谈,而不是想当然地把目前系统可以立马提供的放到系统上就算完成任务。在方案设计及方案实施中也会考虑如何保证信息的实时和准确。

(8) 项目推进计划。我们一般建议各项目组直接按照"流程优化六步法"来填写这一部分,事实证明90%的项目的确都完全可以按照此要求填写。但我们绝非是教条主义者,我们还是强调要灵活运用工具,你可以在充分考虑本项目特点的情况下,细化(一般都是更加细化而非简化)甚至可以自己制定步骤。

■ 项目成员技能培训

我们建议在正式开展工作之前,由流程管理部门给项目组成员做一次有关如何做好流程优化的培训,这样有利于保障项目的质量。当然,如果流程优化工作已经在贵公司做成流水线了,那设置一些诸如"如何做流程优化项目"的通用课程亦可。

需要强调的是,针对不同的学员,同样的课程讲解思路是不一样的。面对大众的普及型课程理论可以偏多一点,重在强调方法论和意识宣导;如果面对项目组,就要尽可能少讲理论,多讲解一些案例,最好在课程中连带讲解一些即将开展各项目的关键点。这样有利于方法论的真正落地。

6.6 现状流程分析及诊断

■ 现状流程描述

还记得我们在流程梳理章节中提到的"盲人摸象"的故事吗?如果想要优化一个流程,应该首先从"还原流程"本身开始。对现状流程的分析及诊断同样可以使用流程梳理分析表,如表6-9所示,只是在流程优化项目中,不是大而全地梳理,是紧随项目目标(具体要解决的问题)、有所侧重地展开梳理。如果现状流程已经非常明确,完全可以跳过此步骤,直接拿流程制度讨论即可。

表 6-9 流程梳理分析表

流程的客户：							
流程目的：							
流程目标：							
流程所有者：							
岗位及职责： 1. 2. 3. 4. 5.							
流程的上下端流程：							
序号	时间点	活动名称	具体工作描述/管理原则/经验点/工作质量要求/异常处理	存在的问题			用到的相关文件（制度/指引/操作手册/模板/表格）
				描述/证据	原因分析	重要度	
1							
2							
3							
4							
5							
6							
7							
8							
填表说明：按工作的先后顺序填写，尽可能细化，至少应该细化到岗位							

■ 问题分析

通过对流程现状的描述我们可以获得较为全面的问题,但这些问题都需要解决吗？显然不是。我们必须对所有的问题进行分类和重要度排序,我们只需要解决与项目目标相关的重要问题即可。这一点你可以通过后面的"超人染厂生产控制流程优化项目"案例深入理解,虽然在现状分析时我们有时甚至会发现很多重要的问题,但我们仍需要把注意力先聚焦在项目目标上,其他重要问题可以另外立项解决。

另外一个重要的话题就是：如何认清问题的本质？永远都不要忘记,你发现的问题往往都是表象,真正的问题没有那么容易得到。搞清问题背后的原因、背景、相关管理需求及管理原则非常重要。经验证明,该做的功课永远也无法避免。这就是为什么往往很多项目需要不断地从头再思考的原因。

> **案例** 流程优化需要治本而非治标
>
> 某流程的所有者认为该流程在执行时效方面不够及时。如果问题只停留在这里,你可能会做出让大家配合再紧密一点的建议。不过这并不能最终解决问题。你应该延伸去想——为何流程的所有者认为不够及时(现在时效如何?)——流程的所有者为何要求快(分析后才知道会影响销售节奏)——多快才算快?(流程的目标)——为何现在流程慢——怎样优化才能达到要求?——优化的方法及关键控制点在哪里?——优化需要的决策支持在哪里?——还有其他问题吗?——这些改变会带来风险吗?怎么避免?
>
> 只有你真正了解了目前所存在问题的实质,项目质量才能有保障。

6.7 目标流程及配套方案设计

■ 新流程设计

流程的优化方法很多,我们这里把常用的集中介绍一下。但这并不代表同一个项目你必须用到所有的方法,更不代表你必须"按部就班"地套用这些方法中用到的表格。

在刚开始接触 ASME 及 ESEIA 方法的时候,我们也像发现了万能钥匙一样兴奋,而且要求每个流程优化项目组在新流程设计时必须运用这些表格。后来,我们发现没有一个项目完全按照这些方法去运作。大致原因有:

- 方法本身不具备较强的通用性。比如 ASME 表格,你可以说它适用于所有行业,但实际上它更适合制造业。
- 很多流程本身不是严格线性的,放到 ASME 或 ESEIA 表格中并一定比流程图分析更简单。
- 并不是所有流程优化项目都必须把活动细分到如吉尔布雷斯夫妇要求的细化程度,有时候笼统地以流程目标为优化对象,比以流程活动为对象更加有效。

- 很多流程优化项目(特别是 BPI)并非是重新设计流程,而是对核心问题进行整改。有时候甚至问题的整改方案都非常明确,所以没必要一切从头开始。

所以,告诉你这些方法的目的只是强调:在流程优化时有这么多优化的思考方向可以参考,具体如何使用、是否使用取决于项目的特性,比如时间要求、范围要求等。

方法一:流程活动增值分析表 ASME

流程活动增值分析表如表 6-10 所示:

表 6-10　流程活动增值分析表

序号	活动描述	活动类型						时间	操作者
		增值活动	非增值活动	检查	传递	耽误	贮存		

说明:增值可以分为两大类:(1)客户增值,判断标准为:① 该任务是否为产品/服务提供了新的功能? ② 该任务具备竞争优势吗? ③ 客户愿意为此支付更高的价钱吗?(2)业务增值,判断标准为:① 该任务是法律或法规所要求的吗? ② 该任务是否降低了所有者的风险? ③ 该任务支持财务报告要求吗? ④ 如果取消该任务,流程会终止吗?

方法二:哈默的流程优化原则

目前业内比较通用的叫法是"哈默流程优化九大原则",至于这些原则提炼的准确性及解释是否牵强,我们这里不敢妄加评论。但我们喜欢回归到哈默的原著中去理解他的本意,以便让你更好地把握这些原则产生的背景和真实目的。我们这里只是给你把关键点提炼出来,然后配以详细的实际案例协助你解读。

首先,哈默并没有直接提出九大优化原则,而是通过再造后的业务流程跟传统的业务流程的不同点进行对比,然后总结出再造后的业务流程经常出现的一些共性特征。这就意味着可能还存在其他特征,而不只是生搬硬套九大原则。

(1)若干种职位组合成一种职位

再造后的流程有一个共同的最基本的特征,即不存在流水线,原先的若干种不同的职位或任务被整合或压缩成一种。最经典的例子就是国际商用信用公司,把若干种专业人员的职位如信用审核员、核价员的职位合并成一种简单的职位"综合办事员"。

值得注意的是,如果业务流程比较长,要把流程中所有各个步骤的工作压缩成一种综合性工作,交给单独一个人去完成,这种做法并不总能行得通。因为在某些情况下,要教会一个人掌握完成整个工作流程所必需的各种技能,也许并不现实。而且流程并非就是完全否定分工,这是不冲突的。只是讲述的侧重点不同,以便把握事情的全貌而已。

（2）工作人员有决定权

公司实行再造后,由于设立了项目负责人或项目小组去完成多种工作,所以大幅压缩了业务流程。过去实际操作的工作人员在实际工作过程中常常不得不向上面的管理部门请示、等候答复,而现在他们自己有权做出决定。

案例　企业需要通过放权提高绩效

在我们接触过的企业中,已经把这个原则实施得淋漓尽致。一些常规的业务,从订单接收直至货物送达客户并完成财务核算,整个过程都由操作人员完成。只有一些非常规的,比如项目性及特大订单才需要高层管理人员的干涉。

对于常规业务,只要制定相应的规则,操作人员完全有能力独立完成工作。既然规则已经非常透明,而且还辅以信息系统的协助,已经把风险降到最低,每单都需要高层管理人员"签字画押"实在是没必要。

（3）业务流程中的各步骤按照自然顺序进行

以往我们安排工作都是习惯地设计成直线序列,其实,大部分直线序列的工作被认为是强加的结果。现在有了信息系统的支持,我们可以把很多工作进行并行设计,这样可以大大提高工作效率。

比如各部门对同一张订单的审批,如果不存在逻辑上的前后递进审批,即可利用信息系统甚至 E-mail 做并行审批。

（4）业务流程有多种多样

或者我们称之为标准化的结束。我们无须讲解太多,看看生活中的案例吧。

案例　百佳超市的绿色通道

我们在百佳超级市场发现了一个有趣的做法。他们在繁忙的时间段,专门为购买3件以下商品的顾客设立了两个绿色通道。而以往,这些顾客不得不和购买一车商品的顾客排队等候结账。

(5) 哪里最适合,就在哪里安排工作

直接从一个案例开始。

> **案例　SONY笔记本维修服务高效的秘密**
>
> 　　如果你购买的是一款SONY笔记本,当你需要维修服务时,你打算通过UPS联合包裹服务公司邮寄到SONY公司。但结果会让你意想不到,其实真正为你提供维修服务的是UPS公司。虽然从回寄的邮包上看起来好像是从日本SONY公司寄送的。
>
> 　　为什么是这样呢?其实你可以想象如果按照之前的逻辑,业务流程应该是这样设计:顾客——UPS寄送给SONY——SONY维修好(烦琐的内部流程)——SONY公司通过UPS再寄送给你。其实这个流程的目的就是让你的笔记本得到维修服务,至于是寄送还是转交都是围绕着这个目的设置的,也就是说这些工作的增值性值得怀疑。这个流程的目的的关键控制点其实就是由专业服务人员维修好机器。所以,最终UPS与SONY展开深度合作,UPS成立维修公司,但维修工程师需得到SONY公司的内部资格认证。这样整个流程得到简化的同时,流程的质量和目标也得到了保障。现在的流程就是:顾客——UPS维修好并返还顾客。

(6) 减少检查和控制

再造后的业务流程,最大限度地减少了另外一种非增值工作,那就是检查和控制。或者比较精确些地说,再造后的业务流程只是在具有经济意义的范围内才运用控制。

> **案例　大部分检查都值得可疑**
>
> 　　我们接触过一个公司的固定资产转移流程,从申请者开始填写转移申请单后,一共经过8个环节的审批。我们最后针对某个审批环节提出这样的疑问:申请者当初配置的电脑是由行政部门调配的,现因为离职为何需要部门经理审批才能转移呢?行政部门的答复是"他的领导应该知道吧"。
>
> 　　这是一个非常典型的案例。由于科层制带给我们的惯性思维就是,我们所做的一切事都需要领导的检查和控制。其实,一般情况下,这完全没必要。部门经理的签字在此流程中没有任何实际意义。

(7）最大限度地减少调整工作

案例　帮宝适尿片的配货

帮宝适尿片作为一种一次性尿片,它是一种大宗商品,与其他商品相比较,单价小,但其库存需要占用的空间却不小。沃尔玛商店将这种商品的库存设在它的配货中心,当配送中心的这种商品的库存量开始偏低时,沃尔玛商店就向其供应商普罗克特—甘布尔公司再次发出采购这种一次性尿片的购货订单。

不过问题是,保持库存量的平衡已经非常难。库存量过少,会导致脱销,顾客不满意;库存量过多会占用资金,还会增加仓库的保管费用。最后,沃尔玛商店认为普罗克特—甘布尔公司因接受全国各地零售商的订货,掌握商品使用情况的信息,很可能比自己更了解这种一次性尿片进出仓库的运动规律。于是沃尔玛商店提议由普罗克特—甘布尔公司承担起如下责任:及时告诉沃尔玛商店,应该在什么时候为其配货中心向普罗克特—甘布尔公司提出帮宝适的订货?订货的数量多少?沃尔玛商店则每天向普罗克特—甘布尔公司报告,它的配货中心在一天内发往其零售店的帮宝适尿片的数量。这样,当普罗克特—甘布尔公司通知沃尔玛商店到了该订货,并订多少货的时候了。沃尔玛商店如果认为普罗克特—甘布尔公司的建议合理,便予以同意,接着,普罗克特—甘布尔公司就发货。

(8）一个综合经理是企业同其客户的唯一联系人

在今天一切以客户为导向、商品又严重同质化的经济环境下,统一客户界面对于提高客户满意度是非常重要的。

案例　政府的综合办事大厅

之前去政府行政部门办理一个证件,一定要有"过五关,斩六将"的毅力才行。不过,随着市场经济环境的影响。各地政府为提高市民满意度,逐渐建立起了各种综合办事大厅。这就是生活中最鲜活的例子。

(9）普遍实行集中运作和分散运作相结合

沃尔玛商店的集中采购有其规模效应,但家乐福商店的分散采购也有其灵活性。特别是目前企业内部广泛采用信息系统的情况下,两者的结合变为现实。最鲜明的例子,就是银行的信用管理。为了防止出现信息不共享导致的诈骗,各大银行可以实行信用管理统一化。但针对自身银行特定业务又会有不同的信用政策。

针对如何应用以上九点再造后的流程体现出来的特征,哈默也有其"忠告",我们不妨直接摘抄下来一起学习。同时这也是我们一再向你强调的要灵活应用某些方法想表达的。

"举出上述例子,指出我们所看到的在再造后的业务流程中一再出现的特征,目的并不是向读者表明,不论哪种业务流程,在再造后,其外表特征都是一样的,也不是表明流程的重新设计是简单明了之事。真理再往前一步就会变成谬论。并不是每一个再造后的流程都显示出我们论述的全部特征。实际上,由于有些特征之间有矛盾,它们也不能全部显示出来。实际上,建立一种新的设计,需要有远见卓识、创造能力和判断能力……"

方法三:ESEIA 方法

E(清除):首先找出并彻底清除不增值的活动;

S(简化):清除不必要的活动后,对必要的活动进行简化;

E(增加):根据顾客/管理需要增加创造价值的活动;

I(整合):对简化后的活动进行整合,使之流畅连贯并满足客户要求;在整合的过程中,要充分考虑通过并行工程来缩短流程运行时间。

A(自动化):之后,充分利用信息技术自动化功能,提高流程处理速度与质量。

无论你使用哪些方法,优化后的流程应该至少满足以下要求:

- 符合公司总体战略要求;
- 符合流程体系的要求;
- 整体优化而非局部优化:优化后的流程要能提高流程整体的效率而非局部效率,更不可以以牺牲其他前后端相关流程效率为代价来提高本流程的运行效率;
- 有利于提高客户满意度:包括内部客户及外部客户,特别是外部客户;
- 对应项目目标:一个项目一般解决预定的问题即可,切不可把优化范围无限扩大。
- 达成一致的:流程的优化方案是项目组团队协作的结果,要满足流程所有相关方的需求并达成一致;理论完美的方案如果不能落地,还不如执行一个达成共识的 80 分的方案;

- 可行及可实现的:流程优化不是"天马行空",要立足实际,由于各种因素的制约,甚至一些方案不能"一步到位"。

■ 配套方案设计

项目组讨论确定新的流程线路后,要设计管理配套措施来保障新流程的有效运作,管理配套措施一般包括以下几方面:

(1) 职责调整:包括组织架构的调整、部门职责的调整、岗位职责的调整;
(2) 计划调整:通过提高计划性,改进预测,提高流程效率;
(3) 制度调整:制定为保证流程运作有效的制度;
(4) 考核调整:确保相关人员重视流程绩效;
(5) 报表调整:为流程决策提供充分的报表。

根据我们的经验,最常用的三个方法为职责调整、制度调整、考核调整。当然,你也可以根据本企业的实际环境,灵活设置一些其他配套保障措施。

■ 流程优化方案书确认

达成共识的,才是可以执行的

在完成新流程设计及配套方案设计后,我们应该做一个书面的需求方案书。好的方案设计完,我们强烈建议召开一次流程优化方案确认会。因为方案书是由项目成员制订的,而很多项目成员都是各岗位的一个代表,考虑设计方案的高度可能不够,或者方案设计的全面性及合理性存在不足,或是一般项目成员都不是流程最高所有者,所以,项目组可以邀请优化流程设计的各环节最高管理者开会确认,重点讲解新流程的设计以及优化前后对各岗位职责带来的变更。

千万不要小看这个环节。忽略这个环节,往往会导致设计方案在执行的时候根本就不能落地,而且这些岗位的高层管理者因为对方案了解甚少可能会对方案有抵触心理。

> **案例** 未达成共识的优化方案是无法确保执行效果的
>
> A流程优化项目组在设计方案时认为方案的改变不算太大,所以就没召开流程优化方案书确认会,直接让IT开发部门完成了系统开发。结果在执行的时候,就遭到其中一个相关部门的强烈抵触,因为他们认为这个优化方案并没有给他们带来实质的好处,而且其他几个部门工作量的大幅减少是以他们部门工作量的增加为代价的。
>
> 虽然项目组一再解释流程优化方案设计时是考虑整体效率,而非单个部门效率是否增加的。但该部门仍无法接受,因为他们认为事先没有把方案告诉他们是不对的,也许可能有其他双赢的解决方案。
>
> 结果,此项目最终在管理改进委员会的干涉下,才得以落地实施。但此次事件暴露的问题需要认真对待。

6.8 IT方案设计与开发

也许有些人认为IT方案的设计与开发应该归类到配套方案的一部分。其实,这么认为也没错。但我们为什么一定要分开呢?因为我们认为IT系统作为保证流程执行的两大利器之一,IT不再仅仅是一个技术工具,更是一种强有力的管理方法。我们鼓励所有的流程优化方案都考虑尽可能落实到内部信息系统中,这对于优化后新流程的执行绝对是一个有力保障。

当然,我们这里不想长篇大论地讨论有关如何做IT系统项目的问题。但我们会对一些流程优化项目中涉及IT系统开发的问题一一探讨。

■ IT开发人员在流程优化项目中的定位

最早在流程优化项目中遇到涉及IT系统开发的问题时,我们的做法是邀请IT开发部人员作为项目组一名普通的成员参与项目工作。后来,我们发现这种合作模式存在很多问题,比如如果涉及多个系统的调整,是否需要多名IT开发人员参与？IT开发方案的设计与实施到底谁负责？而且由流程优化项目组直接协调IT开发部门内部关系实在是一个非常棘手的事情,IT开发人员也没有主管主动性,毕竟这对于他并非本职工作。

后来经过多年的摸索,我们成功破解了这个难题。流程优化项目组的IT开发人员定位为此流程优化项目涉及的IT系统开发项目的项目经理更为合适,如图6-5所示。这样的话,在流程优化项目组与IT开发部门之间,就形成了一个简单的、统一的单点沟通渠道。流程优化项目组负责提需求,而IT开发部负责此项目涉及的系统方案设计与实施,之间的接口人就是此IT开发项目经理。

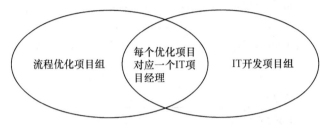

图6-5 每个项目通过一个IT项目经理链接IT开发方

而且为了便于对这些IT开发项目经理的管理,流程管理部门（或管理改进委员会）与IT开发部门之间很好地利用了绩效考核这个工具。即流程优化项目经理对该项目的IT开发项目经理的绩效有一定权重的考核权。这无论对流程管理部门还是IT开发部门都是双赢的结果。下面我们给出一个案例表供参考,如表6-11所示。

表6-11 IT开发人员项目工作考核表

项目名称： 技术项目经理：
客户项目经理： 考核日期：

考核指标	权重	考核基准	评分		综合得分
			客户项目经理	IT开发部经理	
		5分			
		4分			
		3分			
		2分			
		1分			
		0分			

（续　表）

考核指标	权　重	考核基准	评　分		综合得分
			客户项目经理	IT开发部经理	
		5分			
		4分			
		3分			
		2分			
		1分			
		0分			
		5分			
		4分			
		3分			
		2分			
		1分			
		0分			
		5分			
		4分			
		3分			
		2分			
		1分			
		0分			
		总分：			
客户项目经理评分说明及点评（开发人员的长处及不足）：					

备注：此表是针对IT开发人员项目工作的考核设计的。综合得分＝客户项目经理评分×70%＋IT开发部经理评分×30%。

■ 设计对应的IT解决方案

一旦流程优化需求方案确定后，即可交对口的IT项目经理负责组织内部人员完成IT方案的设计。其中的细节在此我们不做多余描述。在制订解决方案过程中,流程优化项目组需与 IT 开发方保持紧密沟通,以便就需求的细节达成共识。

完成 IT 解决方案后,流程优化项目组须与 IT 开发方开一次"IT 解决方案确认会"。会议目的是:
- 确保流程优化方案的所有需求在 IT 解决方案中都得到体现;
- 确保流程优化需求得到 IT 开发方的正确解读;
- IT 开发部可以就部分需求实现的可行性做出反馈,以便调整流程优化需求方案。

业务管理人员与 IT 开发人员就同一个描述的理解往往大相径庭。比如业务管理人员可能这样描述一个业务优化需求点"原来 A—B—C 的流程中,需要把 B 节点取消",而且认为已经把需求表达得足够详细了。但作为 IT 开发人员可能需要了解更加详细的信息:原来 B 节点的工作到底是彻底取消还是分摊到 A 或 C 上?改为 A—C 后的流程节点的判断条件是如何变化的?A 与 C 节点之前与 B 相关的信息设置是取消,还是部分保留?

■ 新流程上线倒计时计划

因为 IT 开发的时间周期一般比较长,所以在 IT 系统开发即将完成时,我们一般会做一个新流程上线倒计时计划,如表 6-12 所示,这有利于重新整合团队的凝聚力。这不是一个必须制订的计划,只有项目比较大,需要配合的工作比较多时,才有必要考虑借用这个工具以保障项目的质量,这只是一个锦上添花的工具。

表 6-12 新流程上线倒计时计划表

工作项	工作内容/工作质量要求	负责人	截止时间	完成情况
系统开发				
制度开发				
测试				
新旧流程切换				

■ IT 系统的测试

IT 系统开发完成后,流程优化项目组应该组织相关岗位配合 IT 开发部门做系统测试。如果流程改变比较大,流程优化项目组应该与 IT 开发部门一道制订系统测试计划。测试的过程可以帮助流程优化更加完善、更加细化、更加具有可操作性。

下面我们提供一个较为简单但实用的方法工具,如表 6-13 所示:

表 6-13　系统测试设计表

对应优化需求点	测试点及测试方法	测试人员	测试时间	测试结果	发现问题	跟进措施

测试点的设计至少应该考虑以下因素:

- 订单类型设计。根据不同功能点要求设置不同类型的单据,要做到每个功能点都能测试到。
- 各种异常情况模拟。关键看是否可以处理和返回处理,或可以搁置处理异常情况。
- 系统完整性测试。是否出现异常错误,系统各环节的操作人员是否可以看到足够的信息以满足来自工作及客户各方面的要求。
- 系统容错性测试。可以故意做一些错误操作,看系统是否可以识别和处理。
- 系统可操作性测试。检验用户界面是否友好,是否符合操作习惯。
- 系统安全测试。各测试人员是否能看到或者可以操作自己本不应该处理的数据。
- 流程的测试。测试数据是否按照预计流程的时间先后出现。
- 数据结果的测试。各条数据在各系统中最终是否可以产生准确的结果。
- 工作时间角度。比如周末、假期、客户数据的时间先后。

测试完成后,IT 开发方负责编写系统操作手册给流程优化项目组,以便做后续培训使用。因为这个手册是站在 IT 开发方角度写的,所以流程优化项目组应该站在业务管理的角度丰富一下这个操作手册。

6.9 新旧流程切换

■ 编制相关制度文件

项目经理应该安排流程所有者完成新流程文件的编写。总体的原则是让流程的所有者编写,项目组千万不可以"越俎代庖",除非项目组成员同时又是流程所有者。因为考虑到新流程上线后可能还存在一些问题需要进一步完善制度,所以此时制度文件无须发布。

■ 培训宣贯

编制培训计划并实施。让操作者了解操作的变化固然重要,但了解变化的原则更重要。只有他们了解为何做此转变以及转变的原则的时候,他们执行时才会真正到位。

- 培训教师

如果涉及 IT 开发,一般会有两个老师:业务方及 IT 开发方。

- 培训对象

一般我们强烈要求针对每个岗位都做专门培训。这对于新流程的落地很重要。

- 培训时间

要充分考虑培训对象的工作安排。有些岗位可能上午比较繁忙,而有些岗位则下午比较繁忙。

- 培训教材

一般培训教材包括制度和操作手册两部分。不过,有些大型项目会专门设计 PPT 培训教程,有时候甚至针对不同岗位开发不同教程。

- 培训方式

最常见的集中培训方式:E-mail、电话会议、现场培训。

针对优化前后变化不大的岗位,或者说已经由系统可以控制的岗位,可以考虑采取 E-mail 的方式。如果跨很多异地分公司的话,可以考虑采用电话会议的方式。如果项目重要度比较高、变化比较大,经常会采用现场的方式。事实上,有很多项目会同时采取两种以上的培训方式。

- 培训批次

有时候可能采取所有岗位一起培训的方式,而有时候可能需要分不同的岗位单独培训。

- 培训效果评估

培训的时候,学员经常表示没有问题。其实,往往是他们还没想到问题,或者说想拖延到正式上线再考虑。所以,在培训的时候就需要验证学员对新流程的掌握情况。一般可以采取让学员复述的方式验证。特别重要的优化项目甚至会以考卷的方式进行。

■ 新流程上线

一般新流程上线需要召开上线启动会,就上线的相关事宜进行部署。比如:上线的时间、上线的范围、上线的策略、风险控制等关键问题。

然后,项目组要给所有相关人员,包括管理者和实操者发出上线通知。因为很多人是第一次了解这个项目,所以上线通知一般应该包括下面这些信息:

- 项目背景;
- 流程重要的变更点:简略提炼一下重要优化点;
- 涉及岗位的职责或操作变更:根据岗位分别详细列举职责及操作变更点;
- 上线时间;
- 上线范围及策略:先试点还是直接全面铺开?一般优化比较大、覆盖面比较广、风险比较大的项目都采取试点的方式,比如让一个分公司先上;
- 附带新流程文件及操作手册;
- 问题的接口人:分为业务接口人(又分不同岗位代表,一般是项目组成员)、系统接口人及异常情况处理接口人。

很多人都认为,一旦新流程上线项目组的工作就结束了。这绝对是一个非常大的错误,虽然我们也曾经犯过同样的错误。之前无论是流程优化方案还是IT解决方案都是基于管理层面设计的,即使设计到很多实操方面的设计,设计的需求也是来源于一些岗位代表。业务运作时真实的复杂性往往会超过我们的想象。所以,新流程上线并不代表项目组工作的结束,现在才刚刚到检验解决方案是否足够全面、足够细化、真正可行的时刻。

但有一个问题是,项目组成员分散在各个岗位,很多问题得不到统一的反馈和处理。所以,这就是为何我们根据失败的经验设立"问题接口人"的原因。而且,这个阶段也正是充分发挥项目秘书重要作用的时候。他要主动与每个"问题接口人"了解反馈的问题,以及每个问题要端到端地跟进解决。还需要定期抽取部分用户,听听用户真实的反馈。有时候很奇怪,明明使用过程中存在问题,但很多人却不愿意主动反馈问题,等你电话回访的时候,他却满肚子"委屈"。所以定期的用户回访是非常重要的。

另外,项目秘书应该把所有已发现的问题汇集在一起,务必做到每个问题得到妥善处理。我们一般使用表6-14。也许有人不以为然,觉得设计此表格多此一举,有人E-mail反馈问题直接解决就是了。这听起来的确有点道理,而且事实上我们也曾经这样认为。不过,在经历过多次上线不顺畅的经历后,我们发现了此表的魅力所在。

首先,此表本身表达了所有问题都需要PDCA闭环解决。这对于不同风格的项目经理而言,可以起到一个规范和约束的作用。如果你口头要求各项目经理闭环解决上线出现的问题,那么不如直接要求他们使用此表格。

其次,很多问题并不一定能立马解决,所以如果仅仅用E-mail沟通来沟通去,不但很难跟进每个问题的处理状态,而且很容易混淆。并且,信息很容易被分散,此表可以起到很好的信息共享的作用。

表 6-14 　　　　项目上线问题汇总跟进表

编号	存在的问题	问题性质	处理状态	处理方法	责任人
01					
02					
03					
04					
05					
06					
07					
08					

如果反馈的问题比较严重,项目组需要开会专门讨论问题的补充解决方案。

如果说优化方案是100分,那么新旧流程切换工作的好坏直接决定项目最终产出是120分还是60分!

6.10 项目关闭

项目关闭是组员值得祝贺的日子

我们在最开始做流程优化项目的时候,也很少关注项目关闭的问题,总是觉得既然新流程已经成功上线,那就代表项目已经关闭。但后来发现这种看法是错误的。比如,我们经常收到此类困惑:

"A项目结束了吗?项目上线的效果如何?"我想这位项目成员肯定有种被抛弃的感觉,辛辛苦苦付出的项目,最后也不知道效果如何,甚至连什么时候结束的都不知道。

"现在我遇到问题到底找谁啊?找项目经理还是流程所有者?"作为新流程的操作者更是一头雾水,遇到问题也是无所适从。

……

所以,我们必须认真对待项目如何关闭的问题。新流程成功上线后,毫无疑问还需要持续的维护,这不可能由项目组管理到底,应该交还给流程所有者。项目关闭工作的好坏的确会直接影响项目最终的效果。那项目到底应该如何关闭呢?我们根据流程优化项目的一般特点,同样总结出了一套方法,可以参考表6-15。当然,此表仍然不是必须使用的表格,只是通过此表格让你更好地理解项目关闭时必须考虑的问题。

表 6-15　　　　　　　项目关闭计划

一、项目目标是否达成		
项目目标	目标描述/达成状况	是否达成

二、流程及模板是否归还流程所有者		
制度名称	责任人	是否完成

三、问题是否全部得到解决

见表 6-14

四、项目正式关闭	
跟进事项	责任人及时间
项目关闭 E-mail	
团队成员获得的新技能反映到人力资源上	
项目经理发 E-mail 给各项目小组成员及主要参与人员的上司一封感谢信,对项目成员的成绩给予肯定并表示感谢	
项目知识文档整理	

■ 项目目标是否达成

项目要关闭,首先要检验项目目标是否完成。在这个阶段,可以邀请项目总管(流程管理专业人员)参与。

需要注意的是,在制订项目计划书时,虽然我们已经设定了项目目标,但当时设定的目标可能过于概念化,而且也不够具体。所以,此时需要检验的一般是在项目过程中制定的更加具体的目标。

而且,检验项目目标是否达成,也不一定全部基于量化数据。比如当初设定的目标是"通过流程 E 化提高流程时效",那么只要能够证明流程的确已经实现了自动化,至于到底节约了多长时间可以不在此时验证,直接交由第三方(比如流程管理部)做更为详细的效果评估即可。

■ 流程及模板是否归还流程所有者

通过新流程上线，我们仍会发现新流程存在很多问题，甚至还存在错误之处。所以，我们在关闭之前必须完善一下这些流程制度，然后移交给流程所有者发布和后续管理。

■ 问题是否全部得到解决

为了切实做到闭环管理，我们有必要拿出项目上线问题汇总跟进表验证是否每个问题都得到了解决。

■ 项目正式关闭

如果项目符合以上三个条件，项目总管会通知项目经理正式关闭项目。正式关闭的工作包括：

（1）项目经理应发一封"项目关闭"E-mail通知项目组成员、流程所有者及项目总管。通知内容一般应包含：项目重要进展回顾、项目目标达成状况、项目成果介绍、项目正式关闭时间、优化后流程管理转交说明、项目经验总结。

（2）项目经理对成员的绩效进行评估，并把评估结果（如表6-16所示）提交项目总管，作为公司管理改进委员会激励方案评估时的表格，同时也作为第八章中提到的流程管理人才库的重要输入。

表6-16　　　　项目组成员绩效评估表

项目成员	贡献度（60%）	参与度（40%）	评　价	总分及排名

（3）项目经理发E-mail给各项目小组成员及主要参与人员的上司一封感谢信，对项目成员的成绩给予肯定并表示感谢。

（4）项目组成员分享项目经验和知识提炼。

■ 项目效果评估

项目效果评估的时机一般选择项目上线三个月后，以确保新流程稳定下来。

项目效果评估一般是由项目总管或者流程管理专业人员进行的,第三方来评估项目是为了确保效果评估的客观、真实。

项目效果评估指标由项目分解而来。一般从新旧流程的效率、成本、风险、质量及客户满意度几个维度对比,但要根据项目主要目标有所侧重。最后完成《流程优化项目效果评估报告》交给管理改进委员会,报告要尽量简单、量化和突出重点。

6.11 项目推进的方式

通过对"流程优化六步法"的解读,我们学会了一个完整的流程优化项目如何开展的方法。还有一个问题需要说明,那就是掌握了方法后,如何有效实施呢?

一般推进项目组工作的方式不外乎几种:会议、E-mail、电话。其中会议的方式最重要,也最有效。也有很多人不习惯会议,认为很多事情本来是一个E-mail搞定的事情为何一定要通过会议形式,但经验证明,E-mail能搞定的事情一般仅限于发布、通知等事务,但并不适宜做一些比如决策、方案设计、问题描述及分析等大量的流程优化工作。

有时候,当项目出现困境的时候,有些项目经理经常提议说"我们开个会吧",我们认为这绝对是一个绝佳的主意,相信团队的力量。所以,如何高效地运用会议开展流程优化项目是非常关键的。我们这里不想谈论太多细节,这不是我们此章节的重点,而且我们也不是会议管理专家。我们只是想把与流程优化项目这种特性会议相关的经验点提炼一下。

- 会议前,项目经理一定要想好会议议题,即要确定至少要解决的几个关键问题,以防无目的的讨论或陷入细节。
- 会议前一定要确保与重要会议议题的相关成员到场,否则不如改期。反过来说,无须等所有成员有空才组织会议,关键是确保问题能够得到决策解决。
- 因为工作繁忙等各种无法预计的原因,各工作跟进人可能无法按时完成工作,所以要及时提醒和跟进各项工作的进展情况。而且会议之前项目经理要确认所有上次会议需跟进的重要工作已经完成,不要把检查和评估工作完成情况带到会议上讨论。时刻注意大家的时间是宝贵的,大家的积极性、参与度和配合度与高效高产出的会议组织是有关系的。
- 会议时间是有限的,所以不要把所有的讨论都留到会议上。会议上只适合讨论两件事:一是制订解决方案和思路;二是重大问题决策。

- 会议不是项目进展的唯一推动方法。会议的价值关键在于决策。大量的现状描述、初步调研、意见收集、数据统计分析、现场调研需要会议外解决。
- 会议一定要从上次会议跟进事项开始,否则会议的价值会大打折扣。
- 会议结束时,一定要留出时间,总结会议达成的共识点,并做后期工作安排(具体到个人/完成时间/基本质量要求),一个小技巧是每次会议纪要都放在同一个 Excel 中,这样便于管理和跟进。

_____流程优化项目会议纪要

会议时间:2007.7.10　10:30—12:30

会议地点:第十会议室

与会人员:张三、李四、王五

会议纪要:

No	跟进事项	责任人	完成时间	备 注
1				
2				
3				
4				

我们一般鼓励项目组尽可能采取会议的形式推进工作,而不是电话或 E-mail 的方式,还有一些其他原因。比如,用电话和 E-mail 方式,各项目成员的参与度非常有限。而且在今天 E-mail 飞来飞去的办公环境下,不能及时或者不查看部分 E-mail 是非常正常的。所以,会议有利于让成员抛开日常工作的干扰,集中思路探讨项目组工作。

我们发现,让项目组所有成员了解全面的项目组工作进展信息是非常有必要的。尽量避免只让部分项目组成员参加会议,或者会议结果 E-mail 给部分小组成员。如果项目组长期这样运作,很多项目成员的参与度及积极性会严重受挫,因为别人感觉自己的角色并不重要,而且因为不了解很多工作的前因后果,也不知道如何参与。一旦信息发生间断,项目组之间就会开始产生小团体,这很不利于团队协作。

我们就曾经听过某些项目组成员向我们抱怨:"我甚至连项目进度都不知道。因为项目经理和几个项目成员总是私下讨论而且也不告诉大家讨论结果。"所以,项目经理应该关注这个问题,如果因为项目推进的方式有问题,而导致在最终评价项目成员参与度和贡献度时获得低分,这对项目成员而言是不公平的。

6.12 如何做好多项目管理

针对某一个流程优化项目,我们已经有了"流程优化六步法"。如果存在多个流程优化项目同时开展,我们又该如何管理呢?

如果说"流程优化六步法"更多是针对项目经理所写的话,本章节更多的是给项目总管或者说流程管理专业人员看的。要想管理好多个流程优化项目,首先,我们应该分析一下,多项目管理到底管什么?

■ 项目选择

我们在"流程优化需求漏斗分析"章节中讲到的大部分工作,都与项目总管有关。在项目正式启动之前,项目总管和流程管理部门(有时候是重合的)担负着流程优化需求分析,及最终决定成立哪些项目的任务。这里我们不再重复讲解。

■ 计划控制

作为项目总管,有责任对所有项目的计划进行管理。这也就是为何我们一再强调每一个项目立项后,一定要完成项目计划书并交项目总管备案的原因。项目计划书不仅仅是本项目必需的,同时也给项目总管提供了一个很好的计划管理工具。而且,当某项目因为各种原因(比如项目难度超出预期、公司高层领导要求扩大项目范围、项目成员突然变更等)导致无法按预期的计划完成时,项目经理要及时汇报给项目总管,一起讨论并完成新的项目计划。

尤其是当所有的项目遭遇资源瓶颈时,比如大部分项目都需要 IT 开发资源支持时。在最初项目选择时,项目总管已经考虑到各项目对 IT 开发资源的需求,并已经告诉各项目经理对应的 IT 开发档期(有点像拍电影)。所以,一旦某些项目有重大变更时,项目总管需再次平衡 IT 开发资源,并对相关项目做出适当的调整。项目总管一定要告诉各项目经理,每一个项目都会影响总体目标的达成,所以,每个项目最好都在预定时间内完成,越是能提前完成优化需求方案,越能抢先享用有限的 IT 开发资源。

为了及时掌握各项目的进度,项目总管会要求各项目秘书每周汇报项目进度,同时也会定期(比如每两周)召开项目经理会议,就各项目的进度及遇到的关键问题进行讨论。最后形成流程优化项目跟进表,如表 6-17 所示。必要时,项目总管还会参与一些可控度稍低的项目的重要会议,如项目启动会、优化思路讨论会、IT

方案设计讨论会、上线倒计时会议等。当个别项目遇到重大问题需要决策时（特别是设计到职责调整或非预期的重大资源投入时），项目总管会代表项目组把需要公司高层决策的问题统一提交给管理改进委员会或公司领导决策。

表6-17 流程优化项目跟进表

项目名称	项目目标	项目经理	完成时间	项目计划	目前进度	状态
订单处理流程	1. 90%的订单平均处理时效由2小时缩短为30分钟 2. 改单率由目前的10%降低为2% 3. 电子订单比例由目前的30%提高到80%	张三	30/9	1. 3月20日项目启动 2. 3月27日现状流程描述及问题分析 3. 4月24日目标流程及配套方案设计 4. 6月22日IT方案设计与开发 5. 7月30日新旧流程切换 6. 9月30日项目关闭	5月10日IT方案设计完成 **存在问题**：优化方案涉及核算原则改变，需要尽快上报公司管理改进委员会，否则会影响项目计划	正常
						正常
						延迟
						严重延迟

项目总管对各项目的关键点要比较清楚。对各项目的管理，其实最核心的还是对各项目关键点的把控，可以像表6-18一样，形成流程优化子项目关键问题汇总表。

表6-18 流程优化子项目关键问题汇总表

序号	项目名称	关键问题
1	项目1	两个子流程的整合 某工作转移到前端助理,可能会涉及岗位职责整合
2	项目2	某规则的确定
3	项目3	IT开发资源是否足够,如果外包是否可行 订单管理部分拆成客户服务部及订单管理部 客户是否可以通过互联网查询订单进度
4	项目4	要深入做一次客户满意度调查,了解客户真实需求 是参考竞争对手A还是竞争对手B优化某流程
5	项目5	在项目正式启动之前需与管理改进委员会沟通,制定原则
6	项目6	立项之前一定要取得行政副总经理的支持 立项之前首先要完成预算申请

■ 项目协推

各流程优化项目分配了项目经理后,项目总管就认为各项目会在项目经理的带领下在预定计划内按质按量完成或者认为等着项目经理反馈项目进度和问题是错误的。虽然之前也对项目经理或者项目成员做了大量有关如何做好流程优化方面的培训,但是每一个流程优化项目都有其个性,何况每年的项目经理都会有很多新面孔。

所以,项目总管要不断主动去了解各项目组的进度和存在的问题,以便及时协助解决。针对某些新项目经理,有时候项目总管甚至要以一个保姆的方式去引领。曾经有一个项目,我们甚至协助项目经理完成了项目计划书草稿,以便项目能驶入轨道。

如果某项目重要度大,而且风险相对较高,或者项目经理的流程优化经验不足,那流程管理部门应安排经验丰富的流程优化人员以项目秘书的角色直接参与到项目工作中。

■ 各项目衔接

既然公司的流程是有密切联系的,那么流程优化项目之间有时候并不能保证完全的相对独立。因为设立流程优化项目时需要考虑项目的颗粒度,同时还要考虑项目经理的人选等各方面因素,所以往往导致不同流程优化项目的范围存在重叠。

当然,我们同你一样深知端到端地看待问题和解决问题的重要性,我们也倾向于同一个流程的问题最好由同一个项目组来完成。但是,我们更深知,在项目经理的能力不足或流程过于复杂的情况下,让一个项目组来完成所有的优化工作,无疑是"拔苗助长",而且也不能"把所有的鸡蛋放在一个篮子里",无论是对项目经理还是对公司都没有实质的好处。

基于以上种种类似原因,我们在尽量划分独立模块化流程优化项目的同时,也会允许这种看似悖论的存在。这就需要项目总管在做流程优化需求分析的时候就很好地了解各项目之间的协同关系,特别是各项目都涉及IT开发工作时更是如此。

■ 项目验收及绩效评估

当各流程优化项目完成后,项目总管须站在第三方对项目进行验收和评估。验收和评估的依据主要是项目计划书。如果项目总管发现项目组并没有完成当初设定的项目目标或者该项目仍存在一些问题而未满足项目关闭条件时,项目总管可以要求该项目组继续完成这些目标及解决问题。满足项目关闭条件的,项目总管则开始启动项目效果评估程序,评估的内容主要包含三个部分:一是项目效果评估,如表6-19所示;二是项目经理评估;三是项目成员评估。评估的结果作为管理改进委员会激励方案的评估标准。

流程优化项目的绩效评估指标有很多,但最终采取哪些指标要考虑各种因素。在这方面,流程优化与流程梳理有"异曲同工"之处,大家可以回头看一下流程梳理的培训和推广章节。我们有时候就直接与流程梳理项目采取一样的评估表格。

表6-19 流程优化项目效果评估

评估人员:A、B、C、D、E									
项目名称	项目简介	效果简要	效果评估				项目获奖等级	获奖人员	奖金
			产出(50%)	难度(25%)	项目规范性(25%)	总得分			

■ 宣传造势

流程优化工作同样需要造势,以营造追求创新的氛围及持续获得各级领导的支持。为了宣传效果和步调一致,我们建议采取多项目整合的方式宣传。

这里我们设计了一个表格(如表6-20所示),详细解说一下,我们是如何高效做好宣传工作,并辅以案例以做到傻瓜化的展示。

表 6-20 流程优化工作宣传一览表

性质	时机	宣传主题	宣传要点	方式
理念	定期	理念普及	流程优化的意义 大家的困惑 方法论及案例 经验介绍	内部论坛在线答疑、内部交流会
方法论	一般在项目启动前	流程优化方法论	流程优化六步法、案例分析	内部刊物、E-mail、内部公开课
激励方案	每年年初	项目工作激励方案	激励对象、激励方法	内部刊物
优化组织	每年年初	管理改进委员会介绍	委员会成员介绍及年度计划	内部刊物、E-mail
随项目	项目申报	优化需求申报	感谢大家以往的支持 申报对大家的好处 如何申报 申报会如何处理	内部刊物、E-mail
随项目	项目启动	项目启动	启动项目、项目简介、相关培训说明	内部刊物、内部板报
随项目	项目进行中	阶段性成果报道	再次强调进行中的项目 部分项目的阶段性成果	内部刊物
随项目	项目进行中	经验及方法贯彻	某些案例提炼的实际经验知识分享	项目会议、E-mail
随项目	项目关闭	项目成果报道	各项目评估报告	内部刊物、内部板报
随项目	项目关闭	项目激励报道	项目经理及项目成员获奖报道	内部刊物、E-mail
随项目	项目关闭	对组员的感谢信	强调组员在项目中的突出贡献 对组员上司对项目工作的支持表示感谢	E-mail

6.13 如何做好常规性流程优化工作

在上面的章节中,我们已经详细介绍了一般流程优化项目开展的方法"流程优化六步法",并辅以大量的案例加以说明。这些项目工作基本上属于跨度比较大、难度比较高、一般需要公司高层及管理改进委员会给予支持的工作,当然这些项目的产出一般也非常大,同时也受到大家的瞩目。

但是,如果所有的流程优化工作都通过这种方式才能完成绝对无法满足实际需求。首先从时间上来讲,随着业务管理的不断发展和内外部环境的急速变化,对流程优化的需求是时时刻刻都存在的,而且这些需求是不能完全预期到的,而项目工作一般都是在制订年度计划时要预先完成规划的。其次,管理改进委员会的精力有限,所以一般项目工作大都集中在一些重点、急需解决的重大流程问题上,而且项目的数量非常有限。而日常时时产生的流程优化需求一般具备量大、问题颗粒度较小的特点,但同样也比较急迫,如果大家都排队等着管理改进委员会以项目的形式展开,无疑是无法满足要求的。

对于日常产生的流程优化需求,我们一般鼓励由流程所有者自主完成。这样不但可以激发流程所有者的主观能动性,而且作为流程管理部门,我们也不希望给流程所有者造成错觉,只有管理改进委员会才能处理流程优化工作。其实,流程优化工作本来属于流程所有者固有的职责分内之事,之所以需要管理改进委员会负责一些流程优化工作,完全是因为个别流程问题解决的难度及跨度过大的原因。

既然这样,日常产生的流程优化需求是否可以完全直接交由流程所有者去完成呢？我们觉得是否需要流程管理部门的干涉、干涉的深度都取决于公司的实际情况。

如果该公司的流程所有者机制已经非常健全,流程所有者有意愿而且也有能力及时把这些日常产生的流程问题解决的话,这绝对是一个最好不过的结果。无论对于流程所有者,还是对于公司及专业的流程管理部门都是非常好的结果,这有利于大家各司其职。但这往往是理想状态。据我们了解,很多公司甚至还不具备流程管理氛围和土壤,而且,即使有些公司流程管理工作已经做得非常好,但诸多流程所有者的能力和意愿还是不同。所以,作为流程管理部门,我们有义务也有责任去协助流程所有者解决好这些问题。

这里我们介绍一种已经被实践证明非常有效的管理方法,如图6-6所示。希望对你设计更适宜本公司的方法论提供思路。

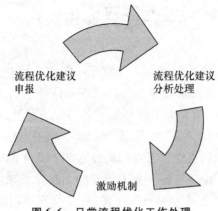

图6-6 日常流程优化工作处理

■ 流程优化建议申报

本来我们更鼓励流程所有者主动处理一些流程问题,但为了更有效地鼓励和推动这个愿景,我们采用了流程优化建议表(如表 6-21 所示)这种工具,并辅以后面我们会讲到的管理机制和激励机制加以保障。此工具的使用对象为公司所有员工。

表 6-21　流程优化建议表

流程归口部门		流程名		流程所有者	
建议人		提出日期		备案日期	
问题描述:					
原因分析:					
优化建议:					
建议反馈:					

为了鼓励大家使用,我们会采用比如板报、内部刊物、E-mail 等方式宣传。下面就是我们曾经使用过的一个真实宣传案例。

案例　流程优化建议征集活动

各位同事:大家好!

近年来,管理改进委员会通过征集流程优化建议发现了大量流程优化的机会,为提升公司营运效率作出了重要贡献。为实现全员参与流程优化的目的,在管理改进委员会的推动下,流程优化建议有奖征集活动已经全面开始了。

为便于大家更好地参与流程优化提议活动,特说明如下:

(1)流程优化建议统一提交流程管理部张三处(zhangsan@zhangsan.com);

(2)流程优化建议只要符合:"问题描述具体、准确,有原因分析与优化建议"条件,经管理改进委员会确认后即可以获得"朗科"2G优盘一个作为奖励;

(3)年末管理改进委员会还会从收集到的流程优化建议中评选出优秀建议奖,A类5个:1000元现金;B类10个:500元现金;同时,每位获奖者还可以得到由总裁亲笔签署的荣誉证书一个。

请大家为公司流程优化多提宝贵意见,谢谢!

管理改进委员会
2004年3月8日

■ 流程优化建议分析处理

流程管理部门收到流程优化建议表后,还应该对所有的流程优化建议做一个整合及分析。因为很多流程优化建议可能过于简单,或者说反映的问题只是现象并非本质,如果流程管理部门直接把这些信息直接转发给流程所有者,不利于及时得到处理。所以流程管理部的人员可以与提议人对所提的流程优化建议进行确认及细化。然后把整理后的优化需求反馈到流程所有者那里去解决。

如果流程优化需求颗粒度比较小,直接由流程所有者安排相关人员处理即可。流程管理部门人员则主要负责跟进那些建议得到闭环处理的。

有一些流程优化建议颗粒度可能比较大,需要以项目的方式开展。这时候可以要求流程所有者成立部门级流程优化项目,由流程所有者主导完成即可。具体的项目运作方法同样参考"流程优化六步法",这里就不再重复。但要注意的是,部门级流程优化项目完成项目计划书后必须交流程管理部门备案,如表6-22所示。对于部门级流程优化项目,流程管理部门及管理改进委员会无须像公司级流程优化项目一样提供"保姆式"的服务。流程管理部门对这些项目管理的重点在于提供必要的支持和协助,并负责评估项目效果以便激励。需要注意的是,部门级流程优化项目并非全部来自于流程优化建议,也可能是流程所有者自发组建的。

第六章 流程优化

表 6-22 部门级流程优化项目列表

NO	项目名称	项目经理	项目简介	工作计划	项目进度	项目状态
1						
2						
3						
4						
5						

如果有些流程优化建议解决起来有一定难度，不但跨度较大而且需要公司高层提供决策支持的话，这些流程优化建议就由流程管理部直接提交管理改进委员会备案，并根据其重要性及紧急度安排适当的工作计划，成立公司级流程优化项目完成。

流程优化建议得到闭环管理是关键之一。如果大家把建议反馈上来，但最终没有得到反馈和解决的话，大家就不会再有提建议的兴趣了。我们一般是通过流程优化建议汇总表（如表 6-23 所示）进行跟进。

表 6-23 流程优化建议汇总表

NO	部门	建议人	流程	建议内容			建议落实情况	处理状态	客户回访记录
				问题描述	原因分析	优化建议			
1									
2									
3									
4									
5									
6									
7									
8									

在跟进过程中，我们还意外发现了客户回访的重要性。虽然定期的流程优化建议处理进度通报已经可以达到告知提议人相关建议的处理进度和解决方案，但我们发现电话回访不但可以达到以上效果，而且更重要的是他们在接到电话回访后都表现出了惊喜，他们从没想到公司会如此重视此项工作。这无疑可以给予他们更多的信心持续提出高质量的流程优化建议。

■ 激励机制

激励机制对于保障流程优化建议工具的持续性发挥了重要作用。对于部门级流程优化项目的评估可以参照公司级流程优化项目评估方法。这里就不再重复。这里只对流程优化建议的激励机制做一些描述。

至于激励的措施,我们前面已经大致描述了一下。比如向每一个流程优化建议者提供一个小礼物。如果建议被采纳而且产出非常大,每年还会获得一定金额现金奖励,同时得到荣誉证书。

如何激励以及激励的方式,不同的公司可以根据自身情况个性化设计。我们这里想与你共同探讨一下如何评估优秀流程优化建议。表6-24中是我们用过的评估标准。但在实际运用过程中,你可能会发现很多流程优化建议都无法在各方面达到最优,所以表中的标准更多的是向流程优化建议者提供一个如何更好地表达流程问题的引导。而且在以下标准中,我们一般也有所侧重,比如我们特别强调建议最终产出的大小。如果建议本身可以带来较大产出,即使对问题描述不够详细也没关系。在实际评估中,以下标准当然是最重要的评估依据,但同时在可能的情况下最好也能兼顾考虑其他因素,比如尽可能多的部门获得优秀建议奖,这可以对此工作的开展起到一个很好的宣传作用。

而且,特别是在大家还不习惯主动提出流程优化建议的时候,奖励对象的选择还需要考虑流程文化的需要。比如,我们会在坚持按以下标准评估的同时,适当考虑奖励对象在各部门的分布,这绝对有利于激发大家提出流程优化建议的热情和营造流程文化。

表6-24 优秀流程优化建议评估标准

评分等级	评估标准
A	1. 所提的建议反映了流程的核心问题,涉及流程路线的再设计,改善后会带来非常高的回报 2. 问题描述与实际状况相符,并且准确到位。对问题的严重性及导致后果都有详细描述,并提供了实际案例及量化的数据说明 3. 能够站在端到端流程的视角分析问题,并说明现象问题背后的本质 4. 对问题不但提出了较为详细的优化建议,而且考虑了优化方案的可行性、优劣势、风险、配套改善措施以及对流程前后端的影响
B	1. 所提的建议反映了流程的重大问题,改善后会带来较大回报 2. 问题描述与实际状况相符,并且准确到位。对问题的严重性及导致后果有简要说明 3. 对问题做了详细的描述与分析 4. 对问题提出了较为详细的优化建议
C	1. 所提的建议重要度一般,改善后的回报不大 2. 问题描述与实际状况相符,且有具体案例 3. 对问题做了简单的分析,并找出了原因 4. 给出了优化建议思路
C以下	问题描述与实际状况不符,没有原因分析,没有优化建议

当然,在大家获奖之后,需要对获奖者表示祝贺,同时抄送给其上司,一是让其上司了解其下属对此工作的贡献,二是同时对领导对此工作的支持表示感谢。

案例　优秀建议奖

各位同事,大家好!

首先恭喜大家在 2007 年的流程优化建议评选中荣获"优秀建议奖"。大家提的优化建议无论是从可行性、方案完善度、预期产出方面都非常高,并且有些建议已经得到实施且取得了较好的效果。

为了感谢大家为公司所作出的贡献,根据流程优化建议制订此激励方案:

(1) 获得 A、B 级优秀建议奖的同事可以分别获得 1 000、500 元的激励;

(2) 每人可以获得一张由总裁签署的《荣誉证书》。

获奖情况如下表:

建议人	所在部门	所提建议的最终效果	等级	奖励额度（元）
赵兴华	生产控制部	通过对生产计划优化,平均生产期减少 0.5 天	A	1 000
李迅	订单管理部	客户投诉次数由原来的平均 5 次/月降为 1 次/月	B	1 000

流程管理部　2007 年 12 月 30 日

■ 做好常规性流程优化工作的意义

相对由管理改进委员会主导的流程优化项目而言,常规性流程优化工作无论是在产出,还是在重要度及难度方面都有不小的差距。那是否意味着我们只需要关注流程优化项目呢? 其实不然,而且结果恰恰相反,作为专业的流程管理部门,我们更看重的是常规性流程优化工作。因为,常规性流程优化工作更强调由流程所有者主动且自主完成流程的优化工作。只有让流程所有者建立流程优化意识和掌握流程优化方法,流程优化工作才会真正的高效。

实际上,对于流程管理部门来讲,我们把常规性流程优化工作当成年度工作是否真正成功的关键指标。当然,这并不妨碍我们日常还会花大部分精力完成管理改进委员会主导的流程优化项目,因为这些项目是流程管理部门的生存之本。

我们不妨提炼一下,为何常规性流程优化工作比管理改进委员会主导的流程优化项目更具备长远意义:

（1）常规性流程优化项目强调自发产生，这样有利于流程问题在萌芽状态就暴露解决，而且有利于流程管理工作的可持续性，从而达到"无为而治"的效果。而公司级流程优化项目则是规划的结果，一般流程问题已经严重影响到运营质量。

（2）常规性流程优化项目更加强调员工的主观能动性，有利于提高员工的创新意识和积极性。

（3）常规性流程优化有利于促使各部门之间产生互动，增强了员工跨部门解决问题的意愿，也提升了全局看问题、分析问题的能力。

（4）常规性流程优化项目的项目经理一般可以由中层管理人员担任，这样可以锻炼一大批中层管理人员跨部门协调、整合资源的能力。

（5）常规性流程优化项目可以提高公司员工的团队协作意识和能力。

（6）常规性流程优化项目因为参与人员范围更广，便于发现有潜力的人才。实际上，我们发现很多在流程优化工作中发挥重要作用的人员获得提升的机会更多。

（7）常规性流程优化项目的"遍地开花"有利于提高公司的流程管理文化氛围。让大家头脑中都有流程的概念。

如果说公司级流程优化项目的最终目标是解决特定问题的话，那常规性流程优化工作则是以塑造流程文化为使命。所以，作为流程管理专业人员，我们的愿望是：希望有一天公司不再需要流程管理部门，而是由流程所有者主导流程优化工作。这是我们流程管理人员追求的终极目标。

6.14 流程优化方法，要重其神轻其形

"流程优化六步法"是在很多项目成功或失败的基础上提炼出来的，来源于实践又服务于实践，具有很强的实用性及通用性。

不过，每一个具体项目都有自身的特性，比如所要解决的问题的性质、严重度、难度、颗粒度、目的及目标、资源支持、高层的特定需求等，所以每个流程优化项目并不要求严格按照以上步骤进行，可以根据具体项目特性做一些灵活变通。

为了便于大家更真实地理解和灵活掌握这些方法，我们特别为大家准备了此章节，并辅以真实案例加以说明。

案例　六步法的每一步并非绝对的递进关系

某流程所有者张三计划优化一下流程。由于此流程相对比较简单，而且问题又比较明确，同时张三本身就是本优化流程的所有者，所以，张三很快就完成了简易的流程优化需求方案。然后才开始组建项目组召开启动会。

点评：此案例中，"流程现状分析及诊断"及"目标流程及配套方案设计"两个环节由于流程本身比较简单、问题比较明确的缘故被提前完成了。

案例　没有一个方法适用于所有的流程优化项目

根据年度客户满意度调查结果显示某端到端流程的绩效与竞争对手有较大差距，所以某公司高层决定2006年完成某端到端流程的改造项目。但因为大家对此端到端流程的优化思路不是很明确，所以，由流程管理部门主导与几个核心相关人员首先进行了大量的前期准备工作，比如做竞争对手分析报告。接着，由流程管理部门联合几个核心成员研究项目的关键问题，并就这些关键问题与公司高层召开几轮会议，确定关键问题的解决决策，甚至就某些个别关键问题召开针对性的讨论会。然后，再对所有的工作进行分拆整合，形成几个子项目组。最后，才开始组建项目组召开启动会。

点评：此案例中，因为项目特性（项目较大、优化思路不成熟、有些关键问题需要提前决策），导致在项目正式启动前，首先进行了大量的"立项资料准备工作"和"关键问题决策"工作。

案例　表格及模板永远在改进的路上

我们的"流程优化六步法"提供了大量的表格及模板，这些表格及模板是来源于实践又适用于实践，所以具有非常好的实用性和通用性。但我们也发现，没有一个项目能全部完全使用上所有的表格，即使能完全使用上，个别表格仍需要做一些调整。这也是我们一直在完善工具的原因，在实践中总能不断发现改善空间。

我们最近就遇到一个案例，某项目组把项目计划书的工作计划一栏与甘特图进行了整合。用户的意见就是真理，所以后续我们会尝试再改进这个版本，然后在其他项目中尝试推广。不敢全面推广的原因，就是整合的版本虽然更加直观明了,但也增加了工作的复杂度。比如可能有些用户认为并没必要,或者有些用户还没习惯使用甘特图。不过,无论如何,我们都很高兴,用户已经习惯自己去设计更加实用的表格了。

原表格:

项目推进计划	工作内容 (可以参考流程优化六步法)	预计完成时间	责任人

用户自己更改后的表格:

项目推进计划	工作内容 (可以参考流程优化六步法)	责任人	时间1	时间2	时间3	时间4

点评:表格及模板具有通用性的同时,个性化则需要用户的积极参与。

案例　流程优化是否必须成立项目组

我们整个流程优化章节都是围绕着"流程优化六步法"展开的,而且一再强调流程优化利用项目管理手法的重要性和必要性。但现实当中,是否每个企业做流程优化都需要成立项目组呢?答案是:有时候并不一定。而且,我们就曾经在两种不同的企业环境中推行过流程优化工作。

我们现在介绍一个无须成立项目组就能成功推动流程优化工作的案例。首先,我们先来介绍一下此公司推行流程优化工作的组织设置。在本案例中,这绝对是一个重要的因素。就因为这个变量不同,流程优化工作的推动机制完全不同。

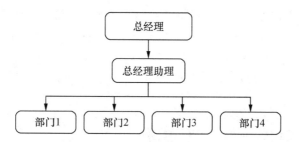

在此公司,总经理助理负责流程优化工作(虽然并不一定冠以"流程优化"的名义)。因为总经理助理有足够的职权管理四个部门,并且对四个部门的流程非常熟悉,所以平时一些流程优化工作,甚至流程再造工作,总经理助理都是通过和四个部门经理做几次沟通,就敲定实施方案并马上实施的。这样,虽然没有成立项目组,但是流程优化工作的成效却非常大。

我们可以分析一下,此公司高效推行流程优化工作的原因:

(1) 推行流程优化的岗位角色。总经理助理的职责权利凌驾于所有部门之上,所以,流程优化甚至改造的思路可以很容易得到实施。甚至在特殊情况下,可以采取强推项目的方式。并且优化工作可以基于端到端流程角度,不会局限于子流程细节,所以成效会非常大。试想,如果该公司由部门4负责流程优化工作,无论在推动力方面还是在优化层次方面,效果都会相差很大。所以,我们一直强调流程管理工作岗要有一定的高度。

(2) 该公司简单的组织架构。我们发现实行大部制的组织架构更有利于推动流程优化工作。我们曾经发现,同样一个流程,A企业通过4个综合岗即可完成,而在B公司则需要经过12个部门才能完成,可想而知,在优化此流程时,无论是工作难度、工作量、工作成效差距该有多大。

经常有很多人咨询我们如何解决他们公司的一些具体问题,比如"我们公司现在想做流程梳理,我该怎么做呢?"他们非常希望我们能给他们一把万能钥匙,立马解决问题。但我们在回答问题前,总是一再询问和强调:你提的问题产生的背景、目前流程团队的设置、问题背后的需求到底是什么、你自身的计划如何、你打算如何做、目前遇到哪些具体的困惑等。很多人不理解为何要询问这些东西。这有点像有人问你"我想明年挣100万元,如何做到"的问题一样,如果我们不知道你现在挣多少以及你从事什么职业,我们又怎能给你提供一些建议呢。而且,即使最后我们提供了一些标准模板,我们也会一再强调,仅供参考和借鉴,不可照搬。既然每一个流程优化解决的问题不同,解决的方法亦会不同。

我们希望本章节对于你能更好地应用"流程优化六步法"有很好的启发。武术的最高境界不是讲究"无招胜有招"吗? 其实这个道理同样适合这里。

"流程优化六步法"绝对是一个非常具有实用性的流程优化方法论。不过整体来看,它仍是一个框架,这个框架更强调地是解决思路的完整性和一般通用的方法及工具。具体到特定的项目,需要你在此基础上灵活变通。

6.15 流程优化的三个层次

流程优化的方法你掌握了,流程优化项目你也组织起来了,甚至在公司内部营造的流程优化氛围也大有燎原之势,这当然的确值得好好庆祝。但在庆祝之余,你是否有时会觉得在一片红红火火的表面背后好像总感觉危机四伏呢? 如果你有这种感觉同样值得庆祝,因为这说明你已经意识到方法论并非流程优化的全部甚至算不上核心,你已经开始关注流程优化深层次的问题了,这有助于你进一步提升这方面的能力。

这些危机是什么呢? 我们不妨从一个流程管理从业者的困惑开始。

> **案例** 流程改善后,领导找不到改善的感觉怎么办

近一年,我在推行一批流程改善的项目。有些有趣的体会:各项目在目标定义阶段从质量、效率、风险的角度都定义了量化的目标,在测量分析阶段也都做了大量的调研、流程分析、数据分析,并发现不少关键问题,到了改善实施阶段也通过制度、IT等手段固化了改善方案并验证了效果。结果总经理说,到底效果在哪里,我说你看数据、各部门主管反馈及新的流程制度。他好像还是没感觉。

我有些惊觉,原来这些改善不是他的痛处。流程的改善本身不是目的,之上应该有更高的管理命题,比如不知如何调配人手?不知道是否还有成本空间可挖?流程的改善只是手段和过程,最终要解决业务之痛、高层领导之心病。

套用另一个网友的经典之语:"我们经常会谈到流程优化,当这个词快被用滥了的时候,我们必须冷静下来思考一下:流程优化,到底应该优化什么?"

同大家一样,我们也曾经有过同样的困惑。比如辛辛苦苦完成的优化项目成果是处理时间由原来的2小时减少为1小时,项目组欢喜雀跃,但领导却说对于这个流程时间不是核心,最重要的是降低费用和风险。所以,往往很多流程优化项目会围绕着一些层级相对较小的业务流程做优化,相对来讲优化的力度及成效并不大,而且流程优化并未与人力资源的职责体系及考核挂钩,更没有与公司战略挂钩。通俗地概括一下,就是流程优化工作站得高度不够。

这让我们想起我们曾经为客户A做过的一个项目:

A公司是国内一家制衣企业。公司从建厂以来规模不断扩大,但由于企业管理水平跟不上问题也是接连不断。主要体现在:客户货期无法预估、公司没有统一的生产计划而且各车间也没有一个排单计划、订单的急缓主要是靠跟单员去各车间跟催、各车间没有单量预警所以经常导致产能过剩或不足,所以客户的抱怨及投诉率一直是居高不下。

我们很惊讶,这种状况可以持续10多年而未能改善。这也提示我们,这些问题都是表象的,只有表象背后的实质问题解决了,这种生产混乱的局面才能真正得到根治。

所以,我们没有贸然成立一些针对具体流程的优化项目,比如成立订单管理流程优化项目、生产控制流程优化项目、客户服务流程项目等。我们首先做的就是与公司高层及各管理层领导进行大量的交流和调研。套用上面网友的话就是,我们在尝试寻找业务之痛和领导之心病。

最终,我们找到了这些表象问题的根源:组织架构不合理及没有健全的计划管理机制。我们给出了生产管理改制方案,主要包括三项措施:一是收发部分拆出一个生产控制部,增加生产控制职能,同时跟单员的职责限定为订单及客户服务管理,不允许干涉正常的生产秩序;二是搭建内部生产控制ERP系统;三是生产控制部负责订单的生产计划编排。

这个项目前后经过两年的时间才完成,但最后达到了公司高层的预期:订单的准确交货率由43%提升到85%、客户投诉次数由原来的平均10次/月降低到0.5次/月、生产管理实现了信息化。

我们认为这个项目之所以得到客户高度认可,主要成功因素为:我们通过与公司高层的大量沟通,抓住了业务管理模式内在的根本问题。试想,如果当时针对每一个具体的表象问题成立单独的流程优化项目,这个项目永远不可能取得成功。

所以,如果想提升流程优化的价值,流程优化工作必须朝着几个方向努力:

(1) 流程优化向流程再造升级。提升优化的深度和力度,关注端到端流程的整体绩效。

(2) 由部门领导关注提升到 CEO 关注。让流程管理工作更接近于战略和管理策略,关注战略如何落地。

(3) 由具体业务流程提升到业务模式再造。竞争对手的 A 岗位为何是我们公司的 A 和 B 两岗位的职责组合,这可能不是单纯靠优化一个流程能达到的。

(4) 由单纯的业务流的优化提升到整体管理配套联动优化。关注管理的整体提升。

(5) 项目由随机的建议产生改由战略需求和流程绩效评估产生。提高流程管理工作的系统性和针对性以及可持续性。

(6) 从关注问题转为关注公司战略。解决最急迫、最重要、产出价值最大的问题,不要妄想煮沸整个海洋,更不要淹没在"鸡毛蒜皮"的流程问题上。

(7) 由依赖高层支持向由流程所有者自主优化转变,让工作变得轻松和可持续,毕竟少数人的力量是有限的。

上面,我们从流程优化的内容、范围、关注对象、机制等方面,说明了流程优化工作本身是有层级的。总体而言,我们认为流程优化可以分为三个层次,如图 6-7 所示:

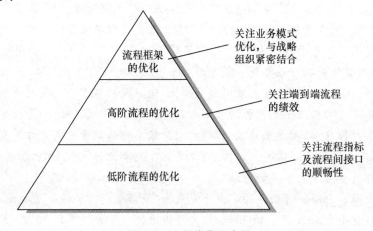

图 6-7　流程优化层次图

不过需要提醒大家的是,流程优化工作虽然有层次,但并不是说我们一定要先做好"低阶流程的优化"再做"高阶流程的优化",然后再做"流程框架的优化"。其实,日常工作中,这三个阶段的流程优化工作基本上是同时并存的。只是说因为流程管理部门对业务的把控能力的高低而有所侧重而已。

流程管理部门应该逐渐放弃"低阶流程的优化"工作,鼓励并交由流程所有者自主主导完成,把流程优化的工作重心逐渐向顶层靠拢,抓住更加增值的工作。而在这种转变的过程中,流程管理团队自身把握着主动权,这其中最重要的因素就是团队对公司战略、商业模式及业务理解能力的高低。

6.16　实战案例:超人染厂生产控制流程优化项目

超人染厂是东莞一家有一千多名员工规模的"三来一补"性质的港资企业。公司的主要业务就是给布匹染色,客户为制衣厂和布行。经过多年的高速发展后,近年来,随着世界经济的恶化,以及政府对环保工作的重视,再加上内部管理水平较低,行业竞争加剧导致利润空间不断压缩等各种因素,该公司的运营状况不断恶化。

超人染厂在 2005 年成立了"ISO 作业程序改进小组"(小组的设立及职责可见第八章流程团队管理——流程管理团队的运作模式),希望通过对流程的优化提高内部运营能力。

本案例就是在这样一个背景下产生的。考虑到本案例篇幅过大,而且超人染厂本身的组织架构设置比较复杂,所以,我们在不违背真实性的基础上,对本案例材料进行了较大力度地压缩和调整,比如我们把四个性质类似的部门整理 A、整理 B、整理 C、整理 D 统称为整理部,主要是希望突出主线,更容易被大家理解;基于同样的目的,我们对生产工序也进行了简化,主要是描述工艺大致线路,大大小小几十个工序,我们压缩为九个关键步骤,而且也没有区分不同的产品工艺,仅以某种最常见工艺为代表;对理解本案例无关紧要的大量的表格模板,比如生产计划模板等也没有放上来;同时项目的范围和目标进行了适当的缩减。

■ 项目背景

超人染厂在成立"ISO 作业程序改进小组"后,对内部各部门进行了问题收集,同时采取地毯式普查的方式对每个流程进行讨论分析,以便发现改进的空间。下面就是跨部门问题调查结果,如表 6-25 所示:

表 6-25　ISO 作业程序改进小组　跨部门问题调查

被调查部门	工作上存在冲突的部门	存在问题	排序
品检部	收发部	各类测试报告未出而出货	1
整理 A	收发部	1. 跟单员干预过大　2. 急单与非急单不分,影响生产	2
	保全部	维修时间过长	
运转部	染部/整理A/品检折布组/整理D/品检查布组	成品不按程序出货,相关部门不经成品仓直接出货	3
收发部	整理 A	整理 A 收单记录无定型记录,不利于监控进度	4
	整理 C	整理 C 收单记录 1. 没有存放在服务器上　2. 无工作记录不利于监控进度	
工程部	物料部	物料不能及时到位	
保全部	物料部	1. 领料单信息不准确,如不同零件统一归类到"一切配件"　2. 不按请购单要求购买物料　3. 物料不能及时到位	5
	其他部门	1. 维修单维修原因太简单,不能及时了解故障原因　2. 部门负责人在不知工作进度情况下盲目给保全部打电话询问	
物料部	保全部	物料信息不统一	
	染部	送料权责不明确	
	运转部	卸料权责不明确	
化验室	染部	工作程序上存在问题:收发部把客户批准做货的数据(即 OK 数据)交化室新办组登记并同时把白单交染部登记,染部登记后没必要把白单交回化验室新办组登记	6
人事部	会计部	重复工作,如两部门都核对考勤卡	7
会计部	物料部/香港采购A部/供货商	订单数量与收货数量不一致,导致会计无法消数	8
针织部	收发部	大陆收回纱单,不能及时发送本部门	9
	染部	布不能及时落缸	
	营业部	部分织单 1. 货期短　2. 落单信息更改频繁	
染部	保全部	维修时间过长	10
总务部	无		11
整理 B	无		
整理 C	无		
整理 D	无		
经编部	无		
电脑部	无		
印花部	无		

注:排序列中的数字,1 代表重要,11 代表次要。

在对收集上来的问题进行重要度分析后,小组认为"跟单员干预过大;急单和非急单不分,影响生产"的问题比较重要,所以"ISO 作业程序改进小组"对涉及此问题的生产控制流程做了进一步调研,并对该流程所有者及上下端客户都进行了访谈。经过深入探讨,小组认为这是重要的流程优化需求并且基本可行,最后交 CEO 决策。CEO 批准成立"生产控制流程优化项目组"。

为了便于大家理解以下案例内容,我们先对超人染厂的生产控制流程(如图 6-8 所示)以及存在的问题进行简单描述。

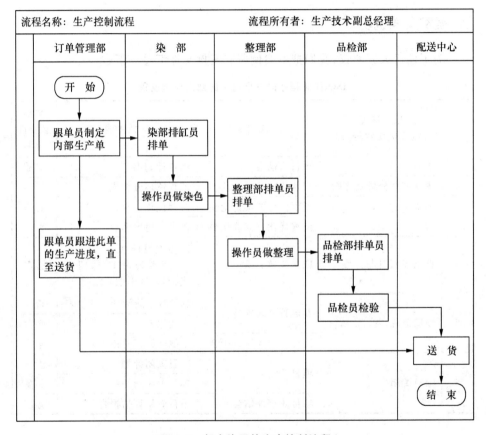

图 6-8 超人染厂的生产控制流程

目前发现的主要问题是:

(1) 各跟单员接收到客户订单后,填写内部生产单,按一个简单标准给客户答复货期,然后直接交染部开始生产。因为货期的计算不科学,所以延期率一直居高不下,根据 2004 年统计延期率为 43%。客户投诉也居高不下,平均每月多达 20 张客户投诉书。

（2）没有统一的生产计划，基本靠跟单员跟催。

（3）虽然各部门都有排单人员，但排单的规则不明确，内部生产单基本上是靠跟单员推动，否则可能遗忘在某个角落几天得不到处理。

（4）因为超人染厂未上 ERP，所以跟单员每日上午就是到各生产部门查单（有点大海捞针）、抄写进度以便掌控各单状态，也方便答复客户，同时督促各部门关注自己的订单（所以，哪个跟单员强势，他的单就处理得快）。

（5）无有效的急单处理机制，导致客户经常投诉。

■ 案例文档说明

为了便于大家阅读，我们把本案例所有案例文件汇总一下：

ISO 作业程序改进小组　跨部门问题调查

NO	项目进度 （流程优化六步法）	会议主线	文档主线	文档必要性说明
1	项目立项	项目启动会	项目计划书	必需
2	现状流程分析及诊断	现状流程分析会议	流程梳理分析表	否
3	目标流程及配套方案设计	流程优化方案讨论会	流程优化需求说明书	必需
		流程优化方案确认会	需求变更申请表	否
4	IT方案设计与开发	IT方案确认会	IT方案设计书 注：随本公司IT部门格式，本案例不做介绍	必需
5	新旧流程切换	新流程上线准备会	新流程上线倒计时计划表	否
			上线通知	必需
		流程上线问题讨论会	上线问题汇总跟进表	必需
6	项目关闭	项目关闭会	项目关闭计划	否
			项目关闭通知	必需
		项目效果评估会	项目效果评估报告	必需

案例表1：生产控制 流程优化项目计划书

一、项目背景、范围及目的	**项目背景：** "ISO作业程序改进小组"在做公司部门之间存在的问题调查时，有部门反馈生产控制流程存在比较严重的问题，并得到CEO的高度认同 **项目范围：** 1. 仅包含染厂的生产控制，不包含针织部及印花部 2. 客户及内部打板单不在此次优化范围内 3. 流程起点为跟单员接收到客户订单需求表到配送中心送货 4. 此次优化重点关注端到端流程，主要优化部门间的衔接，而部门内除生产计划外的具体生产控制活动不在此次优化范围内 **项目目的：** 通过岗位职责调整和流程线路优化，并借助信息系统手段，提高生产控制流程的效率，提高客户满意度
二、流程现状及主要问题	根据前期调研，主要存在以下问题： 1. 各跟单员接收到客户订单后，填写内部生产单，按一个简单标准给客户答复货期，然后直接交染部开始生产。因为货期的计算不科学，所以延期率一直居高不下，根据2004年统计延期率为43%。客户投诉也居高不下，平均每月多达20张客户投诉书 2. 没有统一的生产计划，基本靠跟单员跟催 3. 虽然各部门都有排单人员，但排单的规则不明确，内部生产单基本上是靠跟单员推动，否则可能遗忘在某个角落几天得不到处理 4. 因为超人染厂未上ERP，所以跟单员每日上午就是到各生产部门查单（有点大海捞针）、抄写进度以便掌控各单状态，也方便答复客户，同时督促部门关注自己的订单（所以，哪个跟单员强势，他的单就处理得快） 5. 无有效的急单处理机制，导致客户经常投诉
三、流程优化初步思路/资源投入/预计效益	**流程优化初步思路：** 1. 通过提高生产计划性，降低货物延期率 2. 可能会涉及岗位职责变化 3. 通过设计生产管理信息系统，提高订单管理能力 4. 明确各部门排单规则 **资源投入：** 1. 成立临时项目组，无须专职人员 2. IT开发资源足够 3. 需要投入大概3万元购买新的电脑及网络设备 **预计效益：** 1. 由于流程效率提升，总体人力成本会降低 2. 提高客户满意度，带来更多订单机会 3. 生产计划性提高，可以提高人力效能

(续 表)

角 色		姓 名	职 责
四、项目组成员	指导委	CEO陈总	提供项目所需资源,对关键问题进行决策
	项目经理 生产技术 副总经理	周 总	项目整体设计、组织、管理、协调,对项目目标负责
	项目秘书 副总经理 助理	金 总	会务管理、项目工作跟进检查、参与方案设计
	染部经理	杜存方	负责流程中有关染部工作的现状及问题描述,并参与优化方案设计,负责新流程在本部门的实施和推广
	染部排缸员	陈希开	负责流程中有关染部排缸员工作的现状及问题描述,并参与优化方案设计,负责新流程在本部门的实施和推广
	整理部经理	高正坚	负责流程中有关整理部工作的现状及问题描述,并参与优化方案设计,负责新流程在本部门的实施和推广
	品检部经理	蒋 宝	负责流程中有关品检部工作的现状及问题描述,并参与优化方案设计,负责新流程在本部门的实施和推广
	IT开发部经理	徐 勇	根据流程优化需求方案负责制订并组织实施IT开发方案
	订单管理部经理	黄 磊	负责流程中有关订单管理部工作的现状及问题描述,并参与优化方案设计,负责新流程在本部门的实施和推广
	配送中心经理	陈小全	负责流程中有关配送中心工作的现状及问题描述,并参与优化方案设计,负责新流程在本部门的实施和推广
	人事部经理	冯一华	负责流程优化过程中涉及岗位职责变更可行性及定义,并参与相关配套方案设计
	非核心成员	未 定	针对具体细节问题,临时召集相关岗位人员参与会议
五、项目目标	测量指标		指标计算公式/指标含义/现状值及期望目标值
	提高生产的计划性		订单按生产计划的编排进行生产
	生产控制E化		订单管理E化,可以通过信息系统查询订单进度信息

(续　表)

	工作内容(可参考"流程优化六步法")	完成时间	责任人
六、项目推进计划	项目启动会:头脑风暴完善项目计划书	2005.5.31	周　总
	现状流程分析及诊断: 1. 对现状流程进行分析,进行更全面的问题收集; 2. 分析问题原因。	2005.6.15	项目小组成员
	目标流程及配套方案设计: 1. 流程优化解决方案; 2. 配套管理方案设计; 3. 流程各方达成一致。	2005.8.26	项目小组成员
	IT方案设计: 1. 与IT开发人员进行需求确认; 2. IT方案设计; 3. IT方案确认; 4. IT系统开发; 5. 系统测试及完善; 6. IT操作手册编写。	2005.10.15	徐　勇/ 金　总
	新旧流程切换: 1. 新流程培训; 2. 上线跟进(可能需要试点)。	2005.11.15	金　总/ 徐　勇
	项目关闭	2006.2.15	周　总

项目经理签名:周超文　　　　　　　日期:2005年4月15日

点评:

1. 项目计划书只是一个比较粗的计划,所以很多信息在立项阶段不一定非常准确,有些信息也不够全面。

2. 在项目立项时就设定准确的项目目标当然是值得鼓励的,但在实际工作中,往往是公司高层领导经过简短评估认为可做即可立项。所以,虽然为了加强目标导向,我们要求所有项目在立项之初必须设定项目目标,但不会对项目目标做很多质量方面的要求,特别是目标值和现状值,我们更不会硬性要求,毕竟很多企业量化管理水平并不高。

3. 之所以项目成员中只有染部的排缸员为核心成员,而其他各部门的排单员未列为核心成员,是因为在染整工艺中,染色耗时最大,而且此环节的计划对于整体计划的有效性最重要。此案例再一次证明"流程优化方法,要重其神轻其形"。

案例表2：流程梳理分析表

流程的客户：外部客户、订单管理部公司
流程目的：保障生产管理有序进行，提高生产管理效率
流程目标：1. 准时交货率高；2. 客户满意度高
流程所有者：订单管理部经理
岗位及职责：
1. 跟单员：转换客户订单需求，并负责订单跟催
2. 染部排缸员：根据各订单需求与各缸匹配，做排缸计划
3. 整理A部排单员：根据各订单需求与定型机匹配，做排单计划
4. 品检部排单员：根据各订单性质，分配给各品检员做测试
5. 送货员：负责货物配送
流程的上下端流程：

序号	时间点	活动名称	具体工作描述/管理原则/经验点/工作质量要求/异常处理	存在的问题		用到的相关文件（制度/指引/操作手册/模板/表格）
				描述/证据	原因分析	重要度
1	接收到客户订单后	跟单员制定内部生产单	1. 跟单员接收到客户的订单需求后，根据操作指引制定内部生产单 2. 根据生产期计算表计算内部预计交货期，填写到内部生产单上 3. 把订单需求及内部信息抄送到订单跟进表以便跟进 4. 把内部生产单提交给染部排缸员	1. 有些信息不知道填写在内部生产单哪个位置 2. 货期不准，对生产部门的参考作用有限 3. 订单跟进表在每个跟单员自己电脑中，无法对全部订单进行管理	1. 内部生产单格式比较旧，有时无法满足要求，比如加入仓位填写在哪里？目前暂时填写在右边空白处 2. 因为生产期计算表未考虑生产量、设备等各种因素，只是简单根据工艺类型估算 3. 订单管理未信息化，只能用Excel操作	第一个问题与项目目标关联度不大，其他问题与项目目标一致	生产控制流程 内部生产单操作指引 生产期计算表 订单跟进表

292

（续表）

序号	时间点	活动名称	具体工作描述/管理原则/经验点/工作质量要求/异常处理	存在的问题		用到的相关文件（制度/指引/操作手册/模板/表格）
				描述/证据	原因分析 重要度	
2	收到跟单员的内部生产单	排单	1. 染色对色员把染色配方填写到跟单员内部生产单上 2. 染部排缸员根据（基于日产量指标）"货期"、"部门领导要求"、"设备情况"、"跟单员要求"等因素排单	1. 无清晰标准，容易受各种因素，特别是跟单员的影响 2. 跟单员反馈：要在染部现场紧盯，直至正式进入生产状态，否则排缸员经常排单调整 3. 跟单员投诉，染部排单情况跟单员无法及时看到，只能到部门看排缸板 4. 染部投诉跟单员大大，秩序骚扰跟单员大，每天大部分时间对付跟单员的查询和要求 5. 染部反映，每个跟单员都像得到老板尚方宝剑一样，老板签批的急单签字多，导致其他单无法编排 6. 染部反映因为看不到未来单量，所以经常要加班或停部分设备，造成资源浪费	1. 为了及时完成各自订单，跟单员以各种理由要求先跟自己的单。很多跟单员在工作单上注明"十万火急"、"百万火急"等信息，正常生产部门的急单信息量大，无明确、统一的急单标准 2. 生产计划性不足 3. 没有生产管理信息系统支持	重要，与项目目标一致	内部生产单

293

（续）

序号	时间点	活动名称	具体工作描述/管理原则/经验点/工作质量要求/异常处理	存在的问题 描述/证据	存在的问题 原因分析	重要度	用到的相关文件（制度/指引/操作手册/模板/表格）
3	拿到排缸部员的运转卡	操作员做染色	1. 操作员去仓库拿布根据工艺要求染色 2. 出缸前让染部对色员审批，OK后即可出缸，否则按对色员提供的调整配方继续染色 3. 染色后，操作员把运转卡及内部生产交整理部排单员	返修率太高	根据2004年每月统计显示，染部的回修率高达17%	重要，但与项目目标关联度不大	
4	接收到染部操作员的运转卡	整理部排单员排单	1. 整理A部技术主管把定型配方填写到内部生产单上 2. 排单员根据"货期"、"部门主管要求"、"每个定型机规格"、"跟单员要求"等因素排单	1. 无清晰标准，容易受各种因素，特别是跟单员的影响 2. 跟单员反馈：要在整理部现场紧盯，直至正式进入生产状态，否则经常排单调整 3. 整理部投诉骚扰单员大，每天要花大量时间对付跟单员的查询和要求	1. 为了及时完成各自订单，跟单员以各种理由要求先排自己的单。很多跟单员在工作单上注明"十万火急"、"百万火急"等信息，干扰排单工作。急单信息量太大，无明确、统一的急单标准 2. 正常生产计划性不足	重要，与项目目标一致	运转卡 整理A排单表

第六章 流程优化

(续表)

序号	时间点	活动名称	具体工作描述/管理原则/工作质量要求/异常处理	存在的问题			用到的相关文件(制度/指引/操作手册/模板/表格)
				描述/证据	原因分析	重要度	
5	接到排单员的整理A排单表和内部生产单	操作员做整理	1. 操作员根据整理A排单表和内部生产单上的工艺要求进行定性工序 2. 技术主管对定性样版进行OK批,如不OK则根据新工艺重新定性,否则操作员即可把内部生产单交品检员检测排单员	1. 有时候操作员找不到布匹就先定型其他单,所以去工厂找有时候需要自己去工厂找 2. 定性工房完成后,跟单员无法及时了解工序进度。需要到车间登记 3. 整理部反映因为看不到未来单量,所以经常需要加班或停部分设备,造成资源浪费	1. 跟单员为了让自己的订单尽快完成定性承担体力劳动,而整理部也"坐享其成" 2. 缺少信息系统支持 3. 职责不清晰	重要,与项目标一致	整理A排单表
6	接到整理A操作员递交的内部生产单	品检部排单员排单	排单员接收到整理A递交的内部生产单后,并把化验室的测试报告装订好,然后交各品检员检测	1. 受跟单员的骚扰过大,跟单员随便私自调整自己的排单顺序 2. 有时候跟单员不给排单员排单,而是直接拿给品检员检测	1. 生产计划性不够统一 2. 职责不清晰 3. 缺少信息系统支持	重要,与项目标一致	内部生产单

（续表）

序号	时间点	活动名称	具体工作描述/管理原则/经验要点/工作质量要求/异常处理	存在的问题			用到的相关文件（制度/指引/操作手册/模板/表格）
				描述/证据	原因分析	重要度	
7	排单员递交的内部生产单	品检员检测	1. 根据工艺要求对各项指标进行检测，看是否达标。合格即在品检报告的"品检结果"处注明合格并签字，否则，提交品检部主管复核 2. 如果品检部主管复核后仍认为不合格，排单员交回染部经理再次确认 3. 如果染部门经理认为可以交货，需提交技术副总经理审核，否则交染部排缸员重新安排染色 4. 检验合格后，排单员提交内部生产单给仓配送中心仓管员生产包装成品	1. 受跟单员的骚扰过大，跟单员自己拿单给自己检测 2. 跟单员反映因为质检出现品质问题，所以帮单员在在哪里订单检部投诉跟单员在急品检部投诉跟单员在急单为借口，不经过检验，以客户接受"七成色为由"直接要求配送中心送货。实际上，返修率2004年高达2%	1. 跟单员可以私自拿单 2. 跟单员经常拿老板签字吓唬品检员说是急单，无法区分 3. 缺少信息系统支持 4. 职责不清，跟单员较强势	重要，与项目目标一致	内部生产单品检报告

（续表）

序号	时间点	活动名称	具体工作描述/管理原则/经验要点/工作质量要求/异常处理	存在的问题 描述/证据	存在的问题 原因分析	重要度	用到的相关文件（制度/指引/操作手册/模板/表格）
8	接到完成产的内部生产单	送货	1. 配送中心调度收到品检部排单员或跟单员提交已完成的内部生产单后，根据送货单编制指引制定并打印送货单，并登记在送货派车表中 2. 每天下午2点，调度根据送货地址编排送货线路和车辆，然后交仓管员发运	1. 跟单员反馈配送中心超过4点就不再送货，但有一些急单需要当天送货 2. 配送中心调度反馈，跟单员每次都是下午4点后才完成定型工序然后就要求送货	1. 计划性不足 2. 出货标准不清晰，目前以跟单员的要求为主	重要，与项目目标一致	内部生产单 送货单编制指引 送货派车表
9	整个生产过程	跟单员跟进订单生产进度	跟单员需要跟进每个订单的生产进度，填写在每日E-mail跟进表中，并每日E-mail给客户	1. 工厂找单麻烦 2. 订单进度无法及时了解 3. 每个生产部门排单没有规则，需要到工厂现场盯 4. 有时候，生产部为赶急单，自己去由，跟单员为赶急单，自己去工厂找单 5. 跟单员所跟进的订单不同，存在竞争。谁的脾气大，谁的订单生产得就快	1. 无信息系统支持 2. 各部门生产排单混乱 3. 全部订单没有统一编排，生产计划性也不足	重要，与项目目标一致	订单跟进表

填表说明：按工作的先后顺序填写，尽可能细化，至少应该细化到岗位；如果该流程没有对应的制度，或者制度与实际工作不符时，按实际工作填写手册

案例表3：超人染厂生产控制流程优化项目需求说明书 V9

文档控制

更改

日　期	作　者	新版本	参考说明
6.30	金　总	V1	优化思路草案
7.6	金　总	V2	完善和丰富优化思路
7.12	金　总	V3	确定每个岗位操作关键点，确定优化后的流程走向
7.15	金　总/冯一华	V4	再次完善岗位操作说明，完善职责变更
7.20	金　总/冯一华	V5	对新增部门生产控制部的职责进行界定
7.27	金　总	V6	对各岗位的接口进行了明确和细化
8.3	金　总	V7	主要增加配套方案部分，同时完善岗位操作描述
8.11	金　总	V8	开流程优化方案确认会，更改生产控制部的具体操作描述
8.15	金　总	V9	终稿

审阅

姓　名	职　务	版　本	日　期	审阅签字
蒋　宝	品检部经理	V8	7.20	
陈小全	配送中心经理	V8	7.20	
黄　磊	订单管理部经理	V9	8.18	
杜存方	染部经理	V9	8.18	
高正坚	整理部经理	V9	8.18	
周　总	生产技术副总经理	V9	8.18	
陈　总	CEO	V9	8.22	

分发

编　码	姓　名	版　本	接收签字
1	周　总	V9	
2	陈　总	V9	
3			

（一）项目背景及项目成员

在公司"ISO 作业程序改进小组"的探索与研究下，根据公司愿景与发展需要，按小组工作计划在 2005 年 4 月重点对订单管理部的职能、运作架构和生产控制流程进行了调查和研讨，发现该流程已经无法满足公司发展需要。而这一点，也从我们收集到的部门间工作不顺畅问题列表中得以验证。

经过深入探讨，小组认为此流程优化需求非常急迫，并得到 CEO 的高度认可，特成立"生产控制流程优化项目组"研究和改善此流程。

（二）旧业务流程

2.1 生产控制流程图

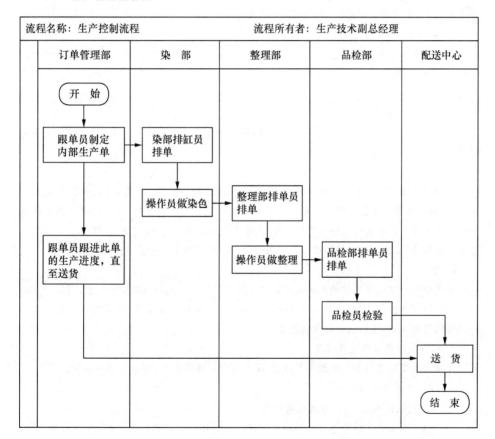

2.2 流程说明

2.2.1 流程管理标准

1. 跟单员制定内部生产单

跟单员接收到客户的订单需求表后，根据内部生产单操作指引制定内部生产单，然后根据生产期计算表计算预计交货期，填写到内部生产单上。并把订单需求表及内部生产单上的信息抄送到订单跟进表以便跟进,最后把内部生产单提交给染部排缸员。

2. 染部排缸员排单

染部对色员把染色配方填写到内部生产单上,然后染部排缸员根据"货期""部门领导要求"(基于日产量指标)"、"设备情况"、"跟单员要求"等因素排单。

3. 染部操作员染色

操作员去仓库拿布根据工艺要求染色,出缸前让染部对色员审批,OK 后即可出缸,否则按对色员提供的调整配方继续染色。染色后,操作员把运转卡及内部生产单交整理部排单员。

4. 整理部排单员排单

整理 A 部技术主管把定型配方填写到内部生产单上,然后排单员根据"货期"、"部门主管要求"、"每个定型机规格"、"跟单员要求"等因素排单。

5. 整理部操作员做整理工序

操作员根据整理 A 排单表和内部生产单上的工艺要求进行定性工序,技术主管对定性样板进行审批,如 OK 则根据新工艺重新定性,否则操作员即可把内部生产单交品检部排单员。

6. 品检部排单员排单

排单员接收到整理 A 递交的内部生产单后,并把化验室的测试报告装订好,然后交各品检员检测。

7. 品检员检验

根据工艺要求对各项指标进行检测,合格即在品检报告的"品检结果"处注明合格并签字,否则提交品检部主管复核。如果品检部主管复核后仍认为不合格,排单员把内部生产单交回染部经理。如果染部经理认为可以交货,需提交技术副总经理审核,否则交染部排缸员重新安排染色。检验合格后,排单员提交内部生产单给配送中心仓管员包装成品。

8. 送货

配送中心调度收到品检部排单员或跟单员提交已生产完成的内部生产单后,根据送货单编制指引制定并打印送货单,并登记在送货派车表中。每日下午 2 点,调度根据送货地址编排送货线路和车辆,然后交仓管员装车发运。

9. 跟单员跟进订单生产进度

跟单员需要跟进每个订单的生产进度,填写在订单跟进表中,并每日 E-mail 给客户。

2.2.2　流程现存的问题

1. 生产计划性不足,订单管理水平低下

(1) 由于内部生产单全部是由各跟单员开出并直接交生产部门,而没有统一管理,所以公司上下对正在生产中的订单量到底有多少都不知道。每个工序的单量也无法统计,虽然目前各部门都做排单表,但是很多单是跟单员直接拿到生产车间,而且两个工序之间交接的单量无法统计,所以没有准确的数据。

(2) 每个工序的未来预计单量,目前也无法统计,所以也就无法掌控生产节奏,这就无法合理安排每个部门及整个公司普工的配置,所以导致经常加班和停设备待单现象。

(3) 因为没有对订单做总体的生产计划,目前每个订单的货期是直接根据工艺特点按某标准直接得出,未考虑总单量、各部门各工序单量、设备状态、人员编制等因素,所以生产部门也不按此货期进行排单。导致准时交货率低至43%,根据2004年外部客户满意度调查,有90%的客户把货期不准确列为首要不满意因素,每月客户投诉多达20单。

(4) 虽然现在每个部门都有排单,但是排单的规则极不清晰,而且受排单员的影响过大,各跟单员甚至形成内部竞争态势,导致订单生产秩序异常混乱。生产部门对这方面投诉也是最多。

(5) 急单处理机制有待完善。

① 急单的标准不清晰:什么是急单?急单的判断标准是什么?谁来判定?这些都不明确,目前是跟单员直接根据自己的意愿在内部生产单上用红笔注明"十万火急"、"百万火急"、"货期迫近急处理"、"此板单特急"、"客狂追特急"、"已回修多次"等。这种方法是由跟单员竞争造成的,在初期可能有一定的作用,但现在因为太多单注明这些信息,而且"鱼龙混杂",真实性各生产部门难以评估。另外一种方法,就是跟单员直接找生产技术副总经理或CEO直接签批,但签批量过大无法得到切实执行。据访谈得知,现在生产部门已经不在意这些信息了。

② 急单缺乏跟进机制:目前是每天12点前由各跟单员把各自认为的急单数据以E-mail形式传送给订单管理部主管做简单汇总,然后12点召开由生产技术副总经理和各部门经理参加的急单协调会,公布上述急单资料。每条信息基本上是给大家读一遍,生产技术副总经理对个别单做一些口头要求,但跟进的效果如何并不评估。而且由各跟单员直接汇报,导致急单的总量超过公司两日的生产量,每个生产部门也就不再严肃看待急单资料。急单制度形同虚设,而且跟单员对此也意见很大。

2. 职责不清晰

(1) 职责混乱:因为生产管理不规范,跟单员之间又是竞争关系,所以跟单员基本上是每日都在工厂中,直接跟进各单的处理,这样不但直接影响正常的生产秩序,而且也带来很多不良影响,比如目前各部门之间的转单基本上是跟单员在做,如果让部门自己转单可能需要每一个小时转一次(而且此时间并没有要求),影响处理效率,进而形成恶性循环。甚至,跟单员需要亲自去车间参与部分生产工作。

(2) 职责缺少:从以上问题也可以看出目前存在众多职责缺失,比如货期应该由谁来制定?生产计划由谁制订?急单标准及判定由谁来统一确认?整个端到端生产控制应该由谁来总体负责(现在是由各跟单员自动补位)?整个流程执行的好坏由谁来监督和评估?

(三) 新的生产控制流程

3.1 生产控制流程图

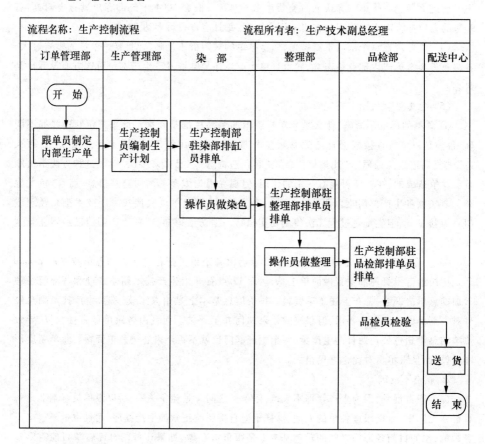

3.2 流程说明

1. 跟单员制定内部生产单

跟单员接收到客户的订单需求表后,根据内部生产单操作指引制定内部生产单,然后把内部生产单的信息登记在"超人染厂生产控制系统"(以下简称 IT 系统)上,然后把内部生产单提交生产控制部生控员。

2. 生产控制员做生产计划

生产控制员根据目前的总单量及各产品单量、生产期计算表、各部门单量负荷、各部门回修率、设备情况编排生产计划。然后把生产计划录入 IT 系统中。最后把内部生产单提交染部排缸员。

生产控制部应该根据各单的最新要求及生产状态调整生产计划,制订生产计划调整表给各部门做相应调整。

生产控制员根据货期、客户重要度等因素制定急单表,在每日 12 时的急单会议上汇报。

每日急单量不得超过各部门生产能力的 5%,超过 5% 时需经过生产技术副总经理审批。并安排各部门排单员根据急单表在内部生产控制单上盖"直通车"掌印。各部门看到此单优先排单,部门转单也不可拖延。

3. 生产控制部驻染部排缸员排单

染部排缸员根据生产计划及设备情况制订排缸计划,并把排缸计划录入 IT 系统中,按计划把内部生产单交对色员把染色配方填写到内部生产单上,对色员按先后顺序把内部生产单放在"可落缸"工作篮中待操作员直接索取,并在系统中做批量设置订单状态。

4. 染部操作员染色

操作员去仓库拿布根据工艺要求染色,出缸前让染部对色员审批,确认后即可出缸,否则按对色员提供的调整配方继续染色,回修单必须在 IT 系统中重新登记落缸状态。染色后,操作员把运转卡及内部生产单交整理部排单员。

5. 生产控制部驻整理部排单员排单

整理 A 部排单员接收到内部生产单后,应即刻在 IT 系统中接收,并制订定性计划输入信息系统中。然后提交技术主管把定型配方填写到内部生产单上。排单员根据生产计划要求以及设备人员安排等因素排单,并把单按顺序放在"待定型"工作篮中供操作员直接索取。

6. 整理部操作员做整理工序

操作员从"待定性"工作篮中按顺拿取内部生产单进行定性工序,定型后,技术主管对定性样板进行审批,如不确认则根据新工艺重新定性,否则操作员即可把内部生产单交品检部排单员。回修单必须在 IT 系统中重新登记定性状态。

7. 生产控制部驻品检部排单员排单

排单员接收到整理 A 递交的内部生产单后,应即刻在 IT 系统中做收单。然后与化验室送来的测试报告装订好,交各品检员检测。

8. 品检员检验

品检员根据各产品的要求对各项指标进行检测,合格即在品检报告的"品检结果"处注明合格并签字,否则提交品检部主管复核。如果品检部主管复核后仍认为不合格,排单员应把内部生产单交回染部经理,同时在 IT 系统中做状态设置。如果染部经理认为可以交货,需提交技术副总经理审核,否则交染部排缸员按第三步重新排单。检验合格后,排单员提交内部生产单给配送中心仓管员包装成品。

9. 送货

配送中心调度收到品检部排单员提交的已生产完成的内部生产单后,应首先在 IT 系统中做接收。然后根据送货单编制指引制定并打印送货单,并登记在 IT 系统中的送货派车表中。每日下午 2 点,调度根据送货地址编排送货线路和车辆,然后交仓管员装车发运。

10. 跟单员跟进订单生产进度

跟单员通过 IT 系统,可以实时查询每个订单的生产进度,并每日 E-mail 给客户。如果订单有新的需求,需通过生产控制部生控员做生产计划调整,跟单员不可下工厂跟单。

(四)新旧业务流程关键变化点

4.1 组织架构变化

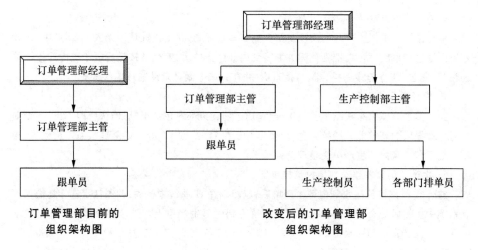

订单管理部目前的组织架构图　　改变后的订单管理部组织架构图

组织架构主要变化点:

(1)订单管理部分拆为订单管理部和生产控制部。订单管理部负责对外工作,面向客户,而生产控制部负责对内工作,面向各生产部门统筹制订生产计划和生产管理。

(2)各生产部门的排单员统一归生产控制部管理,以便切实执行好流程变革。

人力变化:

(1)生产控制部主管由原订单管理部抽调一个主管担任。

(2)生产控制部生产控制员由原订单管理部抽调经验丰富的跟单员担任。

(3)各部门排单员转为生产控制部编制。

(4)订单管理部分拆后,总体人数将会随着IT系统上线由原来的29人减少至18人。

4.2 岗位职责变化

岗位名称	变化点描述
跟单员	1. 货期不再由跟单员根据标准直接答复,而是由生产控制部生控员根据实际状况制定 2. 跟单员不可到各生产部门翻查工作单和干扰正常的生产秩序,而是直接通过IT系统了解各订单的生产进度,需要更详细的进度时直接由生产控制部答复 3. 跟单员不可以私自在内部生产工作单上注明"十万火急"等急单标识,亦不可直接要求生产技术副总经理或CEO签批急单,必须经生产控制部统一认定并盖"直通车"急单标识 4. 取消订单跟进表,统一改为IT系统登记和跟进

(续 表)

岗位名称	变化点描述
生产控制员	1. 新增岗位 2. 对生产计划负责,制订总体生产计划并跟进 3. 制订急单计划,负责组织每日12时的急单会议 4. 产能负荷分析 5. 编制各种生产报表 6. 负责内部生产单的生产投放和完结验证
各部门操作员	完成生产工序后应及时做订单转移,考核时间以下一个部门收单为准
各部门排单员	1. 由各生产部门管理改为生产控制部统一管理 2. 必须严格按照生产控制部的生产计划排单,不再直接对口跟单员,除非因为工艺原因,否则也无须听从部门的排单要求 3. 急单只认可生产控制部定期发布的急单表并在内部生产控制单上加盖"直通车"印章 4. 凡是加盖"直通车"的订单优先排单 5. 各订单的处理状态,及时录入IT系统 6. 根据生产部门的特殊工艺要求和设备特点,可以在各生产部门领导要求下对生产计划做局部调整
各生产部门经理	按生产控制部的生产计划组织生产活动,但可以根据实际工作需要对计划做一定的改动
CEO	急单要求通过生产控制部下达给各生产部门
生产技术副总经理	急单要求通过生产控制部下达给各生产部门
配送中心	只接收来自生产控制部的送货指令

(五)对IT系统的要求

需开发"超人染厂生产管理系统",对系统的基本要求如下:

一期要求:

(1) 内部生产单的信息由系统管理(新增、修改、删除、冻结);

(2) 可以实现内部生产单的拆单功能;

(3) 指定用户可以增加生产进度信息(具体的生产状态标准表由生产控制部提供);

(4) 任何用户可以通过"生产单号"实时查询到生产单的所有相关信息,包括:订单基本信息、生产进度、生产进度记录(生产人、生产设备及生产用时)、回修情况、品检报告数据等;

(5) 指定客户(先开放TOP 10大客户,然后再逐步开放权限)可以通过互联网查询订单生产状态;

注:客户可以看到的生产状态标准表及规则由生产控制部制定。

(6) 可以编制总生产计划和各部门生产计划;

(7) 可以增加急单标识,并在每位排单员页面显示;

(8) 可以自定义或选择工艺路线;

（9）报表要求：

① 可以根据生产单号、订单某基本信息、跟单员姓名等条件，查询满足条件的订单列表；

② 工厂总单量报表，并可以提供各种类型产品的总单量报表；

③ 各部门各工序单量报表，并可以提供各种类型产品的单量报表；

④ 48小时必须走货订单汇总表；

⑤ 提供客户订单报表，并提供以下信息：总单量、各类型产品单量、在各部门分布；

⑥ 工厂及各部门回修单报表，并能显示各部门回修率；

⑦ 根据生产计划，提供生产预警报表；

⑧ 提供各部门的人工产能报表；

⑨ 延误率报表；

⑩ 各部门生产计划按时完成率；

⑪ 按客户查询成品未送货报表；

⑫ 根据布匹种类计算生产天数分析表；

⑬ 各客户订单磅数分布图及分析表（50磅、100磅、300磅、500磅、1 000磅、3 000磅），主要用于评估客户订单质量；

（10）系统稳定及数据的准确性；

（11）多用户操作，权限可以自由设定。

二期要求：

（1）扩展要求；

（2）胚布仓子系统开发；

（3）成品仓子系统开发；

（4）化验室打板子系统开发；

（5）与生产控制系统对接，增加布匹跟踪功能。

"超人生产控制系统"开发小组：

组长：周总（生产技术副总经理）

副组长：金总（副总经理助理） 郑总（IT开发部总监）

技术顾问：金总（副总经理助理）

项目成员：徐勇（IT开发部经理）：主要负责开发生产控制系统；

　　　　　康启明（IT开发工程师）：主要负责互联网上订单生产状态查询系统及化验室打板系统的接口开发；

　　　　　熊国强（IT开发工程师）：主要负责胚布仓、成品仓、化验室打板子系统开发；

　　　　　何厚华（IT硬件工程师）：主要负责网络硬件设备的升级。

（六）对管理制度及培训的要求

（1）订单管理部修订生产控制流程；

（2）生产控制部修订货期计算标准表；

（3）生产控制部新制定急单标准、生产状态标准表；

（4）生产控制部新制定染部排单规则、整理部排单规则；

（5）订单管理部与生产控制部修订岗位操作手册；

（6）生产控制部设计表格模板：生产计划总表、部门排单表、急单表、批量转移单，其他报表格式根据系统实现效果再定；

（7）生产控制部编制培训 PPT，至少分部门经理和操作人员两种；

（8）IT 开发部与生产控制部联合编制系统操作手册；

（9）人事部修订岗位职责说明书。

（七）对绩效考核的要求

流程变更后，订单状态的及时更新有利于保障整体计划的实施。所以，针对各部门操作岗位新增一个"转移漏单率"的考核指标。其他必要的指标等新流程稳定后，由生产控制部与人力资源部再商讨。

（八）对流程审计的要求

流程变更比较大，所以 ISO 办公室需要每个月对生产控制流程进行审计。

（九）附件

项目计划书

现状流程梳理分析表

会议纪要

案例表 4：需求变更申请表

项目名称：	生产控制流程优化项目		
申请人：	金 总	申请日期：	2005 年 9 月 26 日
变更内容： 为加强生产计划的执行，CEO 要求统计各部门生产计划的按时完成率作为部门经理的考核指标 《超人染厂生产控制流程优化项目需求说明书 V8》之 5 "对 IT 系统的要求"中增加了一个各部门生产计划按时完成率的统计报表			
变更影响评估： 仅需要增加一个统计报表，不涉及流程的变更，维持原计划不变 需要增加 IT 开发人员的工作量			
IT 项目经理审批（如不同意请给出理由）： 　　　　　同意，对 IT 开发计划基本无影响 　　　　　　　　　　　　　　　　　　　　徐 勇　2005 年 10 月 27 日			

案例表 5：新流程上线倒计时计划表

工作项		工作内容/工作质量要求	负责人	截止时间	完成情况
制度开发	系统开发	见 IT 方案设计书	徐勇	2005.10.7	预计可按时完成
	生产控制流程		黄磊	2005.10.10	
	货期计算标准表		黄磊	2005.10.10	
	急单标准		黄磊	2005.10.10	
	岗位操作手册		黄磊	2005.10.10	
	培训 PPT		徐勇/黄磊	2005.10.10	
	系统操作手册		冯一华	2005.10.10	
	岗位说明书				
测试	完成测试方案设计	需求方根据流程要求设计测试方案,必须考虑以下因素: ● 订单类型设计 ● 各种异常情况模拟 ● 系统完整性测试 ● 系统容错性测试 ● 系统可操作性测试 ● 系统安全测试 ● 流程的测试 ● 数据结果的测试 ● 工作时间角度 ● 其他流程特性要求	黄磊	2005.10.12	可按时完成
	系统测试会	组织相关部门讲解测试方法及需注意的关键问题	金总/徐勇	2005.10.13	
	系统测试及完善	测试,收集问题并及时完善,必要时开会解决	金总/徐勇	2005.10.15~2005.10.25	

（续　表）

工作项		工作内容/工作质量要求	负责人	截止时间	完成情况
新旧流程切换	新旧流程切换会	1. 确定新流程上线策略：全面一次切换，还是先试点再全面切换？如试点要选择好试点单位 2. 确定新流程上线时间 3. 上线的各项准备工作安排	金 总	2005.10.31	
	培训和推广	1. 培训教材至少应包括：项目背景及目的，项目开展大致说明，流程变更说明、管理规则变更说明、职责变更说明、相关配套管理方案说明、系统操作变更事项、测试案例的问题对策，即将上线注意事项的制度说明 2. 培训批次安排：对不同岗位分别培训，跟单员、生产操作员及各部门经理、各部门排单员、各部门操作员代表	金 总	2005.11.2~2005.11.4	
	上线E-mail通知	应包括：项目背景、项目意义、上线时间、上线范围、新切换安排、新流程出现异常情况时的决策安排、培训资料与新流程相关制度，受理并跟进处理注意事项、上线问题各接口（业务管理/IT）、上线操作流程相关制度，流程重要优化点	金 总	2005.11.7	
	上线及问题处理	收集问题，受理并跟进处理	徐 勇/金 总	2005.11.7~2006.2.7	

案例表6：上线通知

大家好！

项目背景：

为了提高内部运营效率，今年在公司高层高度重视与领导下，成立了"ISO作业程序改进小组"，以对公司内部所有作业程序进行改进。

生产控制流程优化项目主要是通过组织架构调整、岗位职责变化、流程路线重新设计等手段，提高生产计划能力和生产管理水平。

重要优化点：

（1）新增设了生产控制部，负责内部生产计划的制订和跟进，而订单管理部负责对客户；

（2）各部门排单员统一归生产控制部管理，负责生产计划在各部门的执行；

（3）新开发IT系统，所有用户都可以通过"内部生产单号"直接查询订单信息和生产进度；

（4）提供了丰富的报表，有利于科学决策；

（5）设置了急单处理机制，不但新制定了急单标准，而且急单量会得到控制，由生产控制部统一管理。

涉及职责或操作变更岗位：

跟单员、生产控制员、各部门排单员、各部门操作员、配送中心。详细的职责变更见附件。

上线时间及范围：

2005年11月7日东莞分厂上线，2005年11月21日全国各工厂上线。

问题接口人：

系统问题	徐 勇	0769-总机-325	Mail01@chaorenranchang.com
业务（跟单员）	黄 磊	0769-总机-320	Mail02@chaorenranchang.com
业务（生产计划）	谢东梅	0769-总机-310	Mail03@chaorenranchang.com
业务（染部排缸）	陈希开	0769-总机-300	Mail04@chaorenranchang.com
业务（染部）	杜存方	0769-总机-302	Mail05@chaorenranchang.com
业务（整理部排单）	杨小芬	0769-总机-304	Mail06@chaorenranchang.com
业务（整理部）	高正坚	0769-总机-345	Mail07@chaorenranchang.com
业务（配送中心）	陈小全	0769-总机-222	Mail08@chaorenranchang.com
岗位职责	冯一华	0769-总机-108	Mail09@chaorenranchang.com
综合问题	金 总	0769-总机-688	Mail88@chaorenranchang.com

相关制度及操作指引： 见附件。

生产控制流程优化项目组　2005年11月7日

第六章　流程优化

案例表 7：生产控制——流程优化项目上线问题汇总跟进表

编号	存在的问题	问题性质	状态	处理方法
001	订单 YT85426，染部能查询到，但整理部却查询不到，无法做接收	IT	OK	系统 BUG，已处理
002	胚布类型是否可以修改为下拉框，现没没单都需要输入太费时间	优化需要	OK	根据黄磊提供的胚布类型，改为下拉框
003	返修单可以用之前的订单号吗？这样有利于订单管理	优化需求	OK	征求生产技术副总经理意见后，暂不允许，还需要新开《内部生产单》
004	《内部生产单》信息录入页面录入的信息太多，跟单员的电脑屏幕大多是 14 寸，每次都需要将页面在后拉才能看见，这样容易造成信息漏录入的情况，希望适当调整一下界面格式	IT	OK	已调整
005	《内部生产单》信息录入页面需要录入的选项有 53 项，是否大多？那么多信息是否有必要全部录入 IT 系统？是否可以只录入重要的，像"胚布在位"之类的是否可以屏蔽掉	优化需求	处理中	黄磊/谢东梅在组织大家讨论哪些选项可以删除，在未有结论前，还是需要要求全部录入
006	如果《内部生产单》填写错误，我想在 IT 系统中修改怎么办	优化需求	OK	内部生产单一旦进入生产程序，就不能在 IT 系统中更改，如果更改必须让生产控制部先修改内部生产单才行
……	……	……	……	……
063	发现有些单整理 A 不做收单，品检也可收单。这样我们跟单员很多单就无法查询进度。系统是否可以根据不同的工艺路线，设定必须查记的环节	优化需求/IT	处理中	黄磊/谢东梅已经完成系统判断规则系统更改时间定为 2005 年 12 月 14 日早 8:00—8:15，在此期间各部门暂停登记

311

案例表 8：生产控制流程优化项目关闭计划

一、项目目标是否达成

项目目标	目标描述/达成状况	是否达成
提高生产的计划性	订单按生产计划的编排进行生产。目前做了公司总生产计划和部门生产计划，做到了按计划生产的目标	达成
生产控制E化	订单管理E化，可以通过信息系统查询订单进度信息	达成
提高准时交货率	根据最近两个月的数据统计，由上线前43%准时交货率提高到85%准时交货率	达成
总人力成本下降	随着IT系统上线，订单管理部由原来的29人减少至18人	达成
建立急单处理机制	制定了急单判断标准，并就急单的跟进方式进行了统一规范	达成

二、流程及模板是否归还流程所有者

流程名称	责任人	是否完成
生产控制流程	黄磊	已发布
货期计算标准表、急单标准	谢东梅	已发布
岗位操作手册	黄磊/谢东梅	已发布
系统操作手册	徐勇/谢东梅	整合在IT系统中，完成
岗位职责说明书	冯一华	已发布

三、出仓审批问题汇总跟进表，都已经处理

四、项目正式关闭

跟进事项	责任人及时间
1. 项目关闭会议及E-mail：关闭时间，项目成员及所有相关人员的支持，后续流程管理转交	周总 2006年4月10日
2. 团队成员获得的新技能反映到人力资源上： （1）按项目激励方案，项目经理对本项目组人员及优秀参与人员进行评估 （2）排名第一的项目成员，项目经理直接向其上司建议，在其当期的绩效总分上面加上0.1~0.5分以资奖励	周总 2006年4月12日
3. 项目经理发E-mail给各项目小组成员及其上司一封感谢信，对项目成员的成绩给予肯定并表示感谢	周总 2006年4月12日
4. 项目知识管理。完成项目的文档汇总及项目总结报告交效率小组	金总 2006年4月20日

案例表9：生产控制流程优化项目效果评估报告

1. 时效

- 由于 IT 系统的应用，减少了大量的转单，流程的平均耗时由 4 天降低为 3.5 天；
- 准时交货率由之前的 43% 提升为 85%；
- 由于开发了化验室打板管理系统，使大陆工厂与香港营业部直接通过互联网协同作业，打板平均周期从 5 天降为 3.5 天。

2. 成本

- 由于 IT 系统应用，订单管理部由 29 人减为 18 人，染部减少 3 个文员，整理部减少 1 个文员，品检部减少 1 个文员，平均每年大约节约 38 万元的人力成本；
- IT 设备改造共计投入 5 万元。

3. 质量

- 通过建立急单处理机制，急单的及时处理率由之前的 20% 提升到 95%；
- 退单率由 2.5% 降低为 1.2%。

4. 风险

- 所有内部生产单必须登记到系统中，并经过生产控制部激活才能进入工厂生产，杜绝了个别跟单员私自替客户打板的现象；
- 由于流程路线通过 IT 系统固化，杜绝了大概 100 单/月不经品检即送货的订单。

5. 客户满意度

- 客户可以通过互联网实时查询订单处理状态，提高了客户满意度；
- 通过抽查 30 家外部客户，对此次流程优化满意度为 100%；
- 内部客户满意度为 83%；
- 客户投诉书由之前的平均 10 次/月，降低为平均 0.5 次/月。

6. 其他

- 明确了各岗位职责，提高了流程的顺畅性；
- 通过建立生产管理信息系统，提高了生产管理水平。

说明：以上结论的统计方法及原始数据见附表。

■ 后记

从项目效果评估报告我们可以看出，超人染厂的生产控制流程优化项目毫无疑问取得了巨大成功。

但前一段时间听说该企业在这次金融危机中倒闭了。在表达痛心的同时，进一步验证了那句话"流程不是万能的"。我们应该不断反思流程在整个企业系统中的位置和价值。只有更加客观、更加理性地看待和使用这个工具,它才能发挥最大的价值。

第七章 流程管理长效机制

7.1 流程管理体系化运作需要长效机制做保障

华为总裁任正非提出企业做大之后,要把企业从自由王国带到必然王国。企业成功不能够依赖于个人,依赖于产品、技术,而要依赖于管理,依赖于一个能够自我发现问题、自我改善问题、自我做出调整的管理体系。这也正是流程管理的价值所在,一个流程化运作的企业是可控的、有保障的,其结果是可预测、可重复的。

为了提升管理水平,不少企业会选择请咨询公司来帮助公司建立系统化的管理体系,有的公司通过贯彻 ISO9000 建立起完善的质量管理体系;有的公司引入人力资源咨询公司建立起系统的人力资源管理体系;有的公司借助流程管理咨询公司建立起完整的流程体系等。然而,有相当一部分企业随着咨询顾问的撤离及公司高层关注度的下降,好不容易建立的管理体系被搁在一边,企业又恢复到没有建立管理体系之前的模样,自然企业也就得不到管理水平与经营绩效的提升。

管理体系建立起来之后,它不会自动自发地去实施。再好的管理体系终归需要人去做,如果管理体系的执行者没有意愿去按体系要求操作,那这个管理体系只会是摆设,与实际的操作会脱离,不会产生多大的价值。先进的管理体系不能有效执行并发挥效力的根本原因在于缺乏管理体系有效运行的长效机制。离开了这个长效机制,管理体系就像汽车失去了动力系统。

流程管理长效机制就是要解决企业各级人员对流程管理关注度与重视度的问题,让企业员工有意愿去按流程体系的要求去做,要让流程成为公司共同的管理工具,让流程绩效成为公司共同关注的经营目标。高层关注是否将战略分解到流程上,流程的框架是否合理,资源配备是否充分,流程绩效是否实现;流程所有者真正有意愿把流程管好,对流程绩效的提升有强烈的责任感与使命感;中层管理者真正把流程与职能放在同等重要的地位,在发生冲突的时候能够学会从公司整体去取舍;基层员工能够按流程要求执行到位。

如果流程管理的长效机制没有建立起来,流程管理体系就是依靠外力去推动与运行的,这个外力本质是公司当时所处的环境,高层阶段性的迫切需求与关注度。但这个是不可能持续的,总是会被新的问题取代,一旦外力散去,流程管理体系就会停止运作。最典型的代表就是 ISO9000 体系,在没有认证那会的激情与关注之后,ISO9000 就会流于形式。

如果流程管理没有长效机制,流程体系不可能获得真正的高绩效。做任何事情都需要一个漫长的积累过程。没有长效机制意味着流程管理就是一阵风,企业好不容易应用流程管理方法在体系建设方面取得的成就,由于不能够持续,流程管理体系又会恢复到企业原来的模样,如果再推行流程管理,难度会更大。

7.2 流程管理流程化是建长效机制的前提

建立流程管理长效机制的前提是将流程管理工作本身流程化。在我们开展流程管理的初期,很多工作都是非常偶然的一些需求。我们的团队成员提了这样一个问题:"如果公司做流程管理的人员换了或者公司的流程管理职能取消了,公司的流程体系似乎就无法运作了。"当时,的确如此,我们的流程管理工作是随机的,没有成为一个常规的例行工作,大都来自于客户的临时需求,例如公司高层提出的需求。如果公司高层不再重视流程了,可能这些临时性需求就不是流程方面的,可能是费用节约、成本控制等其他方面的。

流程管理同事要让公司的流程体系能够闭环运作,要把企业运作打造成一个自我建立、自我执行、自我检查、自我改善的流程体系。既然是自我管理的体系,就不能依赖于某个人,而应当依赖于流程。流程管理本身需要流程化。

流程管理的流程必须满足以下条件:

1. 流程管理流程必须是公司各部门共同参与的,而不是流程管理人员的自娱自乐

流程管理专业人员虽然是所有者,但流程管理流程要充分对将公司各级员工调动起来,让他们能够积极参与,使流程管理专业人员与流程所有者、流程执行者共同推动流程管理工作。因为我们知道流程管理本身是所有者的责任,所以要让所有者成为流程管理流程的主角,而流程管理人员则是流程管理流程的所有者,负责推动流程管理流程的执行。

2. 流程管理流程要能够面向价值,而不是流程管理工作本身

流程管理流程设计的时候要思考对公司的价值,公司需要的是成品而不是半成品。流程管理流程设计要以终为始,能够确保流程管理工作都能够指向价值创造。

这要求流程管理流程能够前后对接,向前能够对接流程管理需求部门,向后能够将流程管理的结果给接受部门做进一步加工。例如,流程审计的流程向前要能够接上部门的需求,如希望通过审计发现问题产生的原因,发现流程设计的合理性,发现过程控制的风险等。流程审计要向后传递输出,流程审计的报告不能停留在流程管理部门,要能传递给需要使用输出的部门去做深加工,如流程审计报告给到公司的高层做战略调整的参考,给到流程所有者确定是否需要做流程优化,给到职能部门确定如何改变目前流程存在的问题,甚至给到人力资源部门,将流程审计的问题作为相关人员的绩效评估输入。

我们见过很多做后台管理的人员会花费大量的心血去做调查,写分析报告,但可惜的是报告完成之后就没有下文了,由于没有人将报告这个半成品继续加工,这些报告也就成了不创造价值的活动。所以,流程管理工作一定不能是流程管理人员闭门造车,而是要能够融入公司运营体系之中。

3. 流程管理流程要得到公司各部门的认同,而不能是流程管理人员的一厢情愿

流程管理流程设计好了,如果没有人来这个流程上运转,流程管理流程也是一纸空文。某企业曾经建立了内部投诉流程,但由于缺乏相应的文化,几年来几乎没有收到任何投诉。如何保证大家愿意、主动地参与到流程管理流程中呢?最重要的是公司各部门对流程管理流程的认同。

一个流程是否会被大家认同,就在于它能否产生价值,能否帮助大家解决问题。流程管理流程要得到公司各部门认同需要一个漫长的过程。只有公司有流程管理相关需求的时候,做相应的工作才会有合适的环境,所以流程管理流程的建立与推广也需要一个过程。

我们推行流程优化流程是在做了两年的流程优化项目之后推出的,通过两

年成功的流程优化项目运作,大家发现了流程优化流程的价值,在我们的引导下产生了大量的流程优化需求。所以,在这个时候推出流程优化流程就容易为大家接受。

流程管理需要哪些流程呢?我们认为通常企业应当建立以下流程:

- 流程梳理流程:确定如何设计新流程或者将隐性流程显性化的方法与规则;
- 制度管理流程:确定制度从拟制、审核、发布、宣贯、检查及更新的方法与规则;
- 流程优化流程:确定如何开展流程优化工作的方法与规则;
- 流程问题解决流程:确定如何解决跨部门流程问题的方法与规则;
- 流程审计流程:确定如何开展内部流程审计的方法与规则。

对于流程绩效评估、流程规划等工作由于工作的频次不高且涉及部门少,不需要制定相应的流程。

7.3 流程管理动力机制

■ 流程管理具备极强的内在激励性

我们在实践中发现流程管理工作本身就具有很强的激励性。在跨部门流程管理工作中,我们看到了一大批员工在项目中快速成长起来,他们在流程管理项目工作中展现出了充满活力与激情的一面,这是日常的岗位工作中完全看不到的一面。流程管理工作对人的激励性是有深层次原因的,下面我们从人的层次动机来做一个简要分析。马斯洛将人的需求分成了五个层次:

- 生理需求——维持人类生存所必需的身体需要;
- 安全需求——保证身心免受伤害;
- 归属与爱的需求——包括情感、归属、被接纳、友谊等需要;
- 尊重的需求——包括内在的尊重与外在的尊重,内在的尊重如自尊心、自主权、成就感等需要,外在的尊重如地位、认同、受重视等需要;
- 自我实现的需求——包括个人成长、发挥个人潜能、实现个人理想的需要。

从马斯洛的需求层次可以看出,流程管理容易满足员工较高层次的需求。流程管理有利于提升员工的宏观管理能力,而不仅仅是一个任务的执行者。我们可以从宏观的不同维度去做一个分析:

宽度：由于流程打破了部门的界限，要求流程团队成员首先要打破本位主义，去掉原来的岗位角色，站在流程整体去思考。所以要求流程团队成员熟悉流程中的每一项任务，理解流程任务之间的关联，并从流程客户的角度整体把握流程的目的及存在价值。而这些是流程管理推行之前没有的，尤其是职位相对较低的人员，他们只能得到本岗位相关的信息，得到执行本岗位工作任务的机会，而想要了解其他岗位的工作，通常需要岗位轮换、岗位调整才能够获得这样的机会。但岗位轮换与调整通常是公司在有意识地培养人才，机会只属于培养对象，与大多数人无缘。

深度：完成一项工作任务最重要的是知道是什么？操作方法是什么？操作规则是什么？操作要求是什么？但不要求知道为什么，流程管理则更加关注为什么，流程为什么要存在？它的客户是谁？流程的价值与目标是什么？流程的竞争优势与策略是什么？工作任务、程序、方法能够提炼出更加适用与通用的原则吗？作为一个职能人员要求的是把工作做对，作为一个流程团队成员要求的是不仅要把工作做对，还要保证工作方法正确，工作方向正确。

长度：管理有三个时态度：过去、现在与将来。在职能管理中，广大员工通常只关注现在，把手头的工作做好、做对；中层管理人员在关注现在的基础上还会关注过去，从过去的经历中积累经验，获得成长，以提升现在的能力与绩效；只有高层管理人员才会去考虑将来，考虑公司未来的发展规划，也就是我们常说的战略发展问题。流程管理则不一样，流程的本质是为客户创造价值的同时，为公司赚取利润。流程与将来是密切关联的，我们不仅要关注客户当前的需求，还要考虑客户未来的需求，我们不仅要关注公司的当前经营目标，还要考虑公司的战略发展目标。

创新：要实现自我，就要给员工一个充分发挥潜能、施展才华的空间。职能管理创新的空间有限，因为条条框框的限制较多。你的想法仅限于本岗位、本部门，如果一个好的想法影响到其他岗位和部门，即使对公司整体有很大的帮助，但流程上下游的某个环节可能利益受损，或者得不到好处，或者他们不关注，或者关系没有处理好，这个想法通常会夭折。作者本身就有切身体会，在国有企业时，曾经就一项工作提出创新式的改善建议，老板明确地告诉作者：维持现状是最好的，你不要给我添乱子。流程管理则不同了，流程跨部门员工成为一个团队，大家有共同的目标、共同的行为规范，流程管理要产生价值的核心来自于创新，所以流程管理是非常鼓励创新、欢迎创新的。我们推行流程优化工作时，就有多名项目经理反映，虽然流程优化是额外的工作，回报也不大，但工作充满了创新，工作成就感让他们充满了动力。

多面手：职能管理擅长培养专家，流程管理擅长培养多面手，让专家在专的基础上变得更博。做好流程管理需要的知识与能力是综合的,除了流程管理之外,还可能会涉及业务专业知识(如库存管理、价格管理等)、IT 管理(IT 规划、IT 系统需求分析、IT 开发项目管理等)、人力资源管理(岗位工作分析、职责分配、绩效管理等)、财务管理(预算管理、成本分析等)、项目管理(工作分解、项目策划、过程管理等)、质量管理(QC 质量改善方法、质量成本分析、SPC 质量管理技术等)、战略管理等。快速变化的环境,对人提出更高的要求,尤其是对于一个高级人才,基本都要求是复合型人才,看一看高级人才的岗位说明书或是招聘要求就知道了。流程管理提出了这样的要求,也会集中这样的人才,在工作中学习通常会取得更好的学习效果。在流程管理工作中我们至少在项目管理、IT 管理、人力资源管理方面给了大家丰富的学习资源与机会。

成就感:流程管理的成就感与职能工作中的成就感完全不在一个等级,职能工作中的成就感通常面窄、不深入,对于基层人员尤其如此。流程管理的对象是流程整段,不是其中的一个环节,管理的成绩影响面大,效果更明显;流程管理是从价值提升、绩效提升出发的,它的成就是可以与公司的经营绩效建立起联系的,而不是局部改善;流程管理的成绩通常是可以持续的、重复的,因为它是从做事情的方向与方法上的改善,而不仅仅是执行上的改善。流程管理中的成绩放在纯职能管理中一般都需要公司高层的推动才能够完成,而在流程管理的公司一群基层员工就能够搞定,这种成就感是可想而知的。

■ 流程导向的绩效考核

通常企业绩效考核会包括:关键业绩指标(KPI)、工作目标(GS)及素质(能力、态度)三个部分,我们从这三个方面对职能导向绩效考核与流程导向绩效考核做一个对比分析,如表 7-1 所示:

表 7-1 职能导向绩效考核与流程导向绩效考核的不同

考核内容	流程导向	职能导向
结 果	流程运行的结果,流程对岗位提出的结果,也可以分成易量化的 KPI 与不易量化的工作目标。指标的选择来源于中高阶流程绩效管理的要求	岗位职责规定的工作结果、效果,通常分成可以量化的 KPI 与不容易量化的工作目标。由于结果的指标很多,指标的选取一般来源于上级 KPI 与 GS 的分解,通俗地说就是上司关注的工作结果

(续　表)

考核内容	流程导向	职能导向
行　为	流程管理要求的行为,可以包括公司流程管理提出的要求,如提交流程优化建议、开展流程梳理、流程优化、对跨部门流程问题进行解决,流程制度宣贯等	岗位职责规定的工作方式与工作行为。行为指标的选取同样来源于上级的要求,同样是上司关注的行为。常见的方法取自于工作计划中重点工作的考核,考核标准直接采取工作项的验收标准
素　质	从流程管理的角度评估员工的素质,对于流程所有者尤其适用。系统思考能力、逻辑分析能力、跨部门协作能力、团队合作能力、项目管理能力等都是重要的参考指标	从岗位管理的角度评估员工的素质,包括能力、态度、价值观等。素质考评的要素都是基于当前的组织结构、部门、岗位设置要求

谈流程导向的绩效考核之前,我们先看一下职能导向绩效考核存在的问题。按照组织结构进行目标分解的方式有一个致命的缺陷:把企业看成一个静态的系统,割裂了部门之间的联系。这种操作方法会带来很多问题,例如对于需要跨部门共同负责的目标按职能来分解不合理;指标分解完成后,各个指标责任主体各自为政,失去了整体改进的机会;没有将目标分解到目标实现的过程,对关键的过程没有进行控制等。传统的按组织结构自上而下的目标分解方式不利于公司目标的达成,我们可以经常看到公司业绩不好,但各部门整体的业绩不差,各岗位的业绩也不差,也就是我们常说的局部最优而非整体最优。

用这种方式确定的岗位 KPI 对流程管理是不支持的,因为岗位 KPI 与流程没有建立联系,是明确的部门及上级导向,所以各部门的 KPI 是不协同的,流程中不同的节点由于受不同部门领导,流程追求的目标不一致,为此流程整体目标很难保证实现。某企业销售订单执行流程的时效是行业竞争及客户非常关注的目标,该公司并没有为此流程设定时效目标。负责货物配送的部门由于处在销售订单执行流程的后端,会直接面临来自外部客户及销售的压力,为此该部门对于配送确定了明确的时效标准。商务部负责客户订单处理,由于该部门面临人员工作效率的压力,也对商务人员订单处理确定了时效标准。然而影响客户收货时效的不仅仅是这两个环节,还有内部订单审批、账务处理、出仓操作等更多的部门,但它们并没有明确相应的时效要求。直接导致的问题就是客户收单时效无法保证,而各部门对于流程本段时效的追求与努力对于整体是无效的,甚至产生了负面影响。

接下来,我们看看流程导向目标分解的思路及其好处。公司目标除了按照部门分解之外,还可以按照流程去分解。在前面提到过,有了流程导向的目标分解思路,企业在确定财务目标的同时会去思考客户层面的目标,并进一步分解要实现财务目标与客户目标所需要设定的流程目标,这个流程目标是对公司整体而言的。在尚未建立流程导向的绩效管理模式之前,流程目标通常不包含在企业的整体目标中,也就是说之前没有哪个部门、岗位会对流程目标负责。在确定流程目标之后,企业还需要按照流程的层级分解到可管理级流程,将可管理级流程目标落实到相应的部门与岗位。如此就使企业的目标体系不仅满足了职能部门运作效率的要求,同时也能满足流程对战略实现目标的需要。流程导向目标分解思路示意图如图 7-1 所示:

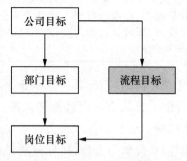

图 7-1　流程导向目标分解思路示意图

流程导向的绩效考核就是要把员工的绩效与流程挂钩,让流程管理成为员工绩效评估的一个重要组成部分。绩效考核结果会影响员工的绩效奖金、晋升、调薪、福利等,为此企业员工都非常重视被考核的工作。如果流程管理成为员工绩效考核的重要组成部分,流程管理就能够得到员工的高度重视,员工会有足够的动力去做好流程管理工作。

7.4　流程管理决策机制

■ 水平决策机制

水平决策机制又叫同级决策机制。顾名思义,对于流程中的问题在同一个级别能够进行决策,把问题及时地解决,而不需要请示上级领导。通常的做法是将流程的常规决策权交给流程所有者,所有者与流程团队成员通常处在同一个职级。

事实上,这是一种比较理想的模式,在实施的过程中还是会遇到很多困难。因为虽然任命了流程所有者,也将流程的决策权交给了他,但流程所有者不一定能够完全摆脱本位主义的习惯,也不一定有流程全局思考的能力。事实上流程所有者的能力是参差不齐的。

A企业是一家设备制造商。在一次跨部门问题讨论会的时候,不同部门意见不一致,大家争论得不可开交,大家都站在本部门专业管理的角度提出对会议决策的反对意见。这个时候,开发部沈经理站出来说:大家不要老是站在本部门角度去看问题,我们应当站在公司整体的角度去思考哪个方案是对公司整体有利的。对公司整体有利的方案才是我们想要的。最终他带领大家达成了共识。这样的流程所有者是公司的幸运,在现实生活中也是不多见的。

B企业是一家零售商。为了能够更好地平衡业务需求与管理风险,企业任命了张总为流程所有者。在一次决策是否接受具备一定财务风险的业务的时候,所有者张总召开了流程会议来决策。然而在决策的时候,张总的部门导向非常明显,他很果断地从财务管理的角度证明了该类业务的不可取,并做出放弃该类业务的决策。事实的结果是业务部门并不服从流程所有者的决策,并找到公司高层做了第二次决策。

所以,在推行水平决策机制的时候,一定要有一个循序渐进的过程,可以先找一些符合条件的流程所有者做试点。为了防止流程所有者还没有从部门导向的习惯中转变过来,还需要建立一个争议调解流程,即当流程团队对于流程所有者意见不认同的时候,可以找流程管理部门做出调解。

■ 流程管理决策组织

流程管理决策组织图如图7-2所示:

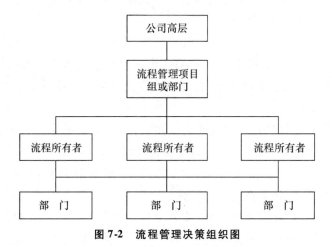

图7-2　流程管理决策组织图

- 公司高层职责

对公司级流程重大问题进行决策,包括流程目标设定、策略、管理原则选择、职责调整、资源分配、不一致协调等。

- 流程管理项目组或部门职责

代表公司高层负责跨部门流程具体问题的决策,并协调好所有者之间、所有者与部门之间的不一致。

- 所有者职责

对所负责的流程问题进行决策,并协调流程中不同部门之间的不一致。

- 部门职责

负责部门内流程问题的决策,并协调好本部门不同岗位之间的不一致。

流程所有者与流程管理项目组或部门在流程决策中承担了非常重要的角色,他们之间的关系非常紧密,当流程所有者成熟的时候,流程管理项目组或部门承担的决策工作量就会大幅减少,相反流程管理项目组或部门需要承担大量的跨部门流程的协调与决策。

7.5 流程管理压力机制

大家都知道劣币驱逐良币的道理,要想不让劣币驱逐良币就要有机制让劣币没有市场,用不出去。最后把劣币淘汰,实现良币淘汰劣币。企业管理也是如此,有了动力机制还不够,企业还要有压力机制,对于失职者、不尽职者、绩差者进行处罚,不给劣币生存的空间。

有的公司在推行流程管理的时候,只有动力机制,没有压力机制,也就是只有奖没有罚,希望能够以奖代罚。我们认为在流程管理体系导入的初期适合采用这种模式,例如我们前面介绍的,对于流程管理项目工作设立专项奖励基金,对表现突出者进行奖励。

但当流程管理推进到一定程度的时候,当大家对流程管理的热情及高层重视度开始下降的时候,由于没有压力机制,公司各部门人员可能会产生不为五斗米折腰的想法:"虽然流程管理做得好有奖励,但流程管理毕竟不是主业,咱不去想了,反正也没有这方面的考核指标。"

所以,流程管理在适当的时候,要建立压力机制。通过压力机制来"强迫"公司提升流程管理意识,养成流程管理的工作习惯。在流程管理压力机制设计上可以与流程管理动力机制结合起来,在考核的设计上要适度地体现罚的要求。

当然,如果流程管理指标占了岗位日常绩效考核中的一定比例,实际上也起到了处罚的作用。因为如果做不好,奖励就拿少了,相当于受到了处罚。

压力机制除了设计在绩效考核中,还有一种非常实用的方式:问责制。在前面的章节中我们已经有详细的论述,在此不作重复。

7.6 流程文化

文化虽然很虚,但恰恰是流程体系中最重要的元素。工作中我们常说工作要达成共识,团队要有共识指的就是共同的文化观念。如果没有共识,团队成员面和心不和,那么团队工作一定不是发自团队成员内心的,而是表面文章,是应付、是交功课,一定不会有实际的价值。

再好的流程体系、再好的管理机制,如果没有适合的流程文化,都无法有效运行,不会产生价值。原因很简单,如果员工不认同流程文化,他一定是被迫、不情愿地接受流程管理工作,如果全体员工大部分都不认同流程文化,这种情况就会引起共振,会让流程管理工作推行不下去。最后公司高层也会妥协,会认为是流程管理人员的责任,而不是其他人员的问题。

问题总是在管理前面,流程制度的设计总是跟在问题后面,流程制度设计得再前瞻、再卓越,还是会落后于环境的变化,还是有缺陷。这个时候需要文化来弥补,有了流程导向的文化,有了客户导向、效率导向、全局导向、协作导向的文化,流程团队成员很容易就会采取有效的应变措施来适应环境的变化,提升公司的运营绩效。

案例 企业管理部团队文化的多化

小李刚晋升为公司企业管理部部门经理,负责8人的团队管理,团队负责人的工作、团队成员的工作对他而言都是全新的,可以说是一穷二白,从零开始。在带领团队的初期,小李在安排任务的时候,要求前台文员配合行政主管做好员工后勤管理,没有想到的是,前台文员很直接地说:"这不是我的工作范围。"可想而知,这是一个松散、缺乏凝聚力与协作意识的团队。在小李工作的前几个月里,由于业务不熟悉,加上团队成员协作能力差,整个部门不时地会出一些问题,被其他部门投诉,也被直接上司批评。

虽然团队成员各自负责一块业务,但每个岗位的任务饱和度不一样,加上不同岗位工作的节奏与重要度也不同。小李发现如果要提升部门绩效,一定要转变目前各自为政的做法。为此,他在部门日常管理中反复强调一个要求:"分工不分家,不允许团队成员说这不归我管。"同时小李自己也是以身作则,用行动告诉大家如何打破部门主义,加强与其他部门的协作,并有意识地加强了业余生活中团队成员之间的沟通与互动。一年之后团队的文化悄然发生了变化,团队协作精神明显得到加强。

有一次,企业管理部要在下周一组织季度的计划总结会,准备在会上将管理创新流动红旗从销售部转交给质量管理部。周五的时候行政主管将一切工作准备就绪,小李放心地享受周末去了。

周一开会的那天,小李突然发现忘记去销售部取管理创新流动红旗了。于是他比正常上班时间提前了半个小时来到公司去处理这件事,令他意外的是流动红旗已经放到了企业管理部办公室。原来是前台文员发现了这个问题,提前来到公司找人把管理创新流程红旗拿了过来,小李十分欣慰。更令他欣慰的是,团队成员基本都提前了20分钟上班,并提醒他是否准备好流动红旗。

很明显,让团队拥有协同文化的时候,每个人都会关心团队的工作,当某人出现缺位的时候,就会有人及时去补位。这个案例很显然是有一个人失位,其余7人都去补位。有这样的文化,流程怎么可能会出错,依靠团队的力量,流程的绩效显然会提升一个档次。而文化的问题是流程制度本身解决不了的。

那么流程管理需要怎样的文化?
1. 以客户为关注焦点

企业的使命是为客户创造价值,客户是企业生存的基础,如果企业失去了客户,就无法存在下去,所以企业应当把满足客户的需求和期望放在第一位。企业应开展市场调查,及时掌握并分析市场需求的变化,将客户的需求和期望作为企业流程体系设计的输入,将其转化为公司的管理标准与要求,通过推动流程体系有效运作来实现。同时要测量客户对企业产品、服务的满意程度,处理好与客户的关系,加强与客户的沟通,以促使客户满意。要获得竞争优势,企业应在确保满足客户需求的基础上力争超越客户期望,实现高的客户满意度与忠诚度。

以客户为关注焦点的理念已经得到广泛的普及,但真正将客户导向变成一种习惯,形成在工作中的一种态度、一种意识、一种做事方式还有一个漫长的过程。因为现实生活中,我们就是生活在部门导向的环境中,客户的压力是间接的,而部门的压力是直接的,我们会不自觉地把客户仅仅挂在嘴上,在付诸行动的时候便将他抛在脑后。

为此,以客户为关注焦点的文化除了观念宣传之外,要更加注意将客户为关注焦点的文化落地,体现在公司的制度中,体现在典型的案例与人物事迹上。

2. 目标导向

跨部门的流程通常会被不同部门、岗位分割开来,每个人往往只是负责其中的一小段,我们把这一小段称为任务。按流程设计的要求去执行,叫做完成一项任务。流程的各项任务都完成了并不是流程管理的目的,流程管理的目的是要实现流程设计的目标。目标导向就是流程团队在管理流程的过程中,能够从流程的目标出发去共同设计流程、优化流程、解决流程中的问题,这样可以保证流程中各环节能够方向一致,保证流程目标的达成。任务导向则会出现非常明显的岗位导向和部门导向,流程团队成员就会出现明显的各自为政,他们会孤立地看待自己所要完成的任务,而完全不去思考、不去关注,也不去理会流程最终的目标及流程客户的需求。

目标导向的关键在于提升流程团队的业务理解能力,尽量让大家能够完整地理解流程,能够学会站在流程整体去系统思考,能够把握流程的本质。

3. 公司导向

我们有的时候老是谈流程导向,这本身没有错,但很难被大家接受与理解,然而公司导向则不一样,大家很容易理解。公司导向与流程导向是一致的,都是要告诉大家追求整体最优,而不是局部最优。公司导向而非部门导向在理念层面应当是可以为公司大多数员工所接受,至少没有人敢站出来反对它。但要让大家在工作中去实施,则需要不断地进行引导。树立公司导向而非部门导向非常有利于跨部门流程的梳理与优化,我们就曾经多次运用这一观念成功地解决了跨部门流程问题。

4. 团队协同

你是否有类似的经历,一个看似非常简单的流程优化、梳理工作,由于两个部门意见不一致,之间互不让步而变得异常复杂。意见不一致,双方又都能够说出足够的理由证明自己,否定对方。而做流程管理第三方的你是否会感到非常棘手呢?

你是否也曾经历,由于流程团队之间协作能力强,一个看似复杂的流程优化项目,例如涉及职责调整、权力变化、利益重新分配等,但由于团队成员能够相互理解,积极配合,使得流程变革进展得异常顺利。

这就是团队协同的力量。极端地说,如果团队协同能力强,大家都能够破除本位主义,都能够有先集体后个人的意识,也许流程管理的很多问题不依赖流程、方法、机制就已经能够解决一半。

5. 乐于共享

在农村有一个很有意思的现象,为了区分不同所有者的田地,相邻的家田之间会有一道田埂来分隔。这个田埂还有另外一个用途就是方便路人行走。大概用不了几年,这道田埂会变得非常狭窄,最后有可能不得不重建。原因就在于相邻的农民双方都想将田埂的空间占为已有,不断地用锄头去向对方扩张。

在职能生活中,相同的故事也在时刻上演。每个职能部门都倾向于把本职能部门王国守住,不让其他部门入侵,有机会最好是能够扩大势力范围。大家把部门职责当成资源,不愿意拿出来分享,担心分享之后会失去。如果公司有了更多的多面手,如果本岗位知识已经通用化了,这个部门、岗位还会存在吗?这些担心是完全正确的,但对于公司是不利的,会促使工作发生割裂,增加公司运作成本。从长远来看,对于个人也是不利的,会让部门成为狭小领域的专家,越来越没有市场价值。流程管理需要共享的文化,不要老想着分享会失去,要多想分享能得到的好处。

6. 创新进取

流程管理的理念就是一种创新,需要我们打破固有的职能导向的思维模式,从流程、价值及客户的角度去看待我们的工作;需要我们善于突破原有的工作范式,本着一切都是可以改变的原则去重新设计或优化我们的工作。流程是很容易被企业之间仿效与学习的,所以要求企业不断对流程进行优化,以确保企业的流程处于行业领先位置,显然,简单地通过模仿是无法实现的,需要的是创新。

在流程管理工作中经常会遇到这样的问题:流程归口管理部或流程所有者看不到流程存在的问题,找不到流程改进的方向。是流程真的没有改进的空间吗?显然不是,原因在于企业缺乏进取的文化。

缺乏创新,流程优化就很难获得突破性改善,缺乏进取精神,流程管理就会缺乏追求卓越的动力。

7.7 流程管理的组织保障

如果公司开始关注流程,开始关注流程的绩效,公司的流程管理就成功了一大半。虽然本书花了很多的篇幅在谈流程管理方法与工具,但流程管理成功的关键不在于流程管理方法与工具本身,而在于流程导向的视角及对流程的关注,在于流程管理的职责真正落实到位。

我们知道传统的组织架构与职能导向的管理思维与流程管理是不兼容的,

甚至是相冲突的,如果不能从组织架构进行调整,流程管理是得不到组织架构支持的,流程管理也就不会真正有人去负责。流程管理需要怎样的组织架构呢?是否一定要对原有的直线职能制架构进行改造,建立一种全新的流程型组织?实践经验告诉我们,直线职能制组织架构仍然有许多先天的优越性,需要的不是对职能制组织架构的再造而是对其做一些完善,如图7-3中(a)图至(b)图的调整。

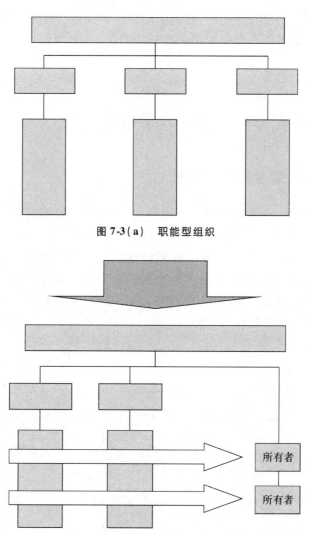

图 7-3(a)　职能型组织

图 7-3(b)　职能型+流程型组织

企业可以将职能型组织调整为职能型+流程型组织,但整个组织架构不会有结构性的变化,对公司不会产生重大影响,因而在企业中容易推行。职能型+

流程型组织具备以下特点：
- 在组织架构图中增加了流程所有者的职能,负责公司水平经营流程的管理;
- 在中层部门设置中增加流程管理的专业职能,负责组织推动公司流程体系的闭环管理;
- 明确了高层流程管理职能,负责公司流程重大事项的决策;
- 弱化了原有职能部门的功能,原先存在于各部门内部的资源释放出来,有利于公司根据市场环境的变化进行灵活调配,有力地支持跨部门项目管理工作。

7.8 让所有者把流程真正管起来

■ 为什么需要流程所有者

提出流程所有者的概念,其实很简单,因为流程管理的职责不明确。流程是水平的,职能是垂直的,流程被职能分成了不同的碎片,职能部门对各自的流程碎片负责,但并没有负责将碎片拼成完整的图形,没有人对完成图形的质量负责。所以,可以很清晰地看到,流程所有者主要是针对没有人整体负责的跨部门流程而言,这些流程所有者缺位,导致流程节点的各自为政,整体的产出得不到保障。所有者的角色如图7-4所示:

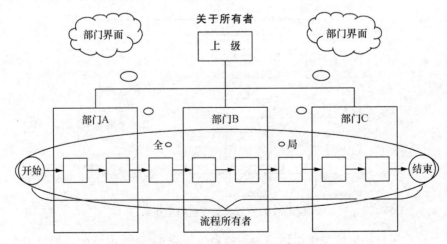

图7-4 流程所有者是对流程最终结果负责的岗位

也许有人会说:"公司的高层会对跨部门流程整体负责,为什么还需要流程所有者?"请大家从另一个角度去思考:"跨部门流程管理得如何?""跨部门流程问题解决效率与效果又如何?""跨部门流程的绩效如何?"很显然,这些问题的答案并不能让人满意。大家经常会抱怨一旦碰到了跨部门的流程问题就找不到责任人了,就很难去解决了。很显然,公司高层是没有精力去管理流程的,他们能够做的是提供决策与领导力支持,但他们没有足够的精力去关注流程的设计、推动执行、检查及具体问题的处理,他们关注的是流程的方向与策略。所以跨部门流程出了问题之后,流程问题会一直被容忍,直到产生严重影响的时候才会被暴露,而且流程问题解决的思路是妥协,而不是基于公司整体最优的原则。

■ 什么样的流程需要强调所有者

我们在前面也介绍过,流程与职能可以和谐相处,不是水火不容的,要尽量在不破坏现有职能架构基础上,加入流程管理所需要的组织元素。流程所有者就是重要元素之一。所以从这个意义上来说,不是所有的流程都需要强调所有者,因为传统的职能架构下,有很多流程的所有者是不言而喻的。比如,部门内的流程、部门归口管理的流程即便不任命所有者,部门负责人也会自觉地站出来,将所有者的担子放到自己肩上。因为流程的利益与部门的利益是完全一致的。对于这些流程不需要强调所有者,需要强调的是对流程管理方法的关注,对流程绩效的关注。

那么,什么样的流程才需要强调所有者呢?在前面提到没有人整体负责的跨部门流程容易出问题,所以这类流程就需要重点关注所有者是否到位。

一般而言,这样的流程主要出现在水平的业务流程上(也就是直接为客户创造价值的流程),这些流程通常跨越了前后台多个职能管理部门及业务部门,它又不隶属于某个专业管理部门。

后台管理支持类流程一般很少会出现没有人整体负责的跨部门流程,因为管理支持类流程本身就是按职能导向设计的。通常每一个专业领域的职责定义非常清晰,即使流程跨越了多个部门,归口管理的职责也是非常明确的。后台管理支持类流程需要强调所有者的情况常见于两类:一类是导入了新的工作,而这项工作不属于职能管理的任何一个部门,需要重新去确定;另一类是跨部门流程虽然有整体负责人,也就是我们说的归口管理部门,但流程执行的关键控制点在归口管理部门之外,且归口管理部门还没有养成对流程整体进行管理的习惯。

■ 流程所有者的定位

流程所有者是对流程整体绩效负责的人或团队,流程所有者具体职责为:

(1)负责流程的设计,保证流程方向正确、方法正确、规则清晰有效。具体工作表现为新流程的建立与旧流程的梳理。

(2)负责流程的推动实施,确保流程执行到位。具体工作表现为流程的宣贯、培训,流程的稽查与纠偏。

(3)负责流程的绩效评估与考核。具体工作为流程绩效评估、分析与采取纠正措施,对流程团队的流程绩效考核。

(4)负责流程跨部门问题的处理。

(5)负责推动流程持续优化,提升流程竞争力。

(6)与其他流程所有者一起合作推动高阶流程绩效的改善。

概括而言,流程所有者的职责就是推动流程 PDCA 闭环运作。

■ 流程所有者的权力

流程所有者要承担相应的职责需要有配套的权力。我们在前面也讲过,所有者还是一个新岗位,它的权力还不牢靠,还不能为公司上下所接受。而且需要怎样的权力也是因公司而异,因为不同公司的企业文化不同。在一个协同的文化里,只要有人愿意站出来承担跨部门流程管理,只要他的行为是符合公司利益导向的,他可能不需要什么权力大家就会非常积极的配合。相反,在一个各自为政的文化中,如果没有正式的权力,所有者在管理流程的时候会寸步难行。为此,在强调流程所有者权力之前一定要强调流程所有者的非正式权力——个人影响力。

第一,所有者要有流程设计的审批权。所有者有权决定流程的目标、策略、原则、流程设计的方案、配套的管理制度。由于这些设计通常都会体现为公司的文件,为此他应当拥有流程文件的审批权。由于制度是公司的法律、法规,具有强制执行的约束力。为此所有者拥有制度审批权,就意味着他有权力指挥流程团队。这项权力也有利于高层从繁重的文件审批中解放出来,跨部门的制度不再事事都请示高层领导,交给流程所有者去办就好了。

第二,要有向流程团队下达计划与工作任务的权力。要把流程管好,需要做很多的事情,组织规模越大,管理的难度也就越大,为此流程所有者需要带流程团队一起把流程管好,仅靠其一己之力是不可能做到的。他需要流程团队做流程的检查,需要流程团队参与流程的会议,需要流程团队评估流程的绩效,需要流程团队共同为优化流程群策群力。实际工作中,如果流程团队工作没有与所有者要求的工作相冲突,一般团队成员是会接受所有者安排工作的。但还是存在部分人员,会完全不理会流程对他们提出的要求,而是仅仅围绕着上级与部门职责去运作。有了团队指挥权,这个问题就很容易解决了。

第三,要有绩效考核权。要让流程团队成员真正有意愿、有动力把流程工作做好,就需要让他的绩效考核与流程挂钩。也许有人会说,流程绩效考核可是一件非常庞大的工程,所有者要有考核权是否就必须先把流程导向的绩效考核体系建立起来?我们认为根本没有这个必要。我们要回归到对流程团队成员考核的目的,我们的目的不是要把流程绩效准确地评估出来,而是要让流程团队成员团结起来,在流程所有者的领导下把流程管理好。只要将考核权给到了流程所有者,考核的方法就很简单了,直接让流程所有者评估团队成员的配合度就可以。

第四,要有流程调整、变化的决策建议权。所有者要把流程管好,就需要改变原来各自为政的做法,有的时候甚至会出现工作转移及岗位的增减,这样必然会涉及部门利益、职责的重新分配。而这两点是流程管理中最为棘手的事情,为此,所有者要有权力向公司的高层提出这方面的改进建议。

第五,流程所有者还需要流程的资源调配权,因为要管好流程需要一定的资源投入。例如做流程优化的时候可能会用到IT开发资源,需要用到额外的奖励资源、培训资源等。公司现有的资源分配是部门导向的,当流程需要资源的时候,部门是很难满足其要求的。

■ 流程有者的利益

要做好流程管理工作,流程所有者需要在完成本职工作的基础上投入大量的精力与时间,所有者本人也需要激励,否则仅凭个人的觉悟是很难持久的。

我们认为对所有者的激励最有效的是精神的而不是物质的。因为所有者在公司都具有一定的层级,他们处于较高的需求层次,他们更看重的是自我实现、成就感及被公司认同与尊重。我们在开展流程优化的过程中,优秀的所有者几乎都表现出对于流程优化工作的喜爱,他们觉得通过流程优化项目可以让自己运用自己的智慧能力,帮助公司改善经营绩效。这种成就感是日常职能工作中体现不到的,很让他们向往。其实这也是非常正常的现象,当一个人在同样的岗位做久了,工作难免会乏味,而流程管理工作能提供给他一个更宽广的视野和更大的平台,他可以跨多个部门去思考,可以与来自不同部门的人合作,可以接触到更多的知识,可以从事与平时完全不同的工作。

对精神层面最好的激励就是充分地评估与肯定所有者在流程管理上给公司作出的贡献。为此,要做好流程所有者工作绩效的评估,例如通过流程优化工作为公司在收益增加、成本减少、客户满意度改善方面带来的价值。让流程所有者的工作转变为实实在在的成果,用靓丽的数据去展现所有者的功劳。同时企业应当加强对于流程所有者绩效的宣传,让大家清楚流程所有者的业绩,帮助流程所有者提高在公司内部的影响力,这也有利于在公司内部形成榜样的激励作用。

当然,我们肯定要重视物质激励,物质激励最直接的就是与所有者绩效奖金挂钩。其实要把所有者流程管理方面的绩效很量化地评估出来也是一件很困难的事情。但这并不妨碍对所有者流程管理绩效的考核。这个工作应当由流程管理专业人员来完成,而考评的要求及考评的方法要与公司当年的流程管理工作安排相匹配。

在流程所有者上任初期,流程管理同事完全可以通过一些非常简单的指标来评估:

- 流程问题有效解决率;
- 流程成熟度;
- 流程检查成绩;
- 流程绩效评估结果。

在刚推行流程所有者的时候,建议采取以正激励为主的策略,只要做了就有奖励,做得好就奖得多,这样可以更加激发员工主动担当流程所有者的意愿。

个人晋升与流程管理绩效挂钩。担当流程所有者,由于从事的都是跨部门流程的管理工作,管理的复杂度、难度都比较大,需要很强的跨部门沟通、协调能力,需要更好的团队管理能力与个人影响力,需要较强的系统思考能力与创新能力。如果能够出色地当好流程所有者,流程所有者的能力将会得到大幅提升,有能力走上更高的管理层级。为此流程所有者在流程管理上的绩效可以与个人的晋升挂钩,对于流程管理绩效高,且个人潜能高的所有者应当成为岗位晋升的优先考虑者。有的公司将流程优化项目经验作为较高岗位任职条件之一。

■ 如何帮助流程所有者顺利上岗

流程所有者对于传统的直线职能制组织来说是一个全新的角色,它的引入与被接受需要一个渐进的过程。否则,即便通过从上到下的命令去设置这样的角色,也不会起到根本的作用。所以企业引入所有者管理流程的机制时,一定要帮助流程所有者顺利上岗,为流程所有者创造合适的环境,配备充足的资源。

1. 营造促进流程所有者上岗的环境

首先,要让大家知道流程所有者的概念,他有什么样的职责?他有什么样的权力?他具备怎样的资格?为了让大家更好地理解所有者,建议针对公司流程管理存在的具体问题与案例进行说明,同时介绍一些其他企业的具体做法。目的是让公司员工真正理解所有者,明白所有者的岗位定位。

其次,要让大家知道流程所有者对于公司的重要性。流程所有者对企业有什么价值?流程所有者缺失对于企业有什么样的影响?最好是能够结合企业的实际情况,讲出流程所有者对于本企业的好处,让大家觉得流程所有者是非常重要的,也是非常急需的。

最后,要清楚地告诉大家每个流程的所有者是谁?要让大家在非常显眼的位置能够方便地找到所有者。让大家清楚流程所有者在公司承担了怎样的职责,哪些问题可以找流程所有者去解决。以引导大家有流程管理需求的时候,能够主动找流程所有者沟通。

2. 为流程所有者确定岗位职责与工作手册

从理论上来说,流程所有者的职责都是差不多的,如前面所述。但不同的企业、不同的发展阶段,对所有者的职责要求是不一样的。

如果企业流程管理还处于刚刚导入阶段,可能不适合提流程所有者的概念。在流程管理起步阶段,公司流程管理意识、大家对流程管理的认识,对流程管理工具的掌握还不深入,这个时候要求流程所有者去设计流程、去优化流程可能也不现实。

为此,我们认为要首先判断现阶段公司是否有必要任命流程所有者?公司实际的运营过程中有这种需求吗?要能够找出具体可操作的需求。如果公司的确有需求,要考虑需要流程所有者做什么?有一个简单的原则,如果你要求流程所有者的事情,公司至少成功地做过,让他有样板去参照,而不能让他去策划,道理其实很简单,流程管理专职人员如果都不知道怎么做,兼职的流程所有者怎么可能知道如何做呢?如果你让所有者负责流程优化,那你就必须在公司成功地推动流程优化,并将流程优化做成生产线,然后再把这条生产线移交给他。

在刚推动流程所有者的时候,一般来说可以先从流程跨部门问题的协调与解决入手,先把这个职责交给他们。这是企业切实的需求,因为长期以来流程所有者缺位。遇到跨部门问题的时候,大家都不会认为是自己的责任,都会期待其他人去解决。如果没有第三方介入,这些问题就会长期存在,一直到问题积累并爆发,让公司感受到痛苦的时候,才会由高层出面去解决。而大量的问题,尤其是改善性的、隐性的问题得不到解决,公司失去了很多改善绩效的机会。

很多企业都会设置综合管理这样的岗位。然而综合管理岗位由于人手限制,能够解决的问题非常有限,而且由于他们并不了解业务,更多的时候只能起到协调的作用,并不能真正有效地解决问题。这就说明,企业内跨部门问题解决很有市场,为此推出流程所有者概念会很受欢迎。

把跨部门流程问题的解决职责交给流程所有者也需要一个过程,因为流程所有者要真正地完成角色转变是一个痛苦的过程。如果他不能完成角色转变,把跨部门问题解决的权力交给他之后,就会起到反作用,他是站在本部门立场去解决问题的,而不是站在公司的立场,这样很可能会让公司利益受损。

那如何帮助所有者完成转变呢?有两种好的办法:一种是流程管理同事在初期协助流程所有者去解决跨部门问题,帮助他建立流程导向的思维模式,打破本位主义;一种是让流程所有者对整体绩效负责,并给他切实的压力,让他无法不考虑整体流程的管理,而放弃本部门的利益。

流程的设计也是适合在初期交给流程所有者的职责。在流程管理初期,制度的设计是部门导向的,缺乏流程导向的整合。此时需要有一个人站出来带领大家一起完成流程的设计,做好跨部门活动的衔接与职责分配。这也是有实际需求的,但问题是工作的难度比较大,而且所有者可能没有动力去完成本项工作。所以前提是对于如何设计流程公司一定要有成型的方法,而且通过培训让大家都能够理解与掌握。为此这项工作一般都会在流程管理推行一两年之后。

随着流程管理工作的深入,可以将流程优化工作、流程推动执行、流程检查工作陆续交给流程所有者承担。前提是:第一,公司养成了流程管理的习惯,有这些流程管理的需求。例如流程优化,可能在推行流程管理之前公司从来没有流程优化的做法,也不会有这样的需求。要交接这种职责就必须把流程优化工作成功地推动起来。当公司流程优化成为一种程序化工作,公司对于流程优化有需求的时候,再推出所有者自主优化的概念才会有市场。第二,要有流程管理的经验与方法。让所有者做一件成熟的事情,而不是设计与开发。

根据企业的实际情况确定流程所有者职责、权力之后,企业最后能够以正式的文件发布流程所有者的岗位说明书,可以给流程所有者一个相对正式的定位,有利于后续工作的开展。

3. 为流程所有者提供岗前培训

这个培训应当由流程管理专业人员负责。在前面已经提到过,需要流程所有者做的事情一定是流程管理人员已经做过而且已经总结出一套成功方法之后才可以推行的事情。通常流程所有者要接受的培训内容包括:

(1)流程问题解决能力

要着重强调从流程整体去界定问题、分析问题与解决问题。通常流程所有者会缺乏全局思考的能力,仍然会保留部门导向的思维习惯,在解决问题的时候很容易做出次优选择。当问题涉及与其他流程所有者进行协作的时候，要教会流程所有者利用高阶流程所有者的资源，掌握与其他流程所有者共同解决问题的能力。

（2）流程梳理方法与技能

流程梳理方面包括两个层面：一是要能够完成流程思想的设计，即能够从流程的客户需求、公司战略、流程的价值、流程的目标一直到流程的管理原则、关键控制点，最后设计出流程的活动线路及配套的管理方案；另外一方面要学会掌握流程梳理结果的表达，将流程的思想转变成书面的产出，包括流程制度的编写、流程图的绘制、流程梳理研讨会技能等。

（3）流程优化方法与工具

流程优化方面重点在于流程优化项目管理的能力，包括项目计划、项目团队管理、项目过程控制、项目评估等。此外还需要将流程优化的理论、方法与工具传授给流程所有者，包括流程增值活动分析、流程配套方案设计等。

（4）流程宣贯方法与工具

这一部分相对简单，主要是将公司内行之有效的流程培训经验提炼成可复制、可推广的方法，并传达公司对于流程宣贯的要求。

（5）流程稽查方法与工具

最好能够以实际的案例来说明如何开展流程稽查，让流程所有者掌握流程稽查的方法，学会使用流程稽查的相关表格。同时要说清楚稽查的目的，及稽查需要掌握的基本原则，如投资回报的原则。

（6）流程绩效评估理念、方法与工具

流程绩效评估不是每个流程所有者都需要掌握的，可以针对拟重点开展绩效评估的流程所有者进行培训。培训的重点是流程绩效评估的理念，只有流程所有者理解这些理念才能够找到好的流程绩效评估方法。

■ 谁适合做流程所有者

流程所有者在刚推出的时候，对于所有人来说第一感觉是增加了事情但没有好处、麻烦。可以说相当一部分人不愿意去承担，而是采取能推则推的态度。如果碰到非常强势的部门领导，他不愿意承担，那说服他的难度非常大。如果强制推行，很有可能导致整个流程管理失败。为此我们认为任命流程所有者的第一条原则是：达成共识的原则。

我们可以通过流程会议的形式讨论哪个部门领导适合担当流程所有者。一般来说会议很有可能达成共识，一旦能够达成共识，流程所有者的意愿基本不会有问题。后续安排工作就会容易很多。

流程所有者应具备以下资格：

(1) 流程所有者一定要理解业务，理解业务比熟悉业务要求要高，要理解业务的本质与关键控制点，知道客户的关键需求是什么，知道业务应当采取什么样的策略与原则。对流程设计、流程管控、流程优化很清楚关键节点所在。

(2) 流程所有者要有一定的影响力，因为流程所有者不是组织传统的岗位，他的权力不牢靠，很容易在企业被推翻。为此他需要更多地运用影响力来推动工作。影响力来源可能是较强的说服能力、较高的威望、一定的职位高度、卓越的领导能力等。

(3) 流程所有者一定要理解流程管理，理解流程管理的目的，掌握流程管理的基本方法。碰到流程问题的时候，能够运用流程方法去解决。

这是仅次于达成共识的原则：所有者光有意愿还不行，所有者设置之后的目的是要产生效果，给公司创造价值，这样才能够得到公司的认可，为此所有者必须要有能力。如果没有能力，任命了流程所有者也会形同虚设，还会影响大家对于任命流程所有者来管理流程的信心。

任命流程所有者的参考原则：

1. 受益者部门

如果流程出问题了，对谁的影响最大？谁最在意流程的产出？有一个很简单的判断，当流程出问题之后，谁的反应最强烈，谁最关心流程问题的解决，一般来说就是他了。采取这个原则的好处是流程所有者最关心流程的产出，他很有动力去把流程管好。

2. 主要职责部门

流程执行的好坏对他的影响可能并不大，但责任追溯起来，他是第一责任人，他难逃其咎。这样做的好处是流程所有者会有强烈的责任感，不需要太多的激励就能把流程管好。

3. 中立的第三方

流程找不到主要职责部门，而按受益者又不合适，让中立的第三方担当所有者也是一个不错的选择。这样做的好处是流程所有者没有本位导向，能够从公司整体角度去系统思考问题，有利于流程的全局管理。

Chapter Eight

第八章 流程团队管理

8.1 流程管理部门的职责

> 流程管理部就是一个粪坑,公司里乱七八糟的事情都得接过来。
> ——畅享网(vsharing.com)网友

这是一名网友对目前国内流程管理部门的职责比较形象和诙谐的比喻。虽然你也许并不认可此比喻,但目前国内流程管理部门的职责定位不清的确也是不争的事实。

图 8-1 节选自 AMT 在 2009 年面向国内 113 位流程管理人员做的有关《流程管理在中国的昨天、今天、明天》的调研报告。

从报告中可以看出,目前国内大多数企业并没有流程管理专职部门。因为流程管理仍不够成熟,所以目前国内企业的流程管理职能一般隶属于其他部门,比如有的隶属于信息管理部门,有的则是与信息管理部门整合成流程与信息管理部,有的隶属于战略规划部或企管部,有的隶属于行政部,有的则隶属于内部控制部门。最常见的一种组织架构是隶属于信息管理部门,这可能与目前企业流程对信息系统依赖度比较高有关。

我们强烈建议流程管理职能作为一个独立部门存在,至少不要成为一个非常模块化职能部门的一部分。如果流程管理职能隶属于比如信息管理部门,流

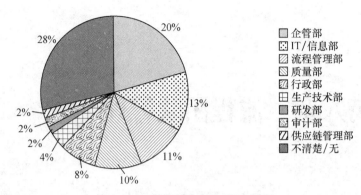

图 8-1　流程管理的牵头/负责部门

资料来源:刘远、刘悦,《流程管理在中国的昨天、今天、明天》调研报告。

程管理的视角往往就会被限定了,因为信息管理部门主管没有足够的意愿和职权去做超越信息管理范畴的流程管理,那么流程管理可能就被指定只关注与信息系统有关的流程,最终流程管理的职能有可能被局限为流程信息化业务需求分析。而如果隶属于人力资源部的话,又会经常被局限在基本的制度管理和岗位职责的梳理方面。

当然,我们也发现,作为一项新的工作,流程管理很难在企业一开始就作为一个部门独立存在,这同样与流程管理的职责定位不清有关。企业领导最初决定成立流程管理部门可能仅仅是因为解决某些长期未决的跨部门问题,对于流程管理的职责范畴并没有完整而清晰的定义。所以,流程管理部门在一开始的确需要有自己的"革命根据地",首先解决生存问题,流程管理部门的职责一般都是随着部门业绩的增长而拓展的。我们这里只是强调,流程管理部门一开始最好不要设置在某单独模块化职能部门,至少应该放在一个具备全局视角的职能部门,比如我们倾向于与战略管理部整合。

我们在不同行业和不同性质的多个企业成功搭建过流程管理体系并都取得了良好的成效。虽然流程管理在每个企业受重视度及工作职责的确存在差异,不过总体来讲还是有其共性的,我们尝试总结了一下流程管理部门的定位和职责,希望对大家有所参考。

■ 流程管理部门的核心工作

1. 建立以流程为主线的管理体系,并推动管理体系有效运作

(1) 搭建流程管理体系。比如搭建与公司适宜的"流程管理 PDCA 环",研究先进企业的管理思想、管理模式和管理技术,密切结合公司现状及发展阶段,

对公司的流程管理模式进行持续改进。

（2）流程管理政策和规范的制定，建立并完善流程管理方法论及工具。比如制定流程规划流程、流程优化流程、流程审计流程等。

（3）业务流程规划。对组织内的所有业务流程进行系统规划，包括流程的分级、分段、分类，并梳理好各流程之间的接口，任命各级流程所有者及界定所有者的职责。

（4）流程制度管理。指导和协助相关部门进行业务流程设计及流程管理标准的编写，并负责流程的审核、发布及汇编工作。

2．流程执行监控

（1）协助各部门做好新旧流程的实施。

（2）协助流程所有者设定流程KPI，并定期做流程绩效评估。

（3）定期监控已发布的重点流程的运行效果，并向流程所有者提交流程绩效报告。

（4）参与公司内部控制和风险管理体系的建设。

（5）制订流程审计计划，对重点业务流程进行定期审计，监控业务是否按流程规则执行，并编写审计报告，提出相应改进意见和防范措施，监督相关整改意见的执行。

（6）负责推动公司开展流程优化建议，并负责优化建议的处理。

3．流程优化工作

根据经营环境和企业战略要求，持续进行流程优化工作，提高流程运行效率。

（1）建立和完善流程优化方法论。

（2）负责公司流程再造项目的推动管理。

（3）流程优化项目的需求受理。受理公司各级流程优化项目申请，进行评估分析并提出立项建议。

（4）负责IT项目的业务需求分析。

（5）流程优化项目组建。根据流程优化要求，协助流程所有者完成流程优化项目的组建、计划制订。

（6）流程优化项目的管理。对所有已成立的流程优化项目进行总体跟进管理，以符合各项目计划的要求，并协助项目经理解决重大问题。

（7）组织流程优化项目效果评估及宣传。

（8）领导参与到部分重要的流程优化项目中。

4．跨部门流程问题的解决

（1）建立跨部门间流程协调机制，持续推动各部门间解决问题的能力。

（2）综合项目管理机制的规划、建设、推广与运营。

5. 流程文化建设

（1）各种流程管理方法论在组织内部的培训和推广。

（2）在组织内部营造流程文化，培养员工的流程意识。

以上是我们列举的流程管理部门的通用职责，大家千万不可以照搬。实际上，大多数企业的流程管理部门职责并非与其一致，大多只包含其中部分职责，有的则包含其他非常个性化（甚至千奇百怪）的职责。你可以通过chinahr.com搜索与"流程管理"相关的职位说明即可窥见一斑。这主要与以下几个因素有关：

1. 与公司对流程管理部门的定位有关

我们在第一章已经明确说明"流程管理首先是公司的流程管理，而不是个人的流程管理"。各公司成立该部门的原因和背景各异，导致流程经理的职责定位差异化。比如有些公司起初成立该部门的原因就是因为流程文件混乱，那么此公司的流程经理的主要职责定位可能主要是对流程文件的梳理、发布和统一管理。而有些公司成立该部门则是因为很多流程问题缺少有效地跨部门协调解决，那么此公司的流程经理的职责一般就侧重在流程问题解决上。

2. 流程管理在企业的成熟度

流程管理在同一个企业的不同发展阶段对于流程经理的职责定位需求是不一样的。即使公司已经赋予了流程管理部门足够的职责，但是"罗马不是一天建成的"，流程管理体系的建立需要循序渐进，需要公司整个管理环境的支持。

经常有同行朋友咨询我们，"我们新成立了流程管理部门，领导也很重视，我们该如何建立流程管理体系和流程型组织"。说实话，我们一听同行新人毫无忌惮地张口闭口谈流程体系和流程型组织就非常害怕。深入了解领导成立该部门的直接需求，比如解决某些关键流程存在的问题，然后再谈搭建流程管理体系更为实际。否则，从一开始就陷入搭建流程管理体系的幻想中，只有死路一条，而这也绝对不是领导最根本的期望，只是你没有充分挖掘领导的需求而已。

3. 与流程管理人员的能力有关

常言道"事在人为"，即使公司起初已经给流程管理部门以明确的定位，但是流程管理部是"发扬光大"还是"日益衰退"与流程管理人员的能力息息相关，这就是为何同一个企业前后两任流程管理负责人的工作范畴和成果截然不同的原因。而且即使是对于成熟度比较高的岗位比如人力资源总监，在不同的公司的定位和职责也是差异化比较大，这都有人的因素存在。

8.2 流程管理人员胜任力模型

虽然组织中所有的岗位每天也都与流程打交道,都具备一定的流程管理能力,特别是流程所有者本身就直接负责对所管辖范围内的流程进行管理,但是,对于专门的流程管理人员,因其工作本身的特殊性,对本岗位人员的素质也有特殊的要求。

■ 必备的基础能力

沟通协调能力(决定了流程管理在组织内的生存能力)

流程管理思想在目前国内各组织中的应用还不深入,其价值也未能获得各组织的充分认可。可以说流程管理方法在组织中还未度过"生存关"。所以,要想在一个组织内部推行流程管理理念,让组织成员认识和接受流程管理思想是至关重要的一步,这就需要专业流程管理人员在组织内部进行多层面及广范围的持续推广。其中,良好的沟通协调能力无疑是必要的。

流程管理岗位与其他岗位相比有其非常鲜明的特性。这首先是由此部门的定位决定的,其他各部门都分属于各职能的一个模块,比如人力资源和行政管理。但流程管理从工作内容上来讲,则算不上单独的一个职能模块,它是以流程的角度全局管理公司的业务,它横跨各职能模块,并且重在解决跨部门的问题。像其他职能模块岗位,比如会计或行政专员岗位,他们的岗位职责已经非常标准化,工作内容也非常日常化。所以,这些岗位人员即使没有很好的沟通能力,一是现代的非面对面交流工具如电话及 E-mail 可以很大程度上弥补这方面的能力,二是工作内容的标准化及日常化可以保持他们工作的延续性。而流程管理岗则不同,目前组织内对此岗位的工作还未定性,更谈不上日常化,而且它依附于其他部门而存在。要让其他部门认识并接受自己的价值,取决于流程管理岗位人员的沟通协调能力。

组织内部门之间总是会出现很多问题,因为没有一个部门能站在业务流程的全局看待问题,所以很少有部门愿意出面协调各方解决这些问题,而这恰恰是流程管理人员的价值。

案例　组织内解决问题的职能缺失

东莞有一家港资制造企业经常出现交货期延迟现象。计划管理部抱怨生产车间经常无法按计划完成生产任务;而生产车间又抱怨质量检验部门经常无法及时提供检验结果,采购部门无法及时提供原料;而质量检验部门就抱怨每次都是快接近交货期时生产部门才送达样品,应该提早提供;采购部门就抱怨计划管理部提供的计划不够准确。但每次讨论都无疾而终,一是所有的部门都不能站在全局视角分析存在的问题,二是没有一个部门愿意出面协调解决这个问题,也没有足够的职能和权力去担当这个角色。

虽然公司总经理也多次召集各部门尝试解决这个问题,但每次都是看似有了解决方案,但总是无法落地。为何?因为每次提出的解决方案只算得上是一个解决思路,还不具备可执行性。其中还涉及大量的后续工作去跟进,比如解决思路的可行性分析、现状流程分析、优化方案的编写、操作指引的编写、流程质量标准的设定、新旧流程的更换、新流程运作监控、部门职责调整等。这些工作涉及大量的沟通和协调,而且涉及各部门权益的调整,所以只有通过一个独立于各部门之外的第三方来完成。

该公司在2004年成立了流程管理部门。作为该部门第一个流程优化项目,该项目持续了两年才完成了最终的目标,但却取得了巨大成功。反观整个项目,流程管理部门在其中发挥的重要作用就是沟通和协调。流程管理部门对公司所有流程的细节和设计原则是不清楚的,虽然最终的优化方案是流程管理部门编写,但其中的优化思路及方法都来源于各部门。流程管理部的工作更多的是通过与各部门不间断的沟通,挖掘、细化、整合各种信息,并协调各部门之间的工作关系,从而达成目的。

业务理解能力(决定了流程管理产出价值的高低)

有一个做流程管理的朋友向我们咨询一个问题:"为何你们可以把流程管理做到有声有色,而我们只是局限于流程文件的管理上?"

我们问了他一个问题:"你了解你们公司的业务和商业模式吗?"

他的回答让我们很惊讶:"不了解。我需要了解这些吗?"

这正是症结所在,做流程管理怎可抛开业务呢?

案例　HR 部门经理的困惑

一个新上任的 HR 部门经理为了提高部门能力，主动向业务部门伸出橄榄枝，希望能发挥更多的作用。业务部门马上（可见需求随时都存在）提出一个需求：配合销售部门的年战略规划制订一个"四五级城市人力资源方案"。最终 HR 招聘部门艰难地完成了任务。不过业务部门的评价却是"根本不在板"，所以也更谈不上使用了。因为 HR 之前从来没接受过类似的任务，而且也根本不了解业务部门的年度战略规划，在对"四五级城市"概念都无法完全理解的情况下，又怎能设计出适合的方案呢？

这让新到任的 HR 部门经理很震惊，后来 HR 部门经过反思此问题，最后发现了问题的根源。原来 HR 部门一直把自己定位为"专业职能部门"，实行"闭关锁国"政策，从不参与前端的业务规划工作，所有的工作基本上都属于被动及操作层面的。比如招聘工作是从接受其他部门的具体人力需求后开始，至于该部门的人力资源规划、人力资源分析、人力资源评估等相对高层面的工作几乎都没有开展过。HR 部门与人力需求部门之间的关系就是一种简单的需求和被动应答的关系，缺少互动互利的联动，导致 HR 部门的工作深度不够，工作价值低也就是很正常的事情了。

认识到这些问题后，HR 部门重新调整自身的定位为"人力资源支持伙伴"，实行"主动走出去"战略，主动提高本部门员工的业务理解能力，通过主动参与业务部门的规划会及总结会，让 HR 的工作更靠近客户，并且可以及时了解客户潜在的需求。通过一年多的努力，现在 HR 获得了业务部门的高度认可，之前业务部门做组织架构调整，一般倾向于内部决策然后 HR 部门跟进实施。而现在业务部门则更倾向于在制订组织架构调整方案时就邀请 HR 部门参与。这是一个很值得回味的真实案例。

其实,无论做人力资源管理也好还是做流程管理也好,如果你不了解公司的业务,那么你就永远都是在场外观察。对于每一个组织,业务链条是直接给客户带来产出的部门,其他各职能部门的价值都是通过服务和支持业务链条来实现的。如果你不了解业务运作模型,那么你提供的价值就是被动的而非主动的、滞后的而非前瞻性的、片面的而非全面的。

试想,如果你不了解游戏规则,你又怎能奢求获得别人的信任?获得不了别人的信任,你的价值也就无法得到体现。所以,流程管理部门不要一味地埋怨自己不被注意,也不要把自己定位为一个旁观者,你应该马上加入到场上与大家一起踢球。

既然业务理解能力对流程管理人员如此重要,那有没有什么好的方法帮助提升吗?根据我们的经验,可以通过以下几种方法。

方法一: 最有效的方法就是参与流程管理项目,在实践中加深对流程的理解。不过这种方法的缺点是系统性不够,而且时间周期比较长。

方法二: 举办流程研讨会的形式,一般会结合一些流程梳理项目邀请相关流程所有者一起讨论,提炼流程的设计原则和关键点,这个方法也很有效。

方法三: 流程管理团队制订计划,对公司重要的关键流程进行地毯式交流学习。可设计如表8-1所示的学习计划。

表 8-1 流程制度学习计划

课程内容	主讲人	培训时间	备注
流程体系			
流程1			
流程2			
流程3			
流程4			

说明:1. 所有的课程都要有PPT;2. 主讲人着重从流程逻辑、设计原则去讲述;3. 对流程的接口、分类的合理性、流程的正确性提出问题

项目管理能力(流程管理工作质量保障)

流程管理部门的工作除了少量的常规性工作,比如流程文件的审核及发布,其他大部分工作都是以项目的形式来完成的,比如流程规划项目、流程优化项目、流程梳理项目等。

经过我们多年的实践和总结,我们认为用项目管理的方式来运作流程管理方面的工作是最高效的。项目管理方法论中的综合管理、范围管理、时间管理、

成本管理、质量管理、人员管理、风险管理、沟通管理对流程管理项目都具有非常重要的参考价值。

虽然也有很多人怀疑项目管理方法论是否会被滥用,但我们仍然想强调无论项目大小都应尽量符合项目管理方法论的要求。这样做的好处就是项目的目标实现得到有力保障。事实上,无论是处理某条流程优化建议还是实施一项公司层面的流程再造工作,其性质和过程都符合项目管理的特性。当然,为了便于在组织内推广流程管理方法,我们可以考虑整合一套简易的方法论。比如我们前面提到的"流程优化六步法"正是流程优化工作与项目管理方法论相结合的产物。

系统思考能力

由于流程中各岗位人员本身角色的思维定式,他们看待问题的角度是特定的,有时候是不全面甚至错误的。而流程管理人员应该具备站在端到端流程的高度看待问题和分析问题的能力,我们称之为流程管理的系统思考能力。

A部门提出一个优化建议,可以极大提高流程效率。但作为流程管理部门不应该简单地附和,而是要系统思考此优化建议的可行性。比如此优化建议符合流程设计原则及导向吗?此优化建议对目前流程的关键变化点在哪里?这些变化点的流程所有者是否能接受?此优化对上下段流程有不良影响吗?会设计IT系统改造吗?会影响部门职责的调整吗?等等。

分析问题解决问题的能力

说起这种能力,很多人可能不理解为何我们非要把它作为流程管理人员必备的技能之一。因为很多人认为解决问题的能力是人与生俱来的一项基本技能。其实,从某种意义上来讲这是对的,管理者每天的确在处理大量的问题并进行决策。不过,我们把这些问题的性质界定为"救火",有点像消防队到处救灾一样。

本节我们所要解决的问题,与之有所不同,这些问题更多地像体制,即如何通过完善体制降低发生火灾的几率,如何通过完善机制更快、更有效地处理救灾工作。这些问题研究的对象不是具体个案而是机制。所以,解决此类问题就有较高的复杂性,这就是为何很多工作问题在诸多组织内部长期存在得不到根本性解决的原因之一。作为流程管理者,具备这种能力是必需的,因为我们要对公司全流程的运作负责。从某种意义上讲,流程管理者有点像组织内部的长期管理咨询顾问。

我们现在为大家推荐的方法是已被管理咨询行业领头羊美国麦肯锡公司证明高效的方法。

学习创新能力

流程管理作为看待组织运作的一个视角,只是企业管理的一个截面,而不是全部。所以,我们有时候把流程管理叫做以流程为主线的管理。

流程管理需要与其他管理工具协同才能发挥最大作用。这就要求流程管理人员具备较强的学习能力,只有掌握足够多的知识和方法,才能做到融会贯通,灵活应用的流程管理方法中。

流程管理工作遇到的各种问题,都是非常棘手甚至非常前沿的。考虑各组织的特性不同,出现的问题的解决方案也不是一成不变的,所以流程经理应该具备卓越的创新能力,可以整合各种知识设计出合适的解决方案。这绝不等同于工作经验,创新能力强调的是灵活运作各种管理知识,针对各种新出现的问题提供适宜的解决方案的能力。

在多年的从业经验中,我们也发现有时候招聘到的人员不善于解决各种新的突发事件,只善于按部就班处理一些例行化的问题,而且解决新问题的意愿也不是很强烈,这些人在流程管理的职业发展空间是非常有限的。

> **案例** 为何流程管理部门可以设计解决方案
>
> 某企业物料部包含采购组和储运组两部分,采购组主要负责生产物料的采购,储运组负责物料的验收和内部发放。公司在多次内部审计中发现此块业务管理上出现很多问题,比如成本高、效率低、风险大等。最后,公司领导要求流程管理部协同物料部拿出解决方案。
>
> 虽然之前流程管理人员对物料部的工作了解甚少,但流程管理人员通过对现状流程的了解和对问题的分析,并参考一些书籍中物流系统的设计原理,三个月后拿出了令领导满意的解决方案:物料部分拆为采购部和储运部,通过引入软件系统改善流程。最终实施效果也非常理想。
>
> **点评:** 流程管理人员必须像咨询顾问一样,具备较强的学习能力及创新能力,协助流程所有者设计解决方案。

■ 必备的知识

流程管理知识

既然是专业的流程管理人员,掌握足够的流程管理知识当然是必要的。比如流程规划、流程梳理、流程优化、流程审计等方面的知识。掌握这些知识不仅是要掌握理论层面的，更为重要的是掌握如何应用这些知识的方法。这就是为什么同样是流程经理，大家的产出却非常悬殊的原因。

企业管理知识

前面我们也提到流程管理只是企业管理的一个切面，要想真正发挥流程管理的作用有赖于与其他管理工具的整合。

比如战略管理。对战略管理知识的掌握有助于提升流程管理的层级，如果流程经理不了解这方面的知识，那么很多工作比如流程优化工作就是问题导向型的，战略性优化潜在需求可能就无法发现。

比如人力资源。在流程管理的各方面工作中，都可能会涉及人员职责的管理、组织架构的调整和流程绩效的评估，这些都离不开与人力资源系统的结合。具体来讲，如果流程的绩效不能落实到具体的个体，也不能与个人的绩效挂钩，那流程绩效是没人持续关注的。

比如客户管理。流程管理的核心就是更好地服务客户。了解客户管理知识有利于提高流程管理的目标性和方案的有效性。

比如供应链管理。流程管理强调端到端管理流程，这与供应链的管理思路不谋而合。

总之，对企业管理其他模块知识掌握多少，直接影响流程管理工作的深度和有效性。

信息系统知识

我们之所以把信息系统作为一项必须掌握的知识来强调，是因为现代企业管理已经离不开信息系统而存在，而且流程 E 化本身就是一种非常好的流程管理方法。所以，我们不能再把信息系统仅仅当成一种工具，其代表的是先进的管理思想。

事实上，在多年的流程管理工作中，我们也发现独立于信息系统外的工作或项目越来越少。小到流程文档管理都需要借助 OA 系统作为共享平台，大到流程再造更是需要信息系统的支撑。这也是为何我们设计的"流程优化六步法"中把 IT 方案设计与开发作为其中一环。

说到信息系统，比较常见的有 ERP（企业资源计划）、CRM（客户关系管理）、供应链管理（SCM）、产品生命周期管理（PLM）、OA（办公自动化）、BPM（工作流管理）、EB（电子商务）。流程管理人员只要了解这些信息系统的作用及相互逻辑关系即可，不用非常深入。

必备的工作素质

关注产出,放弃空谈,少谈愿景

在与很多流程管理从业者交流中,很多人总是羡慕我们推行流程管理取得的成效,但同时也给出很多抱怨:

"我认为流程管理很重要,但公司领导认识不到这块工作的价值,很不重视。"

"我们公司的流程管理人员隶属于××部门,没单独成为一个部门,所以无法充分发挥。"

"我们已经做了流程管理方面的宣贯,但其他部门并不怎么配合这方面的工作。"

"如何每个部门都有专职的流程管理人员,我们肯定能做好。"

"目前我们公司流程没任命所有者,所以工作推动起来比较难。"

……

也许这些抱怨都有一定的道理,但没足够的产出绝对才是最重要的原因。试想,在流程管理看不到任何产出的情况下,如何让领导给你配备"足够"的编制(而且你应该回头想一想难道没有专门的编制就代表现在没人做流程管理吗),领导又该如何重视呢?

纵观我们在多个企业成功导入流程管理体系的过程,每一次流程管理职责的扩展都是因为有足够的前期产出支撑,比如多个流程优化项目的产出使流程管理部门从附属部门升级为一个独立部门;流程绩效的持续监控促使流程所有者的流程 KPI 指标的设立;一次小范围的协助个别流程所有者做流程审计的成功导致整体流程体系定期内部审计的需求产生;流程管理工作的不断深入使得原未显性化的战略管理职能的重要性不断提升,最后流程管理部门顺理成章地被扩大为战略与流程管理部。

所以,如果你想做一名优秀的流程管理者,你必须时刻关注产出。你必须在目前公司制约条件下尽快多做出成绩,流程管理理想化的土壤只存在你的幻想中,产出的大小决定了你的职业发展空间的大小。

任劳任怨,强烈的服务意识

流程管理工作特别之处在于其本身不直接产生产出,而是通过帮助别人成功反映出来的。甚至有时候你所做的工作可能被流程所有者定义为"多管闲事",也可能被别人比喻成"皇上不急太监急",但只要你认为所做的事对流程所有者及端到端流程是有利的,你都应该推进工作,即便被别人暂时误解。

有时候,两个部门间因对同一流程存在不同的意见,他们一般不愿意直接出面向对方提出不同的意见,但他们却喜欢让流程管理部作为第三方协调解决。你应该喜欢这种专门处理冲突的角色,通过你的第三方协调如果能使流程问题得到顺利解决,无论对于两个部门还是对于你自己都是共赢的。只做对自己有直接好处的工作的人是不可能做好流程管理工作的。

服务意识是一种双向互动、追求共赢的意识。服务并不代表卑微,服务意识的权利是一种"知识权利"而不是"职务权利",这种权利的效果是被服侍者自然而然的依赖和依附。

坚韧不拔,敢于接受挑战

很多流程管理工作都是突发性的,这些问题往往是长期冲突的积累爆发,所以这些问题解决起来往往非常棘手,而且往往都还是新的课题。所以,作为一名优秀的流程管理人员应该勇于接受这些挑战。

其实很多长期未解的工作问题,往往不是因为员工的能力不够,而是因为没有人持续推动下去。"管理就是意志力的较量",这句话一点不假,没有多少问题是不可以解决的。

案例 为什么流程所有者不能解决

我们在给某制造企业做流程优化项目时,发现要想彻底解决好本项目提及的流程问题,必须先解决A问题。但此项目的公司方代表、项目经理和几乎所有的项目成员都告诫我们不要碰A问题,因为几年来该公司内部几次讨论过A问题,但都是无疾而终,所以本项目最好找一个替代解决方案。因为解决A问题对于提升端到端流程的绩效非常明显,而且也是长久以来制约整个流程体系的问题,不先解决这个问题,不利于后续流程体系的优化,所以这是一个早晚都必须解决的问题。最后我们还是说服该公司计划外花两周时间尝试解决A问题。

经过调研分析,我们才知道A问题本身是一个比较简单的问题,之所以难以解决,是因为A问题涉及各个业务部门的业务管理,而且还可能会涉及ERP结构的调整。A问题不会直接影响各业务部门的管理,所以该公司一直没有人站出来与各业务部门做详细的现状分析,而IT部门也一直强调IT解决的难度。所以,从某种意义上来讲,这个问题是一个"纸老虎",没有一个部门真正了解问题的全貌,只是凭直观判断问题无法解决。

最后,在我们的持续坚持下,仅用一周的时间就拿出了 A 问题的解决方案。反观整个问题的解决,我们做得最多的工作就是与各方沟通收集问题现状信息,协调大家开会一起讨论方案,及制定实施细则。也就是说我们最大的功劳就是不断地推进,真正的解决方案还是来源于流程所有者。

点评:这个案例揭示出解决问题最大的障碍往往并不是问题本身的难度,而在于解决问题的意愿及执行力是否足够。

我们对流程管理人员必须具备的能力、知识及素质进行了简要分析,你或许发现,要做到这些,流程管理人员必须成为一名全能手。没错,对于组织中这样一个必须掌握全视角的特殊岗位,流程管理人员掌握的能力和知识越全面、越深入,可发挥的价值也就越大。

8.3 流程管理团队的运作模式

流程管理团队在各组织中的运作模式是不同的,而且即使在同一个组织内,在不同的发展阶段,流程管理团队的运作模式差异化也是非常大的。这与组织的流程管理水平、组织对流程管理部门的职责定位、本组织员工的流程管理意识、组织所处的行业等因素都有关系。比如有的组织非常看重用流程这个工具控制运营质量和效率,而有的组织则仅赋予流程管理团队文件管理的职能。这样前者可能就会成立独立的流程管理部门,并在不同的业务部门设立专职流程管理专员,而后者可能只需要在某职能部门下设置一两名兼职人员即可。

下面我们介绍一种已被我们证明非常有效的流程管理团队运作模式。这种运作模式基本上适合于国内大多数企业,有很强的适宜性。

■ 流程管理部门的组织架构

流程管理部可以设立在总部的某职能部门下,有些组织设立在信息管理部或管理部,有些组织则设立在战略规划部或人力资源部,如图 8-2 所示。

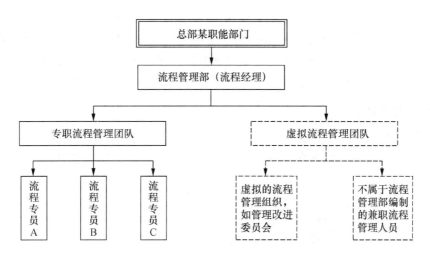

图 8-2 流程管理部在组织架构中的位置

■ 专职流程管理团队的项目经理制

这里我们先探讨一下专职流程管理团队的运作模式。实际上,我们最初也没留意团队运作的问题,最开始采用的方式是流程经理负责制订计划,流程专员A、B、C负责执行。不过,随着流程管理工作不断深入,我们逐渐发现了这种运作模式的弊端。因为只有流程经理负责制订流程计划,而流程管理工作本身又是一个非常强调创新的工作,所以不利于充分发挥团队的智慧,也不利于流程管理工作深入。另外流程专员A、B、C只负责执行的话,不利于提高他们的主观积极性,而且因为他们对计划的理解有限,执行的效果也不好。

经过多年的运作探索,我们发现了流程管理团队运作的绝佳方式,即"项目经理制"。项目经理制的核心就是根据流程管理工作的不同模块,以及服务部门(或关键端到端流程)的不同下放给流程管理专员做操盘手,全盘负责工作的策划和执行,如表8-2所示:

表 8-2 项目经理制

人员	专业领域	业务领域
流程管理专员 A	流程规划、流程优化	业务1、2、3 部
流程管理专员 B	流程梳理、流程 E 化	业务 2 部
流程管理专员 C	流程审计、流程检查	业务 3 部
流程管理专员 E	制度化管理、流程优化建议	业务 3 部

项目经理制的优势

(1)培养团队整体项目策划和管理能力,提升流程管理专业水平;

（2）每个流程管理专员成为操盘手，有利于工作深入及提高团队的综合绩效；
（3）流程经理可以抽出更多时间关注团队发展，及团队与外部的有效沟通；
（4）规定了业务范畴，提升了业务理解能力，从而提升了流程管理价值；
（5）统一了服务部门接口，提高了内部客户满意度。

项目经理的职责

1. 专业领域
- 负责专业领域工作的整体策划（经营计划＋工作计划＋项目计划）；
- 方法与工具、培训的提供；
- 部门内部人员分工安排；
- 工作整体的组织推动与协调及重大问题的决策；
- 过程控制与其他团队成员本专业领域工作的绩效评估。

2. 业务领域
- 负责对归口业务部门统一接口，受理业务部门的需求；
- 对业务部门需求负责方案策划、组织实施、过程控制与结果反馈；
- 在专业领域项目经理总体思路与原则下，根据业务特色制定个性化操作细则。

3. 权力
- 有团队成员工作安排权；
- 有团队成员绩效考核权；
- 有专业领域与业务领域的部门代表权；
- 有常规问题决策权与重大问题的决策建议权。

项目经理的工作程序

1. 年度重点工作

（1）计划。项目经理每年11月份制订下一年度的经营计划，组织团队讨论后，由流程经理审核定稿。项目经理每月底制订下一月份的月度计划及周计划，提交流程经理审核定稿。

（2）实施。项目经理要严格按月度计划去组织实施计划，对于需团队成员配合的工作要清晰地将要求传达，并体现在该成员的月度计划中，项目经理在执行过程中要进行跟进和提醒。团队成员不理解或没有掌握工作要领时，项目经理应及时提供辅导。

（3）过程控制。每周末项目经理需完成本周工作的总结，每月末需完成本月工作总结，总结应重点突出工作中存在的问题及需要团队提供的协助，每周末应及时调整月度工作计划。

（4）评估与改进。每月末要对月度计划的完成情况进行评估。对于存在的问题要做深入的原因分析并制定相应的改进措施，同步修改年度、季度工作计划。

2．项目工作

（1）策划。接到业务部门的需求后，对于能够解决的，项目经理应尽量独立完成需求确认、分析与解决方案设计；对于不能够独立解决的，项目经理应组织团队成员及相应人员共同完成需求确认、分析与解决方案设计；对于重大问题无法决策的由部门负责人确定。

（2）执行。项目工作解决方案要求体现在项目经理的月度计划中，项目经理负责方案的推动执行。

（3）过程控制。项目经理应根据方案设定的关键节点与时间表做好过程的跟进与控制，在每周例会上对项目进展情况进行通报。在项目出现重大问题的时候须及时向流程经理汇报。

（4）评估与改进。项目完成后，项目经理应及时向业务部门反馈处理结果，并做简单回访。对于大型项目及新项目要求有完整的项目资料归档与效果评估及改进措施。

3．方法制定与维护

项目经理负责相关流程管理方法的设计，需要形成文件的要报部门负责人审批发布；其他的需要形成书面的 PPT 或 Word 格式的文件并上挂部门公共文件夹。

4．培训

原则上，项目经理负责所辖专业领域的培训。

■ 虚拟流程管理团队的管理

对于一般组织来讲，专职的流程管理人员是非常有限的，大多不会多于3名。所以，如果仅仅依赖这有限的专职人员可以发挥的作用是非常有限的。事实上，专职人员起到的作用更多的是策划、组织和协调，其他几乎所有具体的流程管理工作都要靠流程所有者来完成。所以如何认识、团结并充分调动好这个虚拟团队，对于流程管理工作来讲更为重要。

从产生的渠道上分，我们发现虚拟团队成员主要由以下四类组成：

1．专门为流程管理工作设立的虚拟团队

比如我们在流程优化章节提到的"管理改进委员会"。它虽然不是组织的正式编制，而且成员都来自各部门，但它的确是一个在较长时间内存在的常设虚拟组织。它为公司级流程管理项目的运作提供了非常重要的组织和权利保障，比如流程规划或流程再造项目。此虚拟团队成员一般来自各部门的高级管理人员，一般设有专门的激励方案和绩效考核制度来管理。

这里我们再介绍一个利用ISO架构组建的虚拟团队案例。目的就是想告诉你,虚拟团队的组建方式和途径是多种多样的。此虚拟团队的工作方式主要有两种:一是对所有的ISO作业程序进行地毯式梳理,发现问题并改善;另外一种是通过对内部各部门进行调查,发现重大的,特别是跨部门的问题进行立项研讨和改善。

超人染厂有限公司通告

关于ISO作业程序改进小组:

为了改进各部门内与各部门之间的作业程序,从而改善全厂的整体效益与表现,现正式成立"作业程序改进小组",负责推行相关的改进工作。

作业程序改进小组为现行ISO架构下之常设组织,直接向ISO管理代表负责。此小组成立的目标大致如下:

(1)检查厂内各部门(包括部门内与部门之间)的作业程序与工作指引,并提出与推动具体改善建议。

(2)检查厂内各部门(包括部门内与部门之间)的运作状况,就未曾纳入现有作业程序或工作指引的操作,提出具体改善建议,并协助相关部门制定与推行合适的作业程序或工作指引。

(3)就管理代表提出的特定议题,进行深入研究分析,并提出与推动具体建议。

作业程序改进小组的工作范围,将涵盖厂内各部门及跨部门的作业,但并非取代各部门的指定职能与权责。各部门对有关的职能与权责,仍维持原有的责任。

作业程序改进小组的常设组员如下。如有需要,小组将会邀请各部门的相关人士出任非常设组员,就相关课题提供意见。

主席:金××先生

组员:谢小姐(整理部)

荣先生(人事部)

冯小姐(化验室)

周先生(行政部)

秘书:彭小姐(行政部)

希望各部门全力予以配合,特此通告!

ISO管理者代表:金××先生

2005年3月1日

2. 专门为流程管理项目成立的临时性虚拟团队

比如专门为一些流程优化项目或流程规划项目设立的项目小组，这些小组有的只存在一两个月，而有的大型项目组可能要持续1~2年时间。有些是正式成立的，而有些是非正式成立的，比如流程所有者之间自发组建的流程梳理小组。

这些临时性虚拟团队的管理工具是项目计划书，根据项目目标对各项目组成员进行不同的职责定位，并最终根据贡献度对项目组成员进行激励。

3. 各部门为解决内部需要自发成立的虚拟团队

比如A公司某业务部门为更好地管理好业务，成立了内部"流程管理小组"，专门处理内部业务流程问题，同时配合流程管理部门做好项目性工作。这种组织既有作为常设机构存在的，也有为短期目标设立的。

针对此类虚拟团队，流程管理部的策略是找到两者的共同关注点，通过协助虚拟团队成功而获得双赢，同时引导流程管理深入开展。

关于成立"流程管理小组"的通告

各位同事：

深信各位都有这样的共识：清晰的流程、完善的流程体系无论是对公司的高效运营，还是对我们每位员工的工作都是必需且不可或缺的。

但是，事实上，一直以来，生产一厂的流程却是相对混乱、不清晰的。很多同事一定有过这样的亲身经历，不知道自己工作时要看哪个流程，看了也可能还是不清楚应该怎么做。流程多半是老同事对新同事的口传身授，很多工作知识无法得到传播和传递。

为加强流程管理工作，生产一厂特成立"流程管理小组"，全面负责本厂范围内的流程管理工作。

小组成员及职责如下：

职 务	姓 名	所属部门	职 责
汇报对象	陈总	副厂长	整体协调管理工作
顾问	薛总	集团流程管理部	——对小组的工作给予指导 ——对小组工作进行检查以符合集团流程管理的整体要求 ——协助陈总对小组工作进行绩效评估
组长	周先生	厂长助理	代表副厂长领导流程小组的工作

(续 表)

职 务	姓 名	所属部门	职 责
组 员	牟先生	研发部	——协助组长完成相应的流程建立和管理工作
组 员	廖小姐	生产部	——承担各自管辖部门的流程修订等工作
组 员	谢小姐	品检部	——负责本部门流程的落地实施
组 员	邹先生	化验室	——本部门流程需求的提出
组 员	陈小姐	配送中心	

小组的工作:

加强本厂流程管理,对不符合本厂发展的流程及时修订,对新增业务需求制定流程,对员工进行流程实施方面的培训。

本通告自颁布之日起实施。

生产一厂　厂长办公室
2006 年 5 月 1 日

4. 隶属各部门长期兼职从事流程管理工作的人员

比如一般部门都会有特定人员负责本部门内流程的运作管理,主要负责流程设计及变更维护。这些人一般都是部门的文职人员或者部门领导助理。他们对于流程管理来讲,无疑是各部门的兄弟姐妹,是同盟军。

■ 建立虚拟流程管理团队人才库

虽然针对某些具体项目而言,虚拟团队是临时存在的,但对于持续的流程管理工作而言,这些虚拟团队又是长期存在的。比如张三是订单管理流程的所有者,虽然 A 项目结束了,但后续的 B、C 流程管理项目仍然需要张三的加入。所以,流程管理部门应该建立一个虚拟团队的人才库,以便在培训等各方面予以支持和培养,有利于各项流程管理工作的开展。

人才永远是最重要的,对于流程项目亦是如此。我们曾经组织过很多流程管理项目,对此方面的体会更是刻骨铭心。有些项目因为缺乏合适的人选,整个项目的进展都一路坎坷,项目质量也无法得到保障,而合适的人选却可以让整个项目一路凯歌。

其实每个人都有特定的优势。有的适合做项目经理,有的则是非常优秀的跟随者;有的适合宏观把握问题,有的恰恰善于关注细节;有的创意不断,有的则倾向保守,不过这恰恰对于方案的风险控制是必要的。所有这些角色都是一个流程管理项目成功的必要保障。所以做流程管理就要团结一切可以团结的力量。

不过话说回来,如果把不恰当的人安排到不恰当的角色,有时候也会给项目带来灾难性的后果。比如一般流程优化项目都要求有一些必备的角色(详见流程优化项目的组织保障章节),而为了保障项目的决策质量,对项目小组成员的人数一般会有一定的限制,所以大部分小组成员都代表流程中的某个角色。可问题是,这些组员真的都能代表流程中各自的角色吗?答案往往是否定的。各种原因都有,毕竟项目小组成员的选择有时候并不能很好的量化和评估,比如流程所有者推荐一个人选参加项目小组,那在未能正确评估前又怎能拒绝呢?而一旦(可悲的是往往多少都会存在)不恰当的人进入项目不恰当的位置后,整个项目工作的噩梦就随之而来。当项目做现状分析时,他三言两语概括;当需要深入挖掘流程问题时,他眼中却只能看到流程的合理性;当探讨解决方案时,他只喜欢随声附和;当你制订操作方案时,他保持沉默。这样当新旧流程切换时,一切恶果马上爆发:需求不全面、现状描述不真实、问题没有充分挖掘、解决方案可行性不够、解决方案不完整也不充分,那么接踵而来的就只有补救,惨不忍睹的补救!整个项目组都要为此承担连带后果,但一切都为时已晚。当然,这并不能完全把责任错怪到他头上,他能积极参与到流程项目工作中已经是非常值得鼓励的,再说,他也全力以赴地工作了,只是他亦不知道某些项目组角色他暂时还无法胜任而已,或者说流程管理人员没有正确分配其任务和充分发挥其优势而已。

当然,通过流程管理项目的开展,你同样可以惊喜不断。通过不同流程项目的开展,你会接连不断地发现各式各样的流程管理人才,甚至有些新人会使一个项目力挽狂澜。经验证明,能在流程管理项目中发挥突出的员工,同样在激励及职位升迁方面会得到领导更多的关注。事实上,我们已经成功让一些员工通过流程项目工作得到升迁。

我们相信你也会遇到类似的问题。那么如何解决呢?答案就是建立组织的流程管理人才库。只有这样,当建立不同的流程管理项目时,你才可以有所选择,也可以进行准确的角色匹配从而充分发挥每个人的优势,各类流程管理项目的质量就会得到很好的保障。更重要的是,大家得到共赢的结果。员工获得了成就感、激励和荣誉,公司则通过此途径发掘了人才,流程效率得到了提升同时也加强了组织的团队协作文化,而流程管理的价值则得以充分展现和提升。

所以,不要认为人才库只是人力资源的事情。对于流程管理者,同样要注意在组织内部建立自己的流程管理人才库。这样,流程管理工作就会有越来越多的同盟军。

表8-3是我们使用过的一个流程管理人才库表格,供大家参考。

表 8-3　××公司流程管理人才库

NO	姓名	部门	流程专业素质评估					总计	优势	劣势	实际案例及角色	可胜任的角色
			计划性	配合度	主动性	系统思考能力	业务理解能力					
1	李大伟	物控部经理	5	5	5	5	5	25.0	之前做过多个部门，对公司各部门的流程非常熟悉	暂无	为F流程优化项目提供指导顾问	端到端流程设计
2	柯江	总经理办公室主任	5	5	5	4.5	4.5	24.0	与总经理领导沟通方便，对公司流程有全局把控能力。共同利益点：对业务部门的流程有规划和梳理工作目标	对某些流程的设计原则还不够深入，需要引导	流程规划核心成员G流程优化项目项目经理。被评为优秀项目经理	所有公司级端到端流程的梳理和设计公司级端到端流程优化项目经理
3	张强大	订单管理部经理	4	5	5	3	4.5	21.5	熟悉整个订单处理流程，善于发现业务问题，并能提供建设性的解决方案	问题导向，系统思考能力稍欠	在A项目中担任项目经理；在B项目中担任核心成员，并被评为优秀项目成员	流程优化项目经理
4	薛嘉怡	生产控制部专员	5	4	4	4	4	21.0	熟悉生产管理流程，较高的视角把控业务，有一定的流程设计能力	配合性不足	在D项目中担任核心组员，取得项目经理好评	与本流程相关的项目经理或其他项目核心成员
5	金亚鑫	物控部专员	4	5	4	3	3	19.0	对本岗位流程操作细节非常熟悉，擅长流程梳理	不善于挖掘问题，系统能力也不足	在E流程梳理项目中担任项目成员	可参与对岗位流程的调研，不可做核心组员
6	孙士平	订单管理部专员	3	5	4	3	3	18.0	配合度可以	业务理解能力有限，不善于挖掘问题	B项目组成员，贡献度较低	不是流程管理项目的最佳人选
7	刘君	分公司财务部经理	4.5	4	5	4	5	22.5	对财务方面的业务流程非常熟悉，而且非常有经验，很有责任感	项目管理能力和技巧较差	应收管理项目经理	项目经理

8.4 怎样才能做到高效：经营计划、控制及考核

在上面的章节中，我们对流程管理部门的职责、运作模式进行了探讨分析。解决了这些管理层面的问题后，我们必须思考一下如何执行的问题，这就是大家一直在强调的流程管理如何落地的问题。再好的想法，得不到高效执行也是空谈。也许你策划了很多精美的方案，但就是无法获得组织领导认可。这就说明你的方案还不具备足够的可操作性，自然也就得不到执行。

我们这里给大家介绍的方法相信大家也曾用过。但如何利用这些工具实现流程管理工作目标呢？工具本身只是其形，如何高效应用才是其神，如图8-3所示。

图8-3　高效执行流程管理

■ 经营计划

我们习惯把流程管理当作一份事业而非一份工作来看待，这会让你站在更加客观的角度来看待流程管理的价值，提高工作的目标导向，同时也会让你更具有成就感。一旦你把流程管理当作一份事业，你对待这份工作的态度会有所改变，你不再会想当然地要求其他部门接受你的价值观，你必须向客户证明你的产品有足够的竞争力而且能给他们带来实实在在的实惠才行。这样你就会不断地审视流程管理的核心价值到底在哪里？未来的发展方向在哪里？同时你也会看到流程管理的局限性在哪里？

这也是我们每年都会对流程管理工作做"经营计划"（而不只是工作计划）的原因。

愿景

我们需要不断地询问流程管理团队几个问题："公司对流程管理的定位和

要求是什么？公司的战略有没有调整？未来3~5年内,我们想把流程管理经营成什么模样？流程管理在本组织中的发展前景及定位如何？我们要放弃哪些工作？"这有利于你重新审视流程管理对本组织的价值到底是什么？根据以往的经验,客户接受这些价值了吗？流程管理在本组织的未来是什么样子？突破点在哪里？局限在哪里？关键点又在哪里？思考这些本质的问题,也许永远没有十足把握的答案,但它却能逐渐引领你在正确的道路上走得更远。

随着流程管理在组织内的不断深入,组织对流程管理的要求也是不一样的,可能是正向的需求,也有可能是负向的需求。这取决于流程管理在本组织以往的表现。

在组织刚开始导入流程管理时,你的愿景也许是"流程制度的管理者",那么随着流程制度的健全,你的愿景可能变为"流程持续改善机制的搭建者及管理者",而现在你的愿景可能变成"流程管理体系的搭建者及管理者"。

无论愿景最后如何描述,有一点是非常重要的,就是愿景的制定必须满足组织实际发展的需要。如果在组织刚开始导入流程管理时,就制定"流程管理体系的搭建者及管理者"的愿景,一般是不切实际的。

制定愿景不但可以给团队指明方向,而且也提高了团队的凝聚力。

使命

流程管理部的客户是多层级的,比如公司管理层、其他部门、普通员工。分析流程管理部的使命就是要明确对于各层级客户,我们的直接价值点在哪里？

比如对于公司管理层,我们的使命可能就是"为公司的经营管理搭建卓越的流程管理体系,提高营运效率",比如搭建流程优化机制、流程审计机制、跨部门协调机制等。

对于其他部门,我们的使命可能就是"提供专业的流程管理咨询,协助流程所有者提高流程绩效"。比如通过成立一些部门级流程优化项目的方式或者搭建日常流程问题处理机制,协助各部门的流程更加顺畅和高效。

而对于个人,我们的使命更多体现在"提供一个提升个人能力和为公司提供价值的平台"。比如通过让普通员工参加一些流程优化项目,提高其业务理解能力和项目管理能力,同时管理改进委员会也会把项目组成员的贡献最终反馈到员工的上级那里。

只有明确我们对于各种层级客户的价值,我们才能做到有的放矢。

上一年的目标达成情况

对上一年的目标达成情况进行分析,有助于认识流程管理工作存在的不足,也有利于更深入地分析组织的环境。要针对每一项目标,总结成功经验和失败教训。这些都是制订未来计划的重要参考因素。

未来三年的目标

有了愿景和使命,根据目前的现状要制定未来三年流程管理的发展目标。这是对愿景和使命的进一步具体化,也是有效支撑。

比如你的愿景是"流程优化机制的搭建者及管理者",但目前流程优化工作刚刚开始启动,只完成了1个具体项目,还谈不上机制。那么你未来两年的目标可以这样设定"今年初步建立流程优化的有效运作机制,并完成方法论及工具的开发","明年流程优化机制常态化,流程优化做成流水线"。

当然,目标的设定要尽可能的具体和可行。比如今年计划开展流程梳理,这样描述目标就太过笼统。要根据公司现状及具体工作的难易度等因素,制定更为明确的目标才有利于实施,比如可以这样描述:"今年完成订单管理和客户服务两个端到端流程的梳理。"

SWOT 分析

SWOT 分析应该算是一个众所周知的工具,它包括优势(Strength)、劣势(Weakness)、机会(Opportunity)、威胁(Threats)。通过 SWOT 分析,可以帮助流程管理部把资源和行动聚集在自己的强项和有最多机会的地方,如表 8-4 所示。

表 8-4 流程管理部门 SWOT 分析

内部能力 / 外部因素	优 势	劣 势
	• 具有丰富的理论知识 • 成功运行了一些流程管理项目,并得到流程所有者的好评 • 中立的第三方身份,利于解决跨部门问题	• 业务理解能力不足 • 流程管理方法论还不足够成熟,还需要简化,提高可操作性 • 流程管理机制不够成熟,还未能够日常化
机 会	SO	WO
• 公司年度计划提出把提高营运效率作为重要策略 • 公司流程管理意识不断深入,跨部门流程问题比较多 • 业务部门明确提出做流程规划的需求 • 公司重组,公司领导明确提出了改革目标	• 开展更多的流程优化项目,并加强与运营效率的关联度 • 健全日常流程问题处理机制,做到闭环管理 • 与业务部门合作,推动流程规划工作 • 流程优化的策略由"问题导向"改为"策略导向",紧跟公司改革策略 • 流程优化从下到上,转变为从上到下开展	• 通过流程规划、流程优化项目及解决跨部门问题提高团队的业务理解能力 • 积极参与公司改革小组组建,搭建可持续的优化机制

(续表)

风　险	ST	WT
• 经济危机,公司对流程管理投入资源减少 • 各部门对流程管理的产出要求非常高	• 流程管理项目的立项要明确目标及预计产出,强调急迫度 • 流程管理工作向流程优化等容易产生短期产出的工作倾斜 • 提高流程所有者主动需求比例,做领导愿意做的工作	• 在流程管理新模块工作开展方面注意实施范围,先做好试点强调产出 • 加强流程管理工作效果评估的力度和绩效方面的宣传 • 练好内功,迎接春天

差距分析

主要是从流程管理各模块的工作维度,分析愿景与现状之间的差距,并分析原因,如表8-5所示。

表8-5　愿景与现状差距及原因分析

工作项目	期　望	现　状	原　因
流程优化			
流程梳理			
……			
团队管理			

策略与重点工作

根据愿景、使命、未来三年的目标、SWOT分析及差距分析,我们即可制定对应的策略。然后每一个策略都要分解出重点工作,这些重点工作就组成了年度计划的工作任务。比如有一策略是"推动流程所有者完成几个公司级流程优化项目",分解的重点工作即为:

- 2月份前完成"流程优化六步法"的简化;
- 3月份完成年度流程优化需求分析;
- 3月份完成公司级流程优化项目立项;
- 4月初做"流程优化六步法"培训;
- 4~10月份进行各流程优化项目过程管理;
- 10~12月份完成对各流程优化项目的效果评估报告;
- 12月份完成各项目激励的下发;
- 2~12月份通过内部刊物,针对流程优化方法、项目立项、重大里程碑、项目成果进行宣传。

需要注意的是,公司经营环境的变化,会导致流程管理工作策略的变化。比如公司做较大范围的重组,那么以往的"问题导向"的流程管理工作,要立马转变为"策略导向","从下到上"的策略也要转变为"从上到下"。具体来讲,比如我们在流程优化章节提到,流程优化需求信息搜集于每个部门,但在重组的大环境下,在公司高层明确目标的情况下,优化需求信息主要来源于公司重组方案,只要能紧密配合公司重组方案,把关键的重大改革项目做好已经非常不错。

年度计划

最后把以上分析结果汇总后,就得到我们的年度计划,如表8-6所示。因为愿景→使命→目标→策略→重点工作存在内在的关联,所以只要我们把年度计划执行到位,目标也就可以实现。

表8-6 年度计划

目　标	策　略	重点工作	验收标准	责任人/时间

■ 控制

年度计划中的重点工作还是过大,所以我们首先把年度计划分拆成季度计划、月度计划及周计划。这样做的好处就是不用担心,在验收年度计划时还在为未完成的工作找理由。良好的过程控制比惩罚措施对结果的达成更重要,是目标的重要保障手段。

为了有利于工作计划控制,月度计划与周计划最好经过团队探讨,工作的分解最好足够细化,所需资源要明确,如表8-7所示。每月和每周,流程管理团队都要对工作计划进行总结。重点讨论如何解决实施过程中存在的各种问题,必要时可以对计划进行调整。

表8-7(a) 季度计划

年度重点工作	验收标准	责任人	季度工作分解			
			Q_1	Q_2	Q_3	Q_4

表 8-7(b) 月度工作计划

季度重点工作	月度工作	关键点	所需资源	验收标准	责任人/时间	完成情况	存在问题及改善策略

表 8-7(c) 周工作计划

月度重点工作	验收标准	责任人/时间	周工作分解				
			1周	2周	3周	4周	5周

■ 考核

计划的实施情况要与个人的绩效挂钩。流程管理人员的考核一般包括三个方面：一个是 KPI，主要是考核日常例行化工作，比如文件管理；二是 GS，主要是考核临时性的项目工作，比如流程优化项目；三是能力方面。

下面我们就提供一个案例供大家参考，如表 8-8 所示。需要大家注意的是，绩效评估方案的设计本身需要考虑组织环境、工作成熟度、工作方向引导等各种因素，所以指标的设定并不会一成不变。

另外考核的目的不是为了惩罚，而是为了完成工作计划。所以，要与员工进行绩效面谈，帮助下属一起分析工作中存在的问题，并一起制订提升计划。

表8-8 案例 流程管理专员绩效评估表

序号	类别	考评点	权重	判断依据	评分标准	季度评分	考评说明
1	KPI	文件管理错误次数	5%	标准： 1. 从审批到发布时效要求在1个工作日内 2. 文件发布范围没有错漏，并就文件的关键点进行说明 3. 输入、输出、流程接口明确 4. 流程体系的整体性与一致性 检查方式：随机抽查已发布文件3份进行评价	5分 没有出现失误 4分 出现1次失误 3分 出现3次失误 2分 出现5次失误 0分 出现5次以上失误		
2	GS	公司级流程优化	30%	标准： 1. 月度工作计划验收标准 2. 流程优化实施效果 检查方式：周例会REVIEW	5分 完全按进度完成月度重点工作目标全部达成 4分 比计划进度延迟一周完成月度重点工作目标达成率80%以上 3分 比计划进度延迟二周完成月度重点工作目标达成率60%以上 2分 比计划进度延迟三周完成月度重点工作目标达成率50%以上 1分 比计划进度延迟一个月完成月度重点工作目标达成率50%以上		
3	GS	中心级流程优化	20%	标准： 1. 月度工作计划验收标准 2. 流程优化实施效果 检查方式：周例会REVIEW	5分 完全按进度完成月度重点工作目标全部达成 4分 比计划进度延迟一周完成月度重点工作目标达成率80%以上 3分 比计划进度延迟二周完成月度重点工作目标达成率60%以上 2分 比计划进度延迟三周完成月度重点工作目标达成率50%以上 1分 比计划进度延迟一个月完成月度重点工作目标达成率50%以上		
4	GS	流程梳理	10%	标准： 1 月度工作计划验收标准 检查方式：周例会REVIEW	5分 完全按进度完成月度重点工作目标全部达成 4分 比计划进度延迟一周完成月度重点工作目标达成率80%以上 3分 比计划进度延迟二周完成月度重点工作目标达成率60%以上 2分 比计划进度延迟三周完成月度重点工作目标达成率50%以上 1分 比计划进度延迟一个月完成月度重点工作目标达成率50%以上		

(续表)

类别	考评点	权重	判断依据	评分标准	季度评分	考评说明
5 GS	其他工作	5%	标准： 1 月度工作计划验收标准 检查方式： 周例会 REVIEW	5分 完全按进度完成月度重点工作目月度重点工作目标全部达成 4分 比计划进度延迟一周完成月度重点工作目月度重点工作目标达成率80%以上 3分 比计划进度延迟二周完成重点工作目标达成率60%以上 2分 比计划进度延迟三周完成重点工作目标达成率50%以上 1分 比计划进度延迟一个月完成月度重点工作目标达成率在50%以上		
6 能力/态度	业务理解能力	10%	以制度学习的效果来评估，主要体现在问题的数量与质量上	4分 能够预测客户需求，并前瞻性地安排相关工作 3分 能够从最终目的出发，理解客户背后的需求 2分 对客户提出的需求能够正确理解 1分 对业务完全没有概念		
7 能力/态度	学习与创新能力	10%	评估人：上司考评 评估标准：上半年以内部知识总结数量来评估 下半年以知识总结的质量来评估	5分 能主动自我充实，积极参加训练课程，对新知识与新资讯的吸收能力强，并学以致用，引进适合团体的新方法的导入，对组织导入并能够运用新方法、新观念，有重大贡献 4分 能主动积极地自我充实，经常进行工作改善，配合公司政策，配合公司教育训练规划，适时学习吸新观念、新方法，有时能够运用新方法、新观念 3分 配合公司教育训练规划，适时学习吸新观念、新方法，但不能运用于本身工作的改善 2分 配合公司教育训练规划，很少参与训练，自我充实意愿不足，且很少提出改善建议与新构思 1分 固守既有的知识经验		
8 能力/态度	团队合作	10%	评估人：上司考评	5分 对任务的达成能全心投入，主动与他人配合，并乐于协助他人，有效地整合跨单位资源与力量，对提高团队效率很有贡献 4分 能够主动配合公司与他人协调配合，提供必要的协助，并积极参与团体活动，为达成团队目标不遗余力 3分 能够与上司及同仁配合，有效达成个人本份的工作 2分 有时能够与上司及同仁配合，较有效地达成个人本份的工作，并适度参与团体活动 1分 坚持个人专业领域，无法与他人配合，偶尔会因个人因素影响团队进度与目标达成		
		100%		总评分：		

8.5 流程管理人员的职业规划

几年前,当我们第一次接触流程管理工作时,当时国内企业除华为外,还没听说有其他企业设置流程管理岗位。要想找一些流程管理方面的知识来学习更是难上加难。而现在,通过 Google 检索"流程管理"关键字可以搜索到近 1 000 万条信息。

从这一个侧面,我们可以了解到流程管理的发展是如此迅速。我们对流程管理的发展充满信心,对流程管理人员的职业前景也非常看好。

当然,我们也知道有一些从业者发出"有时候觉得流程管理貌似锦上添花的东西,职业发展前途不清晰"的感慨。那么,我们接下来就想和大家一起就流程管理人员的职业规划做一些探讨,算是抛砖引玉吧。

那么,流程管理人员的职业发展方向在哪里呢?我们列出了三种:

■ 方向一:垂直方向——首席流程官

越来越多的企业意识到流程管理的价值,并新设了流程管理部门。目前比较普遍的岗位编制是流程管理专员和流程管理经理,部分企业比如中兴通讯股份有限公司还设置了流程总监,国外的一些企业甚至设置了首席流程官。

目前,国内很多企业把流程管理的职能暂时放在首席信息官 CIO 名下,但是流程管理职能放在信息管理部门存在诸多弊端,比如 CIO 往往还是被局限在与信息技术相关的范畴内,而且也没有全局管理流程的视角。即使有全局流程视角,但由于 CIO 本身角色的定位和局限性,也往往没有足够的职权规划公司的流程。而且,随着信息技术进一步向面向服务的架构(SOA)迈进,首席信息官 CIO 作为技术专家的这一传统角色将更多演化为面向流程的业务管理角色,即 CIO 向 CPO 角色转变。当然,在其他一些企业,流程管理职能则可能隶属于战略管理部,或者被 COO 兼管。

虽然流程管理在企业存在的形态各异,但有一点却是毋庸置疑的,流程管理专业职能将被越来越多的企业接受并认可。所以,作为流程管理人员,可以选择在流程管理领域的垂直方向发展,选择从流程管理专员、流程管理经理、流程管理总监到首席流程官的职业发展路线。

只是需要注意的是,目前国内大多数企业并不十分看重流程管理,或者说流程管理对于大部分企业来讲仍然是奢侈品。所以,如果选择此方向,你一定要选择合适的企业。要了解清楚这些企业对流程管理的定位、期望以及具体工作。

另外,如果想在垂直方向发展,所在企业一定要有流程管理生存的土壤。判断的核心标准就是公司高层是否重视这一块工作,并把它放到战略位置。如果流程管理岗在企业组织架构中所处的位置层级比较低,做的工作也非常低端,那么流程管理岗可以发挥的空间是十分有限的,当然,职业发展空间也不会大。

需要特别强调的是,成为流程管理专家并不意味着不需要理解业务。真正的流程管理专家首先是业务专家。

■ 方向二:水平方向——向业务线转移

有些流程管理人员越来越觉得自己做的工作太虚,这与离业务"前线"较远有关。所以很多人计划"亲临一线",这当然也是一个不错的想法。如果你之前有在某领域的工作经验,那就再好不过了,这样,你不但有专业的知识而且因为流程管理工作拓展了你的管理视角和能力素质,让你更具竞争力。

当然,这种职业方向转变也有一定的局限性。比如,如果你之前不具备足够的专业经验,你很难胜任前端业务管理工作,比如销售管理。但你却很容易向后台通用职能部门转移,比如人力资源或行政管理等。

案例 流程管理专员如何被提升为人力资源部经理

小李在某民营企业做流程专员,负责职能部门的流程规划工作,因为做过几个人力资源的流程优化项目,所以对人力资源流程比较了解。当上任人力资源经理离职后,总经理发现对人力资源工作最熟悉的不是人力资源部门的同事,而是流程经理小李。因为人力资源部的同事都仅仅熟悉本岗位的操作事务,对于部门整体流程,特别是流程的设计并不清楚。小李很顺利地通过内部晋升渠道提升为人力资源部经理。

方向三：专家路线——咨询顾问

流程管理是一个专业领域，但同时它也是与企业管理其他学科结合比较紧密的学科。所以流程管理人员可以选择专家路线，比如做某领域专家或咨询顾问。

如果你有计划向这个方向发展，有两点特别重要：

1. 塑造你的专业领域

我们一再强调流程管理只是企业管理魔方的一个切面，所以如果你想做咨询顾问肯定需要必要的宽度，掌握尽可能多的企业管理其他学科知识，以便做到整合并最终融会贯通。但这绝不代表你可以忘记专业领域的深度。没有深度，也就没有真正的宽度，只能是夸夸空谈。所以，你必须立足于某一个专业领域，比如信息管理、人力资源管理或者财务管理。大道相通，深度保证了宽度的质量。

而且，现在很多企业招聘流程管理方面的人才，也不仅仅局限于流程体系管理，而是与专业分工相结合，看看 HR 招聘网站相关职位名称吧，比如供应链流程管理经理、客户服务流程管理经理、ITITL 流程管理经理等，这些也再次论证了业务理解能力对流程管理人员的重要性。

2. 掌握通用流程模型

如果你想做一名咨询顾问，那么你所掌握的流程管理知识至少应该具备通用性，也就是说你的流程管理知识必须可以复制。所以，也许你在目前企业做流程管理很出色，但未必能胜任一名咨询顾问。因为你掌握的知识都是流程管理知识，而非流程本身的知识。对流程如何管理的知识和方法论随处可得，但通用流程本身的知识则很难被人把握。比如撇开某个具体组织环境，你知道一般战略管理流程的设计原则是什么吗？此流程的关键点和成功要素在哪里？你知道 ISC 与 IPD 流程的设计原则和关键点吗？

8.6　团队的知识沉淀漏斗长啥模样

金融风暴对职场的影响究竟几何？著名的人才网站（51job.com）与天涯社区（tianya.cn）联合进行了"金融风暴下的职场"在线调查，共有 3 907 名职场白领参与,结果显示,参与调查者中21%所在的公司"影响很大,已经开始裁员",另外24%的职场人觉得所在公司"业绩下滑,有要裁员的流言",12%的白领被缩减福利,5%的白领所在公司采取了降薪的策略。

从世界知名的跨国巨头到名不见经传的中小企业,裁员的消息纷至沓来。作为职场的一员你感觉到危机了吗?

案例　李三的职业转型之困

上个月接到A公司旧同事李三的电话,原来A公司在这轮金融风暴中倒闭了,他失业已经三个月了,看我是否有机会帮他推荐个工作。这让我很惊讶,毕竟他是A公司的元老级人物,从毕业就加入当时也是刚刚成立的A公司的订单管理部,可以说把职业生涯的十年黄金时间都奉献给了A公司,并在当地结婚生子,可以说没有第二个人敢说比他对A公司更忠诚。

李三在A公司担任订单管理部主管多年,为何找不到一个合适的工作呢?仔细分析下,也不难理解。A公司之所以倒闭与其低下的管理水平相关,这恰恰也是当初我离开的原因。订单管理部主管的主要工作如其他普通跟单员一样,"十年如一日",就是到各车间抄写各订单的生产进度信息并及时汇报给客户。而现在的公司基本都采用了ERP系统,并且对管理者综合能力要求比较高。虽然李三有10年的工作经验,但仍然无法适应现代岗位要求也很正常。

最近,听说李三在一个布行找到一份销售工作,薪水仅能养家糊口。

李三的遭遇提醒职场人士应该时刻有危机意识,培养自己的市场价值。这不仅是对自己职业生涯负责,而且对公司也有好处。

流程管理岗如何培养自己的市场价值呢?我们也非常关注这个问题。就此问题,我们曾经对团队的新成员进行调查,但他们普遍对本岗位的市场价值缺乏必要的了解。那么,我们不妨就从市场对流程经理岗的要求开始。

- **某知名房地产公司对流程管理经理的招聘说明书:**

岗位职责:

(1) 建立并完善公司日常流程管理的方法论、工具及知识体系;

(2) 领导集团的业务流程管理工作(负责公司日常管理流程的管理、发布、

咨询,及流程管理知识库建设),持续改进集团的运营管理效率;

(3) 领导集团高层次流程优化:结合企业管理情况,组织跨部门、总部开展管理/业务能力探讨和建设,并把结果梳理为流程制度(协作流程、建立新业务流程、变革流程等);

(4) 流程执行监控:负责组织开展流程执行监控;

(5) 流程推广和顾问:内部评估、改进方案、培训,为业务部门、项目公司提供流程优化或项目管理服务;

(6) 流程组内部管理及员工绩效管理。

任职资格:

(1) 本科以上学历、3年以上房地产行业工作经验(MBA、MPA、企业管理、管理工程、流程管理、项目管理、工程管理);

(2) 熟悉房地产项目开发流程,能对项目运作中的关键节点给予意见;

(3) 具有流程管理经验者优先(如全面质量管理、ISO9000等)。

- **某知名电子商务公司对流程管理经理的招聘说明书:**

岗位职责:

(1) 制定和完善公司流程管理体系的相关方法、规则;

(2) 研究先进企业的管理思想、管理模式和管理技术,结合公司现状,对公司的流程管理模式提出改进、调整、完善方案;

(3) 牵头组织对于公司各项重要流程的审议工作;

(4) 公司制度、流程的年度汇编工作;

(5) 负责根据经营环境和企业战略的要求,持续进行公司项目全流程优化,提高管理及流程运作效率。

任职资格:

(1) 本科以上学历,MBA优先;两年以上大型外资企业运营类工作经验,获得质量管理黑带资质;

(2) 具备项目管理、品牌运作知识和流程优化设计技术,熟悉六西格玛体系;

(3) 较强的组织、沟通、协调、影响能力,优秀的工作流程分析能力。

从以上两个例子可以看出,目前市场对流程管理岗的要求还是很高的:

- 要求有流程管理方面的专业能力,如流程优化、流程梳理、流程规划和流程审计等;
- 相关领域的专业知识,比如 ISO、全面质量管理、项目管理、品牌运作等；
- 行业知识，即业务理解能力，如房地产、供应链等；
- 较强的工作素质，如组织沟通协调能力；
- 一般要求高学历，并且具备多年的工作经验。

作为流程管理人员，如果你不能预测未来雇主对你的要求，其中最重要的一个原因就是你还没有意识到搭建流程管理知识体系的重要性。

其实，我们从金融危机对职场的影响引出搭建本岗位知识体系的必要性，并非说搭建流程管理知识体系的原因就是为了应对职场的突发事件，虽然这也是其中一个原因，但更重要的是，知识体系的搭建有利于你更好地理解和掌握流程管理知识，从而更好地服务于工作。

■ 流程管理知识沉淀漏斗

流程管理知识体系到底包含哪些内容呢？目前流程管理不像 HR 有七大模块的成型划分。所以，你需要广猎流程管理方面的知识，尝试搭建一个至少自己能"自成体系"的知识体系。虽然没有成型的模块划分，不过你可以从了解流程管理方面的一些概念开始，比如流程规划、流程梳理、流程优化、流程 E 化、流程建模、流程设计、流程分析、流程绩效、流程审计、流程再造、流程成熟度模型、端到端流程、流程穿梭等。

下面就介绍一下我们自己使用的"流程管理知识沉淀漏斗"，如图8-4所示，希望对你搭建自己的流程管理知识体系有所帮助。

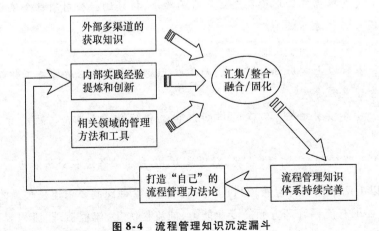

图 8-4　流程管理知识沉淀漏斗

流程管理专业知识的来源一般有以下几种：

- 工作实践提炼。一切知识最初都来源于实践,所以最鲜活的知识靠你自己去总结,所以要养成随时记录好的想法和提炼工作知识的习惯。其实,这本书也正是基于作者几年的工作笔记。
- 专业书籍。
- 国内知名专业论坛。比如畅享网 vsharing.com,可以及时了解国内行业动态,或与行业网友交流。
- 搜索引擎。比如 Google.com 或 Baidu.com,这是网络时代寻找信息的必备技能。
- 人才网站。这是各企业对流程管理需求的最直接反映,也代表最前沿的应用。
- 广交专业领域的朋友,多交流经常会有火花。

流程管理作为企业管理这个大魔方的一个切面,它不能独立存在和发挥作用。流程管理知识的应用需要其他管理方法和工具的支撑。比如战略管理有利于深挖流程管理高阶价值、人力资源管理系统可以整合流程绩效、项目管理专业方法可以运用到流程管理项目运作中、客户服务管理有利于更好地把握流程管理的方向、信息管理给流程管理提供了高效率的平台、供应链管理与流程管理的管理视角如出一辙、组织管理是流程管理是否有效的重要基础、内控制度与流程审计可以紧密结合在一起等。

所以,流程管理知识除了专业知识外,相关领域的管理方法和工具同样非常重要。

有了这些信息后,是否就可以放在知识库中了呢?当然不是,我们必须对这些信息做整合、融合和固化,最好的办法就是应用到实际工作中。经过实际应用,知识才能与现实得到真正的融合,才会变得鲜活起来。这时你就可以把这些知识放到你的流程管理知识体系库中了。

表 8-9 是我们带领团队时常用的一个知识沉淀表格,重在激励大家做知识的积累。

表 8-9 知识总结表

序号	理论层面（1分/条）	问题/经验层面（2分/条）	行动层面（3分/条）	总结人
1		这次采购流程梳理项目的培训推广做得不错，既有 PPT 教材，各岗位也有专门培训	提炼到《流程梳理流程》中，增加《流程梳理培训》PPT 模版	杨 斌
2	靠人性去管理，制度要给人留有空间			
3		会议沟通能力：文件的讲解不能只是读字，要发散，有目的地带案例来讲		胡 敬
4		目前个人存在的问题：（1）业务理解能力（目的是能对项目的可行性把关）；（2）工作推动能力（哪些工作必须沟通，哪些会必须参加，产出质量进度监控，里程碑目标，强调目标导向和结果汇报）		李小美
5	流程管理人员在部门级流程优化项目中到底起什么作用：组织者，推动者，方法论提供者			胡 敬
6		流程绩效还是从流程目的出发。		胡 敬
7		针对如何更好地做流程管理理念方面的宣贯，培训部的建议： （1）重要课程课前最好了解一下客户需求 （2）课程需求表要简练，一般 3～5 个开放性问题即可 （3）课程内容的编排要简练，围绕客户需求来做，比如 WHAT/WHY/HOW 应用 （4）做培训最高级的方式是：作为一个归纳/总结/点评的角色，让所有解决问题的方案都来源于学员而非讲师，即主持人	流程优化培训课程： （1）增加了课前的需求调研 （2）大幅度改变了教材的结构 （3）增加了案例这条主线 通过课堂互动训练，发现学员对"流程优化六步法"的掌握非常到位	李小美
8	1. 为什么会需要制度？制度其实是其代表人，可以增加管理幅度，增加工作规范性，并且是工作检查的依据 2. 有点像孙悟空可以变很多小孙悟空代表			杨 斌

有一点需要说明的就是,流程管理知识体系库的结构并不是固定不变的,随着你对流程管理的理解不断深入,知识库的结构也会不断调整。图8-5是我们几年前的流程管理知识库结构,而最新知识库子目录已经多达30个。我们把这个知识库给整个团队成员开放,对提高整个团队的流程管理能力有很大帮助。

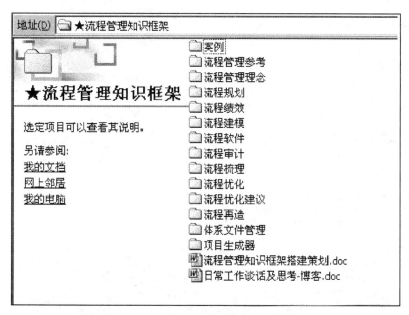

图8-5　我们2004年的流程管理知识库

为了让你更加形象、更加直接地了解我们到底是如何做工作实践提炼的,我们不妨打开流程优化文件夹(如图8-6所示)及日常工作谈话及思考——博客(如图8-7所示)这个Word文档感受一下。

图 8-6 流程优化文件夹

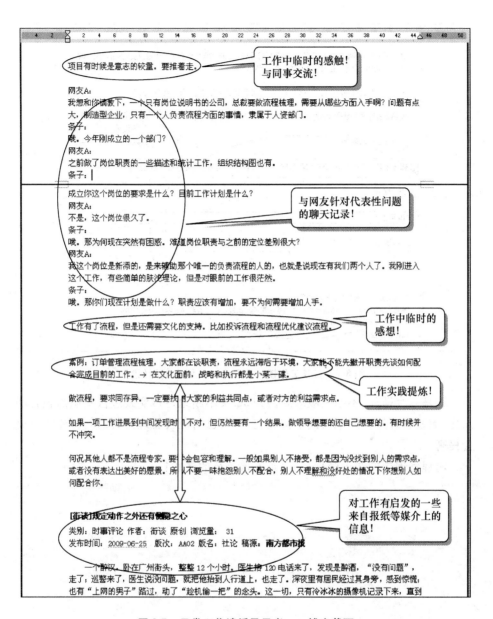

图 8-7　日常工作谈话及思考——博客截面

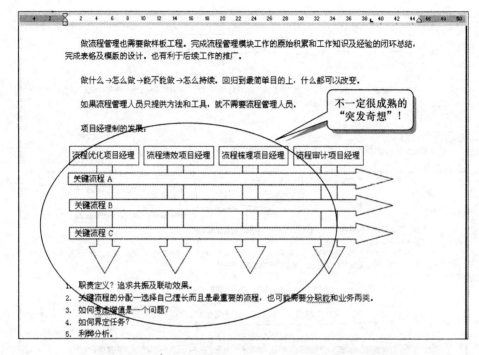

图 8-7 日常工作谈话及思考——博客截面(续)

这是一个循环,不断地吸取新的知识,又不断地通过实践进行知识的融合和固化,流程管理知识库就得到了持续完善,自己对流程管理工具的驾驭能力也就会提高。

流程管理岗的知识管理,一个永不该落幕的课题!

Postscript

后记　如何正确运用本书

回顾过往的流程管理路程,对我们帮助最大的不是书本,不是专家的培训,而是AMT旗下的畅享网平台。在这个平台上,我们能够与流程管理同行做思想交流、碰撞,向他们学习成功的经验,了解他们工作中的问题、困惑及不成功的教训。

我们同时发现许多成功人士虽然取得了卓越的成绩,然而大多数人却不清楚为什么会成功,能够把事情做好和能够掌握做好事情的规律是完全不同的两码事。很多宝贵的成功经验就这样流失了,而没有充分发挥出它应有的生产力。

作为流程管理从业者,我们不能容忍流程的知识、经验白白流失。为此,我们一直酝酿要写一本"如何在企业应用流程管理"的书,以总结过往流程管理的经验,并从中提炼出可以复制、可以借鉴的流程管理原则、方法、工具及模板。

于是在日常工作中,我们非常重视流程管理工作过程中知识与经验的积累、总结与提炼。正是在这些众多的日常积累的素材基础上,我们花了近一年的时间才完成了本书的编写。

在AMT的帮助下,我们终于实现了书籍出版的愿望,也终于可以通过这本书向大家全面介绍我们是怎么做流程管理的,以及在做流程管理工作中的感悟,并分享我们的方法、工具及模板,还提供了大量来自企业一线的鲜活案例。

我们相信这么多年来流程管理经验的总结,也一定会对流程管理同行、流程管理团队新成员及对流程管理有兴趣的人员有同样的借鉴价值。

然而此刻,我们丝毫没有感觉到轻松,因为从阅读本书到真正能够应用到工

作中并产生价值还有很长的距离,为了有利于读者更好地阅读本书,我们需要做以下重点说明:

■ 流程管理不是做数学题,切忌生搬硬套

管理是在企业具体所处的内、外部系统中实施的,要根据不同的环境做不同的变化。为此,本书的价值是参考,而不是标准。如果能够理解我们做流程管理的理念及管理原则,这是我们最希望达到的目的,读者也能够获得最大的价值。

在与同行交流的时候,我们发现大家很喜欢拿来主义,直接套用其他人的做法,这样往往会导致消化不良。所以当你觉得书中的某些方面可以借鉴的时候,请多思考一个问题:它适合我们公司的现状吗?现状主要包括文化、人员成熟度、流程管理准备度等。

■ 本书重在实战经验分享,而不在于理论研究

在本书的理念描写方面,我们追求的不是学术上的缜密、系统,我们追求的是将我们的思路、认识、理解、感悟尽量完整、准确地表达出来;我们期望通过站在企业流程管理负责人的角度对流程管理的理解,试图将流程管理理念阐述得更加贴合企业管理人员,更加形象,更加丰满,更加容易理解。

在本书的方法、工具及模板方面,我们的目的是分享我们是怎么做的?我们应用成功的方法、工具及模板是怎样的?而不是要追求一套普遍适用的东西。我们期望通过对这些方法、工具与模板的说明,更加清晰地说明流程管理理念是如何应用到实际的,流程管理实践的逻辑是怎样的。

这本书的价值在于触发读者的思考,让读者受到启发,从而有助于企业管理人员更好地推动流程管理,更好地通过流程管理为企业创造价值,而不在于要交给大家一套理论、方法或工具。如果大家要从学术上更好地掌握流程管理理念、方法与工具,建议多去阅读知名专家流程管理理论书籍及专业管理文献,从那里可以得到最新、最全面、最权威的信息。

■ 需辨证地看待工具与模板

工具虽然是很低层面的东西,但对于流程管理新人,它的价值是非常大的。因为它比理念与方法要更加亲切,能够拿来即用,暂不说应用效果如何,至少可以很快地把工作推动起来。

但工具的确只是工具而已,当你对流程管理有更高的期望时,工具就不能帮你了,而且一旦用错了工具,也会伤害到自己。所以中高层流程管理人员要淡化

工具,更多地思考理念、原则与方法。真正能够做到灵活应用,能够根据理念、原则自如地衍生出简单、易用的工具,能够用最朴素的招式达到不同凡响的效果。

  在充满变化的世界,在充分竞争的世界,流程管理无疑会给企业带来管理的全新视角,会有助于企业提高战略执行力与营运能力。在流程管理实践的路上,我们还会面临很多的问题与挑战,然而流程管理人员并不孤单,有你我同行。我们真诚地期待能够结识更多的对流程管理感兴趣的朋友,一起分享,共同成长,共同提高!